U0865484

《最高人民法院关于审理建设工程施工合同纠纷案件适用法律问题的解释（一）》

条文精解与案例适用

石文辉　编著

Precise Interpretation of Provisions and Application of Cases

法律出版社
LAW PRESS·CHINA
北京

图书在版编目(CIP)数据

《最高人民法院关于审理建设工程施工合同纠纷案件适用法律问题的解释(一)》条文精解与案例适用 / 石文辉编. -- 北京 : 法律出版社, 2024
ISBN 978 - 7 - 5197 - 8456 - 0

Ⅰ. ①最… Ⅱ. ①石… Ⅲ. ①建筑施工－合同纠纷－法律解释－中国②建筑施工－合同纠纷－案例－中国 Ⅳ. ①D912.28

中国国家版本馆 CIP 数据核字(2023)第 206150 号

《最高人民法院关于审理建设工程施工合同纠纷案件适用法律问题的解释(一)》条文精解与案例适用
《ZUIGAO RENMIN FAYUAN GUANYU SHENLI JIANSHE GONGCHENG SHIGONG HETONG JIUFEN ANJIAN SHIYONG FALǗ WENTI DE JIESHI (YI)》TIAOWEN JINGJIE YU ANLI SHIYONG

石文辉 编

策划编辑 朱海波
责任编辑 朱海波 杨雨晴
装帧设计 李 瞻

出版发行 法律出版社
编辑统筹 法律应用出版分社
责任校对 邢艳萍
责任印制 刘晓伟
经 销 新华书店

开本 A5
印张 13.75 字数 350 千
版本 2024 年 5 月第 1 版
印次 2024 年 5 月第 1 次印刷
印刷 三河市龙大印装有限公司

地址:北京市丰台区莲花池西里 7 号(100073)
网址:www.lawpress.com.cn
投稿邮箱:info@lawpress.com.cn
举报盗版邮箱:jbwq@lawpress.com.cn
销售电话:010 - 83938349
客服电话:010 - 83938350
咨询电话:010 - 63939796
版权所有 · 侵权必究

书号:ISBN 978 - 7 - 5197 - 8456 - 0
定价:75.00 元
凡购买本社图书,如有印装错误,我社负责退换。电话:010 - 83938349

出版说明

本书通过“条文精解”和“案例适用”两个方面，对《最高人民法院关于审理建设工程施工合同纠纷案件适用法律问题的解释(一)》(法释〔2020〕25号)进行解读，下面分别说明：

1.“条文精解”部分。首段是对条文的总体解读，中间段落是对重点内容的分别论述，末段是对实务要点的总结归纳(部分条文将实务要点分解在其他段落中)。另外，每个段落的第一句话，都是该段的中心内容。

2.“案例适用”部分。主要引用最高人民法院及各地高级人民法院的生效裁判，共256个实务案例。其中，裁判观点仅选择与条文相关的内容，读者如需了解文书全文，可以通过案号查阅。

本书观点仅供交流探讨，不作为办案依据。书中不足之处，敬请各界同仁批评指正。

石文辉

2024年4月

凡　例

为方便广大读者阅读，本书中提及的部分法律法规、规范性文件、司法解释等的简称及效力情况如下，书中将不再另行说明（按出现顺序排列）：

本书简称	法律法规全称	公布日期	是否有效	首次位置
《民法典》	《中华人民共和国民法典》	2020－05－28	现行有效	p. 1
《建筑法》	《中华人民共和国建筑法》（2019 修正）	2019－04－23	现行有效	p. 1
《建设工程质量管理条例》	《建设工程质量管理条例》（2019 修订）	2019－04－23	现行有效	p. 1
《招标投标法》	《中华人民共和国招标投标法》（2017 修正）	2017－12－27	现行有效	p. 1
《招标投标法实施条例》	《中华人民共和国招标投标法实施条例》（2019 修订）	2019－03－02	现行有效	p. 2

续表

本书简称	法律法规全称	公布日期	是否有效	首次位置
—	《工程建设项目招标范围和规模标准规定》	2000－05－01	已失效	p.5
《建设工程施工合同解释(一)》	《最高人民法院关于审理建设工程施工合同纠纷案件适用法律问题的解释(一)》(法释〔2020〕25号)	2020－12－29	现行有效	p.6
《政府采购法》	《中华人民共和国政府采购法》(2014修正)	2014－08－31	现行有效	p.16
2004年《建设工程施工合同解释》	《最高人民法院关于审理建设工程施工合同纠纷案件适用法律问题的解释》(法释〔2004〕14号)	2004－10－25	已失效	p.20
《城乡规划法》	《中华人民共和国城乡规划法》(2019修正)	2019－04－23	现行有效	p.26
《民事诉讼法》	《中华人民共和国民事诉讼法》(2023修正)	2023－09－01	现行有效	p.27
《建设工程施工合同解释(二)》	《最高人民法院关于审理建设工程施工合同纠纷案件适用法律问题的解释(二)》(法释〔2018〕20号)	2018－12－29	已失效	p.29
《土地管理法》	《中华人民共和国土地管理法》(2019修正)	2019－08－26	现行有效	p.33

续表

本书简称	法律法规全称	公布日期	是否有效	首次位置
《建设工程施工专业分包合同(示范文本)》	《建设工程施工专业分包合同(示范文本)》(GF－2003－0213)	2003－08－13	现行有效	p. 40
《建设工程施工劳务分包合同(示范文本)》	《建设工程施工劳务分包合同(示范文本)》(GF－2003－0214)	2003－08－13	现行有效	p. 40
《民事诉讼法解释》	《最高人民法院关于适用〈中华人民共和国民事诉讼法〉的解释》(2022 修正)	2022－04－01	现行有效	p. 47
《建设工程施工合同(示范文本)》	《建设工程施工合同(示范文本)》(GF－2017－0201)	2017－09－22	现行有效	p. 64
《建设工程监理规范》	《建设工程监理规范》(GB/T50319－2013)	2013－05－13	现行有效	p. 64
《建筑工程施工质量验收统一标准》	《建筑工程施工质量验收统一标准》(GB50300－2013)	2013－11－01	部分失效	p. 112
《建设工程工程量清单计价规范》	《建设工程工程量清单计价规范》(GB50500－2013)	2013－04－08	现行有效	p. 177
《工程造价术语标准》	《工程造价术语标准》(GB/T50875－2013)	2013－02－07	现行有效	p. 181

续表

本书简称	法律法规全称	公布日期	是否有效	首次位置
《关于严禁政府投资项目使用带资承包方式进行建设的通知》	《建设部、国家发展和改革委员会、财政部、中国人民银行关于严禁政府投资项目使用带资承包方式进行建设的通知》	2006－01－04	现行有效	p. 231
《关于严格禁止在工程建设中带资承包的通知》	《建设部、国家计委、财政部关于严格禁止在工程建设中带资承包的通知》	1996－06－04	已失效	p. 231
《反不正当竞争法》	《中华人民共和国反不正当竞争法》（2019 修正）	2019－04－23	现行有效	p. 232
《商业银行法》	《中华人民共和国商业银行法》（2015 修正）	2015－08－29	现行有效	p. 246
《建设工程造价鉴定规范》	《建设工程造价鉴定规范》（GB/T51262－2017）	2017－08－31	现行有效	p. 282
—	《建设工程司法鉴定程序规范》	2014－3－17	已废止	p. 296
—	《最高人民法院关于建设工程价款优先受偿权问题的批复》（法释〔2002〕16 号）	2002－06－20	已废止	p. 327
《建筑装饰装修工程质量验收标准》	《建筑装饰装修工程质量验收标准》（GB50210－2018）	2018－02－08	部分失效	p. 332

续表

本书简称	法律法规全称	公布日期	是否有效	首次位置
《国务院关于取消第一批行政审批项目的决定》	《国务院关于取消第一批行政审批项目的决定》(国发〔2002〕24号)	2002-11-01	现行有效	p. 335
《民法典时间效力解释》	《最高人民法院关于适用〈中华人民共和国民法典〉时间效力的若干规定》(法释〔2020〕15号)	2020-12-29	现行有效	p. 366

目　录

CONTENTS

案例适用索引

第一条　【无效合同】建设工程施工合同具有下列情形之一的，应当依据民法典第一百五十三条第一款的规定，认定无效：

（一）承包人未取得建筑业企业资质或者超越资质等级的；

（二）没有资质的实际施工人借用有资质的建筑施工企业名义的；

（三）建设工程必须进行招标而未招标或者中标无效的。

承包人因转包、违法分包建设工程与他人签订的建设工程施工合同，应当依据民法典第一百五十三条第一款及第七百九十一条第二款、第三款的规定，认定无效。

条文精解

本条是关于无效合同的规定。《民法典》第一百五十三条规定，违反法律、行政法规的强制性规定或者违背公序良俗的民事法律行为无效。《建筑法》第二十六条及《建设工程质量管理条例》第二十五条第一款、第二款规定，承包人应当取得资质证书，并在其资质等级许可的业务范围内承揽工程，禁止承包人超越资质等级许可的业务范围或者以任何形式借用其他施工单位的名义承揽工程。承包人缺乏相应资质等级承揽工程的行为危害公共安全，属于法律、行政法规明令禁止的行为，违反上述规定签订的建设工程施工合同无效。

关于必须进行招标而未招标或者中标无效导致建设工程施工合同无效的问题。(1)必须进行招标的工程项目。《招标投标法》第三条规定，下列工程项目必须进行招标：①大型基础设施、公用事业等关系社会公共利益、公众安全的项目；②全部或者部分使用国有资金投资或者国家融资的项目；③使用国际组织或者外国政府贷款、援助资金的项目。上述工程项目必须招标有规模的要求，《必须招标的工程项目规定》第五条规定，达到下列标准之一的必须招标：①施工单项合同估算价在400万元人民币以上；②重要设备、材料等货物的采购，单项合同估算价在200万元人民币以上；③勘察、设计、监理等服务的采购，单项合同估算价在100万元人民币以上。建设工程必须进行招标而未招标违反上述法律的强制性规定，危害公共安全，所以签订的建设工程施工合同无效。(2)中标无效的工程项目。依据《招标投标法》第五十三条、第五十四条、第五十七条及《招标投标法实施条例》第八十一条的规定，下列情形中标无效：①投标人相互串通投标或者与招标人串通投标的；②投标人以向招标人或者评标委员会成员行贿的手段谋取中标的；③投标人以他人名义投标或者以其他方式弄虚作假，骗取中标的；④招标人在评标委员会依法推荐的中标候选人以外确定中标人的；⑤依法必须进行招标的项目在所有投标被评标委员会否决后自行确定中标人的；⑥依法必须进行招标的项目的招标投标活动违反《招标投标法》和《招标投标法实施条例》的规定，对中标结果造成实质性影响，且不能采取补救措施予以纠正的。在中标无效的情形下，依据中标结果签订的建设工程施工合同无效。

关于转包、违法分包导致建设工程施工合同无效的问题。(1)转包。依据《建筑法》第二十八条、《建设工程质量管理条例》第二十五条第三款及《民法典》第七百九十一条第二款的规定，禁止承包单位将其承包的全部建设工程转包给他人，禁止承包单位将其承包的全部建设工程肢解以后以分包的名义分别转包给他人。转包及肢解分包的行为违反上述法律、行政法规的强制性规定，危害公共安全，据此签订的建设工程施工合同无效。(2)违法分包。依据《民法典》第七百九十一条第三款的规定，违法分包导致建设工程施工合同无效的情形包括：①承包单位将工程分包给不具备相应资质条件的单位；②分包单位将其承包的工程再分包;③承包单位将主体结构的施工分包。上述情形与《建筑工程施工发包与承包违法行为认定查处管理办法》第十二条规定的6种违法分包的情形基本一致,不包括《建设工程质量管理条例》第七十八条第二款第二项规定的建设工程总承包合同中未有约定,又未经建设单位认可,承包单位将其承包的部分建设工程交由其他单位完成的情形。

适用本条,应注意以下几点:(1)资质挂靠一般发生在工程招投标之前,转包及违法分包一般发生在工程承包之后。可以通过承包人是否实际参与招投标活动,是否对招投标活动具有决策权等进行判断。(2)转包关系与内部承包关系可以通过双方是否存在劳动合同关系等进行判断。内部承包关系属于单位自主经营分工安排,并不违反法律法规的强制性规定,不应以此为由认定无效。(3)《建设工程质量管理条例》第七十八条第二款第二项规定,建设工程总承包合同中未有约定,又未经建设单位认可,承包单位将其承包的部分建设工程交由其他单位完成的行为属于违法分包。上述规定属于管理性规定,一般不以此为由认定分包行为无效,具体理由可参考本条案例适用部分第六个案例的裁判观点。

案例适用

001 资质挂靠如何判断?

案件名称:浙江荣佳建筑工程有限公司(以下简称荣佳公司)与青海汇鑫食品有限公司(以下简称汇鑫公司)等建设工程施工合同纠纷案

审理法院:最高人民法院

案　　号:(2019)最高法民终1363号

裁判观点:首先,2013年4月李某鸿以……荣佳公司名义组织队伍进场施工,2013年5月李某鸿与荣佳公司签订《内包协议》,约定李某鸿按照荣佳公司与建设单位签订的施工合同内容承建案涉工程。而此时,案涉工程尚未招标,案涉《建设工程施工合同》于2014年2月方才通过招标方式签订，即在案涉《建设工程施工合同》签订前，李某鸿已经实质性介入案涉工程。其次，根据《内包协议》的约定，案涉工程由李某鸿独立核算、自负盈亏，且无论亏损与否，均须向荣佳公司交纳工程结算价2%的管理费并自行承担相关税费。荣佳公司仅以自己名义与汇鑫公司签订《建设工程施工合同》，相应的合同权利义务均由李某鸿享有和承担，荣佳公司获取固定的管理费收益。最后，荣佳公司未提交相反证据证明其对案涉工程进行了资金、设备和人力的投入以及对案涉工程进行了施工管理。而根据李某鸿与汇鑫公司的一致陈述，案涉工程系由李某鸿投入资金、组织人员和机器设备实际施工建设，与《内包协议》的约定相符。因此，李某鸿与荣佳公司之间符合没有资质的个人借用其他施工单位的资质承揽工程的特征，李某鸿系案涉工程的实际施工人。……一审判决认定案涉《建设工程施工合同》无效，于法有据。荣佳公司主张李某鸿系其工作人员，与其存在聘用关系，其行为代表荣佳公司，但其未提交聘用合同或劳动合同、社保关系证明等证据加以证明；荣佳公司亦主张其与李某鸿存在合作关系……故其主张因证据不足不能成立。

002　资质挂靠与工程分包如何区分？

案件名称：王某、廖某凯与徐州通域空间结构有限公司（以下简称通域公司）建设工程施工合同纠纷案

审理法院：新疆维吾尔自治区高级人民法院

案　　号：（2022）新40民终587号

裁判观点：挂靠是指没有施工资质的实际施工人借用有资质的建筑施工企事业单位名义从事施工活动，承接工程的行为。工程分包是指建设工程总承包人将其所承包建设工程中一部分工程分包给分包人进行承包作业或施工。本案中新疆伊犁国家粮食储备库作为建设单位将其案涉工程建设项目发包给通域公司承建，通域公司作为总承包人承包后分别于2016年8月28日、2017年4月30日将案涉工程的建设项目储存粮食罩棚中的土建工程和保温结构房式仓的土建工程分别分包给王

某、廖某凯进行施工，土建工程款从新疆伊犁国家粮食储备库与通域公司均认可的结算书中进行剥离，从以上事实看双方形成的是建设工程分包合同关系而非挂靠关系，一审认定双方系挂靠关系存在错误，本院予以纠正。

003　必须进行招标未招标的施工合同效力如何？

案件名称：洛阳住总宇泰房地产开发有限公司（以下简称宇泰公司）与洛阳市丰李建筑工程有限公司建设工程施工合同纠纷案

审理法院：河南省高级人民法院

案　　号：（2020）豫民终1044号

裁判观点：案涉工程系商品住宅项目，根据《工程建设项目招标范围和规模标准规定》的相关规定，案涉工程属于必须进行招标的工程。根据查明的情况，宇泰公司并未按《招标投标法》等法律规定依法进行招标投标活动。一审认定双方于2013年11月30日签订的《鼎城南地块一期Ⅰ标段施工合同》系未经招标投标而签订的无效施工合同符合客观实际，并无不妥。

004　转包的施工合同效力如何？

案件名称：河南鼎泰建筑安装有限公司（以下简称鼎泰公司）、华中国电电力集团有限公司（以下简称华中国电公司）及郑州航空港区国有资产经营管理有限公司（以下简称港区国有资产公司）建设工程施工合同纠纷案

审理法院：河南省高级人民法院

案　　号：（2020）豫民终485号

裁判观点：港区国有资产公司将案涉4条道路的电力排管工程发包给华中国电公司施工。华中国电公司在承包该项工程以后，并未实际履行合同约定的责任和义务，而是交由鼎泰公司进行实际施工。根据华中国电公司与鼎泰公司签订的《年度道路排管工程施工分派责任书》的内容，华中国电公司将案涉4条道路排管工程的具体施工、外围环境的协

调、设备及材料的供应等与开展工程有关的各项工作均交由鼎泰公司来实施，其仅收取结算价28%的企业管理费。根据《建设工程施工发包与承包违法行为认定查处管理办法》第七条、第八条的规定，华中国电公司与鼎泰公司之间属于法律所禁止的转包行为。《建设工程施工合同解释（一）》第一条规定："承包人因转包、违法分包建设工程与于他人签订的建设工程施工合同，应当依据民法典第一百五十三条第一款及第七百九十一条第二款、第三款的规定，认定无效。"依据上述法律规定，华中国电公司与鼎泰公司所签订的《年度道路排管工程施工分派责任书》依法应属于无效合同。

005　转包合同与内部承包合同如何区分？

案件名称：新疆维泰开发建设（集团）股份有限公司（以下简称维泰公司）与罗某国建设工程施工合同纠纷案

审理法院：最高人民法院

案　　号：（2021）最高法民申142号

裁判观点：内部承包区别于转包合同的关键在于，双方是否存在劳动合同关系。维泰公司将其承包的案涉工程以签订《责任书》的形式全部由罗某国施工，在维泰公司不能证明其与罗某国存在劳动合同关系的情况下，原判决将《责任书》认定为转包合同，并无不当。

006　建设单位未认可且没有约定的分包合同效力如何？

案件名称：新疆盛淮工程建设有限公司（以下简称盛淮公司）与华鸿建设集团有限公司（以下简称华鸿公司）建设工程施工合同纠纷案

审理法院：新疆维吾尔自治区高级人民法院

案　　号：（2021）新民申1808号

裁判观点：《建筑法》第二十九条第一款属于行业管理性规定，不属于效力性强制性条款，未经发包人同意的分包情形并不当然无效。首先，建设工程资质要求、禁止工程再分包、禁止将主体结构分包具有保障工程质量、维护社会公共利益的必要性和效力强制性，违反上述情形所签订的分包合同应当无效，而未经发包人同意的分包行为在违法性质上与上述情形具有明显不同，在分包内容不属于工程主体结构、分包人具有相应资质的情况下，未经发包人同意进行分包，对工程质量和社会公共利益并不当然产生不利影响。其次，根据合同相对性原则，以分包合同当事人之外的发包人的同意与否，作为界定分包合同有效无效的依据，突破了合同相对性原则，缺乏法理依据。具体到本案中，案涉《建设工程专业分包合同》约定的工程不属于建筑工程的主体结构，盛淮公司亦具有相应施工资质，且案外人新疆寰球工程公司与华鸿公司签订的《建设工程施工合同》未禁止华鸿公司分包，不违反法律、行政法规的强制性规定，故原审法院认定案涉《建设工程专业分包合同》有效并按照合同约定将管理费从工程价款中予以扣除，并无不当。

相关规定

《建筑法》

第十九条　建筑工程依法实行招标发包，对不适于招标发包的可以直接发包。

第二十六条　承包建筑工程的单位应当持有依法取得的资质证书，并在其资质等级许可的业务范围内承揽工程。

禁止建筑施工企业超越本企业资质等级许可的业务范围或者以任何形式用其他建筑施工企业的名义承揽工程。禁止建筑施工企业以任何形式允许其他单位或者个人使用本企业的资质证书、营业执照，以本企业的名义承揽工程。

第二十八条　禁止承包单位将其承包的全部建筑工程转包给他人，禁止承包单位将其承包的全部建筑工程肢解以后以分包的名义分别转包给他人。

第二十九条　建筑工程总承包单位可以将承包工程中的部分工程发包给具有相应资质条件的分包单位；但是，除总承包合同中约定的分包外，必须经建设单位认可。施工总承包的，建筑工程主体结构的施工必须由总承包单位自行完成。

……

禁止总承包单位将工程分包给不具备相应资质条件的单位。禁止分包单位将其承包的工程再分包。

《建筑工程施工发包与承包违法行为认定查处管理办法》

第七条　本办法所称转包，是指承包单位承包工程后，不履行合同约定的责任和义务，将其承包的全部工程或者将其承包的全部工程肢解后以分包的名义分别转给其他单位或个人施工的行为。

第八条　存在下列情形之一的，应当认定为转包，但有证据证明属于挂靠或者其他违法行为的除外：

（一）承包单位将其承包的全部工程转给其他单位（包括母公司承接建筑工程后将所承接工程交由具有独立法人资格的子公司施工的情形）或个人施工的；

（二）承包单位将其承包的全部工程肢解以后，以分包的名义分别转给其他单位或个人施工的；

（三）施工总承包单位或专业承包单位未派驻项目负责人、技术负责人、质量管理负责人、安全管理负责人等主要管理人员，或派驻的项目负责人、技术负责人、质量管理负责人、安全管理负责人中一人及以上与施工单位没有订立劳动合同且没有建立劳动工资和社会养老保险关系，或派驻的项目负责人未对该工程的施工活动进行组织管理，又不能进行合理解释并提供相应证明的；

（四）合同约定由承包单位负责采购的主要建筑材料、构配件及工程设备或租赁的施工机械设备，由其他单位或个人采购、租赁，或施工单位不能提供有关采购、租赁合同及发票等证明，又不能进行合理解释并提供相应证明的；

（五）专业作业承包人承包的范围是承包单位承包的全部工程，专业作业承包人计取的是除上缴给承包单位“管理费”之外的全部工程价款的；

（六）承包单位通过采取合作、联营、个人承包等形式或名义，直接或变相将其承包的全部工程转给其他单位或个人施工的；

（七）专业工程的发包单位不是该工程的施工总承包或专业承包单位的，但建设单位依约作为发包单位的除外；

（八）专业作业的发包单位不是该工程承包单位的；

（九）施工合同主体之间没有工程款收付关系，或者承包单位收到款项后又将款项转拨给其他单位和个人,又不能进行合理解释并提供材料证明的。

两个以上的单位组成联合体承包工程,在联合体分工协议中约定或者在项目实际实施过程中,联合体一方不进行施工也未对施工活动进行组织管理的,并且向联合体其他方收取管理费或者其他类似费用的,视为联合体一方将承包的工程转包给联合体其他方。

第九条　本办法所称挂靠,是指单位或个人以其他有资质的施工单位的名义承揽工程的行为。

……

第十条　存在下列情形之一的,属于挂靠:

(一)没有资质的单位或个人借用其他施工单位的资质承揽工程的;

(二)有资质的施工单位相互借用资质承揽工程的,包括资质等级低的借用资质等级高的,资质等级高的借用资质等级低的,相同资质等级相互借用的;

(三)本办法第八条第一款第(三)至(九)项规定的情形,有证据证明属于挂靠的。

第十一条　本办法所称违法分包,是指承包单位承包工程后违反法律法规规定,把单位工程或分部分项工程分包给其他单位或个人施工的行为。

第十二条　存在下列情形之一的,属于违法分包:

(一)承包单位将其承包的工程分包给个人的;

(二)施工总承包单位或专业承包单位将工程分包给不具备相应资质单位的;

(三)施工总承包单位将施工总承包合同范围内工程主体结构的施工分包给其他单位的,钢结构工程除外;

(四)专业分包单位将其承包的专业工程中非劳务作业部分再分包的;

(五)专业作业承包人将其承包的劳务再分包的;

(六)专业作业承包人除计取劳务作业费用外,还计取主要建筑材料款和大中型施工机械设备、主要周转材料费用的。

《建设工程质量管理条例》

第二十五条　施工单位应当依法取得相应等级的资质证书,并在其资质等级许可的范围内承揽工程。

禁止施工单位超越本单位资质等级许可的业务范围或者以其他施工单位的名义承揽工程。禁止施工单位允许其他单位或者个人以本单位的名义承揽工程。

施工单位不得转包或者违法分包工程。

第七十八条 ……

本条例所称违法分包，是指下列行为：

（一）总承包单位将建设工程分包给不具备相应资质条件的单位的；

（二）建设工程总承包合同中未有约定，又未经建设单位认可，承包单位将其承包的部分建设工程交由其他单位完成的；

（三）施工总承包单位将建设工程主体结构的施工分包给其他单位的；

（四）分包单位将其承包的建设工程再分包的。

本条例所称转包，是指承包单位承包建设工程后，不履行合同约定的责任和义务，将其承包的全部建设工程转给他人或者将其承包的全部建设工程肢解以后以分包的名义分别转给其他单位承包的行为。

《房屋建筑和市政基础设施工程施工分包管理办法》

第十三条 禁止将承包的工程进行转包。不履行合同约定，将其承包的全部工程发包给他人，或者将其承包的全部工程肢解后以分包的名义分别发包给他人的，属于转包行为。

违反本办法第十二条规定，分包工程发包人将工程分包后，未在施工现场设立项目管理机构和派驻相应人员，并未对该工程的施工活动进行组织管理的，视同转包行为。

第十四条 禁止将承包的工程进行违法分包。下列行为，属于违法分包：

（一）分包工程发包人将专业工程或者劳务作业分包给不具备相应资质条件的分包工程承包人的；

（二）施工总承包合同中未有约定，又未经建设单位认可，分包工程发包人将承包工程中的部分专业工程分包给他人的。

《招标投标法》

第三条　在中华人民共和国境内进行下列工程建设项目包括项目的勘察、设计、施工、监理以及与工程建设有关的重要设备、材料等的采购，必须进行招标：

（一）大型基础设施、公用事业等关系社会公共利益、公众安全的项目；

（二）全部或者部分使用国有资金投资或者国家融资的项目；

（三）使用国际组织或者外国政府贷款、援助资金的项目。

前款所列项目的具体范围和规模标准，由国务院发展计划部门会同国务院有关部门制订，报国务院批准。

法律或者国务院对必须进行招标的其他项目的范围有规定的，依照其规定。

第五十二条　依法必须进行招标的项目的招标人向他人透露已获取招标文件的潜在投标人的名称、数量或者可能影响公平竞争的有关招标投标的其他情况的，或者泄露标底的……

前款所列行为影响中标结果的，中标无效。

第五十三条　投标人相互串通投标或者与招标人串通投标的，投标人以向招标人或者评标委员会成员行贿的手段谋取中标的，中标无效……

第五十四条　投标人以他人名义投标或者以其他方式弄虚作假，骗取中标的，中标无效……

第五十五条　依法必须进行招标的项目，招标人违反本法规定，与投标人就投标价格、投标方案等实质性内容进行谈判的……

前款所列行为影响中标结果的，中标无效。

第五十七条　招标人在评标委员会依法推荐的中标候选人以外确定中标人的，依法必须进行招标的项目在所有投标被评标委员会否决后自行确定中标人的，中标无效……

《招标投标法实施条例》

第三条　依法必须进行招标的工程建设项目的具体范围和规模标准，由国务院发展改革部门会同国务院有关部门制订，报国务院批准后公布施行。

第六十七条　投标人相互串通投标或者与招标人串通投标的，投标人向招标人或者评标委员会成员行贿谋取中标的，中标无效……

第六十八条　投标人以他人名义投标或者以其他方式弄虚作假骗取中标的，中标无效……

第八十一条　依法必须进行招标的项目的招标投标活动违反招标投标法和本条例的规定，对中标结果造成实质性影响，且不能采取补救措施予以纠正的，招标、投标、中标无效，应当依法重新招标或者评标。

《必须招标的工程项目规定》

第二条　全部或者部分使用国有资金投资或者国家融资的项目包括：

（一）使用预算资金200万元人民币以上，并且该资金占投资额10%以上的项目；

（二）使用国有企业事业单位资金，并且该资金占控股或者主导地位的项目。

第三条　使用国际组织或者外国政府贷款、援助资金的项目包括：

（一）使用世界银行、亚洲开发银行等国际组织贷款、援助资金的项目；

（二）使用外国政府及其机构贷款、援助资金的项目。

第四条　不属于本规定第二条、第三条规定情形的大型基础设施、公用事业等关系社会公共利益、公众安全的项目，必须招标的具体范围由国务院发展改革部门会同国务院有关部门按照确有必要、严格限定的原则制订，报国务院批准。

第五条　本规定第二条至第四条规定范围内的项目，其勘察、设计、施工、监理以及与工程建设有关的重要设备、材料等的采购达到下列标准之一的，必须招标：

（一）施工单项合同估算价在400万元人民币以上；

（二）重要设备、材料等货物的采购，单项合同估算价在200万元人民币以上；

（三）勘察、设计、监理等服务的采购，单项合同估算价在100万元人民币以上。

同一项目中可以合并进行的勘察、设计、施工、监理以及与工程建设有关的重要设备、材料等的采购，合同估算价合计达到前款规定标准的，必须招标。

《必须招标的基础设施和公用事业项目范围规定》

第二条　不属于《必须招标的工程项目规定》第二条、第三条规定情形的大型基础设施、公用事业等关系社会公共利益、公众安全的项目，必须招标的具体范围包括：

（一）煤炭、石油、天然气、电力、新能源等能源基础设施项目；

（二）铁路、公路、管道、水运，以及公共航空和A1级通用机场等交通运输基础设施项目；

（三）电信枢纽、通信信息网络等通信基础设施项目；

（四）防洪、灌溉、排涝、引（供）水等水利基础设施项目；

（五）城市轨道交通等城建项目。

《民法典》

第一百五十三条　违反法律、行政法规的强制性规定的民事法律行为无效。但是，该强制性规定不导致该民事法律行为无效的除外。

违背公序良俗的民事法律行为无效。

第七百九十一条　发包人可以与总承包人订立建设工程合同，也可以分别与勘察人、设计人、施工人订立勘察、设计、施工承包合同。发包人不得将应当由一个承包人完成的建设工程支解成若干部分发包给数个承包人。

总承包人或者勘察、设计、施工承包人经发包人同意，可以将自己承包的部分工作交由第三人完成。第三人就其完成的工作成果与总承包人或者勘察、设计、施工承包人向发包人承担连带责任。承包人不得将其承包的全部建设工程转包给第三人或者将其承包的全部建设工程支解以后以分包的名义分别转包给第三人。

禁止承包人将工程分包给不具备相应资质条件的单位。禁止分包单位将其承包的工程再分包。建设工程主体结构的施工必须由承包人自行完成。

第八百零六条第一款　承包人将建设工程转包、违法分包的，发包人可以解除合同。

第二条 【黑白合同】招标人和中标人另行签订的建设工程施工合同约定的工程范围、建设工期、工程质量、工程价款等实质性内容，与中标合同不一致，一方当事人请求按照中标合同确定权利义务的，人民法院应予支持。

招标人和中标人在中标合同之外就明显高于市场价格购买承建房产、无偿建设住房配套设施、让利、向建设单位捐赠财物等另行签订合同，变相降低工程价款，一方当事人以该合同背离中标合同实质性内容为由请求确认无效的，人民法院应予支持。

条文精解

本条是关于黑白合同的规定。《招标投标法》第四十六条和《招标投标法实施条例》第五十七条规定，招标人和中标人应当按照招标文件和投标文件订立书面合同，合同的标的、价款、质量、履行期限等主要条款应当与招标文件和投标文件的内容一致，不得再行订立背离合同实质性内容的其他协议。招标人和中标人另行签订的施工合同约定的工程范围、建设工期、工程质量、工程价款等实质性内容与中标合同不一致的条款，因为违反上述法律、行政法规的强制性规定无效，当事人有权请求按照中标合同确定权利义务。

关于合同实质性内容的认定问题。参照《民法典》第四百八十八条的规定，有关合同标的、数量、质量、价款或者报酬、履行期限、履行地点和方式、违约责任和解决争议方法的条款，属于合同的实质性内容，其他条款是否属于实质性内容需要根据具体情形具体判断。参照最高人民法院民事审判第一庭编著的《最高人民法院新建设工程施工合同司法解释(一)理解与适用》(人民法院出版社2021年版，第29页)关于理解“合同实质性内容”应当注意问题部分的陈述，合同实质性内容应当是指对合同双方当事人权利、义务有实质影响的内容，可以从以下两个方面考虑:(1)是否影响其他中标人中标;(2)是否较大影响招标人与中标人的权利义务。

关于招标人和中标人在中标合同之外就明显高于市场价格购买承建房产、无偿建设住房配套设施、让利、向建设单位捐赠财物等另行签订合同的问题。《民法典》第一百四十六条规定,行为人与相对人以虚假的意思表示实施的民事法律行为无效。以虚假的意思表示隐藏的民事法律行为的效力,依照有关法律规定处理。招标人和中标人在中标合同之外另行签订的购买承建房产、无偿建设住房配套设施、向建设单位捐赠财物的合同,属于以虚假的意思表示实施的民事法律行为,应当认定无效。隐藏的民事法律行为是变相降低工程价款,依据《招标投标法》第四十六条和《招标投标法实施条例》第五十七条的规定,亦应当认定为无效。

适用本条,应注意以下几点:(1)开工时间和竣工时间的约定属于施工合同建设工期方面的实质性条款,另行签订与中标合同不一致的条款无效。(2)让利、计算方式及支付方式属于施工合同工程价款方面的实质性条款,另行签订与中标合同不一致的条款无效。如果是因为中途退场导致提前结算等原因,各方当事人达成了与中标合同不一致的结算协议,或者变更了结算方式,有案例认为是各方当事人根据实际履行情况所达成的新的合意,不属于对中标合同的实质性变更,不同于最初就与中标合同不一致的情形。(3)如果是在非强制招投标工程中,各方当事人选择招投标的方式签订了施工合同,有案例认为,因为不属于强制招投标项目,各方当事人根据实际情况,签订与中标合同实质内容不一致的协议,未涉及公共安全,所以也不适用本条关于按照中标合同确定权利义务的规定。

案例适用

007　当事人另行签订的施工合同补充协议与原中标合同的工程范围不一致,该如何结算?

案件名称:兰州市第五十七中学(以下简称兰州五十七中)与甘肃第三建设集团有限公司(以下简称甘肃三建公司)建设工程施工合同纠纷案

审理法院:最高人民法院

案　　号:(2021)最高法民申7507号

裁判观点:兰州五十七中就其教学楼工程与甘肃三建公司签订了《建设工程施工合同》,在该合同履行过程中,对于增加的工程双方又签订《建设工程施工合同补充协议》。因案涉工程资金来源为财政拨款,根据《政府采购法》及《招标投标法》的规定,《建设工程施工合同补充协议》因超出《建设工程施工合同》约定的范围,没有立项也未进行招投标,故原判决认定该补充协议无效正确。该补充协议虽无效,但因该部分工程已于2011年10月7日竣工,经学校验收并已投入使用,兰州五十七中关于不应当支付该部分工程款的再审申请理由不能成立,本院不予支持。就该部分工程,原判决事实上系根据《建设工程施工合同》有关增加工程按实结算的约定委托鉴定,并不存在按照补充协议有关"合同总造价以具备审计资格的审计单位最终审计结果为准"的约定进行结算的问题。兰州五十七中有关原判决错误依据补充协议结算工程价款的主张,没有事实依据,本院不予支持。

008　开工时间和竣工时间的条款是否属于施工合同的实质性内容?

案件名称:唐山市南北房地产开发有限公司(以下简称南北公司)与浙江环宇建设集团有限公司(以下简称环宇公司)建设工程施工合同纠纷案

审理法院:最高人民法院

案　　号：(2015)民申字第3649号

裁判观点：南北公司通过招投标程序确定环宇公司为涉案工程的中标人，后双方依据招标文件和投标文件签订了《建设工程施工合同》，并按要求进行了备案。虽然招标前环宇公司与南北公司签订了《工程补充合同书》，但《工程补充合同书》约定的工程价款及其支付方式、开工和竣工的时间等内容与《建设工程施工合同》中的约定明显不同。……故原审认定《建设工程施工合同》有效且作为结算依据适用法律并无不当。

009　工程价款让利条款是否属于施工合同的实质性内容？

案件名称：济宁森泰房地产开发有限公司与山东鸿顺集团有限公司建设工程施工合同纠纷案

审理法院：最高人民法院

案　　号：(2015)民申字第3575号

裁判观点：双方在签订了备案的建设工程施工合同之后，又签订了两份补充协议，对工程价款约定了8%、4%的让利。一、二审判决认为，工程价款属于影响合同当事人基本权利义务的实质性内容，双方在备案合同之外的两份补充协议中，对工程价款约定了8%、4%的让利，属于对备案合同实质性内容作了重大变更，并非一般的合同内容变更或其他条款的修改，该认定并无不当。

010　工程价款的计算方式和支付方式的条款是否属于施工合同的实质性内容？

案件名称：河北易兴建筑安装工程有限公司(以下简称易兴公司)与献县鸿基房地产开发有限公司(以下简称鸿基公司)等建设工程施工合同纠纷案

审理法院：最高人民法院

案　　号：(2016)最高法民再352号

裁判观点：易兴公司经过招投标成为案涉工程中标人，并与鸿基公司签订《施工合同》,《施工合同》与中标合同一致,并经依法备案,是双方当事人的真实意思表示,且不违反法律、行政法规的强制性规定,合法有效。《施工合同》签订后,双方又签订了《补充协议》和《施工协议》,对工程价款的计算方式和支付方式等《施工合同》实质性内容进行了变更,违反了《招标投标法》第四十六条关于"招标人和中标人不得再行订立背离合同实质性内容的其他协议"的规定,应当认定为无效。

011 在非强制招投标工程中,变更工程价款的计算方式的约定是否有效?

案件名称:福安市金陵茶业有限公司(以下简称金陵公司)与福建福华建设工程有限公司(以下简称福华公司)建设工程施工合同纠纷案

审理法院:最高人民法院

案　　号:(2016)最高法民申3079号

裁判观点:案涉工程完工后,金陵公司委托鉴定机构对案涉工程进行结算审核,金陵公司和福华公司对审核结果予以确认,系以行为共同变更了《建设工程施工合同》有关结算工程价款依据的约定。因案涉工程系一般民用建筑,并非《招标投标法》所规定的强制招投标工程,双方当事人之间有关结算工程价款的变更并不影响社会公共利益,原判决以工程完工后金陵公司委托鉴定、金陵公司与福华公司共同认可的审核结果作为计价依据,并无不当。

012 工程预付款和进度款的条款是否属于施工合同的实质性内容?

案件名称:华丰建设股份有限公司(以下简称华丰公司)与上海百协中闻置地发展有限公司建设工程施工合同纠纷案

审理法院:最高人民法院

案　　号:(2014)民申字第504号

裁判观点:实际履行中,双方实际上在工程预付款、工程进度款拨付等方面并未按备案合同予以履行,华丰公司亦未提出异议或进行正常的请款程序,可以视为双方实际履行中对备案合同的变更,该种变更并不违背双方当事人的合意。……本案有关工程预付款及工程进度款之约定,不属于对备案合同的实质性变更,原审依法适用双方达成的有关约定认定相关事实,依法有据。

013　固定单价和固定总价的条款是否属于施工合同的实质性内容?

案件名称:平煤神马建工集团有限公司新疆分公司(以下简称平煤神马新疆分公司)与大地工程开发(集团)有限公司天津分公司(以下简称大地天津分公司)等建设工程施工合同纠纷案

审理法院:最高人民法院

案　　号:(2018)最高法民终153号

裁判观点:平煤神马新疆分公司认为招标文件采取的是固定单价,但相关协议约定的是固定总价,且价格几次变化,背离了中标,应属无效。《招标投标法》第四十六条规定,招标人和中标人应当自中标通知书发出之日起30日内,按照招标文件和中标人的投标文件订立书面合同。招标人和中标人不得再行订立背离合同实质性内容的其他协议。从大地天津分公司制作的招标文件来看,固定总价是在固定单价的计价方式基础上根据工程量计算得出。平煤神马新疆分公司在投标函表示,其理解并同意中标价为固定价,即在投标有效期内和合同有效期内,该价格固定不变,表明其认可以固定总价进行结算。后双方据此签订《合同协议书》,约定本合同为固定总价合同,并未背离招投标结果。虽然案涉投标价、中标价、合同价并不完全相同,但一方面,投标价格12,669.7万元、中标价格为11,900万元以及合同约定价格11,776.24万元3个价格之间并无特别巨大的悬殊;另一方面,由于合同总价是根据固定单价计算得出,有关工程量需要双方磋商确认,故经双方协商确定最后价格并无不妥。因此,本案固定单价、固定总价的表述以及价格的调整并不属于《招标投标法》第四十六条第一款规定的招标人和中标人再行订立背离合同实质性内容的其他协议的情形。

014 中途退场变更结算方式的条款是否属于施工合同的实质性内容?

案件名称:唐山凤辉房地产开发有限公司(以下简称凤辉公司)与赤峰建设建筑(集团)有限责任公司(以下简称赤峰建设公司)建设工程施工合同纠纷案

审理法院:最高人民法院

案　　号:(2015)民一终字第309号

裁判观点:根据已查明事实,赤峰建设公司退场时,本案所涉工程尚未完工。对于其所完成的工程部分的价款如何计算,双方存在以下几个方面的争议:(1)结算方式如何认定。凤辉公司主张应按照2007年12月18日的《建设工程施工合同》约定的可调价方式进行结算;赤峰建设公司主张应按照2010年7月10日的《补充协议书》约定的固定单价方式进行结算。本院认为,上述两个协议均为双方当事人的真实意思表示,内容不违反法律、法规的强制性规定,合法有效,双方应依约履行。因《补充协议书》签订在后,且对《建设工程施工合同》的约定进行了变更,双方应按照《补充协议书》约定的固定单价方式进行结算。凤辉公司虽称《补充协议书》是迫于政府部门、施工进度、工期、返迁等各种压力签订,但并没有否认此协议书的真实性,也没有主张撤销,所以《补充协议书》对其仍有拘束力。2004年《建设工程施工合同解释》第二十一条关于"当事人就同一建设工程另行订立的建设工程施工合同与经过备案的中标合同实质性内容不一致的,应当以备案的中标合同作为结算工程价款的依据"之规定针对的是当事人在中标合同之外另行签订《建设工程施工合同》,以架空中标合同、规避中标行为和行政部门监管的情形,而《补充协议书》是在双方履行《建设工程施工合同》过程中,为了解决因工程多次停工给赤峰建设公司造成的损失而签订,只是变更了结算方式,《建设工程施工合同》其他条款仍然有效,并且双方在2012年11月22日的《会议纪要》上对此结算方式再次确认,当地住建局工作人员也在《会议纪要》上签字认可。因此,《补充协议书》属于双方当事人在合同履行过程中经协商一致的合同变更,不属于2004年《建设工程施工合同解释》第二十一条规定的情形。

015 中途退场形成的结算协议是否属于施工合同的实质性内容?

案件名称:海西家禾酒店管理有限公司(以下简称家禾公司)与上海金桥工程建设发展有限公司(以下简称金桥公司)建设工程施工合同纠纷案

审理法院:最高人民法院

案　　号:(2015)民一终字第43号

基本案情:2013年4月21日,家禾公司为甲方与乙方金桥公司青海分公司、丙方麻某义、丁方胡某文签订《四方协议》约定:(1)甲方与乙方、丙方原来已签订的《施工合同》已停止执行;(2)丙方与乙方签订的内部承包合同同时停止执行,工程盈亏由丙方全权承担一切责任;(3)丁方接受乙方、丙方的海西国际大酒店工程项目。同时还约定:(1)海西国际大酒店项目由于各种原因乙方、丙方不能继续施工建设,完成的工程量清单及附属设施和剩余材料交给甲方和丁方计算价款后付给乙方、丙方;(2)结算方式按青海定额海西及2012年3季度海西材料差价及图纸变更、现场签证有关文件执行。钢筋、混凝土、模板、木方按使用一次性执行结算,架管、扣件、水电、机械等如丁方不用,由乙方、丙方归还给租赁公司。宿舍及床、大门、塔座、办公设备按实际造价甲方给予付款。

裁判观点:《四方协议》能够作为案涉工程款结算依据。第一,《四方协议》是各方当事人对案涉工程已施工部分工程款的结算协议,而非对该工程另行签订的建设工程施工合同。《四方协议》正文开头部分载明了签订该协议的原因"鉴于:(1)甲方(家禾公司)与乙方(金桥公司)及丙方(麻某义)原来签订的建筑工程施工合同已停止执行;(2)丙方与乙方签订的内部承包合同同时停止执行,工程盈亏由丙方全权承担一切责任。(3)丁方(胡某文)接受乙方、丙方的海西国际大酒店工程项目"。从上述文义可知,各方签订《四方协议》是就案涉施工合同解除相关问题作出约定。即该协议并非对已备案的《施工合同》内容进行调整,而是就该合同不再继续履行达成对已施工部分工程款的结算协议。

第二,依据《四方协议》进行结算,并不违反2004年《建设工程施工合同解释》第二十一条的规定。2004年《建设工程施工合同解释》第二十一条规定:"当事人就同一建设工程另行订立的建设工程施工合同与经过备案的中标合同实质性内容不一致的,应当以备案的中标合同作为结算工程价款的根据。"该条的规范是针对同一工程先后签订两份实质性内容不一致的建设工程施工合同,其中一份为备案的中标合同时,以何作为结算工程价款依据。从该规范目的可知,该条所指两份合同应均为建设工程施工合同。两份合同约定的主要权利义务都是一方完成案涉工程,另一方给付工程款。具体到本案中,案涉《四方协议》主要约定的是家禾公司、金桥公司以及麻某义之间终止之前签订的《施工合同》,并对工程款等款项的结算以及退场事宜作出的约定,并不要求金桥公司继续施工至案涉工程完工。显然,其不具备建设施工合同中约定承包方施工至工程完成的特征。另外,2004年《建设工程施工合同解释》第二十一条中对"当事人"的要求是前后两份合同的当事人相同。但案涉《四方协议》中有四方当事人,而案涉中标备案合同则只有两方当事人。故两个合同当事人也不相同。就此而言,也不符合2004年《建设工程施工合同解释》第二十一条适用的对象特征。从《施工合同》与《四方协议》签订先后时间及其内容来看,《四方协议》约定了《施工合同》终止后,双方工程款、材料款给付及相关施工设施的处理情况,属于双方对案涉工程的结算范畴。故不存在《四方协议》部分内容因与《施工合同》内容不一致而无效的问题。

第三,《四方协议》的主要内容均与案涉未完工程的结算有关。《四方协议》中的所有8个条文涉及案涉《施工合同》解除后的结算资料交付、结算计价方式、工程款给付时间、工程款委托决算、相关施工图纸提供以及施工材料及设备的处置等事项,具备结算协议的本质特征。鉴于双方已在《四方协议》中确认案涉《施工合同》已停止执行,那么双方当事人根据案涉工程未完工的施工现状调整工程款结算方式也属正常。另外,《四方协议》是双方当事人就案涉工程款结算问题达成的最新协议,且针对的是案涉工程的未完工现状的结算。故即便该协议中对工程款结算方式的约定与《施工合同》不一致,也应以《四方协议》作为结算依据。

016　解决争议方法的条款是否属于施工合同的实质性内容?

案件名称:中国对外建设有限公司(以下简称建设公司)与鞍山华创德隆房产开发有限公司建设工程施工合同纠纷案

审理法院:最高人民法院

案　　号:(2014)民一终字第00067号

裁判观点:根据《招标投标法》第四十六条,关于"招标人和中标人应当自中标通知书发出之日起三十日内,按照招标文件和中标人的投标文件订立书面合同。招标人和中标人不得再行订立背离合同实质性内容的其他协议"的规定,有关工程范围、价款、质量、管辖争议条款等均是合同的实质性内容,在备案合同与未经备案合同约定的管辖条款不一致时,应当以备案合同确定案件的管辖问题。所以,建设公司主张按照未经备案的合同约定的解决争议条款确定本案管辖问题,没有事实和法律依据。

017　当事人另行签订与中标合同实质性内容不一致的施工合同效力如何?

案件名称:聊城市开发区图腾房地产开发有限公司(以下简称图腾公司)与邯郸市爱华建筑安装有限公司(以下简称爱华公司)建设工程施工合同纠纷案

审理法院:山东省高级人民法院

案　　号:(2021)鲁民申6743号

裁判观点:关于案涉《补充协议》的效力问题。爱华公司通过招投标方式中标图腾公司的案涉工程,双方为此签订建设工程施工合同并进行了备案,嗣后双方又另行签订了《补充协议》,对建设工程施工合同中约定的工程质量、工程工期、工程价款结算、拨付方式等事项进行了变更,并作出了让利决算总价5%的约定。诉讼中,爱华公司主张该《补充协议》无效并要求按建设工程施工合同确定双方权利义务。根据《建设工程施工合同解释(一)》第二条、《招标投标法》第四十六条的规定:"招标人和中标人应当自中标通知书发出之日起三十日内,按照招标文件和中标人的投标文件订立书面合同。招标人和中标人不得再行订立背离合同实质性内容的其他协议。"爱华公司与图腾公司签订的案涉《补充协议》对中标合同进行了实质变更并变相降低了工程价款,爱华公司亦要求确认该协议无效,根据前述规定,一、二审法院判决认定《补充协议》无效,于法有据,并无不当。

相关规定

《民法典》

第一百四十六条　行为人与相对人以虚假的意思表示实施的民事法律行为无效。

以虚假的意思表示隐藏的民事法律行为的效力,依照有关法律规定处理。

第一百五十六条　民事法律行为部分无效,不影响其他部分效力的,其他部分仍然有效。

第四百八十八条　承诺的内容应当与要约的内容一致。受要约人对要约的内容作出实质性变更的,为新要约。有关合同标的、数量、质量、价款或者报酬、履行期限、履行地点和方式、违约责任和解决争议方法等的变更,是对要约内容的实质性变更。

第七百九十五条　施工合同的内容一般包括工程范围、建设工期、中间交工工程的开工和竣工时间、工程质量、工程造价、技术资料交付时间、材料和设备供应责任、拨款和结算、竣工验收、质量保修范围和质量保证期、相互协作等条款。

《招标投标法》

第四十六条　招标人和中标人应当自中标通知书发出之日起三十日内，按照招标文件和中标人的投标文件订立书面合同。招标人和中标人不得再行订立背离合同实质性内容的其他协议……

第五十九条　招标人与中标人不按照招标文件和中标人的投标文件订立合同的，或者招标人、中标人订立背离合同实质性内容的协议的，责令改正；可以处中标项目金额千分之五以上千分之十以下的罚款。

《招标投标法实施条例》

第五十七条　招标人和中标人应当依照招标投标法和本条例的规定签订书面合同，合同的标的、价款、质量、履行期限等主要条款应当与招标文件和中标人的投标文件的内容一致。招标人和中标人不得再行订立背离合同实质性内容的其他协议……

第七十五条　招标人和中标人不按照招标文件和中标人的投标文件订立合同，合同的主要条款与招标文件、中标人的投标文件的内容不一致，或者招标人、中标人订立背离合同实质性内容的协议的，由有关行政监督部门责令改正，可以处中标项目金额5‰以上10‰以下的罚款。

《工程建设项目施工招标投标办法》

第六十二条　招标人和中标人应当在投标有效期内并在自中标通知书发出之日起三十日内，按照招标文件和中标人的投标文件订立书面合同。招标人和中标人不得再行订立背离合同实质性内容的其他协议……

第八十三条　招标人与中标人不按照招标文件和中标人的投标文件订立合同的，合同的主要条款与招标文件、中标人的投标文件的内容不一致，或者招标人、中标人订立背离合同实质性内容的协议的，有关行政监督部门责令改正；可以处中标项目金额千分之五以上千分之十以下的罚款。

第三条 **【规划许可】**当事人以发包人未取得建设工程规划许可证等规划审批手续为由，请求确认建设工程施工合同无效的，人民法院应予支持，但发包人在起诉前取得建设工程规划许可证等规划审批手续的除外。

发包人能够办理审批手续而未办理，并以未办理审批手续为由请求确认建设工程施工合同无效的，人民法院不予支持。

条文精解

本条是关于规划许可的规定。依据《城乡规划法》第三十七条至第四十一条的规定，建设单位进行工程建设，应当依法取得建设用地规划许可证及建设工程规划许可证等规划审批手续，违反上述法律的强制性规定，依据《民法典》第一百五十三条的规定，应当认定无效，但发包人在起诉前取得建设工程规划许可证等规划审批手续的除外。发包人在起诉前取得建设工程规划许可证等规划审批手续的，施工合同可以由无效转为有效，理论上称为合同效力补正。《建设工程施工合同解释（一）》第四条也有相关规定，即承包人超越资质等级签订施工合同，在工程竣工前取得相应资质等级的，施工合同有效。未取得建设工程规划许可证等规划审批手续的施工合同效力补正时间定在起诉前，主要是因为建设工程纠纷诉讼周期较为漫长，经常涉及工程造价鉴定、工程质量鉴定、工期鉴定等。如果时间定在一审辩论终结前，则各方当事人权利义务长期处于不稳定的状态中。超越资质签订的施工合同效力补正时间定在工程竣工前，是因为工程竣工前都属于在施工过程中，此前取得相应资质补正合同效力较为合理。如果定在起诉前或者一审辩论终结前，从工程竣工到上述时间往往经过了较长的时间，根据长时间后取得的资质等级来补正之前的施工合同的效力，与法理不符。另外注意，本条规定的未取得建设工程规划许可证等规划审批手续，包括未取得建设用地规划许可证,但不包括未取得国有土地使用权证及建设工程施工许可证。

关于发包人能够办理而未办理审批手续的效力问题。《民法典》第一百五十九条规定,附条件的民事法律行为,当事人为自己的利益不正当地阻止条件成就的,视为条件已经成就。施工合同有效的条件是建设单位依法取得建设工程规划许可证等规划审批手续,建设单位如果为了自己的利益,在能够办理审批手续而不办理的情形下,属于间接的不正当的阻止条件成就。参照上述规定的法理,建设单位此时以未办理审批手续为由请求确认施工合同无效的,不应支持,法律不能给违背诚信的行为保驾护航。另外,关于证明发包人能够办理审批手续而未办理的事实,依据《民事诉讼法》第六十七条的规定,由承包人承担举证责任。同时,承包人还要证明建设工程已经具备办理建设工程规划许可证等规划审批手续的条件。

关于未取得建设工程规划许可证等规划审批手续导致施工合同无效时如何结算的问题。最高人民法院民事审判第一庭编著的《最高人民法院新建设工程施工合同司法解释(一)理解与适用》(人民法院出版社2021年版,第47页)关于"未取得建设工程规划许可证而无效的施工合同如何结算工程价款"的部分观点为:如果工程质量没有问题,且已经投入使用,则依据《民法典》第七百九十三条的规定参照合同关于工程价款的约定折价补偿;如果尚未投入使用,甚至已经被拆除,则依据缔约过失原则对施工单位进行赔偿。笔者认为,未取得建设工程规划许可证等规划审批手续的建筑工程,属于违章建筑,即使质量不存在问题,也不应当参照合同关于工程价款的约定折价补偿,否则间接助长了违法行为。应当依据《建设工程施工合同解释(一)》第六条的规定,根据各方当事人的过错、损失大小、过错与损失之间的因果关系各自承担责任。损失大小无法确定时,可以参照施工合同约定的质量标准、建设工期、工程价款支付时间等内容确定。后期发包方取得建设工程规划许可证等规划审批手续后，承包方可以以不当得利等另行维权。

适用本条，应注意以下几点：(1)如果建设工程所使用的土地，部分取得建设用地规划许可证，部分未取得建设用地规划许可证，依据本条的规定，未取得的部分效力才受影响。已经取得的，依法确认合同效力。(2)如果行政审批的用地面积、建筑面积与施工合同不完全吻合，实务案例并不因此认定施工合同无效，而是以行政审批确定的为准认定用地面积、建筑面积等。

案例适用

018　未取得建设工程规划许可证、建设用地规划许可证，其合同效力如何？

案件名称：浙江金茂钢结构有限公司管理人与青海安飞电子科技有限责任公司（以下简称安飞公司）建设工程施工合同纠纷案

审理法院：青海省高级人民法院

案　　号：(2017)青民终211号

裁判观点：对于没有依法获取建设用地规划许可证、建设工程规划许可证的情况下就签订的施工合同的行为，属于干扰到国家对建设工程的调控和监督，存在较大的法律风险及安全隐患，应该归纳到直接影响国家利益和社会公共利益的范畴内。因此，原浙江金茂钢结构有限公司与安飞公司签订案涉建设工程施工合同之时所适用的《城乡规划法》第三十八条第二款所规定的“以出让方式取得国有土地使用权的建设项目，在签订国有土地使用权出让合同后，建设单位应当持建设项目的批准、核准、备案文件和国有土地使用权出让合同，向城市、县人民政府城乡规划主管部门领取建设用地规划许可证”及第四十条第一款所规定的“在城市、镇规划区内进行建筑物、构筑物、道路、管线和其他工程建设的，建设单位或者个人应当向城市、县人民政府城乡规划主管部门或者省、自治区、直辖市人民政府确定的镇人民政府申请办理建设工程规划许可证”应属效力性强制性法律规定，违反上述法律规定的建设工程施工合同应属无效。

019　在起诉前取得建设工程规划许可证，其合同效力如何？

案件名称：中建三局集团有限公司与黄冈晨鸣浆纸有限公司(以下简称黄冈晨鸣)等建设工程施工合同纠纷案

审理法院：湖北省高级人民法院

案　　号：(2021)鄂民终951号

裁判观点：黄冈晨鸣虽在合同签订时未取得《建设工程规划许可证》和《建设工程施工许可证》，但其在起诉前已取得了规划审批手续，符合《建设工程施工合同解释(二)》第二条“当事人以发包人未取得建设工程规划许可证等规划审批手续为由，请求确认建设工程施工合同无效的，人民法院应予支持，但发包人在起诉前取得建设工程规划许可证等规划审批手续的除外”规定的合同有效要件。故案涉《建设工程施工合同》及《补充协议》应合法有效。

020　施工合同仅部分用地取得规划审批手续，效力如何认定？

案件名称：清镇市站街镇创鑫建材置业有限公司(以下简称创鑫公司)与湖南省花门建筑工程有限公司(以下简称花门公司)建设工程施工合同纠纷案

审理法院：最高人民法院

案　　号：(2021)最高法民申7374号

裁判观点：案涉《建设工程承包合同书》签订主体为创鑫公司和花门公司……因案涉工程仅有部分用地取得规划审批手续，其他部分用地至诉讼时仍未取得规划审批手续，故合同中关于未取得规划审批手续的部分无效……原审认定《建设施工承包合同书》部分有效，适用法律并无不当。

021　建设工程规划许可证等行政审批内容与施工合同在用地面积、建筑面积等内容不完全吻合，效力如何认定？

案件名称：裕程物流发展有限公司（以下简称裕程公司）与上海南汇建工建设（集团）有限公司建设工程施工合同纠纷案

审理法院：最高人民法院

案　　号：（2020）最高法民申4932号

裁判观点：裕程公司主张案涉建设工程规划许可证等行政审批内容与《总承包协议书》及4个分区《建设工程施工合同》在用地面积、建筑面积等内容不完全吻合、无法形成对应关系的问题，因案涉工程系分期、分区报批建设，相关行政主管部门亦是分期、分区进行的行政审批，行政审批的结果与当事人在合同中约定的相关事项不完全相符，二者不一致则以行政审批确定的为准，但该情形并不致案涉合同无效。

022　未取得建设工程规划许可证的建设工程如何结算？

案件名称：江苏中九建设有限公司（以下简称中九公司）与邹平市天沐置业有限公司（以下简称天沐公司）建设工程施工合同纠纷案

审理法院：山东省滨州市（地区）中级人民法院

案　　号：（2022）鲁16民终365号

裁判观点：虽然《民法典》第七百九十三条规定"建设工程施工合同无效，但是建设工程经验收合格的，可以参照合同关于工程价款的约定折价补偿承包人"，但依据本案查明的事实，因至今未取得建设工程规划许可证等审批手续，涉案工程现仍处于"违法建筑"状态，这导致涉案工程目前不但不具备依法"验收"的条件，且其"合法"价值亦无法依法估算。因此，本案工程款的结算并不完全符合上述规定适用的条件，由于涉案工程客观上的"违法"状态系中九公司和天沐公司在明知的情况下共同造成，若适用上述条款计算天沐公司应支付的工程款也有失公正。基于此，在涉案工程仍处于"违法"状态的情况下，一审判决综合考虑涉案工程的违法性、利用或使用价值、鉴定的工程造价、中九公司变更前的诉讼请求等因素并适用过错原则计算本案中天沐公司应支付的工程款并无明显不当，中九公司主张应按鉴定的工程造价全额支付工程款的理由无事实和法律依据。当然，基于公平原则，涉案工程之后具备依法验收的条件或取得相应的建设工程规划许可证等审批手续，中九公司仍有权依据不当得利等法律关系另行主张相应权利。

023　能够办理建设工程规划许可证而未办理的举证责任由谁承担？

案件名称：福建省盛泽建设工程有限公司（以下简称盛泽公司）与河南润泰纺织服饰有限公司（以下简称河南润泰公司）等建设工程施工合同纠纷案

审理法院：河南省高级人民法院

案　　号：（2020）豫民终1308号

裁判观点：盛泽公司认为案涉施工合同有效的理由是河南润泰公司能够办理建设工程规划审批手续而未办理，依据《民事诉讼法》第六十四条第一款"当事人对自己提出的主张，有责任提供证据"的规定，盛泽公司应当对于河南润泰公司能够办理建设工程规划审批手续而未办理的事实承担举证责任。因盛泽公司未举证证明该事实，故根据《建设工程施工合同解释（二）》第二条（现为《建设工程施工合同解释（一）》第三条）的规定，案涉《建设工程施工合同书》应为无效合同。

024　发包人能否以未取得建设工程规划许可证为由请求确认施工合同无效？

案件名称：广西粤华房地产开发有限公司（以下简称粤华公司）与广西建工集团第一建筑工程有限责任公司（以下简称一建公司）等建设工程施工合同纠纷案

审理法院：最高人民法院

案　　号：（2019）最高法民申4305号

裁判观点：根据《补充协议书》第一款的约定，承担办理建设工程规划许可证的义务主体是发包人粤华公司。因此，粤华公司以未办理审批手续为由主张《施工合同》《补充协议书》无效，人民法院不应予以支持。

025　未取得国有土地使用权证签订的施工合同效力如何？

案件名称：新疆建化实业有限责任公司（以下简称建化公司）与新疆零点新能源科技有限公司（以下简称零点公司）等建设工程施工合同纠纷案

审理法院：新疆维吾尔自治区高级人民法院

案　　号：（2021）兵民终20号

裁判观点：关于建化公司与零点公司签订《建设工程施工合同》的效力问题。根据《建设工程施工合同解释（一）》第三条的规定，未取得国有土地使用权证，不影响建设工程施工合同的效力。零点公司取得建设用地规划许可证、建设工程规划许可证，以及建设用地批准书。故建化公司与零点公司2016年6月15日签订的《建设工程施工合同》系双方当事人的真实意思表示，不违反法律、行政法规的强制性规定，合法有效。

相关规定

《建筑法》

第八条　申请领取施工许可证，应当具备下列条件：

……

（二）依法应当办理建设工程规划许可证的，已经取得建设工程规划许可证……

《城乡规划法》

第三十七条　在城市、镇规划区内以划拨方式提供国有土地使用权的建设项目，经有关部门批准、核准、备案后，建设单位应当向城市、县人民政府城乡规划主管部门提出建设用地规划许可申请，由城市、县人民政府城乡规划主管部门依据控制性详细规划核定建设用地的位置、面积、允许建设的范围，核发建设用地规划许可证。

建设单位在取得建设用地规划许可证后，方可向县级以上地方人民政府土地主管部门申请用地，经县级以上人民政府审批后，由土地主管部门划拨土地。

第三十八条　在城市、镇规划区内以出让方式提供国有土地使用权的，在国有土地使用权出让前，城市、县人民政府城乡规划主管部门应当依据控制性详细规划，提出出让地块的位置、使用性质、开发强度等规划条件，作为国有土地使用权出让合同的组成部分。未确定规划条件的地块，不得出让国有土地使用权。

以出让方式取得国有土地使用权的建设项目，建设单位在取得建设项目的批准、核准、备案文件和签订国有土地使用权出让合同后，向城市、县人民政府城乡规划主管部门领取建设用地规划许可证。

城市、县人民政府城乡规划主管部门不得在建设用地规划许可证中，擅自改变作为国有土地使用权出让合同组成部分的规划条件。

第三十九条　规划条件未纳入国有土地使用权出让合同的，该国有土地使用权出让合同无效……

第四十条　在城市、镇规划区内进行建筑物、构筑物、道路、管线和其他工程建设的，建设单位或者个人应当向城市、县人民政府城乡规划主管部门或者省、自治区、直辖市人民政府确定的镇人民政府申请办理建设工程规划许可证。

申请办理建设工程规划许可证，应当提交使用土地的有关证明文件、建设工程设计方案等材料。需要建设单位编制修建性详细规划的建设项目，还应当提交修建性详细规划。对符合控制性详细规划和规划条件的，由城市、县人民政府城乡规划主管部门或者省、自治区、直辖市人民政府确定的镇人民政府核发建设工程规划许可证……

第四十一条　在乡、村庄规划区内进行乡镇企业、乡村公共设施和公益事业建设的，建设单位或者个人应当向乡、镇人民政府提出申请，由乡、镇人民政府报城市、县人民政府城乡规划主管部门核发乡村建设规划许可证……

《土地管理法》

第四条　国家实行土地用途管制制度。

国家编制土地利用总体规划，规定土地用途，将土地分为农用地、建设用地和未利用地。严格限制农用地转为建设用地，控制建设用地总量，对耕地实行特殊保护。

……

使用土地的单位和个人必须严格按照土地利用总体规划确定的用途使用土地。

第五十三条　经批准的建设项目需要使用国有建设用地的，建设单位应当持法律、行政法规规定的有关文件，向有批准权的县级以上人民政府自然资源主管部门提出建设用地申请，经自然资源主管部门审查，报本级人民政府批准。

第五十六条　建设单位使用国有土地的，应当按照土地使用权出让等有偿使用合同的约定或者土地使用权划拨批准文件的规定使用土地；确需改变该幅土地建设用途的，应当经有关人民政府自然资源主管部门同意，报原批准用地的人民政府批准。其中，在城市规划区内改变土地用途的，在报批前，应当先经有关城市规划行政主管部门同意。

《民法典》

第一百五十九条　附条件的民事法律行为，当事人为自己的利益不正当地阻止条件成就的，视为条件已经成就；不正当地促成条件成就的，视为条件不成就。

第四条　【资质补正】承包人超越资质等级许可的业务范围签订建设工程施工合同，在建设工程竣工前取得相应资质等级，当事人请求按照无效合同处理的，人民法院不予支持。

条文精解

本条是关于资质补正的规定。《建筑法》第十三条及《建筑业企业资质管理规定》第三条规定，承包人按照其注册资本、专业技术人员、技术装备和已完成的工程业绩等资质条件，划分为不同的资质等级，并在其资质等级许可的范围内从事建筑活动。一般情况下，承包人超越资质等级签订的施工合同，应当依据《建设工程施工合同解释（一）》第一条的规定认定无效。本条属于该解释第一条的例外规定,即在工程竣工前取得相应资质等级的,施工合同由无效转为有效,理论上称为合同效力补正,适用对象主要是已经具备一定建设能力、正在申报相应资质等级而尚未获得批准的承包人。承包人在工程竣工后才取得相应资质等级的,其施工合同的效力应当依据该解释第一条的规定认定无效。

关于对承包人超越资质等级承揽工程的理解问题。本条仅规定超越资质等级的情形,对于没有资质挂靠有资质的情形则不适用,不应随意扩大适用范围。没有资质承揽工程危及工程质量安全,施工合同应当依据《建设工程施工合同解释(一)》第一条的规定认定无效,不存在补正的空间。关于承包人是否超越资质等级许可的业务范围签订施工合同,判断依据是《建筑业企业资质标准》的规定。施工企业资质分为施工总承包、专业承包和施工劳务3个序列。施工总承包序列设有12个类别,一般分为特级、一级、二级、三级4个等级。专业承包序列设有36个类别,一般分为一级、二级、三级3个等级。施工劳务序列不分类别和等级。各个级别都有对应的可以承包的工程范围,承包人超越规定许可的范围签订施工合同,应在工程竣工前取得相应的资质等级,否则施工合同为无效的合同。

关于对资质补正时间的理解问题。本条规定的效力补正的时间点是工程竣工前,即承包人停止施工,将工程交给发包人之前。如此规定是因为工程竣工前都还算在施工过程中,此前取得相应资质等级补正施工合同效力较为合理。如果定在起诉前或者一审辩论终结前,从工程竣工时间到上述时间往往经过了较长的时间,根据长时间后取得的资质等级来补正之前的施工合同效力,不符合法理。如果承包人在工程竣工后才取得相应资质等级的,则施工合同应当依据《建设工程施工合同解释(一)》第一条的规定认定无效。另外,要注意工程竣工前与工程竣工验收前的区别,依据《建设工程质量管理条例》第十六条的规定,工程竣工验收是指建设单位在收到施工单位的竣工报告后,组织设计、施工、工程监理等有关单位对建设工程进行综合验收的行为。先有施工单位的竣工,才有建设单位的竣工验收。本条规定的时间应当是施工单位工程竣工前,而非建设单位竣工验收前。因为施工单位停止施工后是否取得相应的资质等级,对于之前的施工行为已经没有任何意义。实务中,也经常出现承包人中途退场的情形,若承包人是超越资质等级签订的施工合同,那么施工合同的效力补正的时间应当是承包人停止施工,并将工程交于发包人之前,而不是整个工程竣工验收之前,停止施工后取得相应资质等级不能补正施工合同的效力。

案例适用

026　承包人在工程竣工前取得相应资质等级的,施工合同效力如何?

案件名称:贵州贵新煤业有限公司(以下简称贵新煤业)与贵州汇源建筑工程有限公司(以下简称汇源公司)建设工程施工合同纠纷案

审理法院:贵州省高级人民法院

案　　号:(2017)黔民终170号

裁判观点:从在案证据来看,汇源公司至迟于2013年7月5日取得房屋建筑工程施工总承包贰级资质。本案中,案涉工程竣工时间是在2013年10月31日(见《单位工程质量认证书》),根据2004年《建设工程施工合同解释》第五条(现为《建设工程施工合同解释(一)》第四条)的规定,本案贵新煤业以汇源公司不具备资质为由主张施工合同无效,本院不予支持。

027　承包人在工程竣工后取得相应资质等级的,施工合同效力如何?

案件名称:长春国投建设工程有限公司(以下简称国投建设公司)与吉林省天船农业产业发展有限公司(以下简称天船农业公司)建设工程施工合同纠纷案

审理法院:吉林省松原市中级人民法院

案　　号:(2020)吉07民初97号

裁判观点:国投建设公司于2019年2月和4月取得建筑施工企业资质,故可以确定国投建设公司在2017年至2018年与天船农业公司签订案涉4份建设工程施工合同时没有取得建筑施工企业资质。根据2004年《建设工程施工合同解释》第五条(现为《建设工程施工合同解释(一)》第四条)规定,承包人超越资质等级许可的业务范围签订建设施工合同的,在建设工程竣工前取得相应资质等级的,合同为有效合同。本案中,国投建设公司与天船农业公司签订案涉4份建设工程施工合同时,不具备建筑施工企业资质,且其取得建筑施工企业资质的时间在案涉工程竣工后,故依据上述规定,案涉4份合同违反法律行政法规的强制性规定,属于无效合同。

028　承包人中途退场,其超越资质签订的施工合同效力补正时间如何确定?

案件名称:浙江省三建建设集团有限公司(以下简称三建公司)与咸阳凯创置业有限责任公司等建设工程施工合同纠纷案

审理法院:最高人民法院

案　　号:(2020)最高法民终483号

一审裁判观点:案涉工程项目总建筑面积约40万平方米,三建公司于2015年4月7日离场前系房屋建筑工程施工总承包一级资质,依法只能承建建筑面积20万平方米及以下的住宅小区或建筑群体。……三建公司虽于2015年11月3日已取得建筑工程施工总承包特级资质,但对于未完工程,一般应以承包人停止建设,将工程实际交付发包人前是否取得与承揽工程相适应的资质等级作为认定合同效力的事实基础,故本案不应适用《建设工程施工合同解释(一)》第四条"承包人超越资质等级许可的业务范围签订建设工程施工合同,在建设工程竣工前取得相应资质等级,当事人请求按照无效合同处理的,不予支持"之合同效力补正规定。

二审裁判观点:三建公司在离场前具有房屋建筑工程施工总承包一

级资质，依法只能承建建筑面积20万平方米以下的住宅小区或建筑群体。案涉工程总建筑面积约40万平方米，远超三建公司依资质所能承建的范围。一审判决认定三建公司超越资质等级承包工程致合同无效，具有事实和法律依据，本院予以维持。

相关规定

《建筑法》

第十三条　从事建筑活动的建筑施工企业、勘察单位、设计单位和工程监理单位，按照其拥有的注册资本、专业技术人员、技术装备和已完成的建筑工程业绩等资质条件，划分为不同的资质等级，经资质审查合格，取得相应等级的资质证书后，方可在其资质等级许可的范围内从事建筑活动。

第二十六条　承包建筑工程的单位应当持有依法取得的资质证书，并在其资质等级许可的业务范围内承揽工程。

禁止建筑施工企业超越本企业资质等级许可的业务范围或者以任何形式用其他建筑施工企业的名义承揽工程。禁止建筑施工企业以任何形式允许其他单位或者个人使用本企业的资质证书、营业执照，以本企业的名义承揽工程。

《建设工程质量管理条例》

第十六条　建设单位收到建设工程竣工报告后，应当组织设计、施工、工程监理等有关单位进行竣工验收。

建设工程竣工验收应当具备下列条件：

（一）完成建设工程设计和合同约定的各项内容；

（二）有完整的技术档案和施工管理资料；

（三）有工程使用的主要建筑材料、建筑构配件和设备的进场试验报告；

（四）有勘察、设计、施工、工程监理等单位分别签署的质量合格文件；

（五）有施工单位签署的工程保修书。

建设工程经验收合格的，方可交付使用。

第二十五条　施工单位应当依法取得相应等级的资质证书，并在其资质等级许可的范围内承揽工程。

禁止施工单位超越本单位资质等级许可的业务范围或者以其他施工单位的名义承揽工程。禁止施工单位允许其他单位或者个人以本单位的名义承揽工程

……

《建筑业企业资质管理规定》

第三条　企业应当按照其拥有的资产、主要人员、已完成的工程业绩和技术装备等条件申请建筑业企业资质，经审查合格，取得建筑业企业资质证书后，方可在资质许可的范围内从事建筑施工活动。

第五条　【劳务分包】具有劳务作业法定资质的承包人与总承包人、分包人签订的劳务分包合同，当事人请求确认无效的，人民法院依法不予支持。

条文精解

本条是关于劳务分包的规定。《建筑业企业资质管理规定》第五条及《建筑业企业资质标准》总则部分规定，建筑业企业资质分为施工总承包、专业承包和施工劳务3个序列。取得施工劳务资质的企业可以承接具有施工总承包资质或专业承包资质的企业分包的劳务作业，即总承包人或者分包人可以将劳务作业分包给具有劳务作业法定资质的承包人。依据《建筑法》第二十九条的规定，总承包人若将工程分包，必须有合同的约定或者经建设单位的认可，分包人不能将工程再分包。依据《建筑工程施工发包与承包违法行为认定查处管理办法》第十二条的规定，专业承包人将其承包的专业工程中非劳务作业部分再分包的，或者劳务承包人将其承包的劳务再分包的，会被认定为违法分包行为。本条解释便是明确了总承包人将劳务作业分包及专业承包人将劳务作业分包的，其分包合同的效力受法律保护，不应被认定为违法分包行为。当然，接受劳务分包的单位必须具有劳务作业法定资质，缺乏资质承揽劳

务作业的行为依据《建设工程施工合同解释(一)》第一条的规定处理。接受劳务分包的单位不能进行再分包,必须自行完成承包的工程,这与专业承包人的规定一致。另外,建设单位将劳务作业单独发包属于肢解发包的行为,不受法律保护,本条适用的范围仅包括总承包人或者分包人,不包括建设单位。

关于劳务分包与专业分包的区别问题。参照《房屋建筑和市政基础设施工程施工分包管理办法》第五条的规定,劳务作业分包是指施工总承包企业或者专业承包企业将其承包工程中的劳务作业发包给劳务分包企业完成的活动。劳务作业分包是将简单劳动从复杂劳动剥离出来单独进行承包施工的劳动,总承包人、分包人与劳务作业承包人之间既不是劳务关系,也不是劳动合同关系,而是建设工程施工合同关系。专业工程分包是指施工总承包企业将其所承包工程中的专业工程发包给具有相应资质的其他建筑业企业完成的活动。劳务分包与专业工程分包的区分,可以从以下两个方面进行:一是参照主管部门颁布的《建设工程施工专业分包合同(示范文本)》和《建设工程施工劳务分包合同(示范文本)》的内容进行区分。劳务分包的对象主要是计件或者计时的施工劳务,主要指人工费用以及劳务施工的相应管理费用,专业分包则涉及工程的各个方面。二是参照原建设部颁布的《建筑业劳务分包企业资质标准》中关于劳务作业的类型判断。劳务作业分包包括木工作业、砌筑作业、抹灰作业、石制作、油漆作业、钢筋作业、混凝土作业、脚手架作业、模板作业、焊接作业、水暖电安装作业、钣金作业及架线作业共计13种。特别需要注意的是,根据《建筑业企业资质标准》总则部分及《建筑业企业资质管理规定》的规定,施工劳务资质不再分类别与等级。

案例适用

029　劳务分包如何判断?

案件名称: 中铁十九局集团第二工程有限公司(以下简称十九局二

公司)与西藏川中建筑劳务有限公司(以下简称川中公司)等建设工程合同纠纷案

审理法院:最高人民法院

案　　号:(2020)最高法民终428号

裁判观点:十九局二公司具有建筑工程、公路工程等施工总承包壹级资质,桥梁工程、隧道工程等专业承包壹级资质,川中公司具有建筑劳务分包等资质。案涉《隧道施工合同》第二条2.2关于合同价款约定,综合单价包括完成该工程所需的劳务、保险、利润、税金、安全文明施工措施费、施工环保费、施工防护费及作业范围内一切劳务费等,即劳务综合单价包括完成本合同工作内容所需的所有劳务费用。该案涉合同第四条甲方(指十九局二公司)责任约定,向乙方(指川中公司)提供施工图纸及有关技术资料,负责施工测量、试验和技术服务工作;派驻施工现场工程师或代表,负责对乙方安全生产、工程质量、工程进度、标准化管理、变更的签证及验工等管理工作进行监督和指导;按时组织供应本合同确定由甲方供应的材料以满足工程进度的需要。第六条6.1约定,主材(钢材、水泥、火工品、砼外加剂等)、机械、车辆由十九局二公司提供。据上述约定,十九局二公司将其承包工程中的劳务作业部分发包给有相应资质的川中公司,十九局二公司提供施工图纸、专业技术、机械设备和施工主材,川中公司主要义务为完成工程劳务。川中公司虽称主材、机械设备系由川中公司提供,但并未提供证据证明;结合十九局二公司与川中公司之间的工程量清单及验工计价单显示均为工作内容和对应单价,可以认定案涉合同系劳务分包合同。

030　劳务分包和专业分包如何区分?

案件名称:湖南永红建筑劳务有限公司(以下简称永红公司)与湖南桔洲建设集团有限公司(以下简称桔洲公司)建设工程分包合同纠纷案

审理法院:湖南省高级人民法院

案　　号:(2019)湘民终1701号

裁判观点：建设工程分包合同的主要法律特征是承包方将其承包的部分工程交给第三方完成，第三方就其施工交付的工程获得工程价款。原建设部颁布的《房屋建筑和市政基础设施工程施工分包管理办法》将劳务作业分包定义为，施工总承包企业或者专业承包企业将其承包工程中的劳务作业发包给劳务分包企业完成的活动。原建设部颁布的《建筑业劳务分包企业资质标准》规定，木工、砌工、抹灰、油漆等13种作业类别属于劳务作业范围。上述行政主管部门规章内容表明，劳务分包合同的主要内容指向的是工程施工中具有较强专业技术性的劳务作业，其对象是计件或者计时的施工劳务，主要是指人工费用以及劳务施工的相应管理费用。本案中，永红公司（乙方）与桔洲公司醴陵名都天下城二期项目部（甲方）签订的《劳务合同书》约定将案涉项目土建部分工程以包工包周转材料的形式承包给乙方，双方明确约定承包范围：甲方提供长沙中盛建筑勘察设计有限公司设计的“名都—天下城”3#、5#、6#、7#栋商住楼及地下室施工图所有内容和甲方要求，清包工从基础至竣工验收范围内所有土建部分工程内容；按照已经过图审的施工图为依据及建设单位发包合同承包范围内的所有土建分部内容；模板、木方、架管、扣件、顶托等全部周转材料为乙方承包范围，甲方只提供钢材、碎、水泥、砖、石、止水钢板、沙浆王、石灰、胶水、抹灰用钢丝网材料；其他辅助材料全部由乙方负责。上述合同约定的工程内容和工程承包范围明显不符合劳务分包合同的法律特征，永红公司系劳务公司，不具备建筑企业施工资质，其承接案涉工程属于违法承揽工程，双方签订的《劳务合同书》系违法分包合同，应属无效。

031　劳务分包和劳务合同如何区分？

案件名称：申某燕与湖北红都精创实业有限公司（以下简称红都精创公司）、湖北世龙化工有限公司（以下简称世龙化工公司）劳务合同纠纷案

审理法院：湖北省荆门市中级人民法院

案　　号：(2021)鄂08民再33号

裁判观点：根据原建设部《房屋建筑和市政基础设施工程分包管理办法》第五条的规定，房屋建筑和市政基础设施工程施工分包分为专业工程分包和劳务作业分包。原建设部在《建筑业劳务分包企业资质标准》的规定中，对劳务作业分包的种类作出了明确的规定，其中脚手架作业属于劳务作业分包范畴，故申某燕与红都精创公司签订的《架子工班组施工合同书》应为劳务分包合同，而非劳务合同。劳务分包合同是基于建设工程施工合同派生出来的合同关系，没有建设工程施工合同也就没有劳务分包合同的存在，故应当将劳务分包合同理解为建设工程施工合同的一部分，劳务分包合同性质上属于建设工程施工合同。综上，本案基于再审申请人申某燕与被申请人红都精创公司之间签订的《架子工班组施工合同书》及实际施工内容，双方成立建设工程施工合同法律关系，原判认定劳务合同关系适用法律错误，致使原审对当事人之间基于建设工程施工合同法律关系所涉案件基本事实未予审理。尚需查明申某燕与红都精创公司签订的《架子工班组施工合同书》是否为违法劳务分包合同以认定申某燕是否为实际施工人，世龙化工公司与红都精创公司对工程款是否进行了结算，世龙化工公司是否尚欠红都精创公司工程款及数额以确定其是否应当在欠付工程价款的范围内向实际施工人承担责任。综上，原审法院对本案相关基本事实未予审理，适用法律错误。经合议庭评议，判决："一、撤销湖北省荆门市东宝区人民法院(2020)鄂0802民初454号民事判决；二、本案发回湖北省荆门市东宝区人民法院重审。"

相关规定

《建筑法》

第二十九条　建筑工程总承包单位可以将承包工程中的部分工程发包给具有相应资质条件的分包单位；但是，除总承包合同中约定的分包外，必须经建设单位认可。施工总承包的，建筑工程主体结构的施工必须由总承包单位自行完成。

建筑工程总承包单位按照总承包合同的约定对建设单位负责；分包单位按照分包合同的约定对总承包单位负责。总承包单位和分包单位就分包工程对建设单位承担连带责任。

禁止总承包单位将工程分包给不具备相应资质条件的单位。禁止分包单位将其承包的工程再分包。

《建筑工程施工发包与承包违法行为认定查处管理办法》

第十二条　存在下列情形之一的，属于违法分包：

（一）承包单位将其承包的工程分包给个人的；

（二）施工总承包单位或专业承包单位将工程分包给不具备相应资质单位的；

（三）施工总承包单位将施工总承包合同范围内工程主体结构的施工分包给其他单位的，钢结构工程除外；

（四）专业分包单位将其承包的专业工程中非劳务作业部分再分包的；

（五）专业作业承包人将其承包的劳务再分包的；

（六）专业作业承包人除计取劳务作业费用外，还计取主要建筑材料款和大中型施工机械设备、主要周转材料费用的。

《房屋建筑和市政基础设施工程施工分包管理办法》

第五条　房屋建筑和市政基础设施工程施工分包分为专业工程分包和劳务作业分包。

本办法所称专业工程分包，是指施工总承包企业（以下简称专业分包工程发包人）将其所承包工程中的专业工程发包给具有相应资质的其他建筑业企业（以下简称专业分包工程承包人）完成的活动。

本办法所称劳务作业分包，是指施工总承包企业或者专业承包企业（以下简称劳务作业发包人）将其承包工程中的劳务作业发包给劳务分包企业（以下简称劳务作业承包人）完成的活动。

本办法所称分包工程发包人包括本条第二款、第三款中的专业分包工程发包人和劳务作业发包人；分包工程承包人包括本条第二款、第三款中的专业分包工程承包人和劳务作业承包人。

第九条　专业工程分包除在施工总承包合同中有约定外，必须经建设单位认可。专业分包工程承包人必须自行完成所承包的工程。

劳务作业分包由劳务作业发包人与劳务作业承包人通过劳务合同约定。劳务作业承包人必须自行完成所承包的任务。

《建筑业企业资质管理规定》

第五条　建筑业企业资质分为施工总承包资质、专业承包资质、施工劳务资质三个序列。

施工总承包资质、专业承包资质按照工程性质和技术特点分别划分为若干资质类别，各资质类别按照规定的条件划分为若干资质等级。施工劳务资质不分类别与等级。

《住房和城乡建设部关于进一步加强建筑市场监管工作的意见》

（六）禁止违法分包工程。承包单位要严格按照法律法规的规定进行工程分包。承包单位不得将承接工程的主体工程进行分包，分包单位不得将分包工程再分包。承包单位存在下列情形之一的视为违法分包，有关部门要依法进行查处：

1. 承包单位将建设工程分包给不具备相应资质条件的单位或个人的；

2. 承包合同中没有约定，又未经建设单位书面认可，承包单位将其承包的部分建设工程交由其他单位完成的；

3. 劳务企业将承包的劳务作业再分包的；

4. 法律法规规定的其他情形。

《民法典》

第七百九十一条　发包人可以与总承包人订立建设工程合同，也可以分别与勘察人、设计人、施工人订立勘察、设计、施工承包合同。发包人不得将应当由一个承包人完成的建设工程支解成若干部分发包给数个承包人。

总承包人或者勘察、设计、施工承包人经发包人同意，可以将自己承包的部分工作交由第三人完成。第三人就其完成的工作成果与总承包人或者勘察、设计、施工承包人向发包人承担连带责任。承包人不得将其承包的全部建设工程转包给第三人或者将其承包的全部建设工程支解以后以分包的名义分别转包给第三人。

禁止承包人将工程分包给不具备相应资质条件的单位。禁止分包单位将其承包的工程再分包。建设工程主体结构的施工必须由承包人自行完成。

第六条 【无效赔偿】建设工程施工合同无效，一方当事人请求对方赔偿损失的，应当就对方过错、损失大小、过错与损失之间的因果关系承担举证责任。

损失大小无法确定，一方当事人请求参照合同约定的质量标准、建设工期、工程价款支付时间等内容确定损失大小的，人民法院可以结合双方过错程度、过错与损失之间的因果关系等因素作出裁判。

条文精解

本条是关于无效赔偿的规定。《民法典》第一百五十七条规定，民事法律行为无效，行为人因该行为取得的财产，应当予以返还。不能返还或者没有必要返还的，应当折价补偿。有过错的一方应当赔偿对方由此所受到的损失。各方都有过错的，应当各自承担相应的责任。在建设工程施工中，因为承包人已经将劳务、材料等物化到建设工程中，基于其特殊性，无法适用予以返还的规定，应当适用折价补偿的规定。依据《民法典》第七百九十三条的规定，建设工程在经验收合格的前提下，可以参照施工合同关于工程价款的约定折价补偿承包人。本条规定的核心是施工合同无效的情形下，一方当事人请求赔偿损失的，应当如何承担举证责任及损失大小无法确定的情形下，如何处理的问题。如果建设工程经验收合格，承包人可以依据《民法典》第七百九十三条的规定，要求发包人参照施工合同的约定折价补偿。当然,参照施工合同的约定折价补偿与合同无效时要求过错方承担相应的赔偿责任并不冲突。例如,承包人要求参照合同约定折价补偿工程价款后,也可以要求因为发包人原因导致的停工、窝工损失。发包人支付工程价款后,也可以要求承包人承担质量、工期方面的损失。

关于过错、损失大小、过错与损失之间因果关系的理解问题。依据《民事诉讼法解释》第九十条的规定,当事人对自己提出的诉讼请求所依据的事实应当提供证据加以证明,即一方当事人请求对方赔偿损失的,应当就对方过错、损失大小、过错与损失之间的因果关系承担举证责任。(1)关于过错,依据《建设工程施工合同解释(一)》第一条和第三条的规定,施工合同无效的原因主要包括发包人未办理建设用地规划许可证和建设工程规划许可证、建设工程应当招标而未招标及承包人未取得相应的资质等级证书或者承包人将工程转包、违法分包等。在未办理建设用地规划许可证和建设工程规划许可证、建设工程应当招标而未招标的情形下,发包人作为法定义务主体,为主要过错方。在承包人未取得相应的资质等级证书或者承包人将工程转包、违法分包的情形下,承包人为主要过错方。(2)关于损失大小,从发包人的角度,主要包括质量方面的损失和工期方面的损失。从承包人的角度,主要包括未及时支付工程价款的损失及因为发包人的原因导致的停工、窝工的损失。这里要特别注意,合同无效的损失仅包括直接的经济损失,不包括可得利益损失。因为合同无效的赔偿责任属于缔约过失责任,以恢复原状为原则,不应通过无效合同而获利。这与违约责任不同,违约责任包括可得利益损失。(3)关于因果关系,即过错必须与损失之间具有因果关系,不存在因果关系则不应该承担赔偿责任。例如,发包人未依法将工程项目招标发包导致合同无效,且工程质量存在问题,但工程质量问题是因为承包人没有依据设计文件或者施工技术标准进行施工所导致。此时,发包人对于合同无效存在过错,但该过错与工程质量问题不存在因果关系,或者过错不大。承包人未依据设计文件或者施工技术标准进行施工才是质量问题的主要原因,应由承包人承担主要责任。

关于按照质量标准、建设工期、工程价款支付时间确定损失大小的理解问题。按照法理,合同无效的,合同关于质量标准、建设工期、工程价款支付时间等内容也应当无效。但考虑到建设工程的特殊性及保护受害方的救济权利,在损失无法确定的情形下,应当允许受害方参照合同约定的质量标准、建设工期、工程价款支付时间等内容确定损失大小。如果不允许受害方参照合同约定的质量标准、建设工期、工程价款支付时间等内容确定损失大小的,则受到损失以后,受害方可能面临无法救济的处境,这与有损失就有救济的精神相悖,也会导致违反诚信却获利的局面出现。当然,立法者也不希望“无效按照有效”处理的局面出现,所以本条规定的是参照确定,而非依据确定。(1)参照合同约定的质量标准,是指承包人承建的工程不符合合同约定的质量标准所造成的损失,如发包人修复工程产生的费用。(2)参照合同约定的建设工期,是指承包人施工超过合同约定的工期所造成的损失,如发包人因此而增加的管理成本。(3)参照工程价款支付时间,是指因为发包人没有按照合同约定的时间支付工程价款导致的损失,如因此导致承包人拖欠材料款产生的赔偿责任。当然,上述损失确定以后,需要结合双方的过错程度、过错与损失之间的因果关系等作出最后的认定。

关于施工合同无效,合同中有关损失赔偿的约定能否适用的问题。实务中,存在不同的案例,认为不应该适用的理由是合同既已无效,则关于损失赔偿的约定一样无效,不应当依据其计算具体损失。认为应当适用的理由是合同已有约定,应按照其约定计算具体损失。笔者认为,如果施工合同已明确约定了具体的损失计算方式,在损失大小无法确定的情形下,应当依据合同约定的方式计算具体损失。理由是依据本条第二款的规定,在损失大小无法确定的情形下,可以参照合同约定的质量标准、建设工期、工程价款支付时间等内容确定损失大小,自然也可以参照合同约定的损失计算方式确定损失大小,这符合立法目的。当然,如果合同约定的是违约金条款,则不应当适用,因为违约金条款适用的前提是违反有效合同的约定,合同无效的情形下不应适用。

案例适用

032　过错、损失大小、过错与损失之间的因果关系如何理解?

案件名称:济南金河房地产综合开发有限责任公司(以下简称金河公司)与天津市众鑫合集团有限公司(以下简称众鑫合公司)等建设工程施工合同纠纷案

审理法院:山东省高级人民法院

案　　号:(2020)鲁民终371号

一审裁判观点:合同无效后承担赔偿责任的,应当满足以下构成要件:(1)有损害事实存在或者有损失发生;(2)一方当事人具有过错;(3)过错与损失之间具有因果关系。根据该三构成要件分析如下:(1)关于损失数额。承包人因合同无效向发包人主张损失赔偿的范围包括实际支出损失与停工、窝工损失,针对以上两种类型分述如下:①关于实际支出损失。建设工程的施工过程,是承包人将劳务及建筑材料物化到建设工程的过程,基于这一特殊性,合同无效,发包人取得的财产形式上是承包人建设的工程,实际上是承包人对工程建设投入的劳务及建筑材料。本案中,案涉合同因无建设工程规划许可证无效,且根据现有情形(土地尚未拆迁完毕),办理建设工程规划许可证又不可期,合同尚未履行完毕,众鑫合公司无法根据《建设工程施工合同解释(一)》第六条规定获得折价补偿的工程款,但其为履行合同将人、材、机的支出物化到建设工程中,故在此情况下,其为履行合同对人、材、机的支出可以认定为是实际损失……②关于停工、窝工损失。根据《建设工程施工合同解释(二)》第三条的规定,因建设工程施工合同无效,一方当事人可以请求对方赔偿损失(包括实际支出的损失以及停工、窝工损失)。对于该停工、窝工损失所涉及的情形,主要由原《合同法》第二百八十三条以及《最高人民法院第八次全国法院民事商事审判工作会议(民事部分)纪要》第三十二条、第三十三条进行规范。主要包括:A. 建设工程施工过程中涉及隐蔽工程的,在隐蔽工程以前,承包人通知发包人检查,如发包人没有及时检查,承包人可以要求顺延工程日期,并有权要求发包人赔偿误工损失;B. 建设工程合同中约定由发包人提供原材料、设备、场地、资金、技术资料的,发包人未按照约定的时间和要求提供原材料、设备、场地、资金、技术、资料,承包人可以要求顺延工期,并有权要求发包人赔偿窝工损失;C. 发包人不履行告知变更后的施工方案、施工技术交底、完善施工条件等协作义务,致承包人误工以致难以完成工程项目建设,承包人催告在合理期限内履行,发包人逾期不履行的,承包人有权要求发包人赔偿窝工损失。……另需说明的是,一审法院在该部分仅认定停工、窝工损失金额,但仍需分清哪些损失是因无效合同造成的,哪些损失与合同效力无关,将在下面进一步论述……(2)关于当事人过错。合同无效后,应当根据当事人的过错大小,合理划分过错责任。建设工程施工合同中,合同当事人的过错一般根据造成建设工程施工合同无效的原因予以认定,在未办理建设用地规划许可手续和建设工程规划许可手续的情况下,发包人应当承担主要责任,承包人应当承担次要责任。本案中,发包人金河公司始终未办理建设工程规划许可证,应当承担主要责任,但众鑫合公司在订立合同时,明知案涉工程所在土地未拆迁完毕、金河公司尚未办理建设工程规划许可证,对合同无效亦存在一定过错,一审法院根据案件具体情况确定金河公司对合同无效承担80%责任,众鑫合公司承担20%责任。(3)关于过错与损失之间具有因果关系。对建设工程合同无效而言,对于合同无效造成的损失,必须是因导致合同无效的发包人或者承包人的违法行为造成,即损失与导致合同无效的过错二者之间具有因果关系。本案中,众鑫合公司因履行无效合同而导致人、材、机等的实际支出与金河公司的过错之间具有因果关系,金河公司应对此承担赔偿责任。众鑫合公司所诉之停工、窝工损失，一审法院确定金河公司应当承担众鑫合公司停窝工损失的40%，主要基于以下考虑：①双方建设工程合同约定工期为3个月，但金河公司多次停工（从众鑫合公司提交的证据可以看出，自2015年2月9日至2016年6月15日机械停滞损失持续发生），停工期间超过合同约定工期，在此情况下，众鑫合公司应当对形势进行正确判断，及时采取措施，防止损失进一步扩大；②根据众鑫合公司订立的《机械租赁合同》及其与金河公司签订的设备停工时间明细单及误工明细表，的确发生其所租赁设备停工、窝工的情况；③众鑫合公司进场施工时，工地尚未拆迁完毕，发生停工、窝工风险进一步加大，场地未准备完善发生停工、窝工损失的风险为众鑫合公司应当预见的；④众鑫合公司辩称因金河公司延期支付工程款导致停工、窝工。一审法院注意到以下一个事实，双方在原合同中对工程款的约定系按工程进度支付，在补充合同中对工程款的给付重新达成了合意，即工程竣工验收60日给付工程款，故众鑫合公司在施工过程中无法根据合同约定要求金河公司支付工程进度款，众鑫合公司以金河公司延期支付工程进度款从而停工、窝工的理由不成立。综上，金河公司应当赔偿的损失总计为15,419,188.27元（15,382,355.34元×80%+7,783,260元×40%）。

二审裁判观点：关于一审判决对双方过错责任大小的分配是否合理问题。金河公司作为开发商，应当对所开发建设工程项目审批手续是否完备承担全部责任。对于涉案施工合同的签订，是金河公司主动对外寻找施工主体，对涉案合同的无效应当承担主要过错责任。一审判决酌定众鑫合公司与金河公司按2∶8的比例分担过错责任，并无不当。

033　请求赔偿损失应如何承担举证责任？

案件名称：上诉人石某维与被上诉人花垣县五溪水电开发有限责任公司建设施工合同纠纷案

审理法院：湖南省湘西土家族苗族自治州中级人民法院

案　　号：(2022)湘31民终948号

裁判观点：《材料损失》其中仅列明了案涉各项财产损失的金额，并未载明案涉财产损失应由被上诉人承担赔偿责任的内容，上诉人亦在二审中认可《材料损失》中不包含案涉财产损失由被上诉人承担赔偿责任的内容，故仅凭《材料损失》不能认定双方当事人已就案涉财产损失的赔偿事宜已达成合意。同时，《材料损失》中未载明案涉财产的损失产生原因，上诉人在二审中已认可《材料损失》中涉及各项财产损失系因被盗或被他人毁坏或被洪水冲走所导致的事实。但上诉人并未提交证明被上诉人对于案涉财产损失的产生存在过错，且该过错与案涉财产损失之间存在因果关系的相应佐证，仅凭《材料损失》不能认定被上诉人对案涉财产损失的产生存在过错、被上诉人的过错与案涉财产损失之间存在因果关系。另，双方当事人在二审中均认可未就《材料损失》中载明机械设备及建筑材料等各项财产损失的赔偿事宜或补偿事宜双方达成过补充协议。因此，原判决未支持上诉人提出被上诉人向其赔偿案涉财产损失的诉讼请求并无不当。

034　无效赔偿条款能否作为赔偿依据？（不能）

案件名称：福建省盛泽建设工程有限公司（以下简称盛泽公司）与河南润泰纺织服饰有限公司（以下简称河南润泰公司）、太康县润泰纺织服饰工业园有限公司（以下简称太康润泰公司）建设工程施工合同纠纷案

审理法院：河南省高级人民法院

案　　号：(2020)豫民终1308号

裁判观点：关于盛泽公司支付的律师代理费25万元、财产保全责任保险费45,000元及财产保全费5000元是否应予支持的问题。因案涉《建设工程施工合同书》无效，故合同约定的损失赔偿条款亦应无效。故盛泽公司依据合同约定要求河南润泰公司、太康润泰公司支付律师代理费25万元、财产保全责任保险费45,000元，本院不予支持。盛泽公

司向一审法院申请财产保全，后该财产保全裁定被撤销，故一审法院判令财产保全费5000元由盛泽公司自行承担并无不当。

035　无效赔偿条款能否作为赔偿依据？（能）

案件名称：再审申请人王某平与被申请人天津天筑电力工程有限公司等建设工程施工合同纠纷案

审理法院：青海省高级人民法院

案　　号：（2021）青民申1098号

裁判观点：在施工合同无效且当事人双方在合同中对损失赔偿标准有明确约定的前提下，原审法院按照合同约定的条款判决损失赔偿并无不当。再审申请人的此项申请再审事由不能成立。

036　无效违约金条款能否作为赔偿依据？

案件名称：河南怀玉置业有限公司（以下简称怀玉公司）与王某荣、张某海等建设工程合同纠纷案

审理法院：河南省高级人民法院

案　　号：（2021）豫民申10103号

裁判观点：怀玉公司将涉案工程发包给不具有施工资质的王某荣、张某海，双方签订的工程施工承包合同及补充协议无效。怀玉公司诉请王某荣、张某海赔偿因工期逾期造成的经济损失240万元……但其并未就其主张的具体损失情形及损失数额提供相应的证据，而是主张按照施工承包合同约定的违约金条款要求王某荣、张某海赔偿工期逾期经济损失240万元。根据法律规定，合同无效后，合同约定的违约金条款无效，故怀玉公司主张适用施工承包合同约定的违约金条款认定经济损失数额，缺乏事实和法律依据，原审判决不予支持并无不当。

037　损失大小如何参照合同约定的建设工期确定？

案件名称：中铁十四局集团有限公司（以下简称中铁十四局）与烟台新潮房地产开发有限公司（以下简称烟台新潮公司）建设工程施工合同纠纷案

审理法院：山东省高级人民法院

案　　号：(2021)鲁民申1259号

裁判观点：本案所涉施工合同虽因违反《招标投标法》的强制性规定而无效，但不影响当事人请求对方赔偿损失。根据双方所签合同的约定，案涉工期为540天，中铁十四局施工的实际工期为1283天，除去因其他单位过错造成的基坑坍塌所致工期延误31天，中铁十四局无正当理由的工期延误达712天。因烟台新潮公司未能举证其实际损失，原审综合考虑该公司资金投入情况、逾期交房天数及违约责任对等原则，按烟台新潮公司已经支付的工程款为基数、以同期银行贷款利率为标准计算的利息作为工期迟延损失是公平合理的。

038　损失大小如何参照合同约定的工程价款支付时间确定？

案件名称：北京城乡一建设工程有限责任公司（以下简称城乡一建公司）与郑州东业冠达房地产开发有限公司（以下简称冠达公司）建设工程施工合同纠纷案

审理法院：最高人民法院

案　　号：(2021)最高法民终417号

裁判观点：自城乡一建公司2013年4月20日撤场起，冠达公司还应当支付城乡一建公司工程款18,934,934.25元。冠达公司与城乡一建公司之间的《建设工程施工合同》无效，冠达公司作为案涉工程的发包人不及时支付工程款，是导致城乡一建公司赔偿福盛天公司钢材款损失、赔偿何某力利息等损失的原因之一。一审判决根据双方的过错程度酌定冠达公司承担赔偿福盛天公司、何某力损失的60%责任，并无不当。

相关规定

《民法典》

第一百五十七条　民事法律行为无效、被撤销或者确定不发生效力后，行为人因该行为取得的财产，应当予以返还；不能返还或者没有必要返还的，应当折价补偿。有过错的一方应当赔偿对方由此所受到的损失；各方都有过错的，应当各自承担相应的责任。法律另有规定的，依照其规定。

第七百九十三条　建设工程施工合同无效，但是建设工程经验收合格的，可以参照合同关于工程价款的约定折价补偿承包人。

建设工程施工合同无效，且建设工程经验收不合格的，按照以下情形处理：

（一）修复后的建设工程经验收合格的，发包人可以请求承包人承担修复费用；

（二）修复后的建设工程经验收不合格的，承包人无权请求参照合同关于工程价款的约定折价补偿。

发包人对因建设工程不合格造成的损失有过错的，应当承担相应的责任。

《民事诉讼法解释》

第九十条　当事人对自己提出的诉讼请求所依据的事实或者反驳对方诉讼请求所依据的事实，应当提供证据加以证明，但法律另有规定的除外。

在作出判决前，当事人未能提供证据或者证据不足以证明其事实主张的，由负有举证证明责任的当事人承担不利的后果。

第九十一条　人民法院应当依照下列原则确定举证证明责任的承担，但法律另有规定的除外：

（一）主张法律关系存在的当事人，应当对产生该法律关系的基本事实承担举证证明责任；

（二）主张法律关系变更、消灭或者权利受到妨害的当事人，应当对该法律关系变更、消灭或者权利受到妨害的基本事实承担举证证明责任。

第七条　【挂靠责任】缺乏资质的单位或者个人借用有资质的建筑施工企业名义签订建设工程施工合同，发包人请求出借方与借用方对建设工程质量不合格等因出借资质造成的损失承担连带赔偿责任的，人民法院应予支持。

条文精解

本条是关于挂靠责任的规定。依据《建筑法》第二十六条和第六十六条及《建设工程质量管理条例》第二十五条的规定，禁止建筑施工企业以任何形式用其他建筑施工企业的名义承揽工程，禁止建筑施工企业以任何形式允许其他单位或者个人使用本企业的资质证书、营业执照，以本企业的名义承揽工程。建筑施工企业转让、出借资质证书或者以其他方式允许他人以本企业的名义承揽工程的，对因该工程不符合规定的质量标准造成的损失，出借方与借用方承担连带赔偿责任。

关于资质出借方与借用方因出借资质造成的损失向发包人承担连带责任的理解问题。从法理上，依据《民法典》第一百六十二条和第一百七十二条关于代理效力及表见代理的规定，如果资质借用方以资质出借方的名义与发包人签订建设工程施工合同，构成表见代理的，应当由资质出借方承担合同的权利和义务，而不应当由资质出借方与借用方承担连带责任。如果不构成表见代理，则应当根据各方的过错按份承担责任。本条及《建筑法》第六十六条之所以规定资质出借方与借用方就建设工程质量不合格等因出借资质造成的损失承担连带赔偿责任，立法目的应当是为了杜绝资质借用的违法行为，保护建设工程质量与安全。

关于资质出借方与借用方是否需要对工程质量之外的损失承担连带责任的问题。本条规定工程质量不合格等因出借资质造成的损失承担连带赔偿责任，根据文义解释，除了工程质量造成的损失外，其他因出借资质的原因造成的损失，也在连带责任的承担范围之内。工程质量不合格的损失包括修复工程的费用，及工程竣工验收备案的义务等。工程质量不合格之外的其他损失，比如工期损失、工程价款损失等，发包人应举证证明该损失系由资质借用行为所造成，即损失与资质借用行为之间具有因果关系。否则，不应适用连带责任的规定，而应根据各方的过错承担相应的责任。另外，本条规定的连带责任是资质借用方与出借方对外承担责任的规定,资质借用方与出借方的内部责任应根据各方的过错承担,法律依据是《民法典》第一百七十八条的规定,连带责任人的责任份额根据各自责任大小确定。难以确定责任大小的,平均承担责任。实际承担责任超过自己责任份额的连带责任人,有权向其他连带责任人追偿。

关于资质借用的认定问题。依据《建筑工程施工发包与承包违法行为认定查处管理办法》第十条的规定,可以从以下3个方面进行判断:(1)没有资质的单位或个人借用其他施工单位的资质承揽工程的;(2)有资质的施工单位相互借用资质承揽工程的,包括资质等级低的借用资质等级高的,资质等级高的借用资质等级低的,相同资质等级相互借用的;(3)有证据证明属于挂靠行为的其他情形。注意,资质借用行为的认定与资质出借方是否收取管理费用没有直接的关系,但收取管理费用的行为涉及资质出借方与借用方的内部责任划分问题。

关于发包人之外的其他主体能否依据本条规定主张资质出借方与资质借用方承担连带责任的问题。本条明确规定权利主体为发包人,发包人之外的其他主体不在本条的适用范围之内。比如与资质借用方签订机械设备租赁合同的出租方,比如与资质借用方签订建筑设备采购合同的出卖方等,皆不能以本条规定为由请求资质借用方与出借方承担连带责任。依据《民法典》第一百七十八条的规定,连带责任由法律规定或者当事人约定,法律没有规定或者当事人没有约定的,不能要求承担连带责任。上述提到的机械设备租赁合同及采购合同关系中,如果资质借用方以自己的名义签订的相关合同,则由其承担合同的权利和义务。如果资质借用方以出借方的名义签订的相关合同,若构成表见代理的,则依据《民法典》第一百六十二条和第一百七十二条的规定,由资质出借方承担合同的权利和义务。

关于资质出借方与资质借用方是否应当共同参加诉讼的问题。依据《民事诉讼法解释》第五十四条的规定,以挂靠形式从事民事活动,当事人请求由挂靠人和被挂靠人依法承担民事责任的，该挂靠人和被挂靠人为共同诉讼人，即资质出借方与借用方应为共同诉讼人，应当共同参加诉讼。有案例认为，依据《民法典》第一百七十八条的规定，二人以上依法承担连带责任的，权利人有权请求部分或者全部连带责任人承担责任，即发包人有权选择资质出借方和借用方的其中一方承担全部责任，并不要求资质出借方与借用方为共同诉讼人。笔者认为，应当将资质借用方与出借方作为共同诉讼人参加诉讼，理由如下：(1)存在资质借用的情形下，追加资质借用各方当事人共同参加诉讼便于查清案情，《建设工程施工合同解释(一)》第四十三条第二款也有类似的规定，即实际施工人以发包人为被告主张权利的，人民法院应当追加转包人或者违法分包人为本案第三人。(2)《民事诉讼法解释》第五十四条为程序法方面的规定，应依据该规定确定相关诉讼主体。而《民法典》第一百七十八条为实体方面的规定，侧重点是承担连带责任的各方如何对内、对外承担责任的问题，并不是诉讼主体的确定问题。

案例适用

039　资质出借方与借用方承担连带赔偿责任的范围是否包括多付工程款的返还？

案件名称：黑龙江文博建筑劳务有限公司（以下简称文博劳务公司）与中国建筑一局（集团）有限公司沈阳分公司（以下简称中建沈阳分公司）、施某明建设工程施工合同纠纷案

审理法院：最高人民法院

案　　号：(2020)最高法民申6519号

裁判观点：文博劳务公司将自身资质出借给施某明，二审判决判令文博劳务公司与资质借用方施某明共同对中建沈阳分公司多付工程款的损失承担连带还款责任，适用法律并无不当。文博劳务公司主张其与施某明是挂靠关系，不应承担连带返还多付工程款责任的理由，本院不

予支持。

040　资质出借方与借用方承担连带责任的范围是否包括办理竣工验收备案手续?

案件名称:中国建筑第八工程局有限公司海南分公司(以下简称中建八局海南分公司)与澄迈金鑫鸟语林房地产有限公司(以下简称鸟语林公司)、于某义建设工程施工合同纠纷案

审理法院:海南省高级人民法院

案　　号:(2020)琼民申1249号

裁判观点:《建设工程施工合同解释(一)》第七条规定,缺乏资质的单位或者个人借用有资质的建筑施工企业名义签订建设工程施工合同,发包人请求出借方与借用方对建设工程质量不合格等因出借资质造成的损失承担连带赔偿责任的,人民法院应予支持。依照该规定,于某义未具有承建案涉项目的资质,转而借用有资质的中建八局海南分公司名义与鸟语林公司签订《建设工程施工合同》,工程出现质量不合格情形依法亦应由于某义与中建八局海南分公司共同承担连带赔偿责任。竣工验收备案系检验工程质量合格与否之前提及直接依据,作为被借用资质的中建八局海南分公司,对案涉工程与于某义共同负有竣工验收备案之义务且一同对案涉工程质量合格检验负有连带责任有事实和法律依据。故原审判决判定中建八局海南分公司与于某义共同配合办理案涉项目中实际由于某义施工所建的13栋别墅的竣工验收备案相关手续,有事实和法律依据,应予支持。

041　资质出借方与借用方承担连带责任的赔偿对象是否包括材料供货方?

案件名称:柳某梅与新疆福星建设(集团)有限公司(以下简称福星公司)、张某华等买卖合同纠纷案

审理法院:新疆维吾尔自治区高级人民法院

案　　号:(2021)新民终109号

裁判观点：柳某梅主张依照《建设工程施工合同解释(二)》第四条(现为《建设工程施工合同解释(一)》第七条)的规定，福星公司应承担连带责任。该条规定适用于建设工程施工合同纠纷中，借用资质方施工工程质量不合格时，发包人可以请求出借方和借用方承担连带赔偿责任。本案张某华与柳某梅之间系买卖合同纠纷，不属于上述司法解释规定的情形。且连带责任需由法律规定或当事人约定，柳某梅主张福星公司作为资质出借方应与张某华承担连带责任缺乏法律依据及合同依据，不能成立。

042　发包人明知资质借用，能否要求资质出借方与借用方就其损失承担连带赔偿责任?

案件名称：吴某祥与江西富盈置业有限公司(以下简称富盈公司)、江西中南建设工程集团公司(以下简称中南公司)建设工程施工合同纠纷案

审理法院：江西省高级人民法院

案　　号：(2020)赣民终882号

裁判观点：因富盈公司对吴某祥借用中南公司的资质签订案涉施工合同是明知的，依据《建设工程施工合同解释(二)》第四条(现为《建设工程施工合同解释(一)》第七条)的规定，“出借方与借用方对建设工程质量不合格等因出借资质造成的损失承担连带赔偿责任”，为此，富盈公司要求中南公司对吴某祥上述逾期完工35万元的损失赔偿承担连带责任，缺乏法律依据，不予支持。

043　损失方是否有权任意选择资质借用方或者资质出借方承担责任?

案件名称：新疆生产建设兵团建设工程集团第一建筑安装工程有限责任公司(以下简称兵团一建)、伊宁市国惠天然气有限公司(以下简称国惠公司)与陈某爽、周某等建设工程施工合同纠纷案

审理法院：新疆维吾尔自治区高级人民法院

案　　号:(2021)新40民终1277号

裁判观点:挂靠人周某与被挂靠人兵团一建对涉案工程质量向发包人国惠公司承担连带责任,本案周某与兵团一建对实际施工人陈某爽主张的工程款亦应承担连带付款责任。《民法通则》第八十七条(现对应《民法典》第一百七十八条,有修改)规定:"债权人或者债务人一方人数为二人以上的,依照法律的规定或者当事人的约定,享有连带权利的每个债权人,都有权要求债务人履行义务;负有连带义务的每个债务人,都负有清偿全部债务的义务,履行了义务的人,有权要求其他负有连带义务的人偿付他应当承担的份额"。可见负有连带义务的每一个债务人都有清偿全部债务的义务,故陈某爽有权选择其中一个连带责任人对外承担债务。一审对陈某爽仅要求兵团一建承担责任的诉讼请求予以支持并无不当,本院予以确认。兵团一建支付相应款项后可向周某另行主张。

044　资质借用方的内部责任是否因资质出借方已向发包人承担责任而免除?

案件名称:刘某华与丽江市建筑工程有限公司(以下简称丽江建筑公司)建设工程分包合同纠纷案

审理法院:最高人民法院

案　　号:(2020)最高法民申5773号

裁判观点:根据《建设工程施工合同解释(二)》第四条(现为《建设工程施工合同解释(一)》第七条)的规定,缺乏资质的单位或者个人借用有资质的建筑施工企业名义签订建设工程施工合同,发包人请求出借方与借用方对建设工程质量不合格等因出借资质造成的损失承担连带赔偿责任的,人民法院应予支持。该项规定的目的在于解决承包人与实际施工人作为一个整体与发包人之间的工程质量纠纷,并未涉及承包人与实际施工人之间的责任分担问题。与本案有关联的云南省高级人民法院(2017)云民终884号案件中,人民法院判决丽江建筑公司承担案涉工程质量修复费用,系解决发包人与承包人之间的纠纷,并不涉及承包人丽江建筑公司与分包人刘某华之间的责任承担问题。刘某华以该案件审理结果主张免责，不能成立。

相关规定

《建筑法》

第二十六条 ……

禁止建筑施工企业超越本企业资质等级许可的业务范围或者以任何形式用其他建筑施工企业的名义承揽工程。禁止建筑施工企业以任何形式允许其他单位或者个人使用本企业的资质证书、营业执照，以本企业的名义承揽工程。

第六十六条 建筑施工企业转让、出借资质证书或者以其他方式允许他人以本企业的名义承揽工程的，责令改正，没收违法所得，并处罚款，可以责令停业整顿，降低资质等级；情节严重的，吊销资质证书。对因该项承揽工程不符合规定的质量标准造成的损失，建筑施工企业与使用本企业名义的单位或者个人承担连带赔偿责任。

《建设工程质量管理条例》

第二十五条 ……

禁止施工单位超越本单位资质等级许可的业务范围或者以其他施工单位的名义承揽工程。禁止施工单位允许其他单位或者个人以本单位的名义承揽工程。

……

《建筑工程施工发包与承包违法行为认定查处管理办法》

第九条 本办法所称挂靠，是指单位或个人以其他有资质的施工单位的名义承揽工程的行为。

……

第十条 存在下列情形之一的，属于挂靠：

（一）没有资质的单位或个人借用其他施工单位的资质承揽工程的；

（二）有资质的施工单位相互借用资质承揽工程的，包括资质等级低的借用资质等级高的，资质等级高的借用资质等级低的，相同资质等级相互借用的；

（三）本办法第八条第一款第（三）至（九）项规定的情形，有证据证明属于挂靠的。

《民法典》

第一百六十二条　代理人在代理权限内，以被代理人名义实施的民事法律行为，对被代理人发生效力。

第一百七十二条　行为人没有代理权、超越代理权或者代理权终止后，仍然实施代理行为，相对人有理由相信行为人有代理权的，代理行为有效。

第一百七十八条　二人以上依法承担连带责任的，权利人有权请求部分或者全部连带责任人承担责任。

连带责任人的责任份额根据各自责任大小确定；难以确定责任大小的，平均承担责任。实际承担责任超过自己责任份额的连带责任人，有权向其他连带责任人追偿。

连带责任，由法律规定或者当事人约定。

第七百八十六条　共同承揽人对定作人承担连带责任，但是当事人另有约定的除外。

《民事诉讼法解释》

第五十四条　以挂靠形式从事民事活动，当事人请求由挂靠人和被挂靠人依法承担民事责任的，该挂靠人和被挂靠人为共同诉讼人。

第八条　【开工日期】当事人对建设工程开工日期有争议的，人民法院应当分别按照以下情形予以认定：

（一）开工日期为发包人或者监理人发出的开工通知载明的开工日期；开工通知发出后，尚不具备开工条件的，以开工条件具备的时间为开工日期；因承包人原因导致开工时间推迟的，以开工通知载明的时间为开工日期。

（二）承包人经发包人同意已经实际进场施工的，以实际进场施工时间为开工日期。

（三）发包人或者监理人未发出开工通知，亦无相关证据证明实际开工日期的，应当综合考虑开工报告、合同、施工许可证、竣工验收报告或者竣工验收备案表等载明的时间，并结合是否具备开工条件的事实，认定开工日期。

条文精解

本条是关于开工日期的规定。参照《建设工程施工合同（示范文本）》第二部分通用合同条款第1.1.4.1条的约定，开工日期包括计划开工日期和实际开工日期。计划开工日期是指合同协议书约定的开工日期，实际开工日期是指监理人按照约定发出的符合法律规定的开工通知中载明的开工日期。计划开工日期在合同协议书上已经注明，也称为暂定开工日期。实际开工日期往往因为各种原因或早于计划开工日期，或晚于计划开工日期，本条要认定的是实际的开工日期。开工日期的认定涉及建设工期的认定，而建设工期作为施工合同的四大实质性内容之一，涉及当事人直接经济利益，所以实务中争议较多。当然，如果当事人对开工日期没有争议，或者达成一致意见的，则依据当事人的意思表示进行认定，本条在当事人对开工日期有争议的情形下适用。

关于以开工通知载明的开工日期为准的问题。一般情形下，实际开工日期以发包人或者监理人发出的开工通知载明的开工日期为准。依据《建设工程监理规范》第5.1.8条的规定，监理人应审查承包人报送的开工报审表及相关资料，同时满足以下4点条件时，应报发包人批准后，签发工程开工令：(1)设计交底和图纸会审已完成。(2)施工组织设计已由总监理工程师签认。(3)施工单位现场质量、安全生产管理体系已建立，管理及施工人员已到位，施工机械具备使用条件，主要工程材料已落实。(4)进场道路及水、电、通信等已满足开工要求。该开工令载明的开工日期，便是本条第一项规定的开工通知所载明的开工日期。实际工程项目中,经常存在开工通知发出后,尚不具备开工条件的情形,比如因为发包人未按照约定的时间和要求提供原材料、设备、场地、资金、技术资料导致不具备开工条件的;比如因为不可抗力导致不具备开工条件的。此时,应以开工条件具备的时间为开工日期。但是,如果是因为承包人原因导致开工时间推迟的,比如承包人现场质量、安全生产管理体系尚未建立,管理及施工人员尚未到位,施工机械不具备使用条件,主要工程材料尚未落实等,承包人应承担由此带来的不利后果。所以,此时应以开工通知载明的时间为开工日期。

关于以实际进场施工时间为准的问题。经发包人同意已经实际进场施工的,以实际进场施工时间为开工日期,是遵循当事人意思自治和尊重事实的原则。实务中,承包人主张已经实际进场施工的,应提交经发包人同意的相关证据,才能以实际进场施工的时间为开工日期。承包人擅自进场施工的行为危及工程安全,不受法律保护。在发包人或者监理人发出的开工通知与承包人经发包人同意已经实际进场施工的日期不一致时,比如承包人已经实际施工一段时间后,发包人才发出开工通知,此时,应以承包人实际进场施工的时间为开工日期,即尊重事实为根本,各方当事人应承担两者不一致所带来的风险。另外,实际进场施工与进场开工准备不同,参照《建设工程施工合同(示范文本)》第7.3.1条关于开工准备的约定,开工准备是指承包人按照施工进度计划正常施工所需的施工道路、临时设施、材料、工程设备、施工设备、施工人员等进行落实以及工程的进度进行安排的工作,开工准备工作不等于实际开工,应注意区分。

关于没有开工通知,实际开工日期如何确定的问题。发包人或者监理人未发出开工通知,亦无相关证据证明实际开工日期时,应综合考虑开工报告、合同、施工许可证、竣工验收报告或者竣工验收备案表等载明的时间,并结合是否具备开工条件的事实,认定开工日期。(1)开工报告,是本条第三项材料里面最能证明实际开工日期的材料。因为开工报告经发包人、监理人及承包人的确认，也有关于开工准备事项已经完成的相关陈述，最接近实际开工日期。(2)合同，有关于计划开工日期的约定，也有关于工程款项支付的约定，结合工程款项支付时间、数额等，也可以推算出大概的实际开工的日期。(3)施工许可证，按照《建筑法》第九条的规定，建设单位应当自领取施工许可证之日起3个月内开工，根据施工许可载明的时间和上述规定，也可以推算出大概的开工日期。但施工许可证出于行政管理需要，各方当事人可能因为各种原因，导致实际开工的日期与施工许可证的不同，所以，该证据仅做参考使用。(4)竣工验收报告，是指工程项目竣工之后，经过相关部门成立的专门验收机构，组织专家进行质量评估验收以后形成的书面报告。(5)竣工验收备案表，参照《房屋建筑和市政基础设施工程竣工验收规定》第九条的规定，是指建设单位自工程竣工验收合格之日起15日内，依照相关规定，向工程所在地的县级以上地方人民政府建设主管部门备案的材料。竣工验收报告和竣工验收备案表都等载明的时间，也有各方当事人的签章，所以，可以认定开工日期。但短处和施工许可证一样，主要都是出于行政管理需要，真实的开工日期可能不同，所以，需要综合认定。另外，上述材料必须结合是否具备开工条件的事实。如果不具体开工条件，则不能依据上述材料认定开工时间。实务中，监理例会以及工作会议所形成的会议纪要、监理记录表等书面记录，也是认定开工日期的证据材料。

案例适用

045　开工通知发出后，尚不具备开工条件的，开工日期如何认定？

案件名称：陕西志华置业有限公司（以下简称志华公司）与江苏天宇建设集团有限公司（以下简称天宇公司）建设工程施工合同纠纷案

审理法院：最高人民法院

案　　号：(2021)最高法民申1645号

裁判观点：开工日期的确定不仅需要以开工通知为准，还需要志华公司履行必要的协助义务，提供符合正常施工条件的场地及必要准备工作。首先，从2012年4月8日志华公司给天宇公司及其他整体项目各承包人的工作联系单来看，此时各承包人施工范围尚未确定；从2012年6月27日联系单来看，2012年6月初志华公司才完成施工场地高压线拆除。前述证据表明，至2012年6月案涉工程并不具备完备的施工条件。其次，根据2012年7月18日志华公司出具的工作联系单，因政府政策、高、中考等原因整体计划滞后7个多月。综合前述分析，即使志华公司2011年12月5日发出开工通知，并于其后发出数份工作联系单，天宇公司于2012年1月2日出具《通知回复单》表明已进场施工，但因施工条件不完备及政策、高、中考等原因，天宇公司并不能正常施工，因前述原因造成工期延误，不可归责于天宇公司。

046　合同约定的开工日期与承包人实际进场施工的时间不同，开工日期如何认定？

案件名称：山东瑞拓球团工程技术有限公司（以下简称瑞拓公司）与陕西阳山庄钢铁炉料有限公司建设工程合同纠纷案

审理法院：最高人民法院

案　　号：（2021）最高法民申2492号

裁判观点：虽然施工合同中约定了预付款到位开始计算总工期，同时也约定了自现场三通一平、桩基处理完成交承包方日期作为工程建设开工日期。根据《建设工程施工合同解释（二）》第五条的规定，"当事人对建设工程开工日期有争议的，人民法院应当分别按照以下情形予以认定：……（二）承包人经发包人同意已经实际进场施工的，以实际进场施工时间为开工日期。"因此，原审法院以瑞拓公司实际进场施工日期作为工期起算点，并无不当。

047　开工日期以承包人实际进场施工的时间为准的前提是什么？

案件名称：厦门市集美区杏林街道杏林社区居民委员会（以下简称

杏林居委会)、厦门园博湾温泉酒店有限公司(以下简称温泉公司)与福建省龙祥建设集团有限公司(以下简称龙祥公司)等建设工程施工合同纠纷案

审理法院:福建省高级人民法院

案　　号:(2019)闽民终1769号

裁判观点:《地下室工程施工合同》第三条约定开工日期为“按开工许可证标明的开工日期”,龙祥公司在2011年10月8日取得园博湾温泉俱乐部二期3#、4#楼地下室工程的《建筑工程施工许可证》。杏林居委会、温泉公司虽然主张讼争工程的开工日期应为2011年6月1日,但并未提供发包人或者监理人发出的开工通知等予以证明。因此,一审综合考虑施工合同、施工许可证、施工条件、竣工验收报告等在案证据,认定园博湾温泉俱乐部二期3#、4#楼地下室工程的开工日期应当根据地下室施工合同的约定确定为2011年10月8日并无不当。

048　进场通知是否等于开工通知?

案件名称:云南西勘建设工程总公司(以下简称西勘公司)与云南茂合房地产开发有限公司(以下简称茂合公司)建设工程施工合同纠纷案

审理法院:云南省高级人民法院

案　　号:(2020)云民终231号

裁判观点:茂合公司于2013年10月3日向西勘公司发出进场通知,要求西勘公司在接到通知后尽快进场。茂合公司发出进场通知的目的是要求西勘公司尽快进场,进场通知不等同于开工通知,且发出进场通知的时间并非西勘公司的实际开工时间,茂合公司认为应当以发出进场通知的2013年10月3日作为开工日期的主张,缺乏事实依据,不能成立。此后,西勘公司于2013年12月1日向监理公司发出《工程开工报审表》并提交开工报告,监理公司于同日回复“同意开工”。从上述事实可以看出,西勘公司系待具备开工条件后向监理发出了开工申请和开

工报告,监理同意开工后才开始施工,故应当以监理公司回复“同意开工”的时间作为实际开工日期,即涉案工程的实际开工日期为2013年12月1日。

049　通过合同、施工许可证如何认定开工日期?

案件名称:新疆天悦房地产开发有限公司(以下简称天悦公司)与新疆天北万佳建设工程有限责任公司(以下简称天北公司)建设工程施工合同纠纷案

审理法院:新疆维吾尔自治区塔城地区中级人民法院

案　　号:(2019)新42民终1161号

裁判观点:天悦公司持有的合同有计划开工和计划竣工时间,而天北公司的合同没有具体时间,双方对开工日期发生争议,双方对实际开工时间亦未能提供证据。按照天悦公司2016年4月27日取得建设工程施工许可证及合同约定正负零完成后支付合同暂控总价的25%即天悦公司首次付款时间2016年6月24日的事实。根据《建筑法》第九条的规定,天北公司合法施工时间应当从天悦公司取得建设工程施工许可证之日起3个月内开工,双方确认涉案工程2016年年底竣工,天北公司的施工期限未超过合同实际施工工期总日历天数365天的约定,因此原审不予支持天悦公司逾期施工的主张并无不当。

050　通过会议纪要、监理记录表等如何认定开工日期?

案件名称:广西建工集团第五建筑工程有限责任公司(以下简称广西五建公司)与柳州望泰房地产开发有限公司(以下简称柳州望泰公司)建设工程施工合同纠纷案

审理法院:最高人民法院

案　　号:(2019)最高法民申3651号

裁判观点:广西五建公司与柳州望泰公司于2010年3月5日至9月3日多次召开的监理例会以及工作会议所形成的会议纪要、监理记录表等书面记录能够证明工程的实际开工时间,从“截至2010年7月

31日止,7#楼完成五层主体,8#、9#、10#楼要向7#楼看齐”的记载可见,广西五建公司已经于2010年7月31日前进场施工。原审法院根据2010年3月5日监理例会记录“今日是本工程第一次生产前例会,今天定为开工日期”的记载,将实际进场施工日期2010年3月5日确定为涉案工程的开工日期,符合《建设工程施工合同解释(二)》第五条第二项的规定。

相关规定

《建筑法》

第九条　建设单位应当自领取施工许可证之日起三个月内开工。因故不能按期开工的,应当向发证机关申请延期;延期以两次为限,每次不超过三个月。既不开工又不申请延期或者超过延期时限的,施工许可证自行废止。

《民法典》

第八百零三条　发包人未按照约定的时间和要求提供原材料、设备、场地、资金、技术资料的,承包人可以顺延工程日期,并有权请求赔偿停工、窝工等损失。

《建筑工程施工许可管理办法》

第八条　建设单位应当自领取施工许可证之日起三个月内开工。因故不能按期开工的,应当在期满前向发证机关申请延期,并说明理由;延期以两次为限,每次不超过三个月。既不开工又不申请延期或者超过延期次数、时限的,施工许可证自行废止。

《建设工程监理规范》

5.1.8　总监理工程师应组织专业监理工程师审查施工单位报送的开工报审表及相关资料;同时具备下列条件时,应由总监理工程师签署审查意见,并应报建设单位批准后,总监理工程师签发工程开工令:

1　设计交底和图纸会审已完成。

2　施工组织设计已由总监理工程师签认。

3　施工单位现场质量、安全生产管理体系已建立,管理及施工人员已到位,施工机械具备使用条件,主要工程材料已落实。

4　进场道路及水、电、通信等已满足开工要求。

《建设工程施工合同(示范文本)》

第二部分　通用合同条款

1.1.4.1　开工日期:包括计划开工日期和实际开工日期。计划开工日期是指合同协议书约定的开工日期;实际开工日期是指监理人按照第 7.3.2 项〔开工通知〕约定发出的符合法律规定的开工通知中载明的开工日期。

7.3.1　开工准备

除专用合同条款另有约定外,承包人应按照第 7.1 款〔施工组织设计〕约定的期限,向监理人提交工程开工报审表,经监理人报发包人批准后执行。开工报审表应详细说明按施工进度计划正常施工所需的施工道路、临时设施、材料、工程设备、施工设备、施工人员等落实情况以及工程的进度安排。

除专用合同条款另有约定外,合同当事人应按约定完成开工准备工作。

7.3.2　开工通知

发包人应按照法律规定获得工程施工所需的许可。经发包人同意后,监理人发出的开工通知应符合法律规定。监理人应在计划开工日期 7 天前向承包人发出开工通知,工期自开工通知中载明的开工日期起算。

除专用合同条款另有约定外,因发包人原因造成监理人未能在计划开工日期之日起 90 天内发出开工通知的,承包人有权提出价格调整要求,或者解除合同。发包人应当承担由此增加的费用和(或)延误的工期,并向承包人支付合理利润。

第九条　【竣工日期】当事人对建设工程实际竣工日期有争议的,人民法院应当分别按照以下情形予以认定:

(一)建设工程经竣工验收合格的,以竣工验收合格之日为竣工日期;

（二）承包人已经提交竣工验收报告，发包人拖延验收的，以承包人提交验收报告之日为竣工日期；

（三）建设工程未经竣工验收，发包人擅自使用的，以转移占有建设工程之日为竣工日期。

条文精解

本条是关于竣工日期的规定。竣工日期涉及工期的计算、工程款项的支付、质量保证金的返还、优先受偿权期限的起算、建设工程风险的转移以及违约责任的承担等，与当事人的经济利益直接相关。参照《建设工程施工合同（示范文本）》第二部分通用合同条款第13.2.2条的约定，建设工程竣工验收的程序为：(1)承包人向监理人报送竣工验收申请报告，监理人在收到竣工验收申请报告后14天内完成审查并报送发包人。监理人审查后认为尚不具备验收条件的，应通知承包人在竣工验收前承包人还需完成的工作内容，承包人应在完成监理人通知的全部工作内容后，再次提交竣工验收申请报告。(2)监理人审查后认为已具备竣工验收条件的，将竣工验收申请报告提交发包人，发包人在收到经监理人审核的竣工验收申请报告后28天内审批完毕并组织监理人、承包人、设计人等相关单位完成竣工验收。(3)竣工验收合格的，发包人应在验收合格后14天内向承包人签发工程接收证书。(4)竣工验收不合格的，监理人应按照验收意见发出指示，要求承包人对不合格工程返工、修复或采取其他补救措施。承包人在完成不合格工程的返工、修复或采取其他补救措施后，应重新提交竣工验收申请报告，并按上述约定的程序重新进行验收。

关于以竣工验收合格之日为竣工日期的理解问题。《建设工程质量管理条例》第十六条规定，发包人收到建设工程竣工报告后，应当组织设计、施工、工程监理等有关单位进行竣工验收。竣工验收的建设工程应当具备下列条件:(1)完成建设工程设计和合同约定的各项内容;(2)有完整的技术档案和施工管理资料;(3)有工程使用的主要建筑材料、建筑构配件和设备的进场试验报告;(4)有勘察、设计、施工、工程监理等单位分别签署的质量合格文件;(5)有施工单位签署的工程保修书。建设工程经竣工验收合格时,竣工验收合格之日当然为建设工程的竣工日期。另外,《建设工程施工合同(示范文本)》第二部分通用合同条款第13.2.3条约定建设工程经竣工验收合格的,以承包人提交竣工验收申请报告之日为实际竣工日期,该约定与本条规定的竣工验收合格之日为竣工日期有所不同,有约定的从约定,这点需要特别注意。

关于以承包人提交竣工验收报告之日为竣工日期的理解问题。《民法典》第一百五十九条规定,附条件的民事法律行为,当事人为自己的利益不正当地阻止条件成就的,视为条件已经成就。参照上述法理,发包人拖延验收的,视为建设工程已经竣工验收合格,以承包人提交验收报告之日为竣工日期。此处要注意,本条规定的是以承包人提交验收报告之日为竣工日期,而非以承包人提交验收报告之日起90日或者其他时间为竣工日期,没有给发包人留有时间,这点与《建设工程施工合同解释(一)》第十七条关于因发包人原因,建设工程未按约定期限进行竣工验收的,自承包人提交工程竣工验收报告90日后当事人约定的工程质量保证金返还期限届满返还工程质量保证金的规定不同,应注意区分。

关于以转移占有之日为竣工日期的理解问题。《民法典》第七百九十九条第二款、《建筑法》第六十一条第二款以及《建设工程质量管理条例》第十六条第三款都明确规定,建设工程经竣工验收合格后,方可交付使用。未经验收或者验收不合格的,不得交付使用。发包人擅自使用未经竣工验收的建设工程具有明显的违法性,危及公共安全,应当承担由其带来的不利后果,建设工程转移占有之日视为建设工程实际竣工日期。《建设工程施工合同解释(一)》第十四条也有相关的规定,即建设工程未经竣工验收,发包人擅自使用后,又以使用部分质量不符合约定为由主张权利的,人民法院不予支持,地基基础工程和主体结构除外。发包人将未经竣工验收的房产交付给购房户、对外营业或公开销售等,皆属于擅自使用未经竣工验收的建设工程的情形。另外,如果发包人擅自使用未经竣工验收的建设工程后,又进行竣工验收的,实际竣工日期如何认定存在争议。有观点认为本条第三项适用的前提是建设工程未经竣工验收,如果擅自使用后又经竣工验收合格的,应按照本条第一项认定实际竣工日期,即以竣工验收合格之日为竣工日期,而非转移占有之日为竣工日期。笔者认为,应区分情形处理,如果是发包人与承包人协商一致先使用后验收,则应当尊重各方当事人的意思自治,以竣工验收合格之日为竣工日期。如果是发包人单方擅自使用,此时,应侧重保护承包人的利益,以转移占有建设工程之日为竣工日期,观点仅供参考。

案例适用

051　建设工程经竣工验收合格的,实际竣工日期如何认定?

案件名称:乐陵市凯迪房地产开发有限公司(以下简称凯迪公司)与德州天元集团有限责任公司(以下简称天元公司)建设工程施工合同纠纷案

审理法院:最高人民法院

案　　号:(2018)最高法民申1133号

裁判观点:2010年7月8日,凯迪公司与天元公司签订了一份《建设工程施工合同》,约定由天元公司承建凯迪公司发包的乐陵凯迪花园1#楼工程设计图纸范围内的土建及装饰等全部工程。2013年5月15日,涉案工程经建设单位凯迪公司、施工单位天元公司以及勘察单位、设计单位、监理单位五方验收为合格工程。关于竣工验收,《建设工程质量管理条例》第十六条规定:"建设单位收到建设工程竣工报告后,应当组织设计、施工、工程监理等有关单位进行竣工验收。"据此,凯迪公司作为建设单位组织勘察、设计、施工、监理单位对涉案工程进行竣工验收符合法规规定。根据2004年《建设工程施工合同解释》第十四条(现为《建设工程施工合同解释(一)》第九条)“当事人对建设工程实际竣工日期有争议的,按照以下情形分别处理:(一)建设工程经竣工验收合格的,以竣工验收合格之日为竣工日期”的规定,原判决认定该验收报告确认的2013年5月15日为涉案工程竣工日期并无不当。

052　承包人已经提交竣工验收报告,发包人拖延验收的,实际竣工日期如何认定?

案件名称:抚顺市中源建筑工程有限公司(以下简称中源公司)与抚顺长青羊绒业科技发展有限公司(以下简称长青公司)建设工程施工合同纠纷案

审理法院:最高人民法院

案　　号:(2019)最高法民申1535号

裁判观点:中源公司于2008年7月将羊绒加工车间竣工验收报告提交给长青公司,长青公司未组织竣工验收,主张应待中源公司承包的4项工程全部完工后统一组织验收,但双方在《建设工程施工合同》中并无4项工程需统一组织竣工验收的约定。4份《建设工程施工合同》为相互独立的施工合同,中源公司在羊绒加工车间竣工后向长青公司提交竣工验收报告,要求长青公司组织竣工验收,符合法律规定。长青公司关于4项工程项目须全部竣工后统一组织验收的主张,没有合同和法律依据。羊绒加工车间工程项目的竣工时间应认定为2008年7月。

053　建设工程未经竣工验收,发包人擅自使用的,实际竣工日期如何认定?

案件名称:湖南建工集团有限公司与葫芦岛圣奥置业有限责任公司(以下简称圣奥置业)建设工程施工合同纠纷案

审理法院:最高人民法院

案　　号:(2018)最高法民终231号

裁判观点:在本案中,结合涉案工程没有竣工验收,圣奥置业于2015

年12月1日为购房者办理了入住手续交付房屋的事实，依据2004年《建设工程施工合同解释》第十四条（现为《建设工程施工合同解释（一）》第九条）的规定，应认定2015年12月1日为涉案工程竣工日期。

054 发包人擅自使用建设工程后，才进行竣工验收，实际竣工日期如何认定？

案件名称：大连安泰建设有限公司与大连中裕嘉合房地产开发有限公司等建设工程施工合同纠纷案

审理法院：最高人民法院

案　　号：（2016）最高法民终532号

裁判观点：在建设工程已经竣工验收合格的情况下，应当以竣工验收合格之日为竣工日期，在建设工程未经竣工验收，发包人擅自使用的情况下，才应当以转移占有建设工程之日为竣工日期。涉案工程虽然从2014年1月2日开始进行了部分实际使用，但在2014年4月28日才竣工验收合格，并由建设单位、施工单位、设计单位、监理单位共同出具了《工程竣工报告》《单位工程验收证明》，依法应当以工程竣工验收合格之日即2014年4月28日为竣工日期。原审判决在该工程已经竣工验收合格的情况下，以工程转移占有之日为竣工日期的认定错误，依法应当予以纠正。

055 各方协商同意建设工程先使用，后进行竣工验收，实际竣工日期如何认定？

案件名称：陕西建工第一建设集团有限公司与宝鸡华厦（集团）房地产发展有限公司（以下简称华厦公司）建设工程施工合同纠纷案

审理法院：最高人民法院

案　　号：（2019）最高法民申679号

裁判观点：虽然案涉工程是先交付后进行竣工验收，但华厦公司并非擅自使用未经竣工验收的案涉工程，而是经双方协商的结果。其次，2012年7月5日，建设单位、监理单位、勘察单位、设计单位、施工单位相关人员共同参加了案涉工程5#、6#楼工程质监验收并形成《生态时代5#、6#楼工程质监验收会议纪要》，即案涉工程经过了竣工验收，故二审法院以实际验收之日2012年7月5日为竣工日期符合2004年《建设工程施工合同解释》第十四条（现为《建设工程施工合同解释（一）》第九条）的规定。

056　承包人中途停工后，发包人将建设工程交由他人继续施工，实际竣工日期如何认定？

案件名称：陕西盛兴置业发展有限公司（以下简称盛兴公司）与陕西天擎壹诺实业有限公司（以下简称天擎公司）等建设工程施工合同纠纷案

审理法院：最高人民法院

案　　号：（2019）最高法民申3901号

裁判观点：天擎公司于2016年11月停工后，盛兴公司找其他施工单位进场施工，盛兴公司对于天擎公司已完工程已经实际接收，应当支付相应工程款。盛兴公司主张天擎公司施工工程未验收合格、存在质量问题，但盛兴公司已提起另案诉讼进行解决。根据2004年《建设工程施工合同解释》第十四条（现为《建设工程施工合同解释（一）》第九条）的规定和事实，二审法院认定质量问题不属于本案审理范围，且不影响天擎公司对盛兴公司已经实际接收的工程量主张工程款，本案支付工程款的条件已成就，该认定并无不当，本院予以维持。

相关规定

《民法典》

第一百五十九条　附条件的民事法律行为，当事人为自己的利益不正当地阻止条件成就的，视为条件已经成就；不正当地促成条件成就的，视为条件不成就。

第七百九十九条　建设工程竣工后，发包人应当根据施工图纸及说明书、国家颁发的施工验收规范和质量检验标准及时进行验收。验收合格的，发包人应当按照约定支付价款，并接收该建设工程。

建设工程竣工经验收合格后，方可交付使用；未经验收或者验收不合格的，不得交付使用。

《建筑法》

第六十一条　交付竣工验收的建筑工程，必须符合规定的建筑工程质量标准，有完整的工程技术经济资料和经签署的工程保修书，并具备国家规定的其他竣工条件。

建筑工程竣工经验收合格后，方可交付使用；未经验收或者验收不合格的，不得交付使用。

《建设工程质量管理条例》

第十六条　建设单位收到建设工程竣工报告后，应当组织设计、施工、工程监理等有关单位进行竣工验收。

建设工程竣工验收应当具备下列条件：

（一）完成建设工程设计和合同约定的各项内容；

（二）有完整的技术档案和施工管理资料；

（三）有工程使用的主要建筑材料、建筑构配件和设备的进场试验报告；

（四）有勘察、设计、施工、工程监理等单位分别签署的质量合格文件；

（五）有施工单位签署的工程保修书。

建设工程经验收合格的，方可交付使用。

《房屋建筑和市政基础设施工程竣工验收规定》

第四条　工程竣工验收由建设单位负责组织实施。

第五条　工程符合下列要求方可进行竣工验收：

（一）完成工程设计和合同约定的各项内容。

（二）施工单位在工程完工后对工程质量进行了检查，确认工程质量符合有关法律、法规和工程建设强制性标准，符合设计文件及合同要求，并提出工程竣工报告。工程竣工报告应经项目经理和施工单位有关负责人审核签字。

（三）对于委托监理的工程项目，监理单位对工程进行了质量评估，具有完整的监理资料，并提出工程质量评估报告。工程质量评估报告应经总监理工程师和监理单位有关负责人审核签字。

(四)勘察、设计单位对勘察、设计文件及施工过程中由设计单位签署的设计变更通知书进行了检查，并提出质量检查报告。质量检查报告应经该项目勘察、设计负责人和勘察、设计单位有关负责人审核签字。

(五)有完整的技术档案和施工管理资料。

(六)有工程使用的主要建筑材料、建筑构配件和设备的进场试验报告，以及工程质量检测和功能性试验资料。

(七)建设单位已按合同约定支付工程款。

(八)有施工单位签署的工程质量保修书。

(九)对于住宅工程，进行分户验收并验收合格，建设单位按户出具《住宅工程质量分户验收表》。

(十)建设主管部门及工程质量监督机构责令整改的问题全部整改完毕。

(十一)法律、法规规定的其他条件。

第六条　工程竣工验收应当按以下程序进行：

(一)工程完工后，施工单位向建设单位提交工程竣工报告，申请工程竣工验收。实行监理的工程，工程竣工报告须经总监理工程师签署意见。

(二)建设单位收到工程竣工报告后，对符合竣工验收要求的工程，组织勘察、设计、施工、监理等单位组成验收组，制定验收方案。对于重大工程和技术复杂工程，根据需要可邀请有关专家参加验收组。

(三)建设单位应当在工程竣工验收 7 个工作日前将验收的时间、地点及验收组名单书面通知负责监督该工程的工程质量监督机构。

(四)建设单位组织工程竣工验收。

1. 建设、勘察、设计、施工、监理单位分别汇报工程合同履约情况和在工程建设各个环节执行法律、法规和工程建设强制性标准的情况；

2. 审阅建设、勘察、设计、施工、监理单位的工程档案资料；

3. 实地查验工程质量；

4. 对工程勘察、设计、施工、设备安装质量和各管理环节等方面作出全面评价，形成经验收组人员签署的工程竣工验收意见。

参与工程竣工验收的建设、勘察、设计、施工、监理等各方不能形成一致意见时，应当协商提出解决的方法，待意见一致后，重新组织工程竣工验收。

《建筑工程施工质量验收统一标准》

第3.0.6条　建筑工程施工质量应按下列要求进行验收：

1. 工程质量验收均应在施工单位自检合格的基础上进行；

2. 参加工程施工质量验收的各方人员应具备相应的资格；

3. 检验批的质量应按主控项目和一般项目验收；

4. 对涉及结构安全、节能、环境保护和主要使用功能的试块、试件及材料，应在进场时或施工中按规定进行见证检验；

5. 隐蔽工程在隐蔽前应由施工单位通知监理单位进行验收，并应形成验收文件，验收合格后方可继续施工；

6. 对涉及结构安全、节能、环境保护和使用功能的重要分部工程，应在验收前按规定进行抽样检验；

7. 工程的观感质量应由验收人员现场检查，并应共同确认。

第3.0.7条　建筑工程施工质量验收合格应符合下列规定：

1. 符合工程勘察、设计文件的要求；

2. 符合本标准和相关专业验收规范的规定。

《建设工程施工合同（示范文本）》

第二部分　通用合同条款

2.7　组织竣工验收

发包人应按合同约定及时组织竣工验收。

13.2.1　竣工验收条件

工程具备以下条件的，承包人可以申请竣工验收：

（1）除发包人同意的甩项工作和缺陷修补工作外，合同范围内的全部工程以及有关工作，包括合同要求的试验、试运行以及检验均已完成，并符合合同要求；

（2）已按合同约定编制了甩项工作和缺陷修补工作清单以及相应的施工计划；

（3）已按合同约定的内容和份数备齐竣工资料。

13.2.2　竣工验收程序

除专用合同条款另有约定外，承包人申请竣工验收的，应当按照以下程序进行：

(1)承包人向监理人报送竣工验收申请报告，监理人应在收到竣工验收申请报告后14天内完成审查并报送发包人。监理人审查后认为尚不具备验收条件的，应通知承包人在竣工验收前承包人还需完成的工作内容，承包人应在完成监理人通知的全部工作内容后，再次提交竣工验收申请报告。

(2)监理人审查后认为已具备竣工验收条件的，应将竣工验收申请报告提交发包人，发包人应在收到经监理人审核的竣工验收申请报告后28天内审批完毕并组织监理人、承包人、设计人等相关单位完成竣工验收。

(3)竣工验收合格的，发包人应在验收合格后14天内向承包人签发工程接收证书。发包人无正当理由逾期不颁发工程接收证书的，自验收合格后第15天起视为已颁发工程接收证书。

(4)竣工验收不合格的，监理人应按照验收意见发出指示，要求承包人对不合格工程返工、修复或采取其他补救措施，由此增加的费用和(或)延误的工期由承包人承担。承包人在完成不合格工程的返工、修复或采取其他补救措施后，应重新提交竣工验收申请报告，并按本项约定的程序重新进行验收。

(5)工程未经验收或验收不合格，发包人擅自使用的，应在转移占有工程后7天内向承包人颁发工程接收证书；发包人无正当理由逾期不颁发工程接收证书的，自转移占有后第15天起视为已颁发工程接收证书。

除专用合同条款另有约定外，发包人不按照本项约定组织竣工验收、颁发工程接收证书的，每逾期一天，应以签约合同价为基数，按照中国人民银行发布的同期同类贷款基准利率支付违约金。

13.2.3　竣工日期

工程经竣工验收合格的，以承包人提交竣工验收申请报告之日为实际竣工日期，并在工程接收证书中载明；因发包人原因，未在监理人收到承包人提交的竣工验收申请报告42天内完成竣工验收，或完成竣工验收不予签发工程接收证书的，以提交竣工验收申请报告的日期为实际竣工日期；工程未经竣工验收，发包人擅自使用的，以转移占有工程之日为实际竣工日期。

第十条　【工期顺延】当事人约定顺延工期应当经发包人或者监理人签证等方式确认，承包人虽未取得工期顺延的确认，但能够证明在合同约定的期限内向发包人或者监理人申请过工期顺延且顺延事由符合合同约定，承包人以此为由主张工期顺延的，人民法院应予支持。

当事人约定承包人未在约定期限内提出工期顺延申请视为工期不顺延的，按照约定处理，但发包人在约定期限后同意工期顺延或者承包人提出合理抗辩的除外。

条文精解

本条是关于工期顺延的规定。依据《建设工程监理规范》第2.0.17条和第2.0.18条的规定，工程延期是指由于非承包人原因造成合同工期延长的时间，即本条所指的工期顺延。承包人的工期顺延如果得到支持，就意味着不用承担工期延误的违约责任。而且，发包人原因导致工期延误的情形下，还可以索赔因此增加的费用和合理的利润。与之对应的是工期延误是指由于施工单位自身原因造成施工期延长的时间。工期延误的情形下，承包人需要承担工期逾期的违约责任，一般施工合同条款中有关于逾期竣工违约金的计算方法和逾期竣工违约金的上限等相关约定。

关于没有签证确认，但工期应当顺延的问题。当事人约定顺延工期应当经签证等方式确认，承包人未取得工期顺延的确认，但能够证明在合同约定的期限内申请过工期顺延且顺延事由符合合同约定的，工期顺延应予支持。其目的是防止发包人利用其优势地位，故意不给承包人工期顺延申请进行签证确认。《民法典》第一百五十九条规定，附条件的民事法律行为，当事人为自己的利益不正当地阻止条件成就的，视为条件已经成就。发包人故意不确认工期顺延，属于不正当的阻止工期顺延,视为工期已经顺延。承包人只要证明在合同约定的期限内申请过工期顺延,且事由符合合同约定即可。

关于申请工期顺延的程序问题。参照《建设工程施工合同(示范文本)》第二部分通用合同条款第 19.1 条关于承包人索赔的约定,承包人应在知道或应当知道工期顺延事件发生后 28 天内,向监理人递交工期顺延意向通知书,说明发生工期顺延事件的事由,并在发出工期顺延意向通知书后 28 天内,向监理人递交正式工期顺延报告。工期顺延报告应详细说明工期顺延理由以及要求延长的工期,并附必要的记录和证明材料。工期顺延事件具有持续影响的,承包人应按合理时间间隔继续递交延续工期顺延通知,说明持续影响的实际情况和记录,列出累计的工期延长天数。在工期顺延事件影响结束后 28 天内,承包人应向监理人递交最终工期顺延报告,说明最终要求延长的工期,并附必要的记录和证明材料。上述约定只是一般通用合同条款适用的约定,并非强制性规定,实务中要根据当事人合同约定的期限及具体程序进行处理。

关于工期顺延事由符合合同约定的理解问题。参照《建设工程施工合同(示范文本)》第二部分通用合同条款第 7.5 条工期延误的约定,非承包人原因造成合同工期延长的情形包括因发包人原因导致工期延误、不利物质条件、异常恶劣的气候条件。其中,发包人原因导致工期延误包括:(1)发包人未能按合同约定提供图纸或所提供图纸不符合合同约定的;(2)发包人未能按合同约定提供施工现场、施工条件、基础资料、许可、批准等开工条件的;(3)发包人提供的测量基准点、基准线和水准点及其书面资料存在错误或疏漏的;(4)发包人未能在计划开工日期之日起 7 天内同意下达开工通知的;(5)发包人未能按合同约定日期支付工程预付款、进度款或竣工结算款的;(6)监理人未按合同约定发出指示、批准等文件的;(7)专用合同条款中约定的其他情形。另外,《民法典》第七百九十八条和第八百零三条规定的发包人没有及时检查隐蔽工程及未按照约定的时间和要求提供原材料、设备、场地、资金、技术资料的,承包人可以顺延工程日期,并有权请求赔偿停工、窝工等损失,这属于工期顺延事由符合法律的规定。

关于发包人在约定期限后同意工期顺延或者承包人提出合理抗辩的理解问题。发包人在约定期限后同意工期顺延,属于发包人权利的行使,工期当然顺延。关于承包人提出的合理抗辩的判断,参照最高人民法院民事审判第一庭编著的《最高人民法院新建设工程施工合同司法解释(一)理解与适用》(人民法院出版社2021年版,第122页)关于"承包人未在约定时间内提出工期顺延申请的合理抗辩"部分的陈述,其抗辩是否合理,应考虑以下3个因素:(1)承包人应未怠于行使权利,系因客观原因未提出索赔请求;(2)承包人未在约定时间提出工期顺延不会影响对索赔事件的调查;(3)发包人是否会因为承包人未予索赔而相信承包人不再主张工期顺延,从而做了不顺延的安排。实务中,承包人未能在约定期限内提出工期顺延申请的原因繁杂,一概否定有违公平原则。而且,《民法典》第四百九十七条第二项规定,提供格式条款一方不合理地免除或者减轻其责任、加重对方责任、限制对方主要权利,其格式条款无效。未在约定期限内提出工期顺延申请视为工期不顺延的约定明显免除了发包人的责任,该约定可能无效。所以,本条第二款规定,在一般情形下,当事人约定承包人未在约定期限内提出工期顺延申请视为工期不顺延的,按照约定处理,遵循民事意思自治。同时,发包人在约定期限后同意工期顺延或者承包人提出合理抗辩的除外。

案例适用

057　工期顺延应予支持的常见事由有哪些?

案件名称:龙元建设集团股份有限公司(以下简称龙元公司)与天津君悦房地产开发有限公司(以下简称君悦公司)等建设工程施工合同纠纷案

审理法院:天津市高级人民法院

案　　号:(2018)津民初74号

裁判观点:关于二期工程施工是否应顺延工期的问题……首先,虽然二期工程约定的开工时间为2013年1月14日,但君悦公司与龙元公司2013年5月13日才签订《二期备案合同》,2013年8月22日才取得二期工程建筑工程施工许可证。而建筑工程施工许可证是证明建筑施工单位符合各种施工条件,允许开工的批准文件,是建设单位进行施工的法律凭证,也是施工单位依法施工的重要依据。君悦公司迟延取得建筑工程施工许可证客观上会对龙元公司的正常施工产生影响。其次,君悦公司在与龙元公司签订《一期备案合同》和《二期备案合同》之后,又将消防、电梯、地暖、绿化、地暖等工程直接分包给案外人施工。而分包工程施工中必然涉及工作面的交叉衔接、分部分项验收及施工资料报送等问题,客观上会影响龙元公司的施工工期。最后,龙元公司在施工过程中,君悦公司、龙元公司、设计单位和监理单位多次就施工图纸问题,进行图纸会审、设计变更和洽商,客观上也会对施工工期产生影响。综上,虽然龙元公司未能取得工期顺延的签证,但综合考虑上述事实,并结合君悦公司欠付龙元公司较大数额的工程款的情形,本院酌情认定龙元公司享有顺延工期的权利,涉讼二期工程应当顺延工期天数为109天。

058　在合同约定的期限内申请且事由符合约定的工期顺延应否支持?

案件名称:云南荣华建筑经营有限公司(以下简称荣华公司)与昆明雪力丹枫家居用品商场建设投资有限公司(以下简称雪力公司)建设工程施工合同纠纷案

审理法院:云南省高级人民法院

案　　号:(2019)云民终1405号

裁判观点:荣华公司于2015年10月23日向雪力公司发出《工作联系单》,荣华公司以裙楼工作面移交迟延、施工蓝图提交迟延及寺瓦路侧基坑发生安全隐患被住建局下令停工为由,申请顺延涉案工程塔楼工期至2016年6月30日，顺延裙楼工期至2016年9月14日。2015年10月26日，雪力公司向荣华公司发出《工作联系单》，对工期顺延申请不予同意。本院认为……按照涉案《建设工程施工合同》通用条款第7.5.1条约定，发包人未按约提供图纸或提供图纸不符合约定，发包人未按约提供施工现场、施工条件、基础资料、许可、批准等开工条件，发包人未按约定日期支付工程预付款、进度款、结算款等事由导致工期延误的，发包人承担由此延误工期责任。结合上述约定，本院对工期应否顺延评判如下：第一，关于施工图纸提交。按照《建设工程施工合同》专用条款第1.6.1条约定，发包人应在开工15日前向承包人提供完整齐全的图纸3套，图纸范围为承包范围内所有图纸。本案中，双方均确认雪力公司于2015年2月9日图纸会审时才向荣华公司提供正式施工蓝图，故荣华公司的该项工期顺延事由符合合同约定，自开工之日即2014年11月20日起至2015年2月24日（蓝图提供后15日）的工期应予顺延。第二，关于施工场地移交。按照《建设工程施工合同》通用条款第2.4.1条约定，发包人最迟于开工日期7天前向承包人移交施工现场。从本案中荣华公司提交的地基验槽检查记录来看，涉案工程塔楼地基于2014年11月27日完成验槽，并将工作面移交给荣华公司，裙楼地基于2015年9月14日完成验槽，并将工作面移交给荣华公司。据此，雪力公司未按合同约定于开工前7日向荣华公司移交具备施工条件的施工现场，相应工期应予顺延，塔楼工程自2014年11月20日起至2014年12月4日止的工期应予顺延，裙楼工程自2014年11月20日起至2015年9月21日止的工期应予顺延。……第四，涉案工程于2016年1月27日主体结构封顶。如前所述，雪力公司在主体结构封顶后并未按约于15日内支付6500万元工程进度款，而直至2016年5月13日才付清该款。故自2016年1月27日至2016年5月13日的工期应予顺延。……综上，涉案工程施工过程中，扣除因雪力公司责任而应顺延的工期后，荣华公司不存在工期违约，不应承担相应违约责任。

059　未在约定期限内提出的工期顺延应否支持?

案件名称:重庆未来之家置业有限公司(以下简称未来之家置业公司)与重庆巨能建设(集团)有限公司(以下简称巨能建设公司)建设工程施工合同纠纷案

审理法院:重庆市高级人民法院

案　　号:(2018)渝民初120号

裁判观点:巨能建设公司举示工期索赔证据主要分以下几种情况,一是索赔报告,该类报告虽然载明了工期延误的原因及损失的具体金额,但未来之家置业公司否认曾收到索赔报告,巨能建设公司也未举示按约向未来之家置业公司送达索赔报告的证据,故不能证明巨能建设公司按《建设工程施工合同》通用条款第23.1款约定,在该公司认为有权得到追加付款的情况下,按约定程序向发包人未来之家置业公司提出了索赔。根据前款约定,承包人未在28天内发出索赔意向通知书的,丧失要求追加付款的权利。二是工期延误报告、支付款项的函件或报告等,在该类函件或报告中巨能建设公司并未按照《建设工程施工合同》通用条款第23.1款的约定提出索赔意向,且未提供向已未来之家置业公司送达的证据,未来之家置业公司亦否认曾收到函件或报告。根据通用条款第23.1款约定,承包人未在索赔事项发生后28天内发出索赔意向通知书的,丧失要求追加付款的权利。该类函件或报告中因未提出索赔意向,故即使已经送达给未来之家置业公司,也不能起到索赔的效力。三是材料采购报验申请表等,巨能建设公司拟证明未来之家置业公司和建新监理公司在审定报验材料时会拖延时间,短则十来天,长则几个月,严重影响工期。但巨能建设公司亦未按照《建设工程施工合同》通用条款第23.1款的约定就此情况发出索赔意向通知书,故已经丧失索赔的权利。……故巨能建设公司主张未来之家置业公司应当承担因延期竣工而产生的项目人员报酬、水电费及垫资施工损失的请求不能成立。

060 未在约定期限内提出工期顺延的合理抗辩有哪些?

案件名称:白银银沪置业有限责任公司(以下简称银沪公司)与甘肃华成建筑安装工程有限责任公司(以下简称华成公司)建设工程施工合同纠纷案

审理法院:甘肃省高级人民法院

案　　号:(2021)甘民终505号

裁判观点:如果当事人在施工合同中约定,承包人未在约定时间内提出工期顺延申请,视为工期不顺延,通常应该按照约定处理,但是承包人能够提出合理抗辩证明根据合同和适用法律其有权获得工期顺延,则应该认定工期顺延。本案中,发包人银沪公司证明实际竣工日期晚于合同约定竣工日期即证明工程逾期,主张按照案涉合同专用条款约定的内容承担工期违约金。承包人华成公司举证证明在施工期间,银沪公司通知变更施工工期,交付部分工作面时存在迟延,大量图纸及设计存在变更、修正的情况;银沪公司要求采暖系统暂停施工;银沪公司未按工程进度支付进度款等情形。上述情形是除华成公司自身因素外的工期延误的原因,属于合理抗辩,应认定工期有相应顺延。故银沪公司关于工期违约金的主张不能成立,本院不予支持。

相关规定

《民法典》

第一百五十九条　附条件的民事法律行为,当事人为自己的利益不正当地阻止条件成就的,视为条件已经成就;不正当地促成条件成就的,视为条件不成就。

第四百九十七条　有下列情形之一的,该格式条款无效:

……

(二)提供格式条款一方不合理地免除或者减轻其责任、加重对方责任、限制对方主要权利;

(三)提供格式条款一方排除对方主要权利。

第七百九十八条　隐蔽工程在隐蔽以前,承包人应当通知发包人检查。发包人没有及时检查的,承包人可以顺延工程日期,并有权请求赔偿停工、窝工等损失。

第八百零三条　发包人未按照约定的时间和要求提供原材料、设备、场地、资金、技术资料的,承包人可以顺延工程日期,并有权请求赔偿停工、窝工等损失。

《建设工程施工合同(示范文本)》

第二部分　通用合同条款

7.5　工期延误

7.5.1　因发包人原因导致工期延误

在合同履行过程中,因下列情况导致工期延误和(或)费用增加的,由发包人承担由此延误的工期和(或)增加的费用,且发包人应支付承包人合理的利润:

(1)发包人未能按合同约定提供图纸或所提供图纸不符合合同约定的;

(2)发包人未能按合同约定提供施工现场、施工条件、基础资料、许可、批准等开工条件的;

(3)发包人提供的测量基准点、基准线和水准点及其书面资料存在错误或疏漏的;

(4)发包人未能在计划开工日期之日起7天内同意下达开工通知的;

(5)发包人未能按合同约定日期支付工程预付款、进度款或竣工结算款的;

(6)监理人未按合同约定发出指示、批准等文件的;

(7)专用合同条款中约定的其他情形。

因发包人原因未按计划开工日期开工的,发包人应按实际开工日期顺延竣工日期,确保实际工期不低于合同约定的工期总日历天数……

7.6　不利物质条件

不利物质条件是指有经验的承包人在施工现场遇到的不可预见的自然物质条件、非自然的物质障碍和污染物,包括地表以下物质条件和水文条件以及专用合同条款约定的其他情形,但不包括气候条件。

承包人遇到不利物质条件时，应采取克服不利物质条件的合理措施继续施工，并及时通知发包人和监理人。通知应载明不利物质条件的内容以及承包人认为不可预见的理由。监理人经发包人同意后应当及时发出指示，指示构成变更的，按第10条〔变更〕约定执行。承包人因采取合理措施而增加的费用和(或)延误的工期由发包人承担。

7.7 异常恶劣的气候条件

异常恶劣的气候条件是指在施工过程中遇到的，有经验的承包人在签订合同时不可预见的，对合同履行造成实质性影响的，但尚未构成不可抗力事件的恶劣气候条件。合同当事人可以在专用合同条款中约定异常恶劣的气候条件的具体情形。

承包人应采取克服异常恶劣的气候条件的合理措施继续施工，并及时通知发包人和监理人。监理人经发包人同意后应当及时发出指示，指示构成变更的，按第10条〔变更〕约定办理。承包人因采取合理措施而增加的费用和(或)延误的工期由发包人承担。

10.6 变更引起的工期调整

因变更引起工期变化的，合同当事人均可要求调整合同工期，由合同当事人按照第4.4款〔商定或确定〕并参考工程所在地的工期定额标准确定增减工期天数。

19.1 承包人的索赔

根据合同约定，承包人认为有权得到追加付款和(或)延长工期的，应按以下程序向发包人提出索赔：

(1)承包人应在知道或应当知道索赔事件发生后28天内，向监理人递交索赔意向通知书，并说明发生索赔事件的事由；承包人未在前述28天内发出索赔意向通知书的，丧失要求追加付款和(或)延长工期的权利；

(2)承包人应在发出索赔意向通知书后28天内，向监理人正式递交索赔报告；索赔报告应详细说明索赔理由以及要求追加的付款金额和(或)延长的工期，并附必要的记录和证明材料；

(3)索赔事件具有持续影响的，承包人应按合理时间间隔继续递交延续索赔通知，说明持续影响的实际情况和记录，列出累计的追加付款金额和(或)工期延长天数；

(4)在索赔事件影响结束后28天内，承包人应向监理人递交最终索赔报告，说明最终要求索赔的追加付款金额和(或)延长的工期，并附必要的记录和证明材料。

19.2　对承包人索赔的处理

对承包人索赔的处理如下：

(1)监理人应在收到索赔报告后14天内完成审查并报送发包人。监理人对索赔报告存在异议的，有权要求承包人提交全部原始记录副本；

(2)发包人应在监理人收到索赔报告或有关索赔的进一步证明材料后的28天内，由监理人向承包人出具经发包人签认的索赔处理结果。发包人逾期答复的，则视为认可承包人的索赔要求；

(3)承包人接受索赔处理结果的，索赔款项在当期进度款中进行支付；承包人不接受索赔处理结果的，按照第20条〔争议解决〕约定处理。

《建设工程监理规范》

2.0.17　工程延期 construction duration extension

由于非施工单位原因造成合同工期延长的时间。

2.0.18　工期延误 delay of construction period

由于施工单位自身原因造成施工期延长的时间。

2.0.19　工程临时延期批准 approval of construction duration temporary extension

发生非施工单位原因造成的持续性影响工期事件时所作出的临时延长合同工期的批准。

6.5.1　施工单位提出工程延期要求符合施工合同约定时，项目监理机构应予以受理。

6.5.2　当影响工期事件具有持续性时，项目监理机构应对施工单位提交的阶段性工程临时延期报审表进行审查，并应签署工程临时延期审核意见后报建设单位。

当影响工期事件结束后，项目监理机构应对施工单位提交的工程最终延期报审表进行审查，并应签署工程最终延期审核意见后报建设单位。

……

6.5.3　项目监理机构在作出工程临时延期批准和工程最终延期批准前，均应与建设单位和施工单位协商。

6.5.4　项目监理机构批准工程延期应同时满足下列条件：

1　施工单位在施工合同约定的期限内提出工程延期。

2　因非施工单位原因造成施工进度滞后。

3　施工进度滞后影响到施工合同约定的工期。

6.5.5　施工单位因工程延期提出费用索赔时，项目监理机构可按施工合同约定进行处理。

6.5.6　发生工期延误时，项目监理机构应按施工合同约定进行处理。

第十一条　【鉴定期间】建设工程竣工前，当事人对工程质量发生争议，工程质量经鉴定合格的，鉴定期间为顺延工期期间。

条文精解

本条是关于鉴定期间的规定。参照《建设工程施工合同（示范文本）》第二部分通用合同条款第5.5条关于质量争议检测的约定，合同当事人对工程质量有争议的，由双方协商确定的工程质量检测机构鉴定，由此产生的费用及因此造成的损失，由责任方承担。工程质量经鉴定合格的，鉴定期间导致的工期损失，责任方在发包人，发包人承担由此产生的费用及因此造成的损失，其中包括鉴定期间导致的工期损失。所以，工程质量经鉴定合格的，鉴定期间为顺延工期期间。《民法典》第八百零四条也有相关规定，因发包人的原因致使工程中途停建、缓建的，发包人应当采取措施弥补或者减少损失，赔偿承包人因此造成的停工、窝工、倒运、机械设备调迁、材料和构件积压等损失和实际费用。

关于鉴定程序的问题。依据《民事诉讼法》第七十九条的规定，当事人可以就查明事实的专门性问题向人民法院申请鉴定。当事人申请鉴定的，由双方当事人协商确定具备资格的鉴定人。协商不成的，由人民法院指定。当事人未申请鉴定，人民法院对专门性问题认为需要鉴定的，应当委托具备资格的鉴定人进行鉴定，这是关于进入诉讼程序的工程质量鉴定的规定。而没有进入诉讼程序的，由双方协商确定的工程质量检测机构鉴定，由此产生的费用及因此造成的损失，由责任方承担。2017 版前的《建设工程施工合同（示范文本）》通用合同条款有更加详细的约定，双方对工程质量有争议，由工程所在地具有相关质量检测资质的机构鉴定，如 7 日内双方不能就选择鉴定机构达成一致意见，由发包人指定具有质量检测资质的机构鉴定。所需费用因此造成损失，由责任方承担，双方均有责任，由双方根据责任分别承担。工程质量鉴定为合格的，鉴定期间为顺延工期期间，鉴定不合格的，工期不予顺延。

关于鉴定期间的问题。参照最高人民法院民事审判第一庭编著的《最高人民法院新建设工程施工合同司法解释（一）理解与适用》（人民法院出版社 2021 年版，第 126 页）关于"鉴定期间的起止时点"部分的陈述，本条所指的鉴定期间，应包括因鉴定而影响承包人施工的合理期间，而不仅指鉴定机构鉴定所需要的时间，这点应特别注意。笔者认为，发包人或者监理人因为工程质量问题下达暂停施工指示起，就应当开始计算本条所指的顺延工期期间，工程质量鉴定报告出来后到恢复施工前的期间也应当计算在内。当然，顺延工期的前提是工程质量经鉴定合格。如果工程质量经鉴定不合格的，则工期不予顺延。

案例适用

061　工程质量经鉴定合格的，鉴定期间是否为顺延工期期间？

案件名称：福建省长泰岩溪国有林场（以下简称岩溪林场）与福建省龙洲建筑工程有限公司等建设工程施工合同纠纷案

审理法院:福建省漳州市长泰区人民法院

案　　号:(2019)闽0625民初361号

裁判观点:对于楼板裂缝处理问题。根据2004年《建设工程施工合同解释》第十五条(现为《建设工程施工合同解释(一)》第十一条)的规定,建设工程竣工前,当事人对工程质量发生争议,工程质量经鉴定合格的,鉴定期间为顺延工期期间。结合合同通用条款第12.2条"由于发包人原因引起的暂停施工造成工期延误的,承包人有权要求发包人延长工期"的约定,工程二、三层楼板及屋面板裂缝存在漏水问题由发包人岩溪林场提出,工程因此中止施工,经检测,楼板裂缝不存在质量问题,工程继续施工。故楼板裂缝处理期间,即从2012年11月23日至2013年4月12日,合计140天的工期应予抵减,工期相应延长。

062　工程质量经鉴定不合格的,鉴定期间的工期损失各方如何承担?

案件名称:泉州金洲混凝土有限公司(以下简称金洲公司)与福建省华厦建设发展有限公司(以下简称华厦公司)等买卖合同纠纷案

审理法院:福建省泉州市中级人民法院

案　　号:(2017)闽05民终3334号

裁判观点:关于金洲公司是否应承担华厦公司主张的因商品砼重新检测停工65天导致的相应延误工期违约金损失650,000元。本案中,华厦公司被建设单位扣除工期延误违约金830,000元,系因涉案西湖豪苑整体工程工期延误83天;并且,在因商品砼重新检测导致地下室柱(剪力墙)A段和C段三层柱部位停工的期间,西湖豪苑工程的其他部位仍然正常施工。华厦公司亦未能提出充分、完全的证据证明涉案西湖豪苑工程工期延误83天中的65天系完全因金洲公司提供的商品砼有质量问题而引致。但是,因金洲公司提供的商品砼被有关部门检测出质量问题而需要重新检测,导致涉案西湖豪苑工程地下室柱(剪力墙)A段和C段三层柱部位停工65天,确系事实。综上,本院认为,根据上述

《预拌(商品)混凝土购销合同》第7条第2款的约定,按照公平原则,华厦公司与金洲公司应各自承担延误工期违约金损失650,000元的一半,即金洲公司应赔偿华厦公司延误工期违约金损失325,000元。

相关规定

《民法典》

第八百零四条　因发包人的原因致使工程中途停建、缓建的,发包人应当采取措施弥补或者减少损失,赔偿承包人因此造成的停工、窝工、倒运、机械设备调迁、材料和构件积压等损失和实际费用。

《建设工程施工合同(示范文本)》

第二部分　通用合同条款

5.5　质量争议检测

合同当事人对工程质量有争议的,由双方协商确定的工程质量检测机构鉴定,由此产生的费用及因此造成的损失,由责任方承担。

合同当事人均有责任的,由双方根据其责任分别承担。合同当事人无法达成一致的,按照第4.4款〔商定或确定〕执行。

7.8　暂停施工

7.8.1　发包人原因引起的暂停施工

……

因发包人原因引起的暂停施工,发包人应承担由此增加的费用和(或)延误的工期,并支付承包人合理的利润。

《司法鉴定程序通则》

第二十三条　司法鉴定人进行鉴定,应当依下列顺序遵守和采用该专业领域的技术标准、技术规范和技术方法:

(一)国家标准;

(二)行业标准和技术规范;

(三)该专业领域多数专家认可的技术方法。

《建设工程质量检测管理办法》

第二条　从事建设工程质量检测相关活动及其监督管理，适用本办法。

本办法所称建设工程质量检测，是指在新建、扩建、改建房屋建筑和市政基础设施工程活动中，建设工程质量检测机构（以下简称检测机构）接受委托，依据国家有关法律、法规和标准，对建设工程涉及结构安全、主要使用功能的检测项目，进入施工现场的建筑材料、建筑构配件、设备，以及工程实体质量等进行的检测。

《民事诉讼法》

第七十九条　当事人可以就查明事实的专门性问题向人民法院申请鉴定。当事人申请鉴定的，由双方当事人协商确定具备资格的鉴定人；协商不成的，由人民法院指定。

当事人未申请鉴定，人民法院对专门性问题认为需要鉴定的，应当委托具备资格的鉴定人进行鉴定。

第十二条　【质量抗辩】因承包人的原因造成建设工程质量不符合约定，承包人拒绝修理、返工或者改建，发包人请求减少支付工程价款的，人民法院应予支持。

条文精解

本条是关于质量抗辩的规定。依据《民法典》第八百零一条的规定，因承包人的原因致使建设工程质量不符合约定的，发包人有权请求承包人在合理期限内无偿修理或者返工、改建。承包人向发包人交付符合约定的建设工程是法定义务，也是约定义务。建设工程合同作为承揽合同的一种特殊类型，依据《民法典》第七百八十一条的规定，承揽人交付的工作成果不符合质量要求的，定作人可以合理选择请求承揽人承担修理、重作、减少报酬、赔偿损失等违约责任。本条规定的发包人请求减少支付工程价款与上述定作人可以选择承揽人减少报酬的规定法理类同。根据本条规定，发包人减少支付工程价款的请求想要获得人民法院的支持，应当同时满足以下两点：第一，建设工程质量不符合约定是因为承包人的原因所造成；第二，承包人拒绝修理、返工或者改建。

关于承包人的原因造成工程质量不符合约定的理解问题。依据《建筑法》第五十八条至第六十条的规定，承包人必须按照工程设计图纸和施工技术标准施工，不得偷工减料。承包人必须按照工程设计要求、施工技术标准和合同的约定，对建筑材料、建筑构配件和设备进行检验，不合格的不得使用。必须确保地基基础工程和主体结构在合理使用寿命内的质量，竣工时，屋顶、墙面不得留有渗漏、开裂等质量缺陷。建设工程质量不符合约定，有可能是施工单位的原因，也可能是设计单位的原因，甚至是建设单位的原因。建设工程质量问题由承包人造成，才能由承包人承担相应后果。所以，发包人请求减少支付工程价款时，应当证明建设工程质量问题是因为承包人的原因所导致。另外，依据《建设工程施工合同解释(一)》第十四条的规定，建设工程未经竣工验收，发包人擅自使用后，又以使用部分质量不符合约定为由主张权利的，人民法院不予支持。发包人擅自使用后，视为对建设工程质量的认可，应承担其带来的不利后果，不能再以建设工程质量不符合约定为由请求减少支付工程价款，地基基础工程和主体结构质量除外。

关于承包人拒绝修理、返工或者改建的理解问题。《民法典》第五百七十八条规定，当事人一方明确表示或者以自己的行为表明不履行合同义务的，对方可以在履行期限届满前请求其承担违约责任。因承包人的原因造成建设工程质量不符合约定时，应首先通知承包人进行修理或者返工、改建。只有承包人明确表示或者以自己的行为表明不履行合同义务时，发包人才能请求减少支付工程价款。这样规定，笔者认为有两方面的考虑：第一，是便于查明建设工程质量不符合约定的原因，如果发包人没有通知承包人进行修理、返工或者改建，而是自行或者委托其他施工单位进行处理,质量原因后期不便查清;第二,在承包人没有参与的情形下,承包人可能不予认可相关费用,径直让承包人承担相关费用,有失公平。所以,本条规定承包人拒绝修理、返工或者改建为前置条件,这与建设工程质量保修的流程也大致相同。如果发包人没有通知承包人,其自行处理或者委托其他施工单位处理,相关请求可能得不到人民法院的支持。

关于发包人以质量问题为由,请求减少支付工程价款是抗辩,还是反诉的问题。如果属于抗辩,则发包人不用另行缴纳诉讼费用。如果属于反诉,则发包人需要按照规定缴纳相应的诉讼费用,人民法院才会合并审理。实务中,有3种观点:第一,认为属于抗辩,发包人不用另行提起反诉。理由是发包人并没有否定承包人要求支付工程价款的诉求,只是以质量问题请求减少支付;第二,认为属于反诉,发包人必须提起反诉,人民法院才会合并审理;第三,认为需要结合当事人合同的约定进行判断,如果合同中有关于建设工程质量存在问题,发包人可以扣减对应数额的工程价款等相关约定,则是抗辩。反之,是反诉。笔者认同第一种观点,发包人以建设工程质量问题请求减少支付工程价款是一种抗辩行为,不用另行提起反诉。如果属于反诉,就没有必要特意规定本条,承包人依法依约交付符合约定的建设工程,是其法定义务,也是约定义务。如果承包人拒绝修理、返工或者改建,发包人自然有权利要求承包人承担相应的违约责任。而且,依据《民法典》第五百六十八条的规定,当事人互负债务,该债务的标的物种类、品质相同的,任何一方可以将自己的债务与对方的到期债务抵销。发包人减少支付工程价款的请求,其本质也是工程价款支付问题,可以与承包人要求支付工程价款的诉求相互抵销,使对应的工程价款支付关系消灭,抵销是典型的抗辩行为。

适用本条,应注意以下几点:(1)发包人在遇到工程质量问题时,应当先通知承包人参与工程质量问题责任认定、工程修复费用确定,不应单方进行修复,导致质量原因及修复费用无法查明。(2)发包人在遇到工程质量问题时,不应擅自使用工程项目。擅自使用后,以使用部分质量不符合约定为由主张权利的,人民法院不予支持。(3)本条仅规定质量问题可以提出减少支付工程价款的抗辩,对于逾期交付工程项目的违约金等其他非质量问题所导致的损失,发包人应当通过反诉的形式主张权利。

案例适用

063 承包人原因造成质量不符约定,发包人请求减少支付工程价款是否应予支持?

案件名称:崔某伟与黑龙江省大庆皓月清真食品工业有限公司(以下简称皓月公司)等建设工程施工合同纠纷案

审理法院:最高人民法院

案　　号:(2019)最高法民申3855号

裁判观点:根据2004年《建设工程施工合同解释》第十一条(现为《建设工程施工合同解释(一)》第十二条)的规定:"因承包人的过错造成建设工程质量不符合约定,承包人拒绝修理、返工或者改建,发包人请求减少支付工程价款的,应予支持。"在本案建设工程施工合同已经解除且崔某伟并未对不符合约定的施工工程进行修理、返工、改建的情况下,皓月公司主张扣除相应的维修费用,符合上述司法解释规定,依据充分。

064 承包人原因造成质量不符约定,发包人单方修复费用应否支持?

案件名称:重庆交通建设(集团)有限责任公司(以下简称重庆交建公司)与重庆市佳海建筑工程有限公司(以下简称佳海公司)、重庆建工集团股份有限公司(以下简称重庆建工集团)建设工程施工合同纠纷案

审理法院:最高人民法院

案　　号:(2018)最高法民终494号

裁判观点：正常情况下，佳海公司所施工交付的工程存在质量问题，应当先要求佳海公司进行修理、返工或者改建，如果佳海公司拒绝从事上述工作的，才能减少支付工程款。但是，本案系特殊情况，由于发生地震灾害，为了不影响地震灾后恢复重建工作，昭巧公路管理处与重庆建工集团协商同意采用在工程结算款中扣除缺陷工程修复款方式处理，符合当时的情势。但是缺陷工程修复款金额8,072,756元系业主方昭巧公路管理处与重庆建工集团协商确认，佳海公司并未参与协商过程，重庆交建公司亦未举证证明其曾与佳海公司就上述金额进行过核算，更未经佳海公司签字认可，故仅凭业主方与重庆建工集团协商确定的扣减数额要求对佳海公司应得工程款作相应扣减，缺乏事实依据。考虑到本案实际情况，即案涉工程确实存在质量缺陷问题，佳海公司应承担相应责任，基于公平原则，本院酌情考虑由佳海公司与重庆交建公司各承担50%的业主认定缺陷工程修复款，即双方分别承担8,072,756元×50%=4,036,378元。

065　承包人原因造成质量不符约定，发包人擅自使用后请求减少支付工程价款是否应予支持？

案件名称：黑龙江省龙一房地产开发有限公司（以下简称龙一公司）与哈尔滨市第六建筑公司（以下简称六建公司）建设工程施工合同纠纷案

审理法院：最高人民法院

案　　号：（2015）民申字第2846号

裁判观点：龙一公司在工程尚未组织竣工验收的情况下，擅自将其投入使用。由于龙一公司擅自使用未经竣工验收工程的行为，六建公司无须承担该工程除地基基础工程和主体结构质量以外的维修费用。根据2004年《建设工程施工合同解释》第十一条（现为《建设工程施工合同解释（一）》第十二条）的规定，因承包人的过错造成建设工程质量不符合约定，承包人拒绝修理、返工或者改建，发包人请求减少支付工程价款的,应予支持。本案中龙一公司亦未能证明其主张的维修费用系经过与六建公司协商而六建公司拒绝修理所致,故一、二审法院对于其要求扣减工程款的请求不予支持,并无不当。

066 承包人逾期交付工程,发包人请求减少支付工程价款是否应予支持?

案件名称:鸡东县鑫鼎房地产开发有限公司(以下简称鑫鼎公司)与鸡东县宏达建筑安装工程公司等建设工程施工合同纠纷案

审理法院:最高人民法院

案　　号:(2018)最高法民申5423号

裁判观点:根据2004年《建设工程施工合同解释》第十一条(现为《建设工程施工合同解释(一)》第十二条)的规定,因承包人的过错造成建设工程质量不符合约定,承包人拒绝修理、返工或者改建,发包人请求减少支付工程价款的,应予支持。本案中鑫鼎公司关于逾期交付违约金的主张应当提起反诉,不属于上述规定中可以抵扣工程款的情形,原审法院对其抗辩未予支持并无不当。

067 发包人原审未提出质量问题减少工程价款的请求,再审是否会审查?

案件名称:侯马市新城建筑安装有限公司与刘某建设工程施工合同纠纷案

审理法院:山西省高级人民法院

案　　号:(2020)晋民申2100号

裁判观点:根据2004年《建设工程施工合同解释》第十一条(现为《建设工程施工合同解释(一)》第十二条)的规定,因承包人的过错造成建设工程质量不符合约定,承包人拒绝修理、返工或者改建,发包人请求减少支付工程价款的,应予支持。经查,再审申请人原审中并未主张涉案工程质量不合格并提出扣减工程款的请求,因此涉案工程存在的质量问题不属于本案再审审查范围,原审法院未适用上述规定并无错误。

相关规定

《民法典》

第五百五十七条　有下列情形之一的，债权债务终止：

……

（二）债务相互抵销；

……

第五百六十八条　当事人互负债务，该债务的标的物种类、品质相同的，任何一方可以将自己的债务与对方的到期债务抵销；但是，根据债务性质、按照当事人约定或者依照法律规定不得抵销的除外。

……

第五百七十八条　当事人一方明确表示或者以自己的行为表明不履行合同义务的，对方可以在履行期限届满前请求其承担违约责任。

第七百八十一条　承揽人交付的工作成果不符合质量要求的，定作人可以合理选择请求承揽人承担修理、重作、减少报酬、赔偿损失等违约责任。

第八百零一条　因施工人的原因致使建设工程质量不符合约定的，发包人有权请求施工人在合理期限内无偿修理或者返工、改建。经过修理或者返工、改建后，造成逾期交付的，施工人应当承担违约责任。

《建筑法》

第五十八条　建筑施工企业对工程的施工质量负责。

建筑施工企业必须按照工程设计图纸和施工技术标准施工，不得偷工减料。工程设计的修改由原设计单位负责，建筑施工企业不得擅自修改工程设计。

第五十九条　建筑施工企业必须按照工程设计要求、施工技术标准和合同的约定，对建筑材料、建筑构配件和设备进行检验，不合格的不得使用。

第六十条　建筑物在合理使用寿命内，必须确保地基基础工程和主体结构的质量。

建筑工程竣工时，屋顶、墙面不得留有渗漏、开裂等质量缺陷；对已发现的质量缺陷，建筑施工企业应当修复。

第七十四条　建筑施工企业在施工中偷工减料的，使用不合格的建筑材料、建筑构配件和设备的，或者有其他不按照工程设计图纸或者施工技术标准施工的行为的，责令改正，处以罚款；情节严重的，责令停业整顿，降低资质等级或者吊销资质证书；造成建筑工程质量不符合规定的质量标准的，负责返工、修理，并赔偿因此造成的损失；构成犯罪的，依法追究刑事责任。

《建设工程质量管理条例》

第二十六条　施工单位对建设工程的施工质量负责。

……

第三十二条　施工单位对施工中出现质量问题的建设工程或者竣工验收不合格的建设工程，应当负责返修。

第六十四条　违反本条例规定，施工单位在施工中偷工减料的，使用不合格的建筑材料、建筑构配件和设备的，或者有不按照工程设计图纸或者施工技术标准施工的其他行为的，责令改正，处工程合同价款百分之二以上百分之四以下的罚款；造成建设工程质量不符合规定的质量标准的，负责返工、修理，并赔偿因此造成的损失；情节严重的，责令停业整顿，降低资质等级或者吊销资质证书。

《建设工程施工合同(示范文本)》

第二部分　通用合同条款

5.1.3　因承包人原因造成工程质量未达到合同约定标准的，发包人有权要求承包人返工直至工程质量达到合同约定的标准为止，并由承包人承担由此增加的费用和(或)延误的工期。

5.4.1　因承包人原因造成工程不合格的，发包人有权随时要求承包人采取补救措施，直至达到合同要求的质量标准，由此增加的费用和(或)延误的工期由承包人承担……

16.2.1　承包人违约的情形

在合同履行过程中发生的下列情形，属于承包人违约：

……

(2)承包人违反合同约定采购和使用不合格的材料和工程设备的；

(3)因承包人原因导致工程质量不符合合同要求的；

……

16.2.2　承包人违约的责任

承包人应承担因其违约行为而增加的费用和(或)延误的工期。此外,合同当事人可在专用合同条款中另行约定承包人违约责任的承担方式和计算方法。

第十三条　【发包责任】发包人具有下列情形之一,造成建设工程质量缺陷,应当承担过错责任:

(一)提供的设计有缺陷;

(二)提供或者指定购买的建筑材料、建筑构配件、设备不符合强制性标准;

(三)直接指定分包人分包专业工程。

承包人有过错的,也应当承担相应的过错责任。

条文精解

本条是关于发包责任的规定。依据《建设工程质量管理条例》第七条至第十七条的规定,发包人的质量责任包括:(1)应当将工程发包给具有相应资质等级的单位,不得将工程肢解发包;(2)应当依法对工程的勘察、设计、施工、监理以及与工程有关的重要设备、材料等的采购进行招标;(3)必须向勘察、设计、施工、工程监理等单位提供与工程有关的真实、准确、齐全的原始资料;(4)不得迫使承包方以低于成本的价格竞标,不得任意压缩合理工期;(5)不得明示或者暗示设计单位或者施工单位违反工程建设强制性标准,降低建设工程质量;(6)不得使用未经审查批准的施工图设计文件;(7)实行监理的工程,应当委托具有相应资质等级的工程监理单位进行监理,或者委托具有工程监理相应资质等级并与被监理工程的施工承包单位没有隶属关系或者其他利害关系的该工程的设计单位进行监理;(8)应当在开工前按照国家有关规定办理工程质量监督手续;应当保证其按照合同约定采购的建筑材料、建筑构配件和设备符合设计文件和合同要求;(9)不得明示或者暗示施工单位使用不合格的建筑材料、建筑构配件和设备;(10)应当严格按照国家有关档案管理的规定,及时收集、整理工程各环节的文件资料,建立、健全建设项目档案,并在工程竣工验收后,及时向建设行政主管部门或者其他有关部门移交建设项目档案。上述情形下,造成建设工程质量缺陷的,发包人应当承担过错责任。本条仅列举发包人常见的3种违法情形,并非其他情形下,发包人不需承担过错责任。

关于设计缺陷造成工程质量缺陷的责任问题。依据《建筑法》第五十六条的规定,设计文件应当符合有关法律、行政法规的规定和建筑工程质量、安全标准、建筑工程勘察、设计技术规范以及合同的约定。设计文件选用的建筑材料、建筑构配件和设备,应当注明其规格、型号、性能等技术指标,其质量要求必须符合国家规定的标准。发包人提供的设计有缺陷存在两种可能的原因:(1)发包人明示或者暗示设计单位违反工程建设强制性标准,降低建设工程质量,依据《建设工程质量管理条例》第十条第二款的规定,发包人应当承担过错责任;(2)设计单位自身的原因导致设计有缺陷,发包人既不参与,也不知情,依据《民法典》第五百九十三条的规定,发包人因为设计单位的原因造成违约的,应当依法向承包人承担违约责任。发包人和设计单位之间的纠纷,依照法律规定或者按照约定处理。

关于建筑材料、建筑构配件、设备不符合强制性标准造成工程质量缺陷的责任问题。按照建筑材料、建筑构配件、设备是由发包人提供或者指定,区分两种情形分析如下:(1)发包人提供。依据《建设工程质量管理条例》第十四条的规定,由发包人采购建筑材料、建筑构配件和设备的,其应当保证建筑材料、建筑构配件和设备符合设计文件和合同要求,不得明示或者暗示承包人使用不合格的建筑材料、建筑构配件和设备。发包人违反上述规定造成建设工程质量缺陷,应当承担过错责任。

(2)发包人指定。依据《建筑法》第二十五条的规定，由承包人采购建筑材料、建筑构配件和设备的，发包人不得指定承包人购入建筑材料、建筑构配件和设备或者指定生产厂、供应商。此种情况下，发包人指定购买的建筑材料、建筑构配件、设备的行为本身就是违法的，造成建设工程质量缺陷，应当承担过错责任。

关于发包人指定分包人分包专业工程造成工程质量缺陷的责任问题。依据《房屋建筑和市政基础设施工程施工分包管理办法》第七条的规定，发包人不得直接指定分包工程承包人。任何单位和个人不得对依法实施的分包活动进行干预。发包人直接指定分包人分包专业工程的行为本身就是违法的，造成建设工程质量缺陷，应当承担过错责任。另外，依据《建筑法》第二十四条的规定，禁止发包人将建筑工程肢解发包，发包人可以将建筑工程的勘察、设计、施工、设备采购一并发包给一个工程总承包人，也可以将建筑工程勘察、设计、施工、设备采购的一项或者多项发包给一个工程总承包人。但是，不得将应当由一个承包人完成的建筑工程肢解成若干部分发包给几个承包人。

关于承包人质量过错的责任问题。依据《民法典》第五百九十二条的规定，当事人都违反合同的，应当各自承担相应的责任。当事人一方违约造成对方损失，对方对损失的发生有过错的，可以减少相应的损失赔偿额。所以，本条第二款规定，承包人有过错的，也应当承担相应的过错责任。按照本条第一款发包人的3种违法情形分别论述承包人质量责任如下：(1)在发包人提供的设计有缺陷造成建设工程质量缺陷的情形下，依据《建设工程质量管理条例》第二十八条第二款的规定，承包人若在施工过程中发现设计文件和图纸有差错的，也应当及时提出意见和建议，否则，也应当承担相应的过错责任。实务案例中，承包人明知发包人提供的设计文件未经审查或者审查不合格，仍然按照设计图纸进行施工，人民法院判决承担相应的责任。(2)在发包人提供或者指定购买的建筑材料、建筑构配件、设备不符合强制性标准的情形下，依据《建设工程质量管理条例》第二十九条的规定,承包人必须按照工程设计要求、施工技术标准和合同约定,对建筑材料、建筑构配件、设备等进行检验,检验应当有书面记录和专人签字。未经检验或者检验不合格的,不得使用。承包人违反上述规定,也应当承担相应的过错责任。若承包人已经尽到上述义务,则不存在过错,不需要承担责任。(3)在发包人直接指定分包人分包专业工程的情况下,区分两种情况:①承包人没有收取分包人管理费用,没有管理职责,承包人一般不需要承担责任;②承包人收取分包人管理费,具有管理职责,承包人没有尽到管理义务,存在一定的过错,需要承担相应的责任。

案例适用

068　承包人按照设计图纸进行施工,是否需要对设计缺陷造成的质量问题承担责任?

案件名称:漠河砂宝斯矿业有限公司(以下简称砂宝斯公司)与中铁十九局集团有限公司(以下简称中铁十九局)建设工程施工合同纠纷案

审理法院:最高人民法院

案　　号:(2018)最高法民申2048号

裁判观点:《基建合同》第1.5条约定"工程质量标准以设计院图纸要求为准",双方责任第2.4条约定"乙方负责严格按照施工计划、施工图纸和施工规范施工",因此,按照设计图纸和施工方式进行施工是中铁十九局的约定义务,也是双方约定的工程质量标准。砂宝斯公司主张中铁十九局具有注意义务,应当发现施工图纸与施工方式违反有关规定,超出施工单位的约定义务和专业能力。《建设工程施工合同解释(一)》第十三条规定:"发包人具有下列情形之一,造成建设工程质量缺陷,应当承担过错责任:(一)提供的设计有缺陷……"据此,砂宝斯公司应对设计缺陷造成质量缺陷自行承担相应责任,其认为中铁十九局负有注意义务，并据此主张承担赔偿责任，缺乏充分的事实和法律依据。

069　承包人按照未经审批的设计图纸进行施工，是否需要对设计缺陷造成的质量问题承担责任？

案件名称：南京伟赫建筑安装工程有限公司（以下简称伟赫公司）与西安北控嘉晟热力有限责任公司（以下简称北控公司）等建设工程设计合同纠纷案

审理法院：陕西省高级人民法院

案　　号：（2022）陕民申686号

裁判观点：北控公司在没有取得任何建审手续的情况下违法发包，伟赫公司作为专业的工程施工企业，应当具备专业知识和判断能力，但是在其应当知道案涉工程及设计图纸方案未经审批的情况下依然继续施工，没有尽到一个专业施工企业应当尽到的审慎注意义务，具有一定过错，应当承担相应责任，原判认定伟赫公司承担30%的责任，并无不妥。

070　发包人指定购买建筑材料、建筑构配件、设备时，承包人的义务是什么？

案件名称：宁夏华瑞丰地产有限公司（以下简称华瑞丰公司）与山河建设集团有限公司（以下简称山河公司）建设工程施工合同纠纷案

审理法院：宁夏回族自治区高级人民法院

案　　号：（2021）宁民终405号

裁判观点：关于山河公司在工程中所使用的玻璃是否存在质量问题……双方签订的专用合同条款部分第12.4.2.4条约定主材发包方指定品牌和厂家（型材、low-e玻璃、铝单板、五金件等材料）……华瑞丰公司应对其指定玻璃品牌和厂家的行为承担过错责任。……作为施工方，山河公司一审提交了案涉玻璃的出厂合格证及所使用的银川晶峰玻璃公司生产玻璃的国家强制性产品认证试验报告，山河公司已尽到合理审慎义务。

071　发包人指定分包人分包专业工程造成质量问题，其与总包单位如何承担责任？

案件名称：四川森信置业有限公司（以下简称森信置业）与江苏广宇建设集团有限公司（以下简称广宇建设）建设工程施工合同纠纷案

审理法院：四川省高级人民法院

案　　号：（2016）川民终790号

裁判观点：从双方签订的《都江逸家工程施工总包合同（补充协议）》约定内容来看，案涉工程的土石方挖填工程、喷锚支护、降水工程、入户门、车库门、通风、排烟工程、消防工程、燃气工程、弱电工程、采暖工程（不含采暖管道敷设）等均属于森信置业分包工程，不属于广宇建设承包范围，但广宇建设负有对森信置业发包的单项工程进行总包管理和服务的义务，森信置业并因此需要向广宇建设支付分包工程造价2%的施工管理费和配合费……对森信置业分包的工程导致的质量缺陷，森信置业应当承担主要责任，广宇建设对森信置业分包的工程负有总包管理的合同义务，对其质量缺陷也应承担相应过错责任。

相关规定

《民法典》

第五百九十二条　当事人都违反合同的，应当各自承担相应的责任。

当事人一方违约造成对方损失，对方对损失的发生有过错的，可以减少相应的损失赔偿额。

第五百九十三条　当事人一方因第三人的原因造成违约的，应当依法向对方承担违约责任。当事人一方和第三人之间的纠纷，依照法律规定或者按照约定处理。

《建筑法》

第二十四条　提倡对建筑工程实行总承包，禁止将建筑工程肢解发包。

建筑工程的发包单位可以将建筑工程的勘察、设计、施工、设备采购一并发包给一个工程总承包单位，也可以将建筑工程勘察、设计、施工、设备采购的一项或者多项发包给一个工程总承包单位；但是，不得将应当由一个承包单位完成的建筑工程肢解成若干部分发包给几个承包单位。

第二十五条　按照合同约定，建筑材料、建筑构配件和设备由工程承包单位采购的，发包单位不得指定承包单位购入用于工程的建筑材料、建筑构配件和设备或者指定生产厂、供应商。

第五十六条　建筑工程的勘察、设计单位必须对其勘察、设计的质量负责。勘察、设计文件应当符合有关法律、行政法规的规定和建筑工程质量、安全标准、建筑工程勘察、设计技术规范以及合同的约定。设计文件选用的建筑材料、建筑构配件和设备，应当注明其规格、型号、性能等技术指标，其质量要求必须符合国家规定的标准。

《建设工程质量管理条例》

第十四条　按照合同约定，由建设单位采购建筑材料、建筑构配件和设备的，建设单位应当保证建筑材料、建筑构配件和设备符合设计文件和合同要求。

建设单位不得明示或者暗示施工单位使用不合格的建筑材料、建筑构配件和设备。

第二十八条　施工单位必须按照工程设计图纸和施工技术标准施工，不得擅自修改工程设计，不得偷工减料。

施工单位在施工过程中发现设计文件和图纸有差错的，应当及时提出意见和建议。

第二十九条　施工单位必须按照工程设计要求、施工技术标准和合同约定，对建筑材料、建筑构配件、设备和商品混凝土进行检验，检验应当有书面记录和专人签字；未经检验或者检验不合格的，不得使用。

第五十六条　违反本条例规定，建设单位有下列行为之一的，责令改正，处20万元以上50万元以下的罚款：

……

（四）施工图设计文件未经审查或者审查不合格，擅自施工的；

……

（七）明示或者暗示施工单位使用不合格的建筑材料、建筑构配件和设备的；

……

《房屋建筑和市政基础设施工程施工分包管理办法》

第七条 建设单位不得直接指定分包工程承包人。任何单位和个人不得对依法实施的分包活动进行干预。

> **第十四条 【擅自使用】**建设工程未经竣工验收，发包人擅自使用后，又以使用部分质量不符合约定为由主张权利的，人民法院不予支持；但是承包人应当在建设工程的合理使用寿命内对地基基础工程和主体结构质量承担民事责任。

条文精解

本条是关于擅自使用的规定。依据《民法典》第七百九十九条第二款、《建筑法》第六十一条第二款及《建设工程质量管理条例》第十六条第二款的规定，建设工程经竣工验收合格后，方可交付使用。未经竣工验收的，不得交付使用。发包人擅自使用未经竣工验收的建设工程，具有明显的违法性，视为发包人认可使用部分的建设工程质量，擅自使用起质量风险转移到发包人，无权再以质量不符合约定为由主张权利，地基基础工程和主体结构质量问题除外。如此规定，既是为了惩戒发包人的违法行为，也是为了保护公共安全。

关于发包人擅自使用未经竣工验收工程的后果问题。本条规定，工程未经竣工验收，发包人擅自使用后，又以使用部分质量不符合约定为由主张权利的，人民法院不予支持。实务中，发包人擅自使用未经竣工验收的建设工程的后果包括视为认可建设工程质量、无权要求承包人就质量缺陷承担修复义务、质量损失索赔得不到支持、应依约支付工程价款等。依据《建筑法》第六十条第二款的规定，建设工程竣工时，屋顶、墙面不得留有渗漏、开裂等质量缺陷,对已发现的质量缺陷,承包人应当修复。但发包人擅自使用后,视为认可工程质量,免除承包人上述义务,无权要求承包人就其擅自使用的部分进行修复,其质量损失索赔当然也得不到支持。这里延伸一点,如果在诉讼中,发包人要求就擅自使用部分进行质量鉴定,人民法院一般不予准许,因为发包人擅自使用的行为视为认可工程质量,鉴定质量问题没有意义,除非涉及地基基础工程和主体结构质量。另外,发包人擅自使用后,应依据合同约定及时与承包人进行工程结算,不得以使用部分质量不符合约定为由拖欠承包人的工程价款。

关于地基基础工程和主体结构质量的理解问题。依据《建筑法》第六十条第一款的规定,建筑物在合理使用寿命内,必须确保地基基础工程和主体结构的质量,这是承包人的法定义务。所以,本条规定承包人应当在工程的合理使用寿命内对地基基础工程和主体结构质量承担民事责任,发包人擅自使用也不能免除。依据《建筑工程施工质量验收统一标准》附录B“建筑工程的分部工程、分项工程划分”,地基与基础分部工程包括地基、基础、基坑支护、地下水控制、土方、边坡、地下防水共7项子分部工程。主体结构分部工程包括混凝土结构、砌体结构、钢结构、钢管混凝土结构、型钢混凝土结构、铝合金结构、木结构共7项子分部工程。依据《民用建筑设计统一标准》第3.2条“设计年限”的规定,临时性建筑的设计使用年限为5年,易于替换结构的建筑为25年,普通建筑和构筑物为50年,纪念性建筑和特别重要的建筑为100年。承包人必须承担上述地基基础工程和主体结构在上述设计年限内的质量责任。

关于发包人擅自使用未经竣工验收的工程后,是否免除承包人的质量保修义务的问题。实务中存在两种观点:(1)不应免除,其理由是发包人擅自使用的后果应是认可工程质量,视为验收合格,但验收合格并不等于免除承包人的保修义务。(2)应予免除,其理由是根据本条规定,只要不属于地基基础工程和主体结构质量问题,承包人都不再承担责任。最高人民法院民事审判第一庭编著的《最高人民法院新建设工程施工合同司法解释(一)理解与适用》(人民法院出版社 2021 年版,第 153 页)“关于发包人擅自使用建设工程,承包人应否承担工程质量保修责任问题”的观点是应予免除,理由是本条规定的发包人承担质量的范围是地基基础工程和主体结构以外的所有质量问题,与法定保修范围是重叠的,如果不免除,本条规定就失去了意义。

笔者认为,不应免除,理由如下:(1)通过本条的文义解释,“以使用部分质量不符合约定”的含义应当是发包人擅自使用视为认可工程质量,视为承包人通过了竣工验收,可免除承包人竣工验收前的所有质量相关的义务,但没有免除承包人通过竣工验收后的质量义务之意,承包人应当依法依约承担保修义务;(2)承包人的保修义务是法定义务,不能通过约定免除或者减少,也不因合同无效而免除,更不能因为发包人擅自使用而免除;(3)工程竣工验收前,承包人是依据《建筑法》第六十条及第六十一条的规定承担质量责任,即屋顶、墙面不得留有渗漏、开裂等质量缺陷,工程必须符合规定和约定的质量标准。而工程竣工验收后,承包人是依据《建筑法》第六十二条的规定承担保修义务,即屋面防水工程和其他土建工程,以及电气管线、上下水管线的安装工程,供热、供冷系统工程等项目,及合同约定的其他项目。两者并不相同,不予免除并不会导致本条规定没有意义。本条规定的主要意义应当是发包人不能再以质量不符合规定和约定的质量标准为由要求承包人承担质量缺陷的修复义务,不能再以此为由拒付工程价款等。重点是发包人丧失与竣工验收相关的质量权利,并非竣工验收后的保修权利。综上,发包人擅自使用未经竣工验收的建设工程后,不应免除承包人的质量保修义务。

适用本条,应注意以下几点:(1)发包人擅自使用未经竣工验收的建设工程后,不应免除承包人协助办理竣工验收及备案手续的义务,本条规定仅是免除承包人对应的质量责任。(2)关于使用部分的界定,最高人民法院民事审判第一庭编著的《最高人民法院新建设工程施工合同司法解释(一)理解与适用》(人民法院出版社2021年版,第152页)"关于擅自使用部分的认定"的部分认为,应结合建设工程的结构、使用功能、发包人使用情况等综合认定,与发包人使用部分不可明确分割的部分,可认定为擅自使用的部分。反之,应予排除。比如承包人承建多栋建筑,而发包人仅使用其中某栋建筑,其他未使用的,应予排除。发包人不能主张权利的部分仅限使用部分,未使用的部分权利不受影响。

案例适用

072 擅自使用建设工程的后果是什么?

案件名称:宁夏泰益欣生物科技有限公司(以下简称泰益欣公司)与北京正实同创环境工程科技有限公司建设工程施工合同纠纷案

审理法院:最高人民法院

案　　号:(2020)最高法民终441号

裁判观点:案涉工程未经竣工验收,泰益欣公司自行接管并将其投入使用。根据2004年《建设工程施工合同解释》第十三条(现为《建设工程施工合同解释(一)》第十四条)的规定,应认定案涉工程的土建工程和设备安装工程质量合格,接管日期2016年3月22日为竣工日期。

073 擅自使用建设工程是否免除质量缺陷修复义务?

案件名称:集贤县天一房地产开发有限公司(以下简称天一公司)与张某宏建设工程施工合同纠纷案

审理法院:最高人民法院

案　　号:(2021)最高法民申2311号

裁判观点:可以证明其在竣工验收前擅自使用案涉工程,根据《建设工程施工合同解释(一)》第十四条"建设工程未经竣工验收,发包人擅自使用后,又以使用部分质量不符合约定为由主张权利的,不予支持"的规定,已构成天一公司免除张某宏对其施工工程存在质量瑕疵的维修或返工义务的情形。综上,天一公司关于新证据足以推翻原判决的再审主张,依法不能成立。

074 擅自使用建设工程后,其质量损失索赔应否支持?

案件名称: 浙江省三建建设集团有限公司(以下简称三建公司)与咸阳凯创置业有限责任公司(以下简称凯创公司)等建设工程施工合同纠纷案

审理法院: 最高人民法院

案　　号:(2020)最高法民终483号

裁判观点: 凯创公司主张的质量缺陷不属于地基基础工程和主体结构质量问题。根据已查明的事实,本案工程未经竣工验收,凯创公司及监理单位林华公司于2015年4月7日向三建公司发出XJ2015-4-7《工作联系单》,要求三建公司撤离工地。2015年4月7日至4月9日,凯创公司组织人员拆除了临建活动板房,收回了案涉工程。此前,双方已先后交付使用了九栋楼房。本院认为,凯创公司擅自使用未经验收的建设工程,现又以质量不符合约定主张权利,缺乏法律依据。同时,合同二亦约定未经竣工验收发包人不得使用,如果使用一切质量问题均由发包人承担。因此,一审判决……对凯创公司的质量索赔不予支持,处理正确。

075 擅自使用建设工程后,应否进行结算?

案件名称: 固始县国宾大酒店有限公司(以下简称国宾公司)与河南省××建设发展有限公司建设工程施工合同纠纷案

审理法院: 最高人民法院

案　　号:(2020)最高法民申2575号

裁判观点: 关于案涉工程是否应视为已经竣工并具备结算条件问题。国宾公司作为案涉工程的开发商,对于项目工程主要用于出售,其在明知工程未完全竣工验收的情况下,将案涉工程房屋交付业主并装修入住,其行为已经构成擅自使用。经查明,案涉工程除零星工程外已经基本完成，主体工程已经验收合格，双方办理了水电交接手续。综合以上情况，应视为工程已经竣工并具备结算条件。

076　擅自使用建设工程后，质量鉴定应否准许？

案件名称：陶某林与王某海建设工程合同纠纷案

审理法院：辽宁省高级人民法院

案　　号：(2021)辽民申3357号

裁判观点：再审申请人陶某林与被申请人王某海签订的《厂房建设施工合同》约定总工程价款为160万元，陶某林主张王某海未按约定完成施工，但其在原审中提交的证据不足以证明其主张。因再审申请人已经使用被申请人案涉厂房，应视为案涉厂房已经竣工交付，故再审申请人应按照双方合同约定的价格支付工程款。按《建设工程施工合同解释（一）》第十四条的相关规定，原审法院对再审申请人的鉴定申请未予支持并无不当。

077　擅自使用建设工程后，应否免除承包人协助办理竣工验收及备案手续的义务？

案件名称：湖南巴陵建设有限公司（以下简称巴陵公司）与湖南大兴人防投资开发有限公司（以下简称大兴公司）建设工程施工合同纠纷案

审理法院：最高人民法院

案　　号：(2018)最高法民申279号

裁判观点：首先，发包人擅自使用未经竣工验收的建设工程，其法律后果是由发包人对其所使用部分工程承担质量风险责任，而非免除施工单位配合办理竣工验收及备案手续的义务。……本案中，即使认定作为发包人的大兴公司在涉案工程未经验收合格情况下擅自使用，其后果仅仅是由其对所使用的部分工程的质量风险承担责任，巴陵公司作为施工单位的办理竣工验收及备案手续的协助义务并不因此而免除。……巴陵公司和大兴公司签订的《湖南省建设工程施工合同》虽未明确约定巴陵公司对大兴公司在涉案工程竣工验收、消防验收、综合验收及竣工验收备案过程中的直接协助义务,但从合同目的和办理前述验收备案手续的客观需要出发,要求巴陵公司履行相关协助义务亦属诚实信用原则的应有之义。

078 擅自使用建设工程后,应否免除承包人的质量保修义务?(不免除)

案件名称:上诉人万某云与被上诉人姜某、杨某等建设工程合同纠纷案

审理法院:四川省广安市中级人民法院

案　　号:(2018)川16民终1791号

裁判观点:关于上诉人所称依据2004年《建设工程施工合同解释》第十三条(现为《建设工程施工合同解释(一)》第十四条)的规定,姜某、杨某已实际使用案涉房屋,其不应再对防水工程承担维修义务。该司法解释规定,工程未经竣工验收,发包人擅自使用后不能再主张工程质量问题,应当视为合格工程。但是,工程合格并不能免除作为承包人依法应承担的维修责任。在本案中,姜某、杨某仅要求万某云、邹某华(原审被告)对案涉工程防水履行保修义务,并未主张案涉工程质量不合格,故对上诉人的该项主张,本院亦不予支持。

079 擅自使用建设工程后,应否免除承包人的质量保修义务?(免除)

案件名称:集贤县天一房地产开发有限公司(以下简称天一公司)与张某宏建设工程合同纠纷案

审理法院:黑龙江省双鸭山市中级人民法院

案　　号:(2021)黑05民终507号

一审裁判观点:天一公司已将案涉15套房屋实际交付使用,根据2004年《建设工程施工合同解释》第十三条(现为《建设工程施工合同解释(一)》第十四条)的规定,无论案涉15套房屋的屋面防水工程是否在

保修期内，因其不属于地基基础工程或主体结构工程，故天一公司再以质量不符合约定而要求张某宏承担维修的义务，人民法院无法支持。

二审裁判观点：维持原判。

080　地基基础工程或者主体结构质量问题的举证责任由谁承担？

案件名称：山东潍坊龙威实业有限公司（以下简称龙威公司）与中交一航局第一工程有限公司（以下简称中交工程公司）船坞、码头建造合同纠纷案

审理法院：最高人民法院

案　　号：（2020）最高法民申5352号

裁判观点：本案诉讼提起后，一审法院因龙威公司提出的工程质量异议于2017年9月30日对涉案工程进行现场勘验，记录了塌陷、坑洞等情况。但双方当事人对该次塌陷、坑洞的形成原因，系施工原因还是人为造成，各执一词。根据2004年《建设工程施工合同解释》第十三条（现为《建设工程施工合同解释（一）》第十四条）的规定，一、二审法院在中交工程公司已经提交证据证明了龙威公司实际占有使用涉案码头事实的情况下，均对龙威公司进行了释明，告知其可通过对塌陷、坑洞形成原因申请鉴定等方式来印证其质量异议。但龙威公司始终未提出鉴定申请也未提供其他证据，以证明塌陷、坑洞问题系因中交工程公司施工不当造成，故原判决对龙威公司关于涉案工程存在质量问题的主张不予支持，于法有据。

081　擅自使用建设工程的时间可否作为工程价款诉讼时效的起算时间？

案件名称：伊犁汉声物业服务有限公司（以下简称汉声公司）与伊犁永益房地产开发有限责任公司（以下简称永益公司）建设工程施工合同纠纷案

审理法院：新疆维吾尔自治区高级人民法院

案　　号：（2022）新40民终332号

裁判观点：关于永益公司主张涉案工程应自交付之日计算诉讼时效起算点问题。《建设工程施工合同解释(一)》所规定的建设工程施工合同关系中，发包人在建设工程未经竣工验收情况下，擅自使用后，又以使用部分质量不符合约定为由主张权利的不予支持。该司法解释立法的本意是限制发包人未经竣工验收不得擅自使用。其要求具有竣工验收主导权的发包人按约进行竣工验收，以防止发包人发生借此拖欠建筑工人工资的行为。而没有据此作为计算诉讼时效的起点以限制施工人主张权利的含义。永益公司该主张的理由缺乏事实和法律依据，本院不予支持。一审判决在已认定涉案工程至今没有竣工验收，也没有结算工程款的情况下，认定汉声公司的起诉超过诉讼时效，缺乏事实和法律依据，应予以纠正。

相关规定

《民法典》

第七百九十九条　建设工程竣工后，发包人应当根据施工图纸及说明书、国家颁发的施工验收规范和质量检验标准及时进行验收。验收合格的，发包人应当按照约定支付价款，并接收该建设工程。

建设工程竣工经验收合格后，方可交付使用；未经验收或者验收不合格的，不得交付使用。

《建筑法》

第六十条　建筑物在合理使用寿命内，必须确保地基基础工程和主体结构的质量。

建筑工程竣工时，屋顶、墙面不得留有渗漏、开裂等质量缺陷；对已发现的质量缺陷，建筑施工企业应当修复。

第六十一条　交付竣工验收的建筑工程，必须符合规定的建筑工程质量标准，有完整的工程技术经济资料和经签署的工程保修书，并具备国家规定的其他竣工条件。

建筑工程竣工经验收合格后，方可交付使用；未经验收或者验收不合格的，不得交付使用。

第十五条 【共同被告】因建设工程质量发生争议的，发包人可以以总承包人、分包人和实际施工人为共同被告提起诉讼。

条文精解

本条是关于共同被告的规定。依据《民事诉讼法》第五十五条，共同诉讼包括诉讼标的是共同的和诉讼标的是同一种类、人民法院认为可以合并审理并经当事人同意的两种情形。前者为必要共同诉讼，后者为普通共同诉讼。在建设工程质量争议中，发包人与总承包人、分包人和实际施工人的诉讼标的看似是共同的，都是对应的工程质量问题。依据《民事诉讼法》第一百三十五条的规定，必须共同进行诉讼的当事人没有参加诉讼的，人民法院应当通知其参加，发包人应同时起诉总承包人、分包人和实际施工人。但本条规定使用的是“可以”，而非“应当”，根据文义解释，发包人并非一定要全部起诉，此时诉讼标的应理解为同一种类，诉讼应为普通共同诉讼。而且，总承包人、分包人和实际施工人就工程质量问题依法需要向发包人承担连带责任（原因下文分析），依据《民法典》第一百七十八条第一款的规定，发包人是有权请求总承包人、分包人和实际施工人中的部分责任人承担责任的，应属于普通共同诉讼的范畴。定性不同，则程序不同。在必要共同诉讼中，当事人没有参加诉讼的，人民法院应当通知其参加诉讼，否则程序违法。当然，本条规定的核心价值是赋予或者确认发包人在工程质量争议中，可以突破合同相对性，起诉分包人和实际施工人。实务中，如果出现工程质量问题，发包人以总承包人、分包人和实际施工人为共同被告提起诉讼是最为保险的，也是最常见的形式。多一个责任主体，则多一份保障。

关于对总承包人责任的理解问题。因为《建设工程施工合同解释(一)》适用的是施工合同,并不包括勘察设计合同,所以,本条所指的总承包人,应是施工总承包人,而非工程总承包人,两者应注意区分。依据《建筑业企业资质标准》的规定,施工总承包包括建筑工程施工总承包、公路工程施工总承包、铁路工程施工总承包、港口与航道工程施工总承包、水利水电工程施工总承包、电力工程施工总承包、矿山工程施工总承包、冶金工程施工总承包、石油化工工程施工总承包、市政公用工程施工总承包、通信工程施工总承包、机电工程施工总承包,共计12个类别。参照《房屋建筑和市政基础设施项目工程总承包管理办法》第三条的规定,工程总承包是指承包单位按照与建设单位签订的合同,对工程设计、采购、施工或者设计、施工等阶段实行总承包,并对工程的质量、安全、工期和造价等全面负责的工程建设组织实施方式。依据《房屋建筑和市政基础设施项目工程总承包管理办法》第二十二条第二款和《房屋建筑和市政基础设施工程施工分包管理办法》第十六条的规定,无论是工程总承包,还是施工总承包,总承包人都应当对工程质量负责,分包不免除其质量责任。发包人可以以总承包人为被告提起诉讼,是总承包人作为工程承包方的责任表现,也符合合同相对性。

关于对分包人责任的理解问题。依据《建筑法》第五十五条和《房屋建筑和市政基础设施工程施工分包管理办法》第四条的规定,分包人是指总承包人依法将专业工程分包或者劳务作业发包的承包人。发包人起诉分包人的障碍在于其与分包人没有合同关系,不是合同相对方,不符合合同相对性。笔者认为,本条之所以赋予或者确认发包人可以起诉分包人,主要有以下两点原因:(1)发包人是建设工程的最终使用主体,质量合格是可以使用的前提。而分包人、实际施工人等,皆是工程质量的责任主体。使用主体可以起诉责任主体,是对发包人的特殊保护,就如同实际施工人可以突破合同相对性起诉发包人,要求其在欠付工程价款范围内承担责任一样。(2)发包人就工程质量问题起诉分包人有实体法律规定支持。《建设工程质量管理条例》第二十七条规定,分包人应当按照分包合同的约定对其分包工程的质量向总承包人负责,总承包人与分包人对分包工程的质量承担连带责任。所以,就分包工程的质量争议,发包人可以以总承包人、分包人为共同被告提起诉讼,总承包人与分包人就质量问题向发包人承担连带责任。另外,本处的分包人,是指合法分包的分包人,不包括违法分包的分包人,违法分包的分包人适用下文实际施工人的规定。

关于对实际施工人责任的理解问题。实际施工人没有明确的定义,一般是指施工合同无效、实际进行工程施工的单位或者个人,与施工合同有效的总承包人、分包人是并列关系。依据《建筑工程施工发包与承包违法行为认定查处管理办法》的规定,施工合同无效的情形主要包括违法发包、转包、违法分包、资质挂靠等。发包人可以起诉实际施工人,其原因与可以起诉分包人的原因类似:(1)侧重保护发包人;(2)有相应实体法律规定的支持。

下面根据上述施工合同无效的情形分别探讨发包人在法律规定层面可以起诉实际施工人的原因:(1)在违法发包的情形中,发包人与实际施工人直接签订施工合同,根据合同相对性,自然可以起诉实际施工人。(2)在转包和违法分包的情形中,依据《建筑法》第六十七条的规定,承包人将工程转包或者违法分包的,对因转包工程或者违法分包工程的质量问题,与接受转包或者分包的单位承担连带赔偿责任。此情形下,分包人需要就质量问题与转包人或者违法分包人向发包人承担连带赔偿责任。(3)在资质挂靠的情形中,依据《建筑法》第六十六条的规定,建筑施工企业转让、出借资质证书或者以其他方式允许他人以本企业的名义承揽工程的,对因该承揽工程不符合规定的质量标准造成的损失,建筑施工企业与使用本企业名义的单位或者个人承担连带赔偿责任,即资质挂靠人与被挂靠人就质量问题向发包人承担连带赔偿责任。对挂靠情形,程序法也有相应的规定,《民事诉讼法解释》第五十四条的规定，以挂靠形式从事民事活动，当事人请求由挂靠人和被挂靠人依法承担民事责任的，该挂靠人和被挂靠人为共同诉讼人。

适用本条，应注意以下几点：(1)本条规定的发包人仅指建设单位，不包括转包工程的发包人、承包工程后又将工程分包的发包人等。只有建设工程的最终使用主体才能突破合同相对性，起诉与其没有合同关系的分包人、实际施工人，不应做扩大解释。(2)发包人以总承包人、分包人和实际施工人为共同被告提起诉讼仅因为质量争议，不包括工期、工程价款、货款等非质量争议，非质量问题应根据合同相对性选择适格的被告。

案例适用

082　如何理解以总承包人、分包人和实际施工人为共同被告的权利主体？

案件名称：陕西泰力松建设工程有限公司（以下简称泰力松公司）与西安晨源新能源有限公司（以下简称晨源公司）、合阳县两晶新能源有限公司（以下简称两晶公司）、中机国能电力工程有限公司（以下简称中机国能公司）等合同纠纷案

审理法院：陕西省渭南市中级人民法院

案　　号：(2020)陕05民初46号

裁判观点：根据《建筑法》第五十五条的规定，“建筑工程实行总承包的，工程质量由工程总承包单位负责，总承包单位将建筑工程分包给其他单位的，应当对分包工程的质量与分包单位承担连带责任。分包单位应当接受总承包单位的质量管理”。2004年《建设工程施工合同解释》第二十五条（现为《建设工程施工合同解释（一）》第十五条）规定，“因建设工程质量发生争议的，发包人可以以总承包人、分包人和实际施工人为共同被告提起诉讼”。根据上述法律规定，建设工程发生质量纠纷，限定于由承包人、分包人和实际施工人共同向发包人承担责任。本

案中两晶公司和中机国能公司联合体承包合阳县××户集中光伏发电项目设计、设备采购、施工总承包项目，是该工程的承包方，系该工程质量的责任主体，两晶公司将总项目的11.8MW分包给晨源公司，晨源公司将11.8MW分包给泰力松公司，两晶公司、中机国能公司、晨源公司、泰力松公司就工程质量共同向发包人承担责任，因此，提出工程质量问题的权利人应为发包人，两晶公司作为承包人，不是本案适格的反诉原告主体。

083　发包人因质量争议以总承包人、分包人和实际施工人为共同被告起诉是不是必要共同诉讼？

案件名称：成都星月置业有限公司（以下简称星月公司）与成都建工集团有限公司、四川富德劳务有限公司、张某伟等建设工程施工合同纠纷案

审理法院：最高人民法院

案　　号：（2019）最高法民申5011号

裁判观点：发包人可以基于与承包人之间的合同关系就建设工程质量争议提起诉讼，也可以将承包人、分包人和实际施工人作为共同被告提起诉讼，故星月公司关于本案属于必要共同诉讼的理由不能成立。

084　总承包人与分包人应否对分包工程的质量问题向发包人承担连带责任？

案件名称：唐山国华科技有限公司（以下简称国华公司）、宁夏煤炭基本建设公司（以下简称宁煤公司）与乌海市天誉煤炭有限责任公司等建设工程施工合同纠纷案

审理法院：内蒙古自治区高级人民法院

案　　号：（2017）内民终92号

裁判观点：关于国华公司是否应当承担连带责任的问题，《建筑法》第五十五条规定，“建筑工程实行总承包的，工程质量由工程总承包单位负责，总承包单位将建筑工程分包给其他单位的，应当对分包工程的质量与分包单位承担连带责任”。本案中，国华公司作为总承包人，应当对

分包单位宁煤公司因工程质量问题造成的损失承担连带赔偿责任。

085　总承包人与分包人应否对非质量问题承担连带责任?

案件名称:皮某与张某亮、石家庄一建建设集团有限公司(以下简称石家庄一建公司)、宁夏凯翔建筑劳务有限公司(以下简称凯翔劳务公司)劳务合同纠纷案

审理法院:宁夏回族自治区高级人民法院

案　　号:(2019)宁民申797号

裁判观点:关于石家庄一建公司、凯翔劳务公司应否承担连带责任的问题。承担连带责任必须由法律明确规定。《建筑法》第五十五条和第六十七条规定仅对因违法分包、非法转包导致工程质量问题,由总承包单位和接受分包或转包的单位向发包人就工程质量承担连带责任,不适用于本案劳务费支付情形。因凯翔劳务公司及石家庄一建公司并非涉案合同相对人,与皮某不具有合同上的权利义务关系,故对张某亮欠付皮某的劳务费,皮某要求石家庄一建公司、凯翔劳务公司承担连带责任缺乏事实和法律依据。

086　发包人能否因工期延误起诉实际施工人?

案件名称:池某璋与泰宁县三友竹业开发有限公司、福建成森建设集团有限公司建设工程施工合同纠纷案

审理法院:福建省高级人民法院

案　　号:(2017)闽民再210号

裁判观点:在发生建设工程质量问题时,发包人可以突破合同相对性,以实际施工人为被告提起诉讼,但工期延误不属于建设工程质量问题,在参照无效合同中工期延误责任条款确定相关责任时,应根据合同相对性原则,以该合同的相对人作为责任义务人。

087　总承包人将工程转包,应否就工程质量问题与实际施工人向发包人承担连带赔偿责任?

案件名称:大连市政设施修建有限公司(以下简称市政公司)与北

方华锦化学工业股份有限公司(以下简称华锦公司)、大连神沟非开挖施工有限公司(以下简称神沟公司)建设工程施工合同纠纷案

审理法院:最高人民法院

案　　号:(2019)最高法民申5769号

裁判观点:《建筑法》第六十七条规定,"承包单位将承包的工程转包的,或者违反本法规定进行分包的,责令改正,没收违法所得,并处罚款,可以责令停业整顿,降低资质等级;情节严重的,吊销资质证书。承包单位有前款规定的违法行为的,对因转包工程或者违法分包的工程不符合规定的质量标准造成的损失,与接受转包或者分包的单位承担连带赔偿责任"。根据原审已经查明的事实,市政公司在中标后未按工程设计及施工要求完成施工,且未经发包方华锦公司同意,擅自将案涉工程转包给神沟公司施工,市政公司显然存在过错。事实上,亦因实际施工人神沟公司所施工的大清河南北支石油管线埋深严重背离设计及规范要求,给华锦公司造成损失,故原审判决判令市政公司与神沟公司连带承担赔偿责任,有事实和法律依据,并无不当。市政公司申请再审以华锦公司明知工程转包为由主张其无须承担连带赔偿责任,理由不能成立。

088　承包人出借资质,应否就工程质量问题与实际施工人向发包人承担连带赔偿责任?

案件名称:贵州赋安消防工程有限公司(以下简称赋安公司)、王某云与广州市第四装修有限公司建设工程施工合同纠纷案

审理法院:贵州省高级人民法院

案　　号:(2017)黔民终881号

裁判观点:涉案工程出现质量问题,王某云作为涉案工程的实际施工人,应当对工程质量承担责任;赋安公司作为合同相对人、被挂靠人,也应当对工程质量承担责任;王某云作为实际施工人挂靠赋安公司,赋安公司借用资质给王某云,二者均应当对工程质量承担连带责任。

089　发包人因质量争议是不是必须起诉实际施工人?

案件名称:安庆新城悦盛房地产发展有限公司(以下简称新城公司)与江苏苏南建设集团有限公司(以下简称苏南公司)建设工程施工合同纠纷案

审理法院:安徽省高级人民法院

案　　号:(2017)皖民初11号

裁判观点:本案中,实际施工人为朱某彪,按照2004年《建设工程施工合同解释》第二十五条(现为《建设工程施工合同解释(一)》第十五条)的规定,其应与苏南公司对质量问题共同承担责任。但新城公司并未起诉朱某彪,根据民事诉讼不告不理的原则,本案应由苏南公司承担赔偿责任。苏南公司在承担赔偿责任后,可依据相关法律规定予以追偿。

相关规定

《建筑法》

第二十四条　提倡对建筑工程实行总承包,禁止将建筑工程肢解发包。

建筑工程的发包单位可以将建筑工程的勘察、设计、施工、设备采购一并发包给一个工程总承包单位,也可以将建筑工程勘察、设计、施工、设备采购的一项或者多项发包给一个工程总承包单位;但是,不得将应当由一个承包单位完成的建筑工程肢解成若干部分发包给几个承包单位。

第二十九条　……

建筑工程总承包单位按照总承包合同的约定对建设单位负责;分包单位按照分包合同的约定对总承包单位负责。总承包单位和分包单位就分包工程对建设单位承担连带责任。

……

第五十五条　建筑工程实行总承包的,工程质量由工程总承包单位负责,总承包单位将建筑工程分包给其他单位的,应当对分包工程的质量与分包单位承担连带责任。分包单位应当接受总承包单位的质量管理。

第六十六条　建筑施工企业转让、出借资质证书或者以其他方式允许他人以本企业的名义承揽工程的，责令改正，没收违法所得，并处罚款，可以责令停业整顿，降低资质等级；情节严重的，吊销资质证书。对因该项承揽工程不符合规定的质量标准造成的损失，建筑施工企业与使用本企业名义的单位或者个人承担连带赔偿责任。

第六十七条　承包单位将承包的工程转包的，或者违反本法规定进行分包的，责令改正，没收违法所得，并处罚款，可以责令停业整顿，降低资质等级；情节严重的，吊销资质证书。

承包单位有前款规定的违法行为的，对因转包工程或者违法分包的工程不符合规定的质量标准造成的损失，与接受转包或者分包的单位承担连带赔偿责任。

《建设工程质量管理条例》

第二十七条　总承包单位依法将建设工程分包给其他单位的，分包单位应当按照分包合同的约定对其分包工程的质量向总承包单位负责，总承包单位与分包单位对分包工程的质量承担连带责任。

《房屋建筑和市政基础设施项目工程总承包管理办法》

第三条　本办法所称工程总承包，是指承包单位按照与建设单位签订的合同，对工程设计、采购、施工或者设计、施工等阶段实行总承包，并对工程的质量、安全、工期和造价等全面负责的工程建设组织实施方式。

第二十二条　……

工程总承包单位应当对其承包的全部建设工程质量负责，分包单位对其分包工程的质量负责，分包不免除工程总承包单位对其承包的全部建设工程所负的质量责任。

……

《房屋建筑和市政基础设施工程施工分包管理办法》

第四条　本办法所称施工分包，是指建筑业企业将其所承包的房屋建筑和市政基础设施工程中的专业工程或者劳务作业发包给其他建筑业企业完成的活动。

第十六条　分包工程承包人应当按照分包合同的约定对其承包的工程向分包工程发包人负责。分包工程发包人和分包工程承包人就分包工程对建设单位承担连带责任。

《招标投标法》

第四十八条　……

……

中标人应当就分包项目向招标人负责，接受分包的人就分包项目承担连带责任。

《民法典》

第一百七十八条　二人以上依法承担连带责任的，权利人有权请求部分或者全部连带责任人承担责任。

……

第七百九十一条　……

总承包人或者勘察、设计、施工承包人经发包人同意，可以将自己承包的部分工作交由第三人完成。第三人就其完成的工作成果与总承包人或者勘察、设计、施工承包人向发包人承担连带责任。承包人不得将其承包的全部建设工程转包给第三人或者将其承包的全部建设工程支解以后以分包的名义分别转包给第三人。

……

《民事诉讼法》

第五十五条　当事人一方或者双方为二人以上，其诉讼标的是共同的，或者诉讼标的是同一种类、人民法院认为可以合并审理并经当事人同意的，为共同诉讼。

共同诉讼的一方当事人对诉讼标的有共同权利义务的，其中一人的诉讼行为经其他共同诉讼人承认，对其他共同诉讼人发生效力；对诉讼标的没有共同权利义务的，其中一人的诉讼行为对其他共同诉讼人不发生效力。

第一百三十五条　必须共同进行诉讼的当事人没有参加诉讼的，人民法院应当通知其参加诉讼。

《民事诉讼法解释》

第五十四条　以挂靠形式从事民事活动，当事人请求由挂靠人和被挂靠人依法承担民事责任的，该挂靠人和被挂靠人为共同诉讼人。

第六十五条　借用业务介绍信、合同专用章、盖章的空白合同书或者银行账户的，出借单位和借用人为共同诉讼人。

第七十三条　必须共同进行诉讼的当事人没有参加诉讼的，人民法院应当依照民事诉讼法第一百三十五条的规定，通知其参加；当事人也可以向人民法院申请追加。人民法院对当事人提出的申请，应当进行审查，申请理由不成立的，裁定驳回；申请理由成立的，书面通知被追加的当事人参加诉讼。

第十六条　【质量反诉】发包人在承包人提起的建设工程施工合同纠纷案件中，以建设工程质量不符合合同约定或者法律规定为由，就承包人支付违约金或者赔偿修理、返工、改建的合理费用等损失提出反诉的，人民法院可以合并审理。

条文精解

本条是关于质量反诉的规定。依据《民法典》第八百零一条、《建筑法》第七十四条及《建设工程质量管理条例》第六十四条的规定，因承包人原因造成建设工程质量不符合合同约定或者法律规定的，发包人有权请求承包人返工、修理、改建，及赔偿因此造成的损失。本条的言外之意是，发包人在承包人提起的建设工程合同纠纷案件中，以建设工程质量不符合合同约定或者法律规定为由，要求承包人支付违约金或者赔偿修理、返工、改建的合理费用等损失的，不能通过抗辩的方式行使，只能通过反诉或者另行起诉的方式行使。如果只是通过抗辩的方式行使，人民法院依法不进行审理。依据《民事诉讼法解释》第二百三十二条的规定，在案件受理后，法庭辩论结束前，被告提出反诉的，可以合并审理的，人民法院应当合并审理。在发包人的反诉符合规定的情形时，人民法院应当合并审理，不应让发包人另行起诉。如果人民法院不合并审理，应依法下达不予受理的裁定书，发包人有权就不予受理的裁定上诉。

关于发包人可就质量问题提出反诉的法理分析。依据《民事诉讼法解释》第二百三十三条第二款的规定，反诉应与本诉法律关系相同、诉讼请求之间具有因果关系，或者事实相同。承包人提起的施工合同纠纷案件的诉讼请求，主要包括工程价款结算，质量保证金返还，垫资返还及其利息支付及发包人原因导致的各种停工、窝工、倒运、机械设备调迁、材料和构件积压等损失赔偿等。除了损失赔偿外，承包人的其他诉求均与发包人要求赔偿质量方面的损失具有困果关系，特别是工程价款的结算。当然，法律关系也相同，都是建设工程施工合同关系，符合反诉的要求，发包人依法可以提出反诉。至于承包人要求赔偿损失的，因发包人要求赔偿质量方面的损失与其是相同的建设工程施工合同法律关系，也符合反诉的要求，依法可以提出反诉。另外，除了以质量不符合约定或者法律规定为由要求赔偿之外，发包人起诉承包人的常见情形还包括工期延误赔偿、质量保修、建筑物造成人身损害赔偿等，能否提出反诉，应依据《民事诉讼法解释》第二百三十三条的规定进行判断。如果符合该规定，则可以提出反诉。反之，则不能。其中，工程延误及质量保修，因其法律关系相同，笔者认为可以提出反诉。建筑物造成人身损害赔偿，因法律关系为侵权关系，与建设工程施工合同法律关系不同，其诉求不具有因果关系，且事实不同、当事人不同，笔者认为不能提出反诉，应另行起诉。

关于反诉与抗辩的区别问题。根据字面的意思，反诉为诉，具有诉的全部特征。抗辩为辩，具有辩(答辩)的全部特征。依据《民事诉讼法》第一百二十二条的规定，起诉必须符合下列条件：(1)原告是与本案有直接利害关系的公民、法人和其他组织；(2)有明确的被告；(3)有具体的诉讼请求和事实、理由；(4)属于人民法院受理民事诉讼的范围和受诉人民法院管辖。上述规定为诉的要求，引用到反诉，即在本诉中，被告提出的符合上述条件的诉，谓之反诉。参照《民事诉讼法》第一百四十四条的规定及实务经验，抗辩是指被告（被上诉人、被申请人）针对原告（上诉人、申请人）提出的诉讼请求，从人民法院的管辖权、主格资格、事实（证据）、理由（法律规定）等角度，为使人民法院能够全部或者部分驳回原告（上诉人、申请人）的诉讼请求而进行的回答和辩驳。笔者认为，区分二者，除了上面的理解外，可以从下面两点进行判断：(1)本诉撤回后，其意见是否还需要继续审理并作出裁判，裁判是否具有可执行性；(2)其意见是否超出本诉的范围。比如在买卖合同纠纷案件中，原告诉求支付货款，如果被告的意见是已经付款，则该意见为抗辩。因为该意见在原告撤回起诉后，就没有继续审理的必要，也没有可执行性，也没有超出原告的诉求范围。如果被告的意见是货物存在质量问题，要求"假一赔三"，则应以反诉提出。因为原告撤回起诉，人民法院也要继续审理原告的货物是否存在质量问题，是否需要"假一赔三"，并作出相应的裁判，其裁判具有可执行性，其意见已超出支付货款的诉求。回到建设工程施工合同纠纷案件中，如果承包人的诉求是结算工程价款，发包人以质量问题为由主张少付或者不付，应是抗辩。因为承包人撤回起诉后，发包人要求少付或者不付的意见就没有审理的必要，没有可执行性，且意见也没有超出承包人的诉求范围，与《建设工程施工合同解释（一）》第十二条的规定一致。如果发包人以质量存在问题为由，要求承包人承担违约责任，赔偿损失，则应以反诉的方式提出。因为承包人撤回起诉后，人民法院需要继续审理发包人的意见，审理工程质量是否存在问题，是否需要向发包人承担违约责任、赔偿损失，并作出相应的裁判，裁判具有可执行性，意见也超出了承包人诉求的范围，与本条规定一致。抗辩在民事法律关系中，常见的有时效抗辩、除斥期间抗辩、同时履行抗辩、不可抗力抗辩、意外事件抗辩、"一事不再理"抗辩、债权转让中债务人对让与人的约定可以向受让人的抗辩、保证合同中债务人放弃对债权人的抗辩不影响保证人等。笔者认为,反诉的模式一般是直接要求对方承担责任,抗辩的模式一般是主张其减少责任、免除责任等。反诉侧重于程序法,抗辩侧重于实体法。

适用本条,应注意以下几点:(1)反诉必须要在一审辩论结束前提出,而且要交纳相应的诉讼费用,人民法院才会进行审理。如果在二审中提出,依据《民事诉讼法解释》第三百二十六条的规定,人民法院可以根据自愿的原则进行调解,调解不成的,告知当事人另行起诉。双方当事人同意由人民法院一并审理的,人民法院可以一并裁判,这源于二审终审制度及双方当事人诉权放弃的问题。(2)如果应以反诉提出的请求,发包人选择以抗辩的方式提出,人民法院依法不进行审理,告知提起反诉或者另行起诉。人民法院审理应以反诉提出的答辩意见,违反"不告不理"原则,涉嫌程序违法。(3)抗辩必须要有关于减少责任、免除责任的法律规定或者合同约定,否则人民法院会认为属于反诉,要求以反诉提出或者另行起诉。(4)如果当事人在诉讼中以抗辩的形式提出自己的意见,另案中又重新起诉的,并不违背"一事不再理"原则,不构成重复起诉。因为抗辩不属于诉,重复起诉首先要存在两个诉。(5)本条所指的承包人,不仅包括合法施工合同关系的承包人,也包括无效施工合同、转包合同、违法分包合同的承包人,因为上述主体也依法需要向发包人承担相应的工程质量责任,原因在论述《建设工程施工合同解释(一)》第十五条共同被告部分已有出现,此处不再赘述。

案例适用

090 发包人以质量问题提起反诉是可以受理还是应当受理?

案件名称:陇南三元建设集团建筑安装工程有限公司与陇南育才学校建设工程施工合同纠纷案

审理法院:甘肃省高级人民法院

案　　号:(2021)甘民终2号

裁判观点：在承包人提起的建设工程施工合同纠纷案件中，发包人可以在案件审理后，法庭辩论结束前提起反诉，当事人提起的反诉符合受理条件的，人民法院应当与本诉合并受理，而不能告知当事人另行起诉。

091 发包人未就质量问题提起反诉，法院进行审理是否程序违法？

案件名称：艾某龙与胡某中、伊犁永同建筑工程有限责任公司建设工程施工合同纠纷案

审理法院：新疆维吾尔自治区高级人民法院

案　　号：(2020)新40民再47号

裁判观点：艾某龙提出维修费实际是主张涉案工程存在质量瑕疵给其造成损失，是一项独立请求权，非仅为抗辩，依照《建设工程施工合同解释（二）》第七条（现为《建设工程施工合同解释（一）》第十六条），发包人在承包人提起的建设工程施工合同纠纷案件中，以建设工程质量不符合合同约定或者法律规定为由，就承包人支付违约金或者赔偿修理、返工、改建的合理费用等损失提出反诉的，人民法院可以合并审理。艾某龙在本案未提出反诉，胡某中不认可也不同意诉争53,001元的维修费抵销其工程款，故该53,001元维修费不在本案审理范围。本案一、二审法院对此予以审理，属于适用法律错误，本院予以纠正。

092 发包人就质量问题提出抗辩，法院未进行审理是否程序违法？

案件名称：河津市清涧街道办事处清涧四村村民委员会（以下简称清涧四村）与运城市华都房地产开发有限公司建设工程施工合同纠纷案

审理法院：山西省高级人民法院

案　　号：(2020)晋民再212号

裁判观点：关于清涧四村抗辩涉案工程存在工程质量问题是否应该与本诉合并审理，依据《建设工程施工合同解释（二）》第七条（现为《建设工程施工合同解释（一）》第十六条），发包人在承包人提起的建设工程施工合同纠纷案件中，以建设工程质量不符合合同约定或者法律规定

为由,就承包人支付违约金或者赔偿修理、返工、改建的合理费用等损失提出反诉的,人民法院可以合并审理。本案中,清涧四村提出了反诉请求,但并未对质量不符合合同约定要求华都公司承担违约责任及赔偿修理、返工、改建的合理费用提出反诉请求,仅仅是作为抗辩提出,原二审未合并审理并无不当……

093 发包人曾以质量问题提出抗辩,后又以质量问题另案起诉,是否违反“一事不再理”原则?

案件名称:大连圣岛房地产开发有限公司(以下简称圣岛公司)与三利节能环保工程股份有限公司(以下简称三利公司)建设工程施工合同纠纷案

审理法院:辽宁省高级人民法院

案　　号:(2019)辽民申6745号

裁判观点:关于本案是否构成重复诉讼问题。首先,在三利公司起诉圣岛公司要求支付工程款的另案之中,三利公司主张的是工程款,而在本案中,圣岛公司起诉主张的是建筑工程质量违约责任,故两案中当事人的诉讼地位不同、诉讼标的不同。其次,在三利公司起诉圣岛公司要求支付工程款的另案之中,圣岛公司虽提出质量问题,但其目的是抗辩三利公司的主张,圣岛公司并未提出反诉的具体请求。本案系圣岛公司第一次就具体损失赔偿向三利公司提出请求。最后,在三利公司起诉圣岛公司要求支付工程款的另案之中,虽然判决圣岛公司给付三利公司工程款,但也赋予圣岛公司就工程质量问题另行起诉的权利。同时,根据本院作出的(2018)辽民申19号民事裁定,亦可以看出本院驳回圣岛公司再审申请之前提,是圣岛公司就工程质量另行起诉三利公司,圣岛公司已通过其他途径主张权利。综上,本案不违反民事诉讼“一事不再理”原则,不构成重复起诉,二审法院裁定驳回圣岛公司的起诉属于适用法律不当。

094 发包人质量问题的反诉与抗辩如何区分?

案件名称:韩城市城市投资(集团)有限公司(以下简称韩城城投)与陕西航天建设集团有限公司(以下简称航天公司)等建设工程施工合同纠纷案

审理法院:陕西省高级人民法院

案　　号:(2021)陕民终949号

裁判观点:逾期完工违约金、扣除审核成果费及航天公司的维修义务是否属于本案的审理范围及相应的事实及法律依据。

1. 解决上述问题首先明确反诉与抗辩的关系。反诉本质上是一种独立的诉,是当事人要求法院予以审判的请求,必须与本诉源于同一原因事实和同一法律关系,反诉的请求源于本诉。抗辩是一方当事人针对对方当事人的请求、事实、理由提出的有利于己方的事实、证据和理由以否定对方的主张,保护己方的合法权利。原告撤回本诉,则抗辩自然终止,法院对被告的抗辩不再审理,案件即告审理终结;原告撤回本诉对反诉不影响,法院对反诉仍应进行审理和裁判。

2. 关于逾期竣工违约金是否应当提出反诉的问题。韩城城投主张根据合同约定及航天公司出具的履约承诺书载明的内容可以确认航天公司因工程进度严重滞后,给发包方造成损失,同意发包人从正常支付中扣除相应款项。一审法院应当从应付工程款中扣除逾期竣工违约金。本院认为,双方当事人并未明确约定逾期竣工违约金可以从工程价款中直接扣除,韩城城投公司提出要求航天公司赔偿工期延误损失的主张,已构成独立之诉,并超出了航天公司的诉讼请求范围,一审法院认为应作为反诉提出并无不妥。

3. 关于审核成果费问题是否应当提出反诉的问题。韩城城投公司主张应从工程价款中扣减审核成果费。从查明的事实来看,除案涉综合交易区商铺室内装饰工程之外的其他3份《陕西省建设工程施工合同》专用条款对审核成果费已明确约定审核成果费在工程款中直接抵扣。

据此，该部分费用的扣减属于韩城城投的抗辩，一审法院认为应当就此提出反诉不当，应予纠正……

4. 关于维修义务问题是否应当提出反诉的问题。航天公司主张韩城城投给付工程欠款，韩城城投提出工程存在质量问题，要求航天公司履行维修义务，暂不支付工程价款。韩城城投主张航天公司承担维修义务明显超过了航天公司的诉讼请求范围，并具有独立的给付请求内容，具备“诉”的全部条件，属于独立的诉，应当作为反诉处理，不能允许韩城城投以此为由抗辩拒付工程款……

相关规定

《民法典》

第八百零一条　因施工人的原因致使建设工程质量不符合约定的，发包人有权请求施工人在合理期限内无偿修理或者返工、改建。经过修理或者返工、改建后，造成逾期交付的，施工人应当承担违约责任。

《建筑法》

第七十四条　建筑施工企业在施工中偷工减料的，使用不合格的建筑材料、建筑构配件和设备的，或者有其他不按照工程设计图纸或者施工技术标准施工的行为的，责令改正，处以罚款；情节严重的，责令停业整顿，降低资质等级或者吊销资质证书；造成建筑工程质量不符合规定的质量标准的，负责返工、修理，并赔偿因此造成的损失；构成犯罪的，依法追究刑事责任。

《建设工程质量管理条例》

第六十四条　违反本条例规定，施工单位在施工中偷工减料的，使用不合格的建筑材料、建筑构配件和设备的，或者有不按照工程设计图纸或者施工技术标准施工的其他行为的，责令改正，处工程合同价款百分之二以上百分之四以下的罚款；造成建设工程质量不符合规定的质量标准的，负责返工、修理，并赔偿因此造成的损失；情节严重的，责令停业整顿，降低资质等级或者吊销资质证书。

《民事诉讼法》

第五十四条　原告可以放弃或者变更诉讼请求。被告可以承认或者反驳诉讼请求，有权提起反诉。

第一百二十二条　起诉必须符合下列条件：

（一）原告是与本案有直接利害关系的公民、法人和其他组织；

（二）有明确的被告；

（三）有具体的诉讼请求和事实、理由；

（四）属于人民法院受理民事诉讼的范围和受诉人民法院管辖。

第一百四十三条　原告增加诉讼请求，被告提出反诉，第三人提出与本案有关的诉讼请求，可以合并审理。

第一百四十四条　法庭辩论按照下列顺序进行：

（一）原告及其诉讼代理人发言；

（二）被告及其诉讼代理人答辩；

（三）第三人及其诉讼代理人发言或者答辩；

（四）互相辩论。

法庭辩论终结，由审判长或者独任审判员按照原告、被告、第三人的先后顺序征询各方最后意见。

第一百四十六条　原告经传票传唤，无正当理由拒不到庭的，或者未经法庭许可中途退庭的，可以按撤诉处理；被告反诉的，可以缺席判决。

《民事诉讼法解释》

第二百三十二条　在案件受理后，法庭辩论结束前，原告增加诉讼请求，被告提出反诉，第三人提出与本案有关的诉讼请求，可以合并审理的，人民法院应当合并审理。

第二百三十三条　反诉的当事人应当限于本诉的当事人的范围。

反诉与本诉的诉讼请求基于相同法律关系、诉讼请求之间具有因果关系，或者反诉与本诉的诉讼请求基于相同事实的，人民法院应当合并审理。

反诉应由其他人民法院专属管辖，或者与本诉的诉讼标的及诉讼请求所依据的事实、理由无关联的，裁定不予受理，告知另行起诉。

第二百三十九条　人民法院准许本诉原告撤诉的，应当对反诉继续审理；被告申请撤回反诉的，人民法院应予准许。

第三百二十六条　在第二审程序中，原审原告增加独立的诉讼请求或者原审被告提出反诉的，第二审人民法院可以根据当事人自愿的原则就新增加的诉讼请求或者反诉进行调解；调解不成的，告知当事人另行起诉。

双方当事人同意由第二审人民法院一并审理的，第二审人民法院可以一并裁判。

《诉讼费用交纳办法》

第十八条　被告提起反诉、有独立请求权的第三人提出与本案有关的诉讼请求，人民法院决定合并审理的，分别减半交纳案件受理费。

第十七条　【保金返还】有下列情形之一，承包人请求发包人返还工程质量保证金的，人民法院应予支持：

（一）当事人约定的工程质量保证金返还期限届满；

（二）当事人未约定工程质量保证金返还期限的，自建设工程通过竣工验收之日起满二年；

（三）因发包人原因建设工程未按约定期限进行竣工验收的，自承包人提交工程竣工验收报告九十日后当事人约定的工程质量保证金返还期限届满；当事人未约定工程质量保证金返还期限的，自承包人提交工程竣工验收报告九十日后起满二年。

发包人返还工程质量保证金后，不影响承包人根据合同约定或者法律规定履行工程保修义务。

条文精解

本条是关于保金返还的规定。依据《建设工程质量保证金管理办法》第二条、第九条至第十一条的规定，工程质量保证金是指发包人与承包人在建设工程承包合同中约定，从应付的工程款中预留，用以保证承包人在缺陷责任期内对建设工程出现的缺陷进行维修的资金。缺陷责任期一般为1年，最长不超过2年，由发、承包双方在合同中约定。缺陷责任期内，由承包人原因造成的缺陷，承包人应负责维修，并承担鉴定及维修费用。如果承包人既不维修，也不承担费用，发包人可以按照合同约定扣除工程质量保证金，而且不免除承包人对工程的损失赔偿责任。缺陷责任期到期后，承包人向发包人申请返还工程质量保证金。发包人在接到承包人返还申请后，应按照合同约定的内容进行核实。如无异议，发包人应当按照约定将保证金返还给承包人。

关于当事人约定工程质量保证金返还期限的适用问题。工程质量保证金的返还期限应当遵从有约定从约定的原则，当事人约定的返还期限届满时，发包人应当按照合同的约定向承包人返还工程质量保证金。只有在当事人没有约定返还期限的情形下，才适用本条第一款第二项关于建设工程通过竣工验收之日起满二年返还的规定。本项最常出现的争议是当事人约定的返还期限超过两年时如何处理的问题，《建设工程质量保证金管理办法》第二条第三款规定，缺陷责任期最长不超过两年。不少人民法院以该办法为由，认定缺陷责任期超过两年无效，应以两年计算。笔者认为，该办法只是部门规章，依据《民法典》第一百五十三条的规定，违反法律、行政法规的强制性规定的民事法律行为无效，部门规章并不能作为认定合同无效的依据。而且，《建设工程质量保证金管理办法》只是为规范建设工程质量保证金管理，落实工程在缺陷责任期内的维修责任而制定，属于管理性规范，并非效力性规范。所以，当事人约定的返还期限超过两年的情形下，不应根据该办法认定无效，而应依据本条第一款第一项的规定处理，即当事人约定的返还期限届满时返还。同理，如果当事人约定的工程质量保证金比例高于工程价款总额的3%，也不能以违反《建设工程质量保证金管理办法》第七条关于“保证金总预留比例不得高于工程价款结算总额的3%”的规定认定无效，应当按照当事人的约定处理，观点仅供参考。

关于当事人未约定工程质量保证金返还期限的适用问题。在当事人未约定工程质量保证金返还期限的情形下，发包人应当自建设工程通过竣工验收之日起满二年向承包人返还工程质量保证金，这与《建设工程质量保证金管理办法》第二条第三款规定的缺陷责任期最长不超过两年的规定一致。实务中，没有约定返还期限和返还期限约定不明的情形都比较常见，两者产生的原因都差不多，都是误把工程质量保证金与工程质量保修义务关联在一起，都是误认为工程质量保修期届满之日为工程质量保证金返还之日，都是误认为发包人无须在工程质量保修期未届满时返还工程质量保证金。实务中，如果当事人笼统地约定建设工程保修期届满之日为工程质量保证金返还之日，就属于约定不明的情形。因为建设工程的基础设施、主体结构、防水、供热与供冷系统、电气管线、给排水管道、设备安装和装修工程等法定最低保修期限不同，无法判断建设工程保修期届满之日的具体标准。人民法院遇到上述情形，一般以约定不明视为没有约定为由，认定工程质量保证金应自建设工程通过竣工验收之日起满二年返还，即适用本条第一款第二项的规定。

关于发包人原因导致建设工程未按约定期限进行竣工验收时，工程质量保证金返还期限的适用问题。依据《建设工程质量保证金管理办法》第八条的规定，缺陷责任期从工程通过竣工验收之日起计。由于承包人原因导致工程无法按规定期限进行竣工验收的，缺陷责任期从实际通过竣工验收之日起计。由于发包人原因导致工程无法按规定期限进行竣工验收的，承包人提交竣工验收报告90天后，工程自动进入缺陷责任期。本条第一款第三项针对的就是因为发包人原因导致建设工程未能按约定期限进行竣工验收所做的规定，依据《建设工程质量管理条例》第十六条的规定，发包人收到承包人的建设工程竣工报告后，有组织设计、施工、工程监理等有关单位进行竣工验收的法定义务。如果因为发包人的原因导致工程未能按照约定期限进行竣工验收，工程质量保证金的返还时间应在发包人收到承包人提交竣工验收报告90天后起算。参照《房屋建筑和市政基础设施工程竣工验收规定》第五条关于工程验收条件的规定,发包人的原因主要包括其与勘察单位、设计单位及监理单位产生纠纷,导致上述相关单位不愿在相关的质量文件上审核签字,及发包人缺乏资金等自身原因未能组织竣工验收等。当然,如果是承包人的原因所致,则应从实际竣工日期开始起算返还时间。另外,发包人擅自使用未经竣工验收的建设工程,依据《建设工程施工合同解释(一)》第九条第三项关于"建设工程未经竣工验收,发包人擅自使用的,以转移占有建设工程之日为竣工日期"的规定,此时工程质量保证金的返还时间从转移占有之日起算。本条第一款第三项"九十日"的规定与《建设工程质量保证金管理办法》第八条的规定一致,但与该解释第九条第二项关于"承包人已经提交竣工验收报告,发包人拖延验收的,以承包人提交验收报告之日为竣工日期"的规定不一致,应留意。

关于工程质量保证金与保修义务关系的理解问题。发包人返还工程质量保证金后,不影响承包人根据合同约定或者法律规定履行工程保修义务。依据《建设工程质量保证金管理办法》第二条、第九条及第十条的规定,工程质量保证金的性质是发包人预留的承包人的工程款,用于保证承包人在缺陷责任期内对建设工程出现的缺陷进行维修。承包人不履行维修义务,也不承担维修费的,发包人可自行或委托第三方维修,并有权扣除相应的费用,剩余的应按照约定返还,对应的是缺陷责任期。参照《房屋建筑工程质量保修办法》第三条的规定,工程保修义务是指承包人在建设工程的保修期限内出现的质量缺陷,予以修复的义务,对应的是保修期。缺陷责任期与保修期的相同点是:(1)起算时间都是工程竣工验收之日;(2)维修原因都是因为工程质量不符合强制性标准以及合同约定;(3)设立目的都是保障工程质量。不同点是:(1)前者是约定的时间,按照当事人的意思确定。后者有法定最低期间,不能通过协议免除或者减短,低于法定期间的无效。(2)前者有工程质量保证金作为保证,后者没有该类保证(所以发包人返还工程质量保证金并不影响承包人的保修义务)。综上,缺陷责任期与保修期没有因果关系,没有关联性,前者是约定时间,后者是法定时间(可长于法定)。发包人返还工程质量保证金仅是因为缺陷责任期届满,不是保修期届满,并不影响承包人履行保修义务。同理,缺陷责任期满,发包人应当按照合同约定返还工程质量保证金,不能以保修期未届满为由拒绝。

适用本条,应注意以下几点:(1)如果施工合同无效,关于预留工程质量保证金是否有依据的问题,实务中有两种观点:第一,认为合同无效,没有依据,应当返还;第二,认为工程质量保证金的目的是保障工程质量,应和保修义务一样,不能因为合同无效而免除,应当预留。笔者认为,工程质量保证金并非法定强制保证金,和法定保修义务不同。在合同无效的情形下,预留工程质量保证金既没有法律依据,也没有约定依据,构成不当得利,应当返还。(2)关于工程质量保证金的利息问题,因为工程质量保证金本质属于工程价款,所以,在没有约定的情形下,应当按照工程欠款处理。(3)实务中,经常出现工程质量保证金与工程质量保修金的混合使用,根据《国务院办公厅关于清理规范工程建设领域保证金的通知》第一条的规定,除依法依规设立的投标保证金、履约保证金、工程质量保证金、农民工工资保证金外,其他保证金一律取消。在施工合同中使用到工程质量保修金时,一般认定为工程质量保证金,适用本条的规定处理。

案例适用

095　工程质量保证金约定的返还期限能否超过两年?(能)

案件名称:四川省第一建筑工程有限公司(以下简称一建公司)与昭通市泰斗房地产开发经营有限公司建设工程施工合同纠纷案

审理法院:最高人民法院

案　　号：(2019)最高法民终557号

裁判观点：本案中，双方当事人对于质保金的返还期限在《建设工程施工合同》中进行了明确约定，即"质保金在分部工程两年质保期满后退还，防水质保金在五年防水工程质保期满后退还"，因本案工程尚有部分地下安装工程需待消防工程完毕后方可施工完成，且五年防水工程质保金的返还期限尚未届满。一审法院结合本案实际情况未予支持一建公司质保金返还的请求并无不当。一建公司主张《建设工程质量保证金管理暂行办法》第二条关于"缺陷责任期一般为六个月、十二个月或二十四个月，具体可由发、承包双方在合同中约定"的规定已失效，以该条款作为法律关于质保金返还期限不得超过二年的强制性规定没有依据，本院不予采信，其上诉请求返还工程质保金及利息，本院不予支持。

096　工程质量保证金约定的返还期限能否超过两年？（不能）

案件名称：浙江省三建建设集团有限公司与咸阳凯创置业有限责任公司等建设工程施工合同纠纷案

审理法院：最高人民法院

案　　号：(2020)最高法民终483号

一审裁判观点：《建设工程质量保证金管理办法》第二条第三款规定："缺陷责任期一般为1年，最长不超过2年，由发、承包双方在合同中约定。"虽然双方在质量保修书中对返还工程质量保证金约定按土建、安装、防水工程各自保修期限到期后，按造价比例乘以保修金分别无息退还承包人，但防水工程质量保证金约定部分违反了《建设工程质量保证金管理办法》第二条第三款规定的缺陷责任期最长不得超过2年的规定，超过2年的期限不能认定为缺陷责任期。

二审裁判观点：维持原判。

097　工程质量保证金未约定返还期限，何时返还？

案件名称：中国五冶集团有限公司与酒钢集团榆中钢铁有限责任公司（以下简称榆钢公司）等建设工程施工合同纠纷案

审理法院：最高人民法院

案　　号：(2021)最高法民终750号

一审裁判观点：案涉合同约定质保金为合同总价的10%，但未约定质保期。《建设工程施工合同解释(一)》第十七条规定："有下列情形之一，承包人请求发包人返还工程质量保证金的，人民法院应予支持：……(二)当事人未约定工程质量保证金返还期限的，自建设工程通过竣工验收之日起满二年……"榆钢公司于2015年11月18日组织竣工验收结束，榆钢公司亦认可该时间后就使用工程，以此时间计算已超过二年，故不应再扣减质保金。

二审裁判观点：维持原判。

098　发包人原因未进行竣工验收，工程质量缺陷责任期何时起算？

案件名称：中国化学工程第四建设有限公司(以下简称中化四建公司)与山西潞安树脂有限责任公司(以下简称潞安树脂公司)等建设工程施工合同纠纷案

审理法院：最高人民法院

案　　号：(2019)最高法民终710号

裁判观点：中化四建公司于2013年12月9日申请潞安树脂公司竣工验收，潞安树脂公司表示，其受资金条件和市场行情的影响，至今未投料试车，故而未竣工验收。其在二审庭审中也表示没有竣工验收主要是因为市场原因没有投产，质量问题并非主要原因。建设工程竣工验收需发包人与承包人互相配合进行。发包人潞安树脂公司由于自身原因未配合进行竣工验收，潞安树脂公司应承担不利后果。由于发包人原因导致工程无法按规定期限进行竣工验收的，承包人提交竣工验收报告90天后，工程自动进入缺陷责任期。

099　工程质量保证金能否以保修期未满拒绝返还？

案件名称：兰州兰石集团有限公司(以下简称兰石集团)与岭南生态文旅股份有限公司(以下简称岭南公司)建设工程施工合同纠纷案

审理法院：甘肃省高级人民法院

案　　号：(2022)甘民终24号

裁判观点：兰石集团所主张的质保金期限未届满的依据为双方签订的《兰石集团新区兰石小区景观项目设计施工一体化合同》第二条，具体内容为："本项目质量保修期为：自工程竣工验收合格之日起算。其中土建工程保修期为贰年；绿化种植工程保修期为贰年；喷泉、灌喷工程保修期为贰年；防水工程保修期为伍年；其他附属工程保修期为贰年"，该约定实际为案涉工程的质量保修期。保修期制度与质量保证金的缺陷责任期制度不是同一法律制度。工程质量保证金的返还与保修期没有必然联系，发包人不能以保修期未届满为由拒绝向承包人返还工程质量保证金。兰石集团的辩称是将工程质量保修期与缺陷责任期的概念予以混淆。本案中，双方均认可案涉工程自2015年11月16日竣工验收，故质量保证金的缺陷责任期应自该日期起算至2017年11月15日，岭南公司起诉时案涉工程缺陷责任期已届满，兰石集团应向岭南公司返还质量保证金。

100　工程质量保证金能否高于工程价款总额的3%？

案件名称：福建省长鸿建筑工程有限公司与福清君踏福鞋业有限公司建设工程施工合同纠纷案

审理法院：福建省福州市中级人民法院

案　　号：(2018)闽01民终6774号

裁判观点：《建设工程质量保证金管理办法》第七条虽规定，保证金预留比例不得高于工程款结算总额的3%，但因该规定仅系部门规章的管理性规定，而非我国法律或行政法规的效力性强制性规定，故一审法院判令本案应当按照双方合同约定预留5%的工程款作为本案质量保证金正确，依法应予维持。

101　施工合同无效，预留工程质量保证金是否有依据？

案件名称：江西省城建集团有限公司（以下简称江西城建公司）与

黄某元等合同纠纷案

审理法院:新疆维吾尔自治区高级人民法院

案　　号:(2021)新民申1706号

裁判观点:黄某元与江西城建公司系以建设工程承揽、施工为目的而签订的案涉《联营合作协议书》《乌市米东区三道坝南路棚户区项目补充协议》属于《建设工程施工合同解释(一)》第一条第二项规定的没有资质的实际施工人借用有资质的建筑施工企业名义之情形,原审人民法院认定没有资质的实际施工人黄某元借用有资质的江西城建公司名义签订上述合同无效并据此判定江西城建公司因上述无效合同而取得的保证金应当向黄某元予以返还并无不当。

相关规定

《建设工程质量保证金管理办法》

第二条　本办法所称建设工程质量保证金(以下简称保证金)是指发包人与承包人在建设工程承包合同中约定,从应付的工程款中预留,用以保证承包人在缺陷责任期内对建设工程出现的缺陷进行维修的资金。

缺陷是指建设工程质量不符合工程建设强制性标准、设计文件,以及承包合同的约定。

缺陷责任期一般为1年,最长不超过2年,由发、承包双方在合同中约定。

第六条　在工程项目竣工前,已经缴纳履约保证金的,发包人不得同时预留工程质量保证金。

采用工程质量保证担保、工程质量保险等其他保证方式的,发包人不得再预留保证金。

第七条　发包人应按照合同约定方式预留保证金,保证金总预留比例不得高于工程价款结算总额的3%。合同约定由承包人以银行保函替代预留保证金的,保函金额不得高于工程价款结算总额的3%。

第八条　缺陷责任期从工程通过竣工验收之日起计。由于承包人原因导致工程无法按规定期限进行竣工验收的,缺陷责任期从实际通过竣工验收之日起计。由于发包人原因导致工程无法按规定期限进行竣工验收的,在承包人提交竣工验收报告90天后,工程自动进入缺陷责任期。

第九条　缺陷责任期内,由承包人原因造成的缺陷,承包人应负责维修,并承担鉴定及维修费用。如承包人不维修也不承担费用,发包人可按合同约定从保证金或银行保函中扣除,费用超出保证金额的,发包人可按合同约定向承包人进行索赔。承包人维修并承担相应费用后,不免除对工程的损失赔偿责任。

由他人原因造成的缺陷,发包人负责组织维修,承包人不承担费用,且发包人不得从保证金中扣除费用。

第十条　缺陷责任期内,承包人认真履行合同约定的责任,到期后,承包人向发包人申请返还保证金。

第十一条　发包人在接到承包人返还保证金申请后,应于14天内会同承包人按照合同约定的内容进行核实。如无异议,发包人应当按照约定将保证金返还给承包人。对返还期限没有约定或者约定不明确的,发包人应当在核实后14天内将保证金返还承包人,逾期未返还的,依法承担违约责任。发包人在接到承包人返还保证金申请后14天内不予答复,经催告后14天内仍不予答复,视同认可承包人的返还保证金申请。

《建设工程施工合同(示范文本)》

第二部分　通用合同条款

15.2　缺陷责任期

15.2.1　缺陷责任期从工程通过竣工验收之日起计算,合同当事人应在专用合同条款约定缺陷责任期的具体期限,但该期限最长不超过24个月。

单位工程先于全部工程进行验收,经验收合格并交付使用的,该单位工程缺陷责任期自单位工程验收合格之日起算。因承包人原因导致工程无法按合同约定期限进行竣工验收的,缺陷责任期从实际通过竣工验收之日起计算。因发包人原因导致工程无法按合同约定期限进行竣工验收的,在承包人提交竣工验收报告90天后,工程自动进入缺陷责任期;发包人未经竣工验收擅自使用工程的,缺陷责任期自工程转移占有之日起开始计算。

15.2.2　缺陷责任期内,由承包人原因造成的缺陷,承包人应负责维修,并承担鉴定及维修费用。如承包人不维修也不承担费用,发包人可按合同约定从保证金或银行保函中扣除,费用超出保证金额的,发包人可按合同约定向承包人进行索赔。承包人维修并承担相应费用后,不免除对工程的损失赔偿责任。发包人有权要求承包人延长缺陷责任期,并应在原缺陷责任期届满前发出延长通知。但缺陷责任期(含延长部分)最长不能超过24个月。

由他人原因造成的缺陷,发包人负责组织维修,承包人不承担费用,且发包人不得从保证金中扣除费用。

15.2.4 除专用合同条款另有约定外,承包人应于缺陷责任期届满后7天内向发包人发出缺陷责任期届满通知,发包人应在收到缺陷责任期满通知后14天内核实承包人是否履行缺陷修复义务,承包人未能履行缺陷修复义务的,发包人有权扣除相应金额的维修费用。发包人应在收到缺陷责任期届满通知后14天内,向承包人颁发缺陷责任期终止证书。

15.3 质量保证金

经合同当事人协商一致扣留质量保证金的,应在专用合同条款中予以明确。

在工程项目竣工前,承包人已经提供履约担保的,发包人不得同时预留工程质量保证金。

15.3.1 承包人提供质量保证金的方式

承包人提供质量保证金有以下三种方式:

(1)质量保证金保函;

(2)相应比例的工程款;

(3)双方约定的其他方式。

除专用合同条款另有约定外,质量保证金原则上采用上述第(1)种方式。

15.3.2 质量保证金的扣留

质量保证金的扣留有以下三种方式:

(1)在支付工程进度款时逐次扣留,在此情形下,质量保证金的计算基数不包括预付款的支付、扣回以及价格调整的金额;

(2)工程竣工结算时一次性扣留质量保证金;

(3)双方约定的其他扣留方式。

除专用合同条款另有约定外,质量保证金的扣留原则上采用上述第(1)种方式。

发包人累计扣留的质量保证金不得超过工程价款结算总额的3%。如承包人在发包人签发竣工付款证书后28天内提交质量保证金保函，发包人应同时退还扣留的作为质量保证金的工程价款；保函金额不得超过工程价款结算总额的3%。

发包人在退还质量保证金的同时按照中国人民银行发布的同期同类贷款基准利率支付利息。

15.3.3　质量保证金的退还

缺陷责任期内，承包人认真履行合同约定的责任，到期后，承包人可向发包人申请返还保证金。

发包人在接到承包人返还保证金申请后，应于14天内会同承包人按照合同约定的内容进行核实。如无异议，发包人应当按照约定将保证金返还给承包人。对返还期限没有约定或者约定不明确的，发包人应当在核实后14天内将保证金返还承包人，逾期未返还的，依法承担违约责任。发包人在接到承包人返还保证金申请后14天内不予答复，经催告后14天内仍不予答复，视同认可承包人的返还保证金申请。

……

《国务院办公厅关于清理规范工程建设领域保证金的通知》

一、全面清理各类保证金。对建筑业企业在工程建设中需缴纳的保证金，除依法依规设立的投标保证金、履约保证金、工程质量保证金、农民工工资保证金外，其他保证金一律取消。对取消的保证金，自本通知印发之日起，一律停止收取。

四、严格工程质量保证金管理。工程质量保证金的预留比例上限不得高于工程价款结算总额的5%。在工程项目竣工前，已经缴纳履约保证金的，建设单位不得同时预留工程质量保证金。

《建设工程价款结算暂行办法》

第七条　发包人、承包人应当在合同条款中对涉及工程价款结算的下列事项进行约定：

……

（七）工程质量保证（保修）金的数额、预扣方式及时限；

……

第十四条　工程完工后，双方应按照约定的合同价款及合同价款调整内容以及索赔事项，进行工程竣工结算。

……

（四）工程竣工价款结算

发包人收到承包人递交的竣工结算报告及完整的结算资料后，应按本办法规定的期限（合同约定有期限的，从其约定）进行核实，给予确认或者提出修改意见。发包人根据确认的竣工结算报告向承包人支付工程竣工结算价款，保留5%左右的质量保证（保修）金，待工程交付使用一年质保期到期后清算（合同另有约定的，从其约定），质保期内如有返修，发生费用应在质量保证（保修）金内扣除。

……

第十八条　【保修义务】因保修人未及时履行保修义务，导致建筑物毁损或者造成人身损害、财产损失的，保修人应当承担赔偿责任。

保修人与建筑物所有人或者发包人对建筑物毁损均有过错的，各自承担相应的责任。

条文精解

本条是关于保修义务的规定。《建筑法》第六十二条规定，建设工程实行质量保修制度，保修范围应当包括地基基础工程、主体结构工程、屋面防水工程和其他土建工程，以及电气管线、上下水管线的安装工程，供热、供冷系统工程等项目。依据《建设工程质量管理条例》第四十条、

第四十一条及《房屋建筑工程质量保修办法》第七条的规定，在正常使用条件下，建设工程的最低保修期限为：(1)基础设施工程、房屋建筑的地基基础工程和主体结构工程，为设计文件规定的该工程的合理使用年限；(2)屋面防水工程、有防水要求的卫生间、房间和外墙面的防渗漏，为5年；(3)供热与供冷系统，为2个采暖期、供冷期；(4)电气管线、给排水管道、设备安装和装修工程，为2年。其他项目的保修期限由当事人约定。关于地基基础工程和主体结构工程的合理使用年限，依据《民用建筑设计统一标准》第3.2条“设计年限”的规定，临时性建筑的设计使用年限为5年，易于替换结构的建筑为25年，普通建筑和构筑物为50年，纪念性建筑和特别重要的建筑为100年。建设工程在保修范围和保修期限内发生质量问题的，保修人应当履行保修义务，并对造成的损失承担赔偿责任。

关于保修人未及时履行保修义务导致建筑物毁损或者造成人身损害、财产损失时，保修人的赔偿责任问题。建设工程只要在保修期限和保修范围内出现质量缺陷，保修人都应当履行保修义务。如果因为保修人未及时履行保修义务，导致建筑物毁损或者造成人身损害、财产损失的，保修人应当承担赔偿责任。依据《房屋建筑工程质量保修办法》第九条、第十二条、第十三条及第十七条的规定，出现保修事件后，发包人或者建筑物所有人应当向保修人发出保修通知。保修人接到保修通知后，应当到现场核查情况，并在约定的时间内予以保修。现场核查情况的主要目的是确定质量问题的责任方、修复方案、修复范围及修复费用等。如果保修人不履行保修义务的，发包人或者建筑物所有人可以另行委托其他单位修复，由原保修人承担相应的责任，主要是赔偿修复费用。必须是保修人造成的质量问题，才由保修人承担修复费用，修复费用由造成质量缺陷的责任方承担。因使用不当、第三方原因及不可抗力造成的质量缺陷，不属于保修人的保修范围。使用不当的形式包括：(1)未经原设计单位或者具有相应资质等级的设计单位提出设计方案，变动主体和承重结构;(2)将没有防水要求的房间或者阳台改为卫生间、厨房间;(3)扩大承重墙上原有的门窗尺寸及拆除连接阳台的砖、混凝土墙体等。实务中,如果不是保修人的原因造成的质量缺陷,也可以委托保修人修复,但发包人或者建筑物所有人应当承担修复费用。如果存在第三方责任,可以追偿。

关于建筑物毁损的混合责任问题。依据《民法典》第五百九十二条第二款、第一千一百七十三条的规定,因合同产生的赔偿关系中,保修人违约造成损失,建筑物所有人或者发包人对建筑物毁损有过错的,可以减少相应的损失赔偿额。因侵权产生的赔偿关系中,建筑物所有人或者发包人对建筑物的毁损的发生或者扩大有过错的,可以减轻保修人的责任。本条第二款的本质是混合过错归责原则的适用,保修人与建筑物所有人或者发包人对建筑物毁损均有过错的,各自承担相应的责任。建筑物毁损适用过错归责原则,属于保修人的过错,才由保修人承担责任,保修人只承担与其过错相适应的责任。参照孙镇平编写的《建设工程承包合同》(中国政法大学出版社1996年版,第96页),保修期间的质量责任划分原则是:(1)施工单位未按国家有关工程建设规范、标准和设计要求施工,造成质量缺陷的,由施工单位负责返修并承担经济责任。(2)属于设计方面的原因造成的质量缺陷,由施工单位负责返修,费用通过建设单位向设计单位索赔。(3)因建筑材料、建筑构配件和设备质量不合格引起的质量缺陷,属于施工单位负责采购的,由施工单位承担经济责任;属于建设单位采购的,但施工单位提出异议而建设单位坚持使用的,由建设单位承担经济责任。(4)因建设单位或者建筑物所有人使用不当造成的质量缺陷,由建设单位或者建筑物所有人自行负责。(5)因地震、洪水、台风等不可抗力或自然灾害造成的质量事故,施工单位、设计单位、监理单位不承担经济责任。

关于通知保修人保修的必要性问题。依据《房屋建筑工程质量保修办法》第九条和第十二条的规定,发生保修事件后,建筑物所有人或者发包人应当向保修人发出保修通知。保修人不按约定进行保修的,建筑物所有人或者发包人可以另行委托其他单位保修,由原保修人承担相应责任。实务中,不少人民法院以建筑物所有人或者发包人在委托其他单位修复前,没有通知保修人,导致质量问题的责任方、修复方案、修复范围及修复费用等无法查清,无法确认属于保修人的保修责任,无法排除没有扩大修复范围,无法排除没有虚增修复费用等,驳回要求保修人赔偿修复费用的诉求。更有甚者,直接以没有通知保修人保修的行为违反法律规定及合同约定为由,驳回要求赔偿的诉求。所以,发生保修事件后,建筑物所有人或者发包人应当依法依约向保修人发出保修通知,以便保修人到现场核查情况,共同确定责任方、修复方案、修复范围及修复费用等重要事项。在保修人不履行保修义务或者拖延履行保修义务的情形下,应当固定关于质量问题的原因、修复方案、修复范围及修复费用等重要事项的证据,以便后期维权。笔者认为,若因没有通知保修人保修,导致质量问题的原因无法查清,修复范围和修复费用等无法确认,属于举证不能,驳回是正确的。但以没有通知保修人保修的行为违反法律规定及合同约定为由驳回赔偿的诉求,则有待商榷。法律并没有规定保修人承担保修义务的前提是建筑物所有人或者发包人通知保修人保修,合同明确约定的除外。所以,在建筑物所有人或者发包人能够举证证明质量问题的责任在于保修人,修复方案、修复范围及修复费用等在合理的限度内,而且质量缺陷发生在保修期内,就应当依法支持其诉求,而不应以未通知保修人保修而免除保修人的保修责任。

关于建筑物毁损造成第三人人身损害或者财产损失的被告选择问题。第三人有以下选择:(1)起诉建设单位与施工单位侵权,法律依据是《民法典》第一千二百五十二条;(2)起诉建筑物的所有人、管理人或者使用人侵权,法律依据是《民法典》第一千二百五十三条;(3)起诉建设单位、施工单位、设计单位、监理单位等建设工程主体,法律依据是《建筑法》《建设工程质量管理条例》等与质量相关的规定。起诉建设单位与施工单位侵权,属于特殊侵权,适用的是过错推定原则,只要建设单位与施工单位没有办法证明工程质量不存在问题,就要向第三人承担连带赔偿责任,第三人不用举证证明工程存在质量问题。起诉建筑物的所有人、管理人或者使用人侵权,也属于特殊侵权,适用的也是过错推定原则,只要建筑物的所有人、管理人或者使用人不能证明自己没有过错的,就要向第三人承担侵权责任,第三人不用举证证明对方存在过错。起诉建设单位、施工单位、设计单位、监理单位等建设工程主体侵权,则属于普通侵权(至少起诉设计单位、监理单位属于普通侵权),第三人需要举证证明工程存在质量问题,一般都需要进行工程质量鉴定。笔者认为,从举证的难易角度分析,应以起诉建筑物的所有人、管理人或者使用人为主,不建议起诉设计单位、监理单位等普通侵权主体。建筑物的所有人、管理人或者使用人证明自己没有过错相对困难,但建设单位和施工单位证明建筑不存在质量问题就相对容易,提供工程质量验收合格报告,就完成初步的举证责任。第三人想推翻验收报告,就需要申请工程质量鉴定,时间漫长,不利维权。有案例认为,只要是建筑物、构筑物或者其他设施倒塌、塌陷造成他人损害的,就推定工程存在质量问题,建设单位、施工单位如不申请工程质量鉴定,就承担举证不能的后果,笔者对此保留观点。

适用本条,应注意以下几点:(1)本条适用的是建设单位与施工单位之间的保修义务的规定,而购房者与开发商之间的商品房买卖合同关系应适用《城市房地产开发经营管理条例》《商品房销售管理办法》等相关的规定。(2)施工单位不能以房产已售为由主张业主才能要求其承担保修责任,建设单位要求施工单位承担保修义务的依据是建设工程相关法律规定及双方施工合同的约定。只要在保修期限和保修范围内发生工程质量问题,施工单位就应当返修。(3)如果是购房者对商品房质量保修有争议,物业不是适格的被告,应选择开发商,开发商与之才有商品房买卖合同关系,才需要对所售商品房承担质量保修责任。当然,也不是施工单位，施工单位与建设单位对应，与购房者没有合同关系。(4)如果建设单位对工程质量问题也存在过错，则不能要求施工单位无偿返修，否则要承担驳回起诉的风险，因为无偿返修的前提是工程质量问题由施工单位单方原因造成。(5)如果施工单位认为工程质量问题不属于保修范围，则证明工程质量问题属于保修范围的举证责任在建设单位，建设单位应当举证证明工程质量问题属于保修范围，一般需要工程质量鉴定。(6)施工合同无效不能免除施工单位的保修义务，保修属于法定义务，不因合同无效而免除。(7)如果施工单位一直拖延履行保修义务直至保修期满，不能以保修期届满为由拒绝承担保修责任。

案例适用

102　未向施工单位发出保修通知，修复费用应否支持？（酌情支持）

案件名称：河南国安建设集团有限公司（以下简称国安公司）与河南亚星置业集团有限公司（以下简称亚星公司）建设工程施工合同纠纷案

审理法院：河南省高级人民法院

案　　号：(2018)豫民终1502号

裁判观点：《房屋建筑工程质量保修办法》第九条规定："房屋建筑工程在保修期限内出现质量缺陷，建设单位或者房屋建筑所有人应当向施工单位发出保修通知。施工单位接到保修通知后，应当到现场核查情况，在保修书约定的时间内予以保修。"根据合同附件4《工程质量保修书》的约定，"属于保修范围和内容的项目，国安公司应在接到修理通知之日后3天内派人修理。国安公司不在约定期限内派人修理，亚星公司或亚星公司委托的物业公司可委托其他人员修理，保修费用从质量保修金内扣除"。无论是从法律规定还是从该合同约定的内容来看，在保修期内，如发生保修事项，发包方应当首先履行书面通知义务，保证施工方到场确认现场情况以明确质量责任，如果没有履行通知义务，无法分辨产生质量问题的原因,那么建设方或者业主自行维修或者委托第三方维修产生的费用不得从工程款中扣除。从亚星公司提交的证据来看,虽然有维修事项的发生,但是亚星公司在二审庭审中陈述称进行了口头通知,没有提交其履行了书面通知义务的证据,也有一部分维修工程发生在质保期满之后,无法确认维修项目与国安公司施工之间是否存在因果关系……国安公司仅认可有1,015,713元的维修工程量与本案有关,但认为并非施工原因引起,而是由于国安公司的原因造成。鉴于该部分费用是实际发生的维修支出,故本院酌定由国安公司承担1,015,713元的50%,即507,856.5元。如亚星公司有证据证明其他维修费用与国安公司施工存在因果关系,可另行主张赔偿。

103　未向施工单位发出保修通知,修复费用应否支持?(不支持)

案件名称:洛阳麦达斯铝业有限公司(以下简称麦达斯公司)与吉林省第二建筑有限责任公司(以下简称吉林二建公司)建设工程施工合同纠纷案

审理法院:河南省高级人民法院

案　　号:(2018)豫民终521号

裁判观点:原建设部《房屋建筑工程质量保修办法》第九条规定:"房屋建筑工程在保修期内出现质量缺陷,建设单位或者房屋建筑所有人应当向施工单位发出保修通知。施工单位接到保修通知后,应当到现场核查情况,在保修书约定的时间内予以保修。"该办法第十二条规定:"施工单位不按工程质量保修书约定保修的,建设单位可以另行委托其他单位保修,由原施工单位承担相应责任。"从该规定可以看出,建设工程在保修期内出现质量问题时,建设单位应当首先通知施工单位进行保修,在施工单位不履行保修义务的情况下,建设单位方可另行委托其他单位维修。在二审庭审中,虽然麦达斯公司提交了与风华公司的维修合同及结算单,但是没有提交证据证明在保修期内通知吉林二建公司,导致吉林二建公司无法到现场核查情况,维修工程量和质量问题原因无法判定，故在麦达斯公司未履行通知义务的情况下，擅自委托风华公司维修应当承担不利的法律后果，麦达斯公司认为1,533,351.17元应当从工程款中扣除的理由不能成立。

104　施工单位无偿返修的前提是什么？

案件名称：南京财经高等职业技术学校（以下简称财经学校）与南京凯盛建设集团有限公司（以下简称凯盛公司）等建设工程施工合同纠纷案

审理法院：江苏省南京市中级人民法院

案　　号：（2020）苏01民终2970号

裁判观点：财经学校提出要求凯盛公司对案涉工程进行维修，实际系依据《民法典》第八百零一条“因施工人的原因致使建设工程质量不符合约定的，发包人有权要求施工人在合理期限内无偿修理或者返工、改建。经过修理或者返工、改建后，造成逾期交付的，施工人应当承担违约责任。”该条文提及的“因施工人原因”，显然是指施工人就建设工程质量问题承担直接责任的情形。在本案财经学校就质量问题存在明显过错情况下，一审法院驳回其……要求凯盛公司承担无偿修理的责任，处理并无不当。

105　施工单位与建设单位共同导致质量问题，保修义务与保修费用如何承担？

案件名称：小田（中山）实业有限公司（以下简称小田公司）与深圳市建安（集团）股份有限公司（以下简称深建安公司）建设工程施工合同纠纷案

审理法院：广东省高级人民法院

案　　号：（2009）粤高法民一终字第223号

一审裁判观点：关于造成工程质量问题的原因分析，鉴定结论认为，有的属于施工单位单方责任，有的属于建设单位与施工单位责任，有的属于自然原因与施工单位责任共同引起，有的属于设计单位与施工单位的共同责任。根据补充条款的约定,施工单位仅对施工单位施工质量原因引起的质量问题承担保修责任,因此,鉴定结论中确定的属于施工单位原因引起的存在质量不合格的项目,由深建安公司承担保修责任。根据2004年《建设工程施工合同解释》第十二条、第二十七条(现为《建设工程施工合同解释(一)》第十三条、第十八条)"发包人具有下列情形之一,造成建设工程质量缺陷,应当承担过错责任:(一)提供的设计有缺陷;(二)提供或者指定购买的建筑材料、建筑构配件、设备不符合强制性标准;(三)直接指定分包人分包专业工程。承包人有过错的,也应当承担相应的过错责任"以及"因保修人未及时履行保修义务,导致建筑物毁损或者造成人身、财产损害的,保修人应当承担赔偿责任。保修人与建筑物所有人或者发包人对建筑物毁损均有过错的,各自承担相应的责任"之规定,属于自然原因或建设单位原因(含提供设计有缺陷)与施工单位共同原因的,仍由深建安公司承担保修责任,但费用应由双方分担;小田公司直接指定分包人的,由小田公司承担责任。

二审裁判观点:维持原判。

106　质量问题属于保修范围的举证责任如何承担?

案件名称:郭某与和记黄埔地产(青岛)有限公司(以下简称黄埔公司)商品房预售合同纠纷案

审理法院:山东省高级人民法院

案　　号:(2019)鲁民申5908号

裁判观点:《房屋建筑工程质量保修办法》第十七条规定:"下列情况不属于本办法规定的保修范围:……因使用不当或者第三方造成的质量缺陷。"因此郭某主张黄埔公司承担保修责任需要首先确定本案质量缺陷产生的原因。本案中郭某于2015年4月发现房屋墙面出现多处裂缝,与黄埔公司就裂缝的成因、维修、赔偿等问题多次协商,郭某主张裂缝系因房屋质量不合格导致,而黄埔公司则主张是因楼上的住户改装地暖导致。在没有鉴定的情况下,不能直接认定裂缝产生的原因。根据

"谁主张,谁举证"的举证规则,郭某要求黄埔公司进行保修,应当承担证明房屋墙面裂缝系因房屋质量问题造成,原审法院对于举证责任以及事实的认定正确。

107　建设单位不能证明建筑物不存在质量缺陷,应否承担致人损害的赔偿责任?

案件名称:阿拉善盟呈龙房地产开发有限责任公司与聂某琴等物件脱落、坠落损害责任纠纷案

审理法院:内蒙古自治区阿拉善盟中级人民法院

案　　号:(2017)内29民终44号

裁判观点:本案涉案建筑在正常使用的情况下,屋顶发生瓦片掉落并致人损害,阿拉善盟呈龙房地产开发有限责任公司不能证明系其他原因导致,证实涉案建筑工程存在质量瑕疵,开发企业阿拉善盟呈龙房地产开发有限责任公司应对工程质量承担举证责任。一审中经阿拉善左旗人民法院释明,阿拉善盟呈龙房地产开发有限责任公司未对涉案建筑工程质量申请鉴定,故应承担举证不能的不利后果。阿拉善盟呈龙房地产开发有限责任公司作为本案案涉房屋的开发企业,出售给他人的房屋存在质量瑕疵问题,并致人损害,应承担相应的赔偿责任。

108　施工单位能否以房产已售为由主张业主才能让其承担保修义务?

案件名称:新疆恒远建设集团有限公司(以下简称恒远公司)与和田众一房地产开发有限公司(以下简称众一公司)建设工程合同纠纷案

审理法院:新疆维吾尔自治区和田地区中级人民法院

案　　号:(2020)新32民终330号

裁判观点:众一公司是涉案工程的发包方,恒远公司是承包方……众一公司主张的是恒远公司对经验收合格的工程在使用过程中出现的质量问题应承担的保修责任。据此,众一公司有权以涉案工程质量存在问题为由,按照双方建设工程施工合同及质量保修书的约定,主张恒远公司承担质量保修的责任,是本案适格原告。恒远公司关于涉案工程已

全部销售,应由业主主张相关权利的上诉请求没有事实和法律依据,本院不予支持。

109　工程质量问题从保修期内拖至期满,施工单位的保修义务是否免除?

案件名称:河南青城建设有限公司(以下简称青城公司)与信阳市恒信房地产开发有限公司(以下简称恒信公司)等建设工程施工合同纠纷案

审理法院:河南省信阳市中级人民法院

案　　号:(2021)豫15民终2962号

裁判观点:涉案工程于2013年12月底竣工验收,2014年1月至7月前陆续交付使用。从2014年6月至2015年9月,因地下室、房间出现漏水、渗水、墙体裂缝、外墙漆脱落等现象,恒信公司多次向青城公司发函,请求维修。2016年恒信公司先后委托两家公司对个别楼栋、房间进行了维修。2017年至2018年,恒信公司仍多次向青城公司发函要求维修。青城公司认为质量问题不属实,已过保修期,拒绝维修。从以上事实可以看出,涉案工程自交付后较短时间即已陆续出现质量瑕疵问题,恒信公司多次要求青城公司修复,青城公司并未能积极主动完全解决质量瑕疵问题,直至时间拖延至保修期限届满。青城公司未在保修期内履行保修义务,即便保修期满,也不应免除青城公司本应履行的保修义务。恒信公司要求青城公司承担维修费用,应予支持。

110　保修责任可否因合同无效而免除?

案件名称:施某良与十一冶建设集团有限责任公司重庆二分公司(以下简称十一冶重庆二分公司)建设工程合同纠纷案

审理法院:四川省高级人民法院

案　　号:(2020)川民申2577号

裁判观点:虽然施某良与十一冶重庆二分公司签订的《施工合同》为无效合同,但施某良已实际履行了案涉工程的施工内容。根据《建筑法》第六十条“建筑物在合理使用寿命内，必须确保地基基础工程和主体结构的质量。建筑工程竣工时，屋顶、墙面不得留有渗漏、开裂等质量缺陷；对已发现的质量缺陷，建筑施工企业应当修复”、第六十二条“建筑工程实行质量保修制度。建筑工程的保修范围应当包括地基基础工程、主体结构工程、屋面防水工程和其他土建工程，以及电气管线、上下水管线的安装工程，供热、供冷系统工程等项目；保修的期限应当按照保证建筑物合理寿命年限内正常使用，维护使用者合法权益的原则确定。具体的保修范围和最低保修期限由国务院规定”以及《房屋建筑工程质量保修办法》第七条“在正常使用下，房屋建筑的最低保修期限为：……五、装修工程为 2 年”的规定，施某良应当对其施工完成的工程保修期内出现的质量问题承担责任。

相关规定

《民法典》

第五百九十二条　当事人都违反合同的，应当各自承担相应的责任。

当事人一方违约造成对方损失，对方对损失的发生有过错的，可以减少相应的损失赔偿额。

第五百九十三条　当事人一方因第三人的原因造成违约的，应当依法向对方承担违约责任。当事人一方和第三人之间的纠纷，依照法律规定或者按照约定处理。

第八百零二条　因承包人的原因致使建设工程在合理使用期限内造成人身损害和财产损失的，承包人应当承担赔偿责任。

第一千一百七十三条　被侵权人对同一损害的发生或者扩大有过错的，可以减轻侵权人的责任。

第一千二百五十二条　建筑物、构筑物或者其他设施倒塌、塌陷造成他人损害的，由建设单位与施工单位承担连带责任，但是建设单位与施工单位能够证明不存在质量缺陷的除外。建设单位、施工单位赔偿后，有其他责任人的，有权向其他责任人追偿。

因所有人、管理人、使用人或者第三人的原因，建筑物、构筑物或者其他设施倒塌、塌陷造成他人损害的，由所有人、管理人、使用人或者第三人承担侵权责任。

第一千二百五十三条　建筑物、构筑物或者其他设施及其搁置物、悬挂物发生脱落、坠落造成他人损害，所有人、管理人或者使用人不能证明自己没有过错的，应当承担侵权责任。所有人、管理人或者使用人赔偿后，有其他责任人的，有权向其他责任人追偿。

《建筑法》

第六十条　建筑物在合理使用寿命内，必须确保地基基础工程和主体结构的质量。

建筑工程竣工时，屋顶、墙面不得留有渗漏、开裂等质量缺陷；对已发现的质量缺陷，建筑施工企业应当修复。

第六十二条　建筑工程实行质量保修制度。

建筑工程的保修范围应当包括地基基础工程、主体结构工程、屋面防水工程和其他土建工程，以及电气管线、上下水管线的安装工程，供热、供冷系统工程等项目；保修的期限应当按照保证建筑物合理寿命年限内正常使用，维护使用者合法权益的原则确定。具体的保修范围和最低保修期限由国务院规定。

第七十五条　建筑施工企业违反本法规定，不履行保修义务或者拖延履行保修义务的，责令改正，可以处以罚款，并对在保修期内因屋顶、墙面渗漏、开裂等质量缺陷造成的损失，承担赔偿责任。

第八十条　在建筑物的合理使用寿命内，因建筑工程质量不合格受到损害的，有权向责任者要求赔偿。

《建设工程质量管理条例》

第三十九条　建设工程实行质量保修制度。

建设工程承包单位在向建设单位提交工程竣工验收报告时，应当向建设单位出具质量保修书。质量保修书中应当明确建设工程的保修范围、保修期限和保修责任等。

第四十条　在正常使用条件下，建设工程的最低保修期限为：

（一）基础设施工程、房屋建筑的地基基础工程和主体结构工程，为设计文件规定的该工程的合理使用年限；

（二）屋面防水工程、有防水要求的卫生间、房间和外墙面的防渗漏，为5年；

（三）供热与供冷系统，为2个采暖期、供冷期；

（四）电气管线、给排水管道、设备安装和装修工程，为2年。

其他项目的保修期限由发包方与承包方约定。

建设工程的保修期，自竣工验收合格之日起计算。

第四十一条　建设工程在保修范围和保修期限内发生质量问题的，施工单位应当履行保修义务，并对造成的损失承担赔偿责任。

第六十六条　违反本条例规定，施工单位不履行保修义务或者拖延履行保修义务的，责令改正，处10万元以上20万元以下的罚款，并对在保修期内因质量缺陷造成的损失承担赔偿责任。

《房屋建筑工程质量保修办法》

第三条　本办法所称房屋建筑工程质量保修，是指对房屋建筑工程竣工验收后在保修期限内出现的质量缺陷，予以修复。

本办法所称质量缺陷，是指房屋建筑工程的质量不符合工程建设强制性标准以及合同的约定。

第四条　房屋建筑工程在保修范围和保修期限内出现质量缺陷，施工单位应当履行保修义务。

第六条　建设单位和施工单位应当在工程质量保修书中约定保修范围、保修期限和保修责任等，双方约定的保修范围、保修期限必须符合国家有关规定。

第七条　在正常使用条件下，房屋建筑工程的最低保修期限为：

（一）地基基础工程和主体结构工程，为设计文件规定的该工程的合理使用年限；

（二）屋面防水工程、有防水要求的卫生间、房间和外墙面的防渗漏，为5年；

（三）供热与供冷系统，为2个采暖期、供冷期；

（四）电气管线、给排水管道、设备安装为2年；

（五）装修工程为2年。

其他项目的保修期限由建设单位和施工单位约定。

第九条　房屋建筑工程在保修期限内出现质量缺陷,建设单位或者房屋建筑所有人应当向施工单位发出保修通知。施工单位接到保修通知后,应当到现场核查情况,在保修书约定的时间内予以保修。发生涉及结构安全或者严重影响使用功能的紧急抢修事故,施工单位接到保修通知后,应当立即到达现场抢修。

第十二条　施工单位不按工程质量保修书约定保修的,建设单位可以另行委托其他单位保修,由原施工单位承担相应责任。

第十三条　保修费用由质量缺陷的责任方承担。

第十四条　在保修期限内,因房屋建筑工程质量缺陷造成房屋所有人、使用人或者第三方人身、财产损害的,房屋所有人、使用人或者第三方可以向建设单位提出赔偿要求。建设单位向造成房屋建筑工程质量缺陷的责任方追偿。

第十五条　因保修不及时造成新的人身、财产损害,由造成拖延的责任方承担赔偿责任。

第十六条　房地产开发企业售出的商品房保修,还应当执行《城市房地产开发经营管理条例》和其他有关规定。

第十七条　下列情况不属于本办法规定的保修范围:

(一)因使用不当或者第三方造成的质量缺陷;

(二)不可抗力造成的质量缺陷。

第十九条　施工单位不履行保修义务或者拖延履行保修义务的,由建设行政主管部门责令改正,处10万元以上20万元以下的罚款。

《建设工程施工合同(示范文本)》

第二部分　通用合同条款

15.4　保修

15.4.1　保修责任

工程保修期从工程竣工验收合格之日起算,具体分部分项工程的保修期由合同当事人在专用合同条款中约定,但不得低于法定最低保修年限。在工程保修期内,承包人应当根据有关法律规定以及合同约定承担保修责任。

发包人未经竣工验收擅自使用工程的,保修期自转移占有之日起算。

15.4.2　修复费用

保修期内,修复的费用按照以下约定处理:

(1)保修期内,因承包人原因造成工程的缺陷、损坏,承包人应负责修复,并承担修复的费用以及因工程的缺陷、损坏造成的人身伤害和财产损失;

(2)保修期内,因发包人使用不当造成工程的缺陷、损坏,可以委托承包人修复,但发包人应承担修复的费用,并支付承包人合理利润;

(3)因其他原因造成工程的缺陷、损坏,可以委托承包人修复,发包人应承担修复的费用,并支付承包人合理的利润,因工程的缺陷、损坏造成的人身伤害和财产损失由责任方承担。

15.4.3　修复通知

在保修期内,发包人在使用过程中,发现已接收的工程存在缺陷或损坏的,应书面通知承包人予以修复,但情况紧急必须立即修复缺陷或损坏的,发包人可以口头通知承包人并在口头通知后48小时内书面确认,承包人应在专用合同条款约定的合理期限内到达工程现场并修复缺陷或损坏。

15.4.4　未能修复

因承包人原因造成工程的缺陷或损坏,承包人拒绝维修或未能在合理期限内修复缺陷或损坏,且经发包人书面催告后仍未修复的,发包人有权自行修复或委托第三方修复,所需费用由承包人承担。但修复范围超出缺陷或损坏范围的,超出范围部分的修复费用由发包人承担。

《城市房地产开发经营管理条例》

第三十条　房地产开发企业应当在商品房交付使用时,向购买人提供住宅质量保证书和住宅使用说明书。

住宅质量保证书应当列明工程质量监督单位核验的质量等级、保修范围、保修期和保修单位等内容。房地产开发企业应当按照住宅质量保证书的约定,承担商品房保修责任。

保修期内,因房地产开发企业对商品房进行维修,致使房屋原使用功能受到影响,给购买人造成损失的,应当依法承担赔偿责任。

《商品房销售管理办法》

第三十二条　销售商品住宅时，房地产开发企业应当根据《商品住宅实行质量保证书和住宅使用说明书制度的规定》(以下简称《规定》)，向买受人提供《住宅质量保证书》、《住宅使用说明书》。

第三十三条　房地产开发企业应当对所售商品房承担质量保修责任。当事人应当在合同中就保修范围、保修期限、保修责任等内容做出约定。保修期从交付之日起计算。

商品住宅的保修期限不得低于建设工程承包单位向建设单位出具的质量保修书约定保修期的存续期；存续期少于《规定》中确定的最低保修期限的，保修期不得低于《规定》中确定的最低保修期限。

非住宅商品房的保修期限不得低于建设工程承包单位向建设单位出具的质量保修书约定保修期的存续期。

在保修期限内发生的属于保修范围的质量问题，房地产开发企业应当履行保修义务，并对造成的损失承担赔偿责任。因不可抗力或者使用不当造成的损坏，房地产开发企业不承担责任。

《住宅室内装饰装修管理办法》

第三十条　住宅室内装饰装修工程竣工后，装修人应当按照工程设计合同约定和相应的质量标准进行验收。验收合格后，装饰装修企业应当出具住宅室内装饰装修质量保修书。

……

第三十二条　在正常使用条件下，住宅室内装饰装修工程的最低保修期限为二年，有防水要求的厨房、卫生间和外墙面的防渗漏为五年。保修期自住宅室内装饰装修工程竣工验收合格之日起计算。

第十九条　【计价标准】当事人对建设工程的计价标准或者计价方法有约定的，按照约定结算工程价款。

因设计变更导致建设工程的工程量或者质量标准发生变化，

当事人对该部分工程价款不能协商一致的，可以参照签订建设工程施工合同时当地建设行政主管部门发布的计价方法或者计价标准结算工程价款。

建设工程施工合同有效，但建设工程经竣工验收不合格的，依照民法典第五百七十七条规定处理。

条文精解

本条是关于计价标准的规定。依据《建筑工程施工发包与承包计价管理办法》第二条的规定，建设工程计价包括编制工程量清单、最高投标限价、招标标底、投标报价，进行工程结算，以及签订和调整合同价款等活动，本条规定的计价标准或者计价方法是指上述活动应当适用的标准或者方法。依据《建设工程施工发包与承包价格管理暂行规定》第十一条的规定，工程价格的计价方法可分为工料单价单位估价法和综合单价单位估价法。工料单价单位估价法是指单位工程分部分项工程量的单价为直接成本单价，按现行计价定额的人工、材料、机械的消耗量及其预算价格确定。其他直接成本、间接成本、利润（酬金）、税金等按现行计算方法计算。综合单价单位估价法是指单位工程分部分项工程量的单价是全部费用单价，既包括按计价定额和预算价格计算的直接成本，也包括间接成本、利润（酬金）、税金等一切费用。当事人对计价标准或者计价方法有约定的，按照约定处理。没有约定或者约定不明的情形下，可以参照建设工程定额标准进行结算。目前我国建设工程领域的计价方式主要有工程定额计价和工程量清单计价两种方式，工程量清单计价是国家主推模式。依据《建设工程定额管理办法》第三条的规定，建设工程定额标准是指在正常施工条件下完成规定计量单位的合格建筑安装工程所消耗的人工、材料、施工机具台班、工期天数及相关费率等的数量基准。定额标准属于政府指导价范畴，是任意性规范而非强制性规范，当事人的约定与定额标准不同的，按照当事人约定处理。依据《建设工程价款结算暂行办法》第三条和《建筑工程施工发包与承包计价管理办法》第十三条的规定，工程价款结算是指依据合同约定进行工程预付款、工程进度款、工程竣工价款结算的活动。工程价款的结算方式包括单价方式、总价方式、成本加酬金方式。实行工程量清单计价的工程，鼓励采用单价方式。建设规模较小、技术难度较低、工期较短的工程，可以采用总价方式。紧急抢险、救灾以及施工技术特别复杂的工程，可以采用成本加酬金方式。

关于工程价款结算争议的处理方式问题。包括两种情形：(1)在有约定的情形下，按照约定处理，即本条第一款的规定；(2)在没有约定的情形下，应当依据《民法典》第五百一十条、第五百一十一条的规定处理，能补充约定的，则补充约定。不能补充约定的，则根据合同相关条款确定。如果根据合同相关条款还不能确定，则按照订立合同时履行地的市场价格确定。应当执行政府定价或者政府指导价的，依照规定执行。建设工程的计价标准或者计价方法遵循意思自治原则，由市场竞争形成，不能以定额为准要求变更约定。定额标准只是国有资金投资工程编制投资估算、设计概算和最高投标限价的依据，对其他工程仅供参考。

依据《建设工程价款结算暂行办法》第十条的规定及参照《建设工程施工合同（示范文本）》第二部分通用合同条款第10.4.1条的约定，通过合同相关条款确定工程价款的方式包括两种：(1)合同中已有适用于变更工程的价格，按合同已有的价格确定工程价款；(2)合同中只有类似于变更工程的价格，可以参照类似价格确定工程价款。本条第二款使用的是“可以”，而非“应当”，其主要原因是在能够通过合同已有或者类似价格确定工程价款的情形下，并非一定要按照建设行政主管部门发布的计价方法或者计价标准结算工程价款。在无法通过合同相关条款确定工程价款时，则按照订立合同时履行地的市场价格确定。定额标准作为对应时期的社会平均水平，可以直接作为工程价款市场价格的参考依据。综上，笔者认为，当事人因设计变更导致建设工程的工程量或者质量标准发生变化，当事人对该部分工程价款不能协商一致的，首先要根据合同相关条款确定工程价款。在无法确定的情形下，才参照签订合同时当地建设行政主管部门发布的计价方法或者计价标准确定工程价款。

关于合同有效，但工程质量不合格的处理问题。依据《民法典》第七百九十九条第二款、《建筑法》第六十一条第二款的规定，建设工程竣工验收合格后，方可交付使用。验收不合格的，不得交付使用。承包人向发包人交付竣工验收合格的建设工程，既是其约定义务，也是其法定义务。依据《民法典》第五百七十七条及第八百零一条的相关规定，建设工程竣工验收不合格的，承包人应当承担继续履行、采取补救措施或者赔偿损失等违约责任，包括对建设工程进行修理或者返工、改建，及赔偿发包人相关损失等。如果经过修理或者返工、改建后，建设工程依然验收不合格的，则没有使用价值，承包人无权要求支付工程款，并且要向发包人承担赔偿损失等违约责任。损失赔偿额应当相当于因违约所造成的损失，包括合同履行后可以获得的利益。发包人对建设工程不合格造成的损失有过错的，也应当承担相应的责任。

案例适用

111　约定的计价标准与定额标准不一致，可否适用？

案件名称：盘锦辽东湾新区管理委员会（以下简称辽东湾管委会）与沈阳北方建设股份有限公司（以下简称北方建设公司）等建设工程施工合同纠纷案

审理法院：最高人民法院

案　　号：（2018）最高法民终258号

裁判观点：案涉工程施工期间……辽东湾管委会于2013年8月27日就调整案涉工程人工费召开专题会议，决定将案涉工程人工费调整为力工100元/工日,技工200元/工日,北方建设公司对此予以接受,此举表明双方对人工费标准达成新的合意。虽上述调整后的人工费标准高于辽宁省住房和城乡建设厅及辽宁省财政厅2011年下发的《关于调整〈辽宁省建设工程计价定额〉人工日工资的通知》《关于建设工程人工费实行动态管理的通知》确定的标准,但因上述通知文件对建筑市场人工单价的确定属于政府指导价范畴,是任意性规范而非强制性规范,当该指导价与双方约定的人工费标准不一致时,应当以约定的即辽东湾管委会于2013年8月27日调增的人工费标准为准。

112 审计结果是否影响双方结算的效力?

案件名称:江夏水电工程公司与中恒建设集团有限公司建设工程施工合同纠纷案

审理法院:江西省南昌市中级人民法院

案　　号:(2019)赣01民终225号

裁判观点:中央军委审计署杭州审计中心作出的《工程造价核查结果认定表》是一种内部监督行为,是军队审计机构履行审计监督职能,因军队审计发生的法律关系与本案当事人之间的民事法律关系性质不同,在双方达成结算并已履行完毕的情况下,该审计结果不影响双方结算的效力……

113 因设计变更导致工程量发生变化,工程价款如何结算?

案件名称:武汉中生建工集团有限公司阳新分公司(以下简称中生阳新分公司)与湖北雍和置业发展有限公司(以下简称雍和置业公司)建设工程合同纠纷案

审理法院:湖北省黄石市中级人民法院

案　　号:(2018)鄂02民终1032号

裁判观点:本案雍和置业公司与中生阳新分公司签订的《建设工程承包合同》约定的工程计价方式为固定单价,即本栋楼按图纸的总建筑面积(按国家规定计算总面积),并根据当地市场价每平方米造价为

1220元。根据2004年《建设工程施工合同解释》第十六条(现为《建设工程施工合同解释(一)》第十九条)的规定,"因设计变更导致建设工程的工程量或者质量标准发生变化,当事人对该部分工程价款不能协商一致的,可以参照签订建设工程施工合同时当地建设行政主管部门发布的计价方法或者计价标准结算工程价款"。由于本案是因设计变更引起工程量减少,可以参照该规定通过工程造价鉴定来确定工程款,即工程造价鉴定机构通过对减少部分工程量的造价核定计算出工程款,然后在合同约定的价款中减去减少的工程款,由此得出的价款额就是发包人应给付承包人的工程款,而不是对全部工程造价进行鉴定。

相关规定

《民法典》

第五百一十条　合同生效后,当事人就质量、价款或者报酬、履行地点等内容没有约定或者约定不明确的,可以协议补充;不能达成补充协议的,按照合同相关条款或者交易习惯确定。

第五百一十一条　当事人就有关合同内容约定不明确,依据前条规定仍不能确定的,适用下列规定:

……

(二)价款或者报酬不明确的,按照订立合同时履行地的市场价格履行;依法应当执行政府定价或者政府指导价的,依照规定履行。

……

第五百七十七条　当事人一方不履行合同义务或者履行合同义务不符合约定的,应当承担继续履行、采取补救措施或者赔偿损失等违约责任。

《建筑法》

第十八条　建筑工程造价应当按照国家有关规定,由发包单位与承包单位在合同中约定。公开招标发包的,其造价的约定,须遵守招标投标法律的规定。

……

《建筑工程施工发包与承包计价管理办法》

第三条　建筑工程施工发包与承包价在政府宏观调控下，由市场竞争形成。

工程发承包计价应当遵循公平、合法和诚实信用的原则。

第六条　全部使用国有资金投资或者以国有资金投资为主的建筑工程（以下简称国有资金投资的建筑工程），应当采用工程量清单计价；非国有资金投资的建筑工程，鼓励采用工程量清单计价。

……

第十三条　发承包双方在确定合同价款时，应当考虑市场环境和生产要素价格变化对合同价款的影响。

实行工程量清单计价的建筑工程，鼓励发承包双方采用单价方式确定合同价款。

建设规模较小、技术难度较低、工期较短的建筑工程，发承包双方可以采用总价方式确定合同价款。

紧急抢险、救灾以及施工技术特别复杂的建筑工程，发承包双方可以采用成本加酬金方式确定合同价款。

第十四条　发承包双方应当在合同中约定，发生下列情形时合同价款的调整方法：

……

（三）经批准变更设计的；

（四）发包方更改经审定批准的施工组织设计造成费用增加的；

……

《建设工程价款结算暂行办法》

第三条　本办法所称建设工程价款结算（以下简称"工程价款结算"），是指对建设工程的发承包合同价款进行约定和依据合同约定进行工程预付款、工程进度款、工程竣工价款结算的活动。

第八条　发、承包人在签订合同时对于工程价款的约定，可选用下列一种约定方式：

（一）固定总价。合同工期较短且工程合同总价较低的工程，可以采用固定总价合同方式。

（二）固定单价。双方在合同中约定综合单价包含的风险范围和风险费用的计算方法，在约定的风险范围内综合单价不再调整。风险范围以外的综合单价调整方法，应当在合同中约定。

（三）可调价格。可调价格包括可调综合单价和措施费等，双方应在合同中约定综合单价和措施费的调整方法，调整因素包括：

1. 法律、行政法规和国家有关政策变化影响合同价款；

2. 工程造价管理机构的价格调整；

3. 经批准的设计变更；

4. 发包人更改经审定批准的施工组织设计（修正错误除外）造成费用增加；

5. 双方约定的其他因素。

第十条　工程设计变更价款调整

（一）施工中发生工程变更，承包人按照经发包人认可的变更设计文件，进行变更施工，其中，政府投资项目重大变更，需按基本建设程序报批后方可施工。

（二）在工程设计变更确定后 14 天内，设计变更涉及工程价款调整的，由承包人向发包人提出，经发包人审核同意后调整合同价款。变更合同价款按下列方法进行：

1. 合同中已有适用于变更工程的价格，按合同已有的价格变更合同价款；

2. 合同中只有类似于变更工程的价格，可以参照类似价格变更合同价款；

3. 合同中没有适用或类似于变更工程的价格，由承包人或发包人提出适当的变更价格，经对方确认后执行。如双方不能达成一致的，双方可提请工程所在地工程造价管理机构进行咨询或按合同约定的争议或纠纷解决程序办理。

（三）工程设计变更确定后 14 天内，如承包人未提出变更工程价款报告，则发包人可根据所掌握的资料决定是否调整合同价款和调整的具体金额。重大工程变更涉及工程价款变更报告和确认的时限由发承包双方协商确定。

收到变更工程价款报告一方，应在收到之日起 14 天内予以确认或提出协商意见，自变更工程价款报告送达之日起 14 天内，对方未确认也未提出协商意见时，视为变更工程价款报告已被确认。

确认增（减）的工程变更价款作为追加（减）合同价款与工程进度款同期

支付。

第十一条　工程价款结算应按合同约定办理，合同未作约定或约定不明的，发、承包双方应依照下列规定与文件协商处理：

（一）国家有关法律、法规和规章制度；

（二）国务院建设行政主管部门、省、自治区、直辖市或有关部门发布的工程造价计价标准、计价办法等有关规定；

（三）建设项目的合同、补充协议、变更签证和现场签证，以及经发、承包人认可的其他有效文件；

（四）其他可依据的材料。

《建设工程施工发包与承包价格管理暂行规定》

第六条　工程价格的定价方式。

（一）实行招投标的工程应当通过工程所在地招标投标监督管理机构采用招投标的方式定价。

（二）对于不宜采用招投标的工程，可采用审定施工图预算为基础，甲乙双方商定加工程变更增减价的方式定价。

（三）一般现有房屋装修工程可采用以综合单价为基础商定。

第七条　工程价格的分类。

（一）固定价格。工程价格在实施期间不因价格变化而调整。在工程价格中应考虑价格风险因素并在合同中明确固定价格包括的范围。

（二）可调价格。工程价格在实施期间可随价格变化而调整，调整的范围和方法应在合同条款中约定。

（三）工程成本加酬金确定的价格。工程成本按现行计价依据以合同约定的办法计算，酬金按工程成本乘以通过竞争确定的费率计算，从而确定工程竣工结算价。

第十一条　工程价格的计价方法

招标工程的标底价、投标报价和施工图预算的计价方法可分为：

（一）工料单价单位估价法。单位工程分部分项工程量的单价为直接成本单价，按现行计价定额的人工、材料、机械的消耗量及其预算价格确定。其他直接成本、间接成本、利润(酬金)、税金等按现行计算方法计算。

(二)综合单价单位估价法。单位工程分部分项工程量的单价是全部费用单价,既包括按计价定额和预算价格计算的直接成本,也包括间接成本、利润(酬金)、税金等一切费用。

对于招标工程采用哪种计价方法应在招标文件中明确。

第十二条　工程价格的计价依据

(一)现行预算定额、费用定额是工程价格的计价基础。编制标底价或施工图预算时,可依施工条件作适当调整。按施工图预算加增减价结算的工程,对于确需调整的内容应经甲乙双方协商一致。

(二)省、自治区、直辖市的工程造价管理机构应根据市场价格的变化对人工、材料和施工机械台班单价适时发布价格信息,以适应工程价格计算和价差调整的需要。

(三)对于行之有效的新结构、新材料、新设备、新工艺的定额缺项,工程造价管理机构应及时补充,并将发布的补充定额报送建设部标准定额司备案。

(四)要加强企业定额工作。施工企业应当依据企业自身技术和管理情况,在国家定额的指导下制定本企业定额,以适应投标报价,增强市场竞争能力的要求。

(五)各级工程造价管理机构要注意收集整理有重复使用价值的工程造价资料,分析较常发生的施工措施费、安全措施费和索赔费用的计算方法,研究提出计算标准,供有关单位参考使用。

第十七条　做好工程变更对工程造价增减的调整工作。对于施工过程不可避免的设计变更、现场洽商变更等连同变更价款的计算,应建立保证有关资料完整、及时、合理的制度。变更价款可按下列方法计算:

(一)中标价或审定的施工图预算中已有与变更工程相同的单价,应按已有的单价计算;

(二)中标价或审定的施工图预算中没有与变更工程相同的单价时,应按定额相类似项目确定变更价格;

(三)中标价或审定的施工图预算或定额分项没有适用和类似的单价时,应由乙方编制一次性补充定额单价送甲方代表审定并报当地工程造价管理机构备案。乙方提出和甲方确认变更价款的时间按合同条款约定，如双方对变更价款不能达成协议，则按合同条款约定的办法处理。

《建设工程工程量清单计价规范》

2.0.11　单价合同 unit rate contract

发承包双方约定以工程量清单及其综合单价进行合同价款计算、调整和确认的建设工程施工合同。

2.0.12　总价合同 lump sum contract

发承包双方约定以施工图及其预算和有关条件进行合同价款计算、调整和确认的建设工程施工合同。

2.0.13　成本加酬金合同 cost plus contract

发承包双方约定以施工工程成本再加合同约定酬金进行合同价款计算、调计算、调整和确认的建设工程施工合同。

2.0.16　工程变更 variation order

合同工程实施过程中由发包人提出或由承包人提出经发包人批准的合同工程任何一项工作的增、减、取消或施工工艺、顺序、时间的改变；设计图纸的修改；施工条件的改变；招标工程量清单的错、漏从而引起合同条件的改变或工程量的增减变化。

2.0.44　工程结算 final account

发承包双方根据合同约定，对合同工程在实施中、终止时、已完工后进行的合同价款计算、调整和确认。包括期中结算、终止结算、竣工结算。

3.1　计价方式

3.1.1　使用国有资金投资的建设工程发承包，必须采用工程量清单计价。

3.1.2　非国有资金投资的建设工程，宜采用工程量清单计价。

3.1.3　不采用工程量清单计价的建设工程，应执行本规范除工程量清单等专门性规定外的其他规定。

3.1.4　工程量清单应采用综合单价计价。

3.1.5　措施项目中的安全文明施工费必须按国家或省级、行业建设主管部门的规定计算，不得作为竞争性费用。

3.1.6　规费和税金必须按国家或省级、行业建设主管部门的规定计算，不得作为竞争性费用。

7.1.3　实行工程量清单计价的工程，应采用单价合同；建设规模较小，技术难度较低，工期较短，且施工图设计已审查批准的建设工程可采用总价合同；紧急抢险、救灾以及施工技术特别复杂的建设工程可采用成本加酬金合同。

9.1.1　下列事项（但不限于）发生，发承包双方应当按照合同约定调整合同价款：

……

2　工程变更；

……

9.6.1　合同履行期间，当应予计算的实际工程量与招标工程量清单出现偏差，且符合本规范第9.6.2条、第9.6.3条规定时，发承包双方应调整合同价款。

9.6.2　对于任一招标工程量清单项目，当因本节规定的工程量偏差和第9.3节规定的工程变更等原因导致工程量偏差超过15%时，可进行调整。当工程量增加15%以上时，增加部分的工程量的综合单价应予调低；当工程量减少15%以上时，减少后剩余部分的工程量的综合单价应予调高。

《建设工程定额管理办法》

第三条　本办法所称定额是指在正常施工条件下完成规定计量单位的合格建筑安装工程所消耗的人工、材料、施工机具台班、工期天数及相关费率等的数量基准。

定额是国有资金投资工程编制投资估算、设计概算和最高投标限价的依据，对其他工程仅供参考。

《建设工程施工合同（示范文本）》

第二部分　通用合同条款

10.4.1　变更估价原则

除专用合同条款另有约定外，变更估价按照本款约定处理：

（1）已标价工程量清单或预算书有相同项目的，按照相同项目单价认定；

（2）已标价工程量清单或预算书中无相同项目，但有类似项目的，参照类似

项目的单价认定;

……

12.1 合同价格形式

发包人和承包人应在合同协议书中选择下列一种合同价格形式:

1. 单价合同

单价合同是指合同当事人约定以工程量清单及其综合单价进行合同价格计算、调整和确认的建设工程施工合同,在约定的范围内合同单价不作调整。合同当事人应在专用合同条款中约定综合单价包含的风险范围和风险费用的计算方法,并约定风险范围以外的合同价格的调整方法……

2. 总价合同

总价合同是指合同当事人约定以施工图、已标价工程量清单或预算书及有关条件进行合同价格计算、调整和确认的建设工程施工合同,在约定的范围内合同总价不作调整。合同当事人应在专用合同条款中约定总价包含的风险范围和风险费用的计算方法,并约定风险范围以外的合同价格的调整方法……

3. 其他价格形式

合同当事人可在专用合同条款中约定其他合同价格形式。

《最高人民法院关于建设工程承包合同案件中双方当事人已确认的工程决算价款与审计部门审计的工程决算价款不一致时如何适用法律问题的电话答复意见》

河南省高级人民法院:

你院"关于建设工程承包合同案件中双方当事人已确认的工程决算价款与审计部门审计的工程决算价款不一致时如何适用法律问题的请示"收悉。经研究认为,审计是国家对建设单位的一种行政监督,不影响建设单位与承建单位的合同效力。建设工程承包合同案件应以当事人的约定作为法院判决的依据。只有在合同明确约定以审计结论作为结算依据或者合同约定不明确、合同约定无效的情况下,才能将审计结论作为判决的依据。

第二十条　【工程计量】当事人对工程量有争议的，按照施工过程中形成的签证等书面文件确认。承包人能够证明发包人同意其施工，但未能提供签证文件证明工程量发生的，可以按照当事人提供的其他证据确认实际发生的工程量。

条文精解

本条是关于工程计量的规定。工程计量是指发承包双方根据合同约定，对承包人完成合同工程的数量进行的计算和确认。参照《建设工程施工合同（示范文本）》第二部分通用合同条款第12.3条关于计量的约定，工程量按照合同约定的工程量计算规则、图纸及变更指示等进行计量。单价合同和按月支付的总价合同的计量程序为：(1)承包人应于每月25日向监理人报送上月20日至当月19日已完成的工程量报告，并附具进度付款申请单、已完成工程量报表和有关资料。(2)监理人应在收到承包人提交的工程量报告后7天内完成对承包人提交的工程量报表的审核并报送发包人，以确定当月实际完成的工程量。监理人对工程量有异议的，有权要求承包人进行共同复核或抽样复测。承包人应协助监理人进行复核或抽样复测，并按监理人要求提供补充计量资料。承包人未按监理人要求参加复核或抽样复测的，监理人复核或修正的工程量视为承包人实际完成的工程量。(3)监理人未在收到承包人提交的工程量报表后的7天内完成审核的，承包人报送的工程量报告中的工程量视为承包人实际完成的工程量。另外，依据《建设工程工程量清单计价规范》第8.1.3条的规定，因承包人原因造成的超出合同工程范围施工或返工的工程量，发包人不予计量。

关于按照施工过程中形成的签证等书面文件确认工程量的理解问题。工程量是按照计算规则、图纸及变更指示等进行计量的。一般情况下，承包人按照图纸进行施工，并按照约定程序计量，有争议则由各方当事人共同复核或者复测,争议不会太大。争议大一般均是因为工程变更导致工程量发生变化所致,而工程变更有严格的程序要求,未经发包人同意,承包人和监理人都无权决定。参照《建设工程施工合同(示范文本)》第二部分通用合同条款第10条关于变更的约定,合同履行中涉及下列内容的变更,必须按照约定的程序进行:(1)增加或减少合同中任何工作,或追加额外的工作;(2)取消合同中任何工作,但转由他人实施的工作除外;(3)改变合同中任何工作的质量标准或其他特性;(4)改变工程的基线、标高、位置和尺寸;(5)改变工程的时间安排或实施顺序。工程变更的基本程序是发包人通过监理人向承包人发出变更指示,变更指示应说明变更的工程范围和变更的内容。承包人认为可以执行的,应当说明实施对合同价格和工期的影响,各方确定变更估价后执行变更指示。承包人认为不能执行的,应提出不能执行的理由。发承包各方按照约定的程序进行工程变更,必然会形成关于工程量的签证等书面文件。所以,对工程量有争议的,按照施工过程中形成的签证等书面文件确认实际工程量,既符合合同约定的程序,也有利于督促各方按照规定程序进行工程变更。

关于缺乏签证文件证明工程量,可以按照其他证据确认实际发生工程量的理解问题。签证文件对于认定实际发生的工程量固然重要,但不能因为承包人未能提供签证文件,就直接否定承包人实际发生的工程量,应参照承包人提供的其他证据综合认定实际发生的工程量。关于签证文件,依据《工程造价术语标准》第3.4.8条的规定,签证是指发包人现场代表与承包人现场代表就施工过程中涉及的责任事件所做的签认证明,此处指的签证文件是涉及工程量的签证文件。参照《建设工程施工合同(示范文本)》第二部分通用合同条款第2.2条和第3.2.1条的约定,发包人现场代表是指发包人在合同中明确派驻施工现场,负责处理与发包人有关事宜的人员。承包人现场代表,也称项目经理,是指经承包人授权后代表承包人负责履行合同的人员。无论是发包人现场代表,还是承包人现场代表,都要明确姓名及授权范围等重要事项,其在授权范围内的行为,由发包人或者承包人承担法律责任。超越授权范围所做的签证,一般为无效的签证。在施工过程中形成的补充协议、会议纪要、工程联系单、工程变更单、工程对账签证以及其他往来函件、记录等书面证据,都可以作为认定工程量的证据。另外注意,按照其他证据确认实际发生的工程量的前提是承包人能够证明发包人同意其施工,因为承包人原因造成的超出合同工程范围施工或返工的工程量,依据《建设工程工程量清单计价规范》第8.1.3条的规定,发包人不予计量,即承包人需要同时证明其施工经发包人同意及实际工程量,人民法院才会支持其确认工程量的诉讼请求。

关于瑕疵签证的效力问题。根据签证的定义,应当由发包人现场代表签字,签证才符合形式要求,才具有证明效力。如果是发包人的法定代表人、没有授权的工作人员及监理人单方签字的签证,则属于瑕疵签证,其效力应区分情形进行认定:(1)关于法定代表人签字的签证效力,依据《民法典》第六十一条的规定,法定代表人是法人的负责人,有权代表法人从事民事活动,有权出具签证文件,主体适合,应为有效。(2)关于没有授权的工作人员签字的签证效力,工作人员应在其职权范围内从事工作任务,超越职权范围出具的签证,应为无效,用人单位追认的除外。构成表见代理的,按照表见代理的规定处理。实务案例中,工作人员没有发包人的授权,不是发包人现场代表,但一直在相关签证文件上签字,人民法院会根据出具的签证认定实际发生的工程量。(3)关于监理人单方签字的签证效力,最高人民法院民事审判第一庭编著的《最高人民法院新建设工程施工合同司法解释(一)理解与适用》(人民法院出版社2021年版,第203页)的观点为:监理对技术签证的签认属于其职权范畴,应为有效;但对经济签证的签认没有明确授权的,应当认定为无效。实务案例中,只要是监理人出具的签证文件,即使没有发包人的签章,人民法院也会以该签证属于监理人的职责范围,而且发包人没有相应证据能够推翻监理人出具的签证,从而认定签证的效力,并根据签证认定实际发生的工程量。笔者认为,应根据监理人的职责和权限进行判断,如果在其职责和权限范围内,应当认定有效;如果超越职责和权限范围,则可以结合其他证据综合认定实际发生的工程量。常见的处理方式是承包人出具监理人单方签字的签证后,举证责任转移到发包人,由发包人举证证明监理人与承包人恶意串通,或者举证推翻签证内容。如果发包人举证不能,则应根据签证等相关证据确定实际发生的工程量。恶意串通的典型表现形式是施工完成且监理任务结束后,监理人因为某些特殊原因单方给承包人补签签证,该类签证应当否认其效力。

案例适用

114 建设单位、监理单位没有签章的签证能否作为确认实际工程量的证据?

案件名称:吴某全与重庆市丰都县第一建筑工程公司(以下简称丰都一建公司)、重庆市丰都县福瑞文化传播有限公司(以下简称福瑞公司)、重庆福佑文化发展有限公司(以下简称福佑公司)等建设工程施工合同纠纷案

审理法院:最高人民法院

案　　号:(2019)最高法民再258号

裁判观点:对于71万元的其他工程项,吴某全提交的工程量签证单,建设单位、监理单位、施工单位均未签字盖章。吴某全亦不能举证证明福佑公司、福瑞公司或丰都一建公司对签证单予以确认,其提交的建筑施工图纸、照片等证据亦不足以证明实际发生的工程量。根据2004年《建设工程施工合同解释》第十九条(现为《建设工程施工合同解释(一)》第二十条),"当事人对工程量有争议的,按照施工过程中形成的签证等书面文件确认。承包人能够证明发包人同意其施工,但未能提供签证文件证明工程量发生的,可以按照当事人提供的其他证据确认实际

发生的工程量”的规定,原审未将71万元的其他工程项计入工程价款并无不当。

115 工作人员出具的签证在何种情形下可以作为认定实际工程量的证据?

案件名称:成都香江家园房地产开发有限公司(以下简称香江家园公司)与成都市宏升建筑工程有限公司(以下简称宏升建筑公司)建设工程施工合同纠纷案

审理法院:四川省成都市中级人民法院

案　　号:(2021)川01民终7102号

裁判观点:关于争议的907,400.6元工程价款是否应当计入宏升建筑公司应得工程款的问题,实际是有金某签名的签证单能否作为确认合同外增加工程款依据的问题。根据本案查明的事实,金某当时确系香江家园公司员工,虽然案涉工程合同约定的香江家园公司项目联系人和现场管理代表为何某文,但金某和何某文在接受宏升建筑公司委托诉讼代理人调查时均陈述签证单是由金某负责。而且宏升建筑公司提供的《技术、经济签证核定单》除金某作为“建设单位现场代表”签名外,还有监理工程师刘某端的签名并加盖其监理工程师印章,也能够证明《技术、经济签证核定单》载明内容的客观真实性,一审判决认定该部分应当计入宏升建筑公司的工程价款并无不当,本院予以维持。

116 监理人单方出具的签证能否作为认定实际工程量的证据?

案件名称:新疆谦和建设工程有限责任公司与喀什深圳产业园展示中心投资有限公司建设工程施工合同纠纷案

审理法院:新疆维吾尔自治区喀什地区中级人民法院

案　　号:(2022)新31民终148号

裁判观点:关于4#展厅变更拆除部分价款198,396.68元应否计入新疆谦和建设工程有限责任公司的工程价款有无事实和法律依据的问题。经查,上诉人新疆谦和建设工程有限责任公司在原审提交的《深圳产业园展示中心4#展厅变更撤除部分》上有监理单位代表签字并加盖监理单位公章及施工单位的公章。根据《建设工程监理工作规范》,监理单位代表工程建设方对建设工程的质量、造价、进度等进行控制管理。审查处理工程洽商变更,亦在监理单位职责范围内。建设单位与承包单位之间就工程建设有关的联系活动,一般通过监理单位进行,签署工程计量凭证。该清单虽无建设方签字,但建设单位没有提供充分证据推翻监理已签字确认的施工内容。故该4#展厅变更拆除部分价款198,396.68元应计入新疆谦和建设工程有限责任公司的工程价款。

117　明确约定工程变更签证须由发包人决定,监理人单方出具但发包人没有证据推翻的签证能否采信?

案件名称:怀化宏宇房地产开发有限公司(以下简称宏宇公司)与浙江万达建设集团有限公司、陈某勇建设工程施工合同纠纷案

审理法院:最高人民法院

案　　号:(2019)最高法民终1517号

裁判观点:本案中,经查,该部分签证单经监理签字,可以证明工程量已经发生。且宏宇公司未提交证据证明签证单所载内容与实际施工不符。同时,《施工合同》专用条款第5.2条虽约定"需要取得发包人批准才能行使的职权:工程量等工程变更的联系单……"但宏宇公司并未提供有效证据证明异议签证单所载内容属于该条款约定事项。鉴定机构出具鉴定征求意见稿之后,一审法院多次要求陈某勇就其提出的该部分异议予以汇总,并详细说明异议联系单的具体情况、明确工程量是否实际发生并提交相应证明材料,但其均未回应法庭要求。故在工程量实际发生且无证据表明监理单位与施工单位存在违反监理程序行为的情形下,鉴定机构根据相关签证单作出相应的造价评估,一审法院予以采信,并无不当。

118　监理人事后单方补签的签证能否作为确认实际工程量的证据?

案件名称:重庆市渝万建设集团有限公司(以下简称渝万公司)与

班玛县交通和住房城乡建设局(以下简称班玛县交通局)建设工程施工合同纠纷案

审理法院:最高人民法院

案　　号:(2018)最高法民申5641号

裁判观点:渝万公司提交的《变更申请》《变更审批表》《变更设计申请单》等工程变更签证资料,原审法院已经查明是监理公司于施工完成后补签,且没有发包人班玛县交通局签字盖章确认,亦没有设计单位的签字认可。《公路工程施工监理办法》第十四条规定:"监理工程师的职责权限与义务应在建设单位和施工单位签订的施工合同文件以及建设单位和监理单位签订的监理服务合同中明确。"可见,监理公司独立审核批准合同外项目施工,必须有建设单位授权。本案中,渝万公司并没有提交证据证明监理公司获得了班玛县交通局关于独立审核批准项目变更部分产生的合同外项目施工的授权,监理公司的事后单方确认不能等同于发包人班玛县交通局的确认。工程施工过程中,施工单位应对合同外项目及时办理工程变更签证,否则发生争议,责任应由承包人自负。本案中,渝万公司并未因公路设计标准的变化与班玛县交通局订立新合同,在合同实际履行中,亦未就合同外项目的施工及时进行签证。原判决在其提交证据不足的情况下,判决驳回其该项诉求,还出于尊重本案事实和考虑渝万公司的实际情况,让当事人可以自行另行审核处理,并不存在法律适用错误的问题。

119　会议纪要能否作为确认实际工程量的证据?

案件名称:北京中关村开发建设股份有限公司与湖南潭衡高速公路开发有限公司(以下简称潭衡公司)等建设工程施工合同纠纷案

审理法院:最高人民法院

案　　号:(2019)最高法民终1401号

裁判观点:该部分签证单的签证程序虽然不完善,但是会议纪要有建设方、监理方和施工方的签字,可以证实该施工工程量确实发生,原审法院对此予以认定并无不当，本院予以维持。潭衡公司关于签证单未经潭衡公司签字确认，该部分费用不应计入工程款的主张，本院不予支持。

120　工程联系单能否作为发包人同意施工的证据？

案件名称：山湖建设集团有限公司与新疆绿城市政园林有限公司建设工程施工合同纠纷案

审理法院：新疆维吾尔自治区高级人民法院

案　　号：(2022)新民终138号

裁判观点：鉴定意见书确定的变更、增加、漏项部分均依据业主、业主指挥部、监理单位、施工单位签字盖章的工程联系单计入，能够证明发包人同意其施工，故应当按照实际施工的工程量计算工程款。一审法院采信鉴定意见书确定的变更、增加、漏项部分工程造价并无不当，本院予以维持。

相关规定

《建设工程工程量清单计价规范》

2　术语

2.0.24　现场签证 site instruction

发包人现场代表(或其授权的监理人、工程造价咨询人)与承包人现场代表就施工过程中涉及的责任事件所作的签认证明。

2.0.43　工程计量 measurement of quantities

发承包双方根据合同约定，对承包人完成合同工程的数量进行的计算和确认。

8　工程计量

8.1　一般规定

8.1.3　因承包人原因造成的超出合同工程范围施工或返工的工程量，发包人不予计量。

8.1.4　成本加酬金合同应按本规范第8.2节的规定计量。

8.2 单价合同的计量

8.2.3 承包人应当按照合同约定的计量周期和时间向发包人提交当期已完工程量报告。发包人应在收到报告后7天内核实，并将核实计量结果通知承包人。发包人未在约定时间内进行核实的，承包人提交的计量报告中所列的工程量应视为承包人实际完成的工程量。

8.2.4 发包人认为需要进行现场计量核实时，应在计量前24小时通知承包人，承包人应为计量提供便利条件并派人参加。当双方均同意核实结果时，双方应在上述记录上签字确认。承包人收到通知后不派人参加计量，视为认可发包人的计量核实结果。发包人不按照约定时间通知承包人，致使承包人未能派人参加计量，计量核实结果无效。

8.2.5 当承包人认为发包人核实后的计量结果有误时，应在收到计量结果通知后的7天内向发包人提出书面意见，并应附上其认为正确的计量结果和详细的计算资料。发包人收到书面意见后，应在7天内对承包人的计量结果进行复核后通知承包人。承包人对复核计量结果仍有异议的，按照合同约定的争议解决办法处理。

8.2.6 承包人完成已标价工程量清单中每个项目的工程量并经发包人核实无误后，发承包双方应对每个项目的历次计量报表进行汇总，以核实最终结算工程量，并应在汇总表上签字确认。

8.3 总价合同的计量

8.3.1 采用工程量清单方式招标形成的总价合同，其工程量应按照本规范第8.2节的规定计算。

8.3.2 采用经审定批准的施工图纸及其预算方式发包形成的总价合同，除按照工程变更规定的工程量增减外，总价合同各项目的工程量应为承包人用于结算的最终工程量。

8.3.3 总价合同约定的项目计量应以合同工程经审定批准的施工图纸为依据，发承包双方应在合同中约定工程计量的形象目标或时间节点进行计量。

8.3.4 承包人应在合同约定的每个计量周期内对已完成的工程进行计量，并向发包人提交达到工程形象目标完成的工程量和有关计量资料的报告。

8.3.5 发包人应在收到报告后7天内对承包人提交的上述资料进行复核，

以确定实际完成的工程量和工程形象目标。对其有异议的,应通知承包人进行共同复核。

《建设工程价款结算暂行办法》

第十三条　工程进度款结算与支付应当符合下列规定:

……

(二)工程量计算

1. 承包人应当按照合同约定的方法和时间,向发包人提交已完工程量的报告。发包人接到报告后14天内核实已完工程量,并在核实前1天通知承包人,承包人应提供条件并派人参加核实,承包人收到通知后不参加核实,以发包人核实的工程量作为工程价款支付的依据。发包人不按约定时间通知承包人,致使承包人未能参加核实,核实结果无效。

2. 发包人收到承包人报告后14天内未核实完工程量,从第15天起,承包人报告的工程量即视为被确认,作为工程价款支付的依据,双方合同另有约定的,按合同执行。

3. 对承包人超出设计图纸(含设计变更)范围和因承包人原因造成返工的工程量,发包人不予计量。

……

《建设工程施工合同(示范文本)》

第二部分　通用合同条款

2.2　发包人代表

发包人应在专用合同条款中明确其派驻施工现场的发包人代表的姓名、职务、联系方式及授权范围等事项。发包人代表在发包人的授权范围内,负责处理合同履行过程中与发包人有关的具体事宜。发包人代表在授权范围内的行为由发包人承担法律责任。发包人更换发包人代表的,应提前7天书面通知承包人。

……

3.2　项目经理

3.2.1　项目经理应为合同当事人所确认的人选,并在专用合同条款中明确项目经理的姓名、职称、注册执业证书编号、联系方式及授权范围等事项,项目经理经承包人授权后代表承包人负责履行合同。项目经理应是承包人正式聘用的员工，承包人应向发包人提交项目经理与承包人之间的劳动合同，以及承包人为项目经理缴纳社会保险的有效证明。承包人不提交上述文件的，项目经理无权履行职责，发包人有权要求更换项目经理，由此增加的费用和(或)延误的工期由承包人承担。

……

4.1　监理人的一般规定

工程实行监理的，发包人和承包人应在专用合同条款中明确监理人的监理内容及监理权限等事项。监理人应当根据发包人授权及法律规定，代表发包人对工程施工相关事项进行检查、查验、审核、验收，并签发相关指示，但监理人无权修改合同，且无权减轻或免除合同约定的承包人的任何责任与义务。

……

10. 变更

10.1　变更的范围

除专用合同条款另有约定外，合同履行过程中发生以下情形的，应按照本条约定进行变更：

(1)增加或减少合同中任何工作，或追加额外的工作；

(2)取消合同中任何工作，但转由他人实施的工作除外；

(3)改变合同中任何工作的质量标准或其他特性；

(4)改变工程的基线、标高、位置和尺寸；

(5)改变工程的时间安排或实施顺序。

10.2　变更权

发包人和监理人均可以提出变更。变更指示均通过监理人发出，监理人发出变更指示前应征得发包人同意。承包人收到经发包人签认的变更指示后，方可实施变更。未经许可，承包人不得擅自对工程的任何部分进行变更。

涉及设计变更的，应由设计人提供变更后的图纸和说明。如变更超过原设计标准或批准的建设规模时，发包人应及时办理规划、设计变更等审批手续。

10.3　变更程序

10.3.1　发包人提出变更

发包人提出变更的，应通过监理人向承包人发出变更指示，变更指示应说明计划变更的工程范围和变更的内容。

10.3.2　监理人提出变更建议

监理人提出变更建议的，需要向发包人以书面形式提出变更计划，说明计划变更工程范围和变更的内容、理由，以及实施该变更对合同价格和工期的影响。发包人同意变更的，由监理人向承包人发出变更指示。发包人不同意变更的，监理人无权擅自发出变更指示。

10.3.3　变更执行

承包人收到监理人下达的变更指示后，认为不能执行，应立即提出不能执行该变更指示的理由。承包人认为可以执行变更的，应当书面说明实施该变更指示对合同价格和工期的影响，且合同当事人应当按照第 10.4 款〔变更估价〕约定确定变更估价。

……

10.5　承包人的合理化建议

承包人提出合理化建议的，应向监理人提交合理化建议说明，说明建议的内容和理由，以及实施该建议对合同价格和工期的影响。

除专用合同条款另有约定外，监理人应在收到承包人提交的合理化建议后 7 天内审查完毕并报送发包人，发现其中存在技术上的缺陷，应通知承包人修改。发包人应在收到监理人报送的合理化建议后 7 天内审批完毕。合理化建议经发包人批准的，监理人应及时发出变更指示，由此引起的合同价格调整按照第 10.4 款〔变更估价〕约定执行。发包人不同意变更的，监理人应书面通知承包人。

……

12.3　计量

12.3.1　计量原则

工程量计量按照合同约定的工程量计算规则、图纸及变更指示等进行计量。工程量计算规则应以相关的国家标准、行业标准等为依据，由合同当事人在专用合同条款中约定。

12.3.2　计量周期

除专用合同条款另有约定外,工程量的计量按月进行。

12.3.3　单价合同的计量

除专用合同条款另有约定外,单价合同的计量按照本项约定执行:

(1)承包人应于每月25日向监理人报送上月20日至当月19日已完成的工程量报告,并附具进度付款申请单、已完成工程量报表和有关资料。

(2)监理人应在收到承包人提交的工程量报告后7天内完成对承包人提交的工程量报表的审核并报送发包人,以确定当月实际完成的工程量。监理人对工程量有异议的,有权要求承包人进行共同复核或抽样复测。承包人应协助监理人进行复核或抽样复测,并按监理人要求提供补充计量资料。承包人未按监理人要求参加复核或抽样复测的,监理人复核或修正的工程量视为承包人实际完成的工程量。

(3)监理人未在收到承包人提交的工程量报表后的7天内完成审核的,承包人报送的工程量报告中的工程量视为承包人实际完成的工程量,据此计算工程价款。

12.3.4　总价合同的计量

除专用合同条款另有约定外,按月计量支付的总价合同,按照本项约定执行:

(1)承包人应于每月25日向监理人报送上月20日至当月19日已完成的工程量报告,并附具进度付款申请单、已完成工程量报表和有关资料。

(2)监理人应在收到承包人提交的工程量报告后7天内完成对承包人提交的工程量报表的审核并报送发包人,以确定当月实际完成的工程量。监理人对工程量有异议的,有权要求承包人进行共同复核或抽样复测。承包人应协助监理人进行复核或抽样复测并按监理人要求提供补充计量资料。承包人未按监理人要求参加复核或抽样复测的,监理人审核或修正的工程量视为承包人实际完成的工程量。

(3)监理人未在收到承包人提交的工程量报表后的7天内完成复核的,承包人提交的工程量报告中的工程量视为承包人实际完成的工程量。

12.3.5　总价合同采用支付分解表计量支付的,可以按照第12.3.4项〔总价合同的计量〕约定进行计量，但合同价款按照支付分解表进行支付。

12.3.6　其他价格形式合同的计量

合同当事人可在专用合同条款中约定其他价格形式合同的计量方式和程序。

《建设工程监理规范》

1.0.3　实施建设工程监理前，建设单位必须委托具有相应资质的工程监理单位，并以书面形式与工程监理单位订立建设工程监理合同，合同中应包括监理工作的范围、内容、服务期限和酬金，以及双方的义务、违约责任等相关条款。

在订立建设工程监理合同时，建设单位将勘察、设计、保修阶段等相关服务一并委托的，应在合同中明确相关服务的工作范围、内容、服务期限和酬金等相关条款。

1.0.4　工程开工前，建设单位应将工程监理单位的名称，监理的范围、内容和权限及总监理工程师的姓名书面通知施工单位。

2.0.2　建设工程监理 Construction project management

工程监理单位受建设单位委托，根据法律法规、工程建设标准、勘察设计文件及合同，在施工阶段对建设工程质量、进度、造价进行控制，对合同、信息进行管理，对工程建设相关方的关系进行协调，并履行建设工程安全生产管理法定职责的服务活动。

《建筑工程施工发包与承包计价管理办法》

第十六条　承包方应当按照合同约定向发包方提交已完成工程量报告。发包方收到工程量报告后，应当按照合同约定及时核对并确认。

《工程造价术语标准》

3.4.3　工程计量 Measurement of Quantities

发承包双方根据合同约定，对承包人完成合同工程的数量进行的计算和确认。

3.4.8　现场签证 Site Instruction

发包人现场代表(或其授权的监理人、工程造价咨询人)与承包人现场代表就施工过程中涉及的责任事件所做的签认证明。

第二十一条　【默示结算】当事人约定，发包人收到竣工结算文件后，在约定期限内不予答复，视为认可竣工结算文件的，按照约定处理。承包人请求按照竣工结算文件结算工程价款的，人民法院应予支持。

条文精解

本条是关于默示结算的规定。在约定期限内不予答复，视为认可竣工结算文件，其目的是防止发包人拖延结算，损害承包人的合法权益。本条可以从默示或者附生效条件的民事法律行为的角度进行理解：(1)从默示的角度进行理解，《民法典》第一百四十条规定，行为人可以明示或者默示作出意思表示，发包人未在约定的期限内回复承包人提交的竣工结算文件的，视为默认承包人提交的竣工结算文件，承包人可以请求按照提交的竣工结算文件进行结算。(2)从附生效条件的民事法律行为的角度进行理解，《民法典》第一百五十八条规定，民事法律行为可以附生效条件，自条件成就时生效，当事人可以约定如果发包人未在约定的期限内回复承包人提交的竣工结算文件，承包人可以按照其提交的竣工结算文件进行结算，发包人逾期回复就是承包人按照其提交的竣工结算文件进行结算的生效条件。《建设工程价款结算暂行办法》第十四条和《建筑工程施工发包与承包计价管理办法》第十八条也有相关的规定，但上述规定为部门规章，属于管理性规定，不是强制性规定，承包人不能依据部门规章直接请求按照其提交的竣工结算文件进行结算，更深层面的原因第三段再进行分析。

关于当事人约定不予答复视为认可竣工结算文件的理解问题。当事人约定，发包人收到竣工结算文件后，在约定期限内不予答复，视为认可竣工结算文件的，按照约定处理。当事人之间的“约定”，有两点需要注意：(1)必须有关于发包人未在约定的期限内回复承包人提交的竣工结算文件视为认可承包人提交的竣工结算文件的约定。如果没有约定或者约定不明确,则不能适用本条规定。比如仅约定发包人应于规定的期限内回复或者进行审计等,但没有约定不回复视为认可,则不能适用本条的规定。比如仅约定发包人应及时回复,但没有约定回复的具体期限,也不能当然地适用本条的规定。(2)当事人的约定必须是在专用合同条款或者其他补充协议中,不能直接引用《建设工程施工合同(示范文本)》的通用合同条款。《最高人民法院关于如何理解和适用〈最高人民法院关于审理建设工程施工合同纠纷案件适用法律问题的解释〉第二十条的复函》指出,建设工程施工合同格式文本中的通用条款,不能简单地推论出,双方当事人具有发包人收到竣工结算文件一定期限内不予答复,则视为认可承包人提交的竣工结算文件的一致意思表示,承包人提交的竣工结算文件不能作为工程款结算的依据。当事人应在专用合同条款或者其他补充协议进行明确约定,不能直接引用通用合同条款。当然,如果在专用合同条款或者其他补充协议中明确约定适用通用合同条款关于逾期回复视为认可的除外。

关于承包人能否以部门规章作为适用默示结算规则依据的问题。《建设工程价款结算暂行办法》第十六条第一款规定,发包人收到竣工结算报告及完整的结算资料后,在本办法规定或合同约定期限内,对结算报告及资料没有提出意见,则视同认可。《建筑工程施工发包与承包计价管理办法》第十八条规定,逾期未答复的,按照合同约定处理,合同没有约定的,竣工结算文件视为已被认可。笔者认为,承包人不能仅依据上述规定,请求按照竣工结算文件进行结算,原因如下:(1)上述规定仅为部门规章,属于管理性规定,不是强制性规定,当事人没有明确约定引用的情形下,不能直接适用。(2)本条已经明确规定在当事人有约定的情形下,按照竣工结算文件进行结算,言外之意是当事人没有约定的情形下,承包人请求按照竣工结算文件结算工程价款不应当支持。(3)《最高人民法院关于如何理解和适用〈最高人民法院关于审理建设工程施工合同纠纷案件适用法律问题的解释〉第二十条的复函》已经明确指出通用合同条款不能作为承包人请求按照竣工结算文件进行结算的依据,应另行进行明确约定。上述部门规章属于通用性的规定,并非当事人的约定,承包人依据通用性的部门规章的规定要求按照竣工结算文件进行结算违反上述复函的规定。当然,当事人在专用合同条款或者补充协议中明确约定引用上述部门规章的规定除外。(4)竣工结算文件一般是承包人单方制作,存在为其利益虚报工程价款的可能。而且审核竣工结算文件需要专业的知识,甚至需要委托工程造价咨询企业进行。如果在没有约定的情形下,一律以发包人未按照上述部门规章的规定期限回复,视为认可承包人的竣工结算文件,势必对发包人造成不公,损害发包人的合法权益。综上,承包人不能直接依据上述部门规章的规定请求按照竣工结算文件进行工程价款结算,按照竣工结算文件进行结算应当有明确的约定。

适用本条,应注意以下几点:(1)承包人应当承担已经向发包人提交竣工结算文件的举证责任,否则不能适用本条的规定。发包人如果主张已经回复承包人,也应当举证证明,否则要承担举证不能的不利后果。(2)发包人的回复可以是对工程价款的意见,也可以是对工程质量的意见,还可以是对付款条件的意见等,只要是对承包人提交的竣工结算文件审查作出的意见,都可以排除本条的适用。(3)如果施工合同无效,发包人逾期回复视为认可的约定也无效,工程价款的结算应当依据《民法典》第七百九十三条的规定进行处理,即验收合格,可以参照合同关于工程价款的约定折价补偿承包人,不能扩大到本条的适用。

案例适用

121　约定逾期审核视为默认结算报告,逾期审核,是否属于默认结算报告?

案件名称:潍坊名嘉城市广场置业有限公司(以下简称名嘉公司)

与中国核工业二三建设有限公司(以下简称中核公司)建设工程施工合同纠纷案

审理法院:最高人民法院

案　　号:(2017)最高法民终159号

裁判观点:名嘉公司与中核公司在……《补充协议》中第四条约定"乙方(中核公司)须尽快提供前期已完成工程量的完整资料及结算报告。甲方(名嘉公司)在收到乙方的结算报告后60天内给予审核完成,逾期视为默认"。该条约定应视为双方对案涉工程结算方式的合意。根据该条约定,中核公司承担提供前期已完成工程量的完整资料及结算报告的义务,名嘉公司承担在收到结算报告后60天内进行核实,给予确认或提出修改意见。在履行过程中,名嘉公司在收到两组结算报告后60天内未就结算报告的审核结论向中核公司予以书面答复。2004年《建设工程施工合同解释》第二十条(现为《建设工程施工合同解释(一)》第二十一条)规定,"当事人约定,发包人收到竣工结算文件后,在约定期间不予答复,视为认可竣工结算文件的,按照约定处理。承包人请求按照竣工结算文件结算工程价款的,应予支持"。依据此规定,结合双方在《补充协议》中的约定及名嘉公司未依约履行审核义务的事实,原审判决将中核公司提供的结算报告作为案涉工程的工程款结算依据,理据充分。

122　仅约定审核期限,未约定后果,可否适用默示结算规则?

案件名称:陕西环迪建设工程有限公司(以下简称环迪公司)与吉林省银晟房地产开发有限责任公司(以下简称银晟公司)建设工程施工合同纠纷案

审理法院:最高人民法院

案　　号:(2019)最高法民申6061号

裁判观点:2004年《建设工程施工合同解释》第二十条(现为《建设工程施工合同解释(一)》第二十一条)规定,"当事人约定,发包人收到竣工结算文件后,在约定期限内不予答复,视为认可竣工结算文件的,按照约定处理。承包人请求按照竣工结算文件结算工程价款的，应予支持”。据此可知，在当事人明确约定发包人逾期对竣工结算文件未作出答复则视为发包人认可竣工结算文件的情况下，发包人逾期未对竣工结算文件作出回复时，承包人可按照竣工结算文件结算工程价款。本案中，案涉《施工协议书》第七条关于“工程决算”约定“承包人在工程竣工验收合格送审至发包人，发包人在收到承包人提交的决算书90天内审核完毕（逾期承包方可不提交竣工资料直至审核完毕），并支付相应工程款”。据此，双方当事人虽约定银晟公司审核竣工结算文件的期限为90天，但并未约定银晟公司逾期未予答复时视为认可竣工结算文件。环迪公司以银晟公司未在90天内对《工程预算书》《工程结算书》回复意见，视为银晟公司认可《工程预算书》《工程结算书》的主张，与合同约定及上述司法解释的约定不符。

123　通用合同条款能否作为默示结算规则的依据？

案件名称：陕西建工第十建设集团有限公司（以下简称十建公司）与西安雅致集成建筑有限公司（以下简称雅致公司）建设工程施工合同纠纷案

审理法院：最高人民法院

案　　号：（2020）最高法民申2786号

裁判观点：本案《建设工程施工合同》通用条款第37.6条约定“发包人收到竣工结算报告及结算资料后在本条规定期限内对结算报告及结算资料没有提出意见则视为认可”，合同专用条款未作相应约定。此种情形下，原判决综合全案事实，参照《最高人民法院民事审判庭关于发包人收到承包人竣工结算文件后，在约定期限内不予答复，是否视为认可竣工结算文件的复函》，认定不宜以通用条款简单推论雅致公司认可十建公司结算意见，进而按照专用条款约定的结算程序和方式，准许雅致公司工程造价鉴定申请，并依据鉴定意见确定工程造价，具有事实和法律依据，并无不当。

124　部门规章能否作为默示结算规则的依据?

案件名称:马某尧、王某定与禹州市水利局建设工程施工合同纠纷案

审理法院:河南省高级人民法院

案　　号:(2021)豫民申3767号

裁判观点:马某尧、王某定主张根据《建设工程价款结算暂行办法》第十六条的规定,禹州市水利局对马某尧、王某定提交的建设工程结算书未进行答复,应视为认可结算书。但《建设工程价款结算暂行办法》仅为部门规章,根据2004年《建设工程施工合同解释》第二十条(现为《建设工程施工合同解释(一)》第二十一条)的规定,"当事人约定,发包人收到竣工结算文件后,在约定期限内不予答复,视为认可竣工结算文件的,按照约定处理。承包人请求按照竣工结算文件结算工程价款的,应予支持"。另,《最高人民法院民事审判庭关于发包人收到承包人竣工结算文件后,在约定期限内不予答复,是否视为认可竣工结算文件的复函》规定:"适用2004年《建设工程施工合同解释》第二十条的前提条件是当事人之间约定了发包人收到竣工结算文件后,在约定期限内不予答复,则视为认可竣工结算文件。承包人提交的竣工结算文件可以作为工程款结算的依据。原建设部制定的建设工程施工合同格式文本中的通用条款第33条第3款的规定,不能简单地推论出,双方当事人具有发包人收到竣工结算文件一定期限内不予答复,则视为认可承包人提交的竣工结算文件的一致意思表示,承包人提交的竣工结算文件不能作为工程款结算的依据。"以上司法解释明确规定了"默示结算条款"的适用前提条件是当事人之间在专用条款中进行明确的约定。本案中,马某尧、王某定未提交充分证据证明其与禹州市水利局明确约定了"默示结算条款",根据"谁主张,谁举证"的原则,一、二审法院多次向马某尧、王某定释明需对案涉增加工程量进行鉴定,但马某尧、王某定不同意鉴定,生效判决未支持马某尧、王某定的相关诉讼请求并为其保留了诉权符合证据

规则，并无不当。

125　默示结算规则能否扩大适用到无效合同？

案件名称：武汉康恒房地产开发有限公司（以下简称康恒公司）与湖北长安建筑股份有限公司（以下简称长安公司）建设工程施工合同纠纷案

审理法院：最高人民法院

案　　号：（2016）最高法民终518号

裁判观点：涉案合同无效，康恒公司未在合同约定的期限内对长安公司提交的结算资料完成审核工作即视为认可的约定，亦不具有拘束力。原审法院本应根据2004年《建设工程施工合同解释》第二条“建设工程施工合同无效，但建设工程经竣工验收合格，承包人请求参照合同约定支付工程价款的，应予支持”之规定，按照合同约定的计价标准和计价方法，对涉案工程价款作出审查与认定，却依据2004年《建设工程施工合同解释》第二十条（现为《建设工程施工合同解释（一）》第二十一条）“当事人约定，发包人收到竣工结算文件后，在约定期限内不予答复，视为认可竣工结算文件的，按照约定处理。承包人请求按照竣工结算文件结算工程价款的，应予支持”的规定，直接采信长安公司单方制作的未经质证的《工程竣工结算书》作为认定涉案工程造价的依据，主要事实认定不清，适用法律亦有不当。

相关规定

《民法典》

第一百四十条　行为人可以明示或者默示作出意思表示。

……

第一百五十八条　民事法律行为可以附条件，但是根据其性质不得附条件的除外。附生效条件的民事法律行为，自条件成就时生效。附解除条件的民事法律行为，自条件成就时失效。

《建设工程价款结算暂行办法》

第十四条　工程完工后，双方应按照约定的合同价款及合同价款调整内容以及索赔事项，进行工程竣工结算。

（一）工程竣工结算方式

工程竣工结算分为单位工程竣工结算、单项工程竣工结算和建设项目竣工总结算。

（二）工程竣工结算编审

1. 单位工程竣工结算由承包人编制，发包人审查；实行总承包的工程，由具体承包人编制，在总包人审查的基础上，发包人审查。

2. 单项工程竣工结算或建设项目竣工总结算由总（承）包人编制，发包人可直接进行审查，也可以委托具有相应资质的工程造价咨询机构进行审查。政府投资项目，由同级财政部门审查。单项工程竣工结算或建设项目竣工总结算经发、承包人签字盖章后有效。

承包人应在合同约定期限内完成项目竣工结算编制工作，未在规定期限内完成的并且提不出正当理由延期的，责任自负。

（三）工程竣工结算审查期限

单项工程竣工后，承包人应在提交竣工验收报告的同时，向发包人递交竣工结算报告及完整的结算资料，发包人应按以下规定时限进行核对（审查）并提出审查意见。

	工程竣工结算报告金额	审查时间
1	500 万元以下	从接到竣工结算报告和完整的竣工结算资料之日起 20 天
2	500 万元－2000 万元	从接到竣工结算报告和完整的竣工结算资料之日起 30 天
3	2000 万元－5000 万元	从接到竣工结算报告和完整的竣工结算资料之日起 45 天
4	5000 万元以上	从接到竣工结算报告和完整的竣工结算资料之日起 60 天

建设项目竣工总结算在最后一个单项工程竣工结算审查确认后15天内汇总，送发包人后30天内审查完成。

（四）工程竣工价款结算

发包人收到承包人递交的竣工结算报告及完整的结算资料后，应按本办法规定的期限（合同约定有期限的，从其约定）进行核实，给予确认或者提出修改意见。发包人根据确认的竣工结算报告向承包人支付工程竣工结算价款，保留5%左右的质量保证（保修）金，待工程交付使用一年质保期到期后清算（合同另有约定的，从其约定），质保期内如有返修，发生费用应在质量保证（保修）金内扣除。

……

第十六条　发包人收到竣工结算报告及完整的结算资料后，在本办法规定或合同约定期限内，对结算报告及资料没有提出意见，则视同认可。

承包人如未在规定时间内提供完整的工程竣工结算资料，经发包人催促后14天内仍未提供或没有明确答复，发包人有权根据已有资料进行审查，责任由承包人自负。

根据确认的竣工结算报告，承包人向发包人申请支付工程竣工结算款。发包人应在收到申请后15天内支付结算款，到期没有支付的应承担违约责任。承包人可以催告发包人支付结算价款，如达成延期支付协议，承包人应按同期银行贷款利率支付拖欠工程价款的利息。如未达成延期支付协议，承包人可以与发包人协商将该工程折价，或申请人民法院将该工程依法拍卖，承包人就该工程折价或者拍卖的价款优先受偿。

《建筑工程施工发包与承包计价管理办法》

第十八条　工程完工后，应当按照下列规定进行竣工结算：

（一）承包方应当在工程完工后的约定期限内提交竣工结算文件。

（二）国有资金投资建筑工程的发包方，应当委托具有相应资质的工程造价咨询企业对竣工结算文件进行审核，并在收到竣工结算文件后的约定期限内向承包方提出由工程造价咨询企业出具的竣工结算文件审核意见；逾期未答复的，按照合同约定处理，合同没有约定的，竣工结算文件视为已被认可。

非国有资金投资的建筑工程发包方，应当在收到竣工结算文件后的约定期限内予以答复,逾期未答复的,按照合同约定处理,合同没有约定的,竣工结算文件视为已被认可;发包方对竣工结算文件有异议的,应当在答复期内向承包方提出,并可以在提出异议之日起的约定期限内与承包方协商;发包方在协商期内未与承包方协商或者经协商未能与承包方达成协议的,应当委托工程造价咨询企业进行竣工结算审核,并在协商期满后的约定期限内向承包方提出由工程造价咨询企业出具的竣工结算文件审核意见。

(三)承包方对发包方提出的工程造价咨询企业竣工结算审核意见有异议的,在接到该审核意见后一个月内,可以向有关工程造价管理机构或者有关行业组织申请调解,调解不成的,可以依法申请仲裁或者向人民法院提起诉讼。

发承包双方在合同中对本条第(一)项、第(二)项的期限没有明确约定的,应当按照国家有关规定执行;国家没有规定的,可认为其约定期限均为28日。

《建设工程施工合同(示范文本)》

第二部分　通用合同条款

14. 竣工结算

14.1　竣工结算申请

除专用合同条款另有约定外,承包人应在工程竣工验收合格后28天内向发包人和监理人提交竣工结算申请单,并提交完整的结算资料,有关竣工结算申请单的资料清单和份数等要求由合同当事人在专用合同条款中约定。

除专用合同条款另有约定外,竣工结算申请单应包括以下内容:

(1)竣工结算合同价格;

(2)发包人已支付承包人的款项;

(3)应扣留的质量保证金。已缴纳履约保证金的或提供其他工程质量担保方式的除外;

(4)发包人应支付承包人的合同价款。

14.2　竣工结算审核

(1)除专用合同条款另有约定外,监理人应在收到竣工结算申请单后14天内完成核查并报送发包人。发包人应在收到监理人提交的经审核的竣工结算申请单后14天内完成审批,并由监理人向承包人签发经发包人签认的竣工付款证书。监理人或发包人对竣工结算申请单有异议的，有权要求承包人进行修正和提供补充资料，承包人应提交修正后的竣工结算申请单。

发包人在收到承包人提交竣工结算申请书后28天内未完成审批且未提出异议的，视为发包人认可承包人提交的竣工结算申请单，并自发包人收到承包人提交的竣工结算申请单后第29天起视为已签发竣工付款证书。

（2）除专用合同条款另有约定外，发包人应在签发竣工付款证书后的14天内，完成对承包人的竣工付款。发包人逾期支付的，按照中国人民银行发布的同期同类贷款基准利率支付违约金；逾期支付超过56天的，按照中国人民银行发布的同期同类贷款基准利率的两倍支付违约金。

（3）承包人对发包人签认的竣工付款证书有异议的，对于有异议部分应在收到发包人签认的竣工付款证书后7天内提出异议，并由合同当事人按照专用合同条款约定的方式和程序进行复核，或按照第20条〔争议解决〕约定处理。对于无异议部分，发包人应签发临时竣工付款证书，并按本款第（2）项完成付款。承包人逾期未提出异议的，视为认可发包人的审批结果。

《最高人民法院关于如何理解和适用〈最高人民法院关于审理建设工程施工合同纠纷案件适用法律问题的解释〉第二十条的复函》

重庆市高级人民法院：

你院渝高法[2005]154号《关于如何理解和适用最高人民法院〈关于审理建设工程施工合同纠纷案件适用法律问题的解释〉第二十条的请示》收悉。经研究，答复如下：

同意你院审委会的第二种意见，即：适用该司法解释第二十条的前提条件是当事人之间约定了发包人收到竣工结算文件后，在约定期限内不予答复，则视为认可竣工结算文件。承包人提交的竣工结算文件可以作为工程款结算的依据。建设部制定的建设工程施工合同格式文本中的通用条款第33条第3款的规定，不能简单地推论出，双方当事人具有发包人收到竣工结算文件一定期限内不予答复，则视为认可承包人提交的竣工结算文件的一致意思表示，承包人提交的竣工结算文件不能作为工程款结算的依据。

最高人民法院民事审判庭

二〇〇六年四月二十五日

第二十二条 【按标结算】当事人签订的建设工程施工合同与招标文件、投标文件、中标通知书载明的工程范围、建设工期、工程质量、工程价款不一致,一方当事人请求将招标文件、投标文件、中标通知书作为结算工程价款的依据的,人民法院应予支持。

条文精解

本条是关于按标结算的规定。将招标文件、投标文件、中标通知书作为结算工程价款的依据,目的是规范工程施工的招标投标活动,防止"暗箱操作"、相互串标等不正当竞争的违法行为。依据《招标投标法》第四十六条第一款、《招标投标法实施条例》第五十七条第一款和《工程建设项目施工招标投标办法》第六十二条第一款的规定,招标人和中标人应当按照招标人的招标文件和中标人的投标文件订立施工合同。施工合同的工程范围、建设工期、工程质量、工程价款等主要条款应当与招标文件和投标文件的内容保持一致,招标人和中标人不得再行订立背离合同实质性内容的其他协议。这里需要注意,本条规定的施工合同是招标人和中标人在中标通知书发出之日起30日内订立的书面合同,也称中标合同,与《建设工程施工合同解释(一)》第二条规定的招标人和中标人另行签订的与中标合同不一致的施工合同不同。本条规定的是中标合同与招标文件、投标文件、中标通知书不一致的情形下的适用问题,该解释第二条规定的是另行签订的施工合同与中标合同不一致的情形下的适用问题,应注意区分,避免混淆。

关于按照招标文件、投标文件、中标通知书结算工程价款的理解问题。依据《工程建设项目施工招标投标办法》第二十四条、第三十六条的规定,招标文件是招标人根据施工招标的特点和需要编制的材料,一般包括:(1)招标公告或投标邀请书;(2)投标人须知;(3)合同主要条款;(4)投标文件格式;(5)工程量清单(采用工程量清单招标的);

(6)技术条款;(7)设计图纸;(8)评标标准和方法;(9)投标辅助材料。投标文件是投标人按照招标文件的要求编制,对招标文件提出的实质性要求和条件作出响应的材料,一般包括:(1)投标函;(2)投标报价;(3)施工组织设计;(4)商务和技术偏差表。中标通知书是招标人确定中标人后,依法通知中标人中标的书面文件。投标文件应当对招标文件的实质性要求和条件作出响应,否则其投标应被否决,中标人的投标文件与招标人的招标文件在实质性要求和条件方面应保持一致。招标人和中标人应当按照招标文件、投标文件订立施工合同,施工合同约定的工程范围、建设工期、工程质量、工程价款应当与招标文件、投标文件、中标通知书载明的一致。如果施工合同约定的工程范围、建设工期、工程质量、工程价款与招标文件、投标文件、中标通知书不一致,招标、投标、开标、评标和中标等一系列严格的招标投标程序就失去了意义,形同虚设。所以,当两者不一致时,一方当事人可以请求按照招标文件、投标文件、中标通知书载明的工程范围、建设工期、工程质量、工程价款作为结算工程价款的依据。

关于施工合同、招标文件、投标文件、中标通知书的优先顺序问题。笔者认为,应当区分以下两种情形进行分析:(1)实质性内容的优先顺序;(2)非实质性内容的优先顺序。依据《民法典》第四百八十八条的规定,实质性内容是指有关标的、数量、质量、价款或者报酬、履行期限、履行地点和方式、违约责任和解决争议方法等内容,本条仅规定工程范围、建设工期、工程质量、工程价款。关于实质性内容的优先顺序,依据本条的规定,招标文件、投标文件、中标通知书载明的内容优先,其原因是招标人与中标人应当按照招标人的招标文件、中标人的投标文件订立施工合同,上段已涉,不再赘述。实务中,存在中标通知书与招标文件、投标文件不一致的情形。中标通知书作为承诺的性质,应当是同意中标人投标文件的书面文件,其内容应当与中标人的投标文件一致。中标通知书如果对中标人的投标文件作出实质性变更的,为新要约,不产生承诺的效力。此时,施工合同尚未成立,不存在与招标文件、投标文件、中标通知书的优先顺序问题。

关于非实质性内容的优先顺序,参照《建设工程施工合同(示范文本)》第二部分通用合同条款第1.5条的约定,合同文件的优先顺序如下:(1)合同协议书;(2)中标通知书;(3)投标函及其附录;(4)专用合同条款及其附件;(5)通用合同条款;(6)技术标准和要求;(7)图纸;(8)已标价工程量清单或预算书;(9)其他合同文件。上述合同协议书即是本条规定的施工合同。从上述顺序可以看出,施工合同排在中标通知书、投标函及相关招标文件之前,与本条的规定相反,其原因是如果后面成立的协议与前面成立的协议冲突,视为后面的协议更改了前面的协议,应以后面成立的协议为准。在招标投标活动中,首先有招标人的招标文件,其次有投标人的投标文件,再次有招标人发出的中标通知书,最后才有招标人与中标人订立的施工合同。所以,在非实质性内容中,其优先顺序依次为施工合同、中标通知书、投标文件、招标文件。当然,在有约定的情况下,按照约定处理。

关于施工合同成立与生效的时间问题。施工合同成立与生效的时间有两种观点:(1)招标人和中标人按规定在中标通知书发出之日起30日内订立书面合同的时间。(2)中标通知书生效的时间。笔者认为,应以中标通知书生效之日为准,理由如下:(1)根据要约邀请、要约、承诺的规定,招标人编制招标文件是希望他人向自己投标,应属于要约邀请。投标人通过投标文件投标,是希望与招标人订立施工合同,应属于要约。招标人向中标人送达中标通知书,同意中标人中标,应属于承诺。承诺生效时合同成立,即中标通知书生效时施工合同成立。(2)《招标投标法》第四十六条、《招标投标法实施条例》第五十七条和《工程建设项目施工招标投标办法》第六十二条等相关规定要求招标人和中标人订立书面合同,其立法原意只是为规范招标投标活动,并不是为施工合同的成立与生效设定前提条件。反观实务中,尚未订立施工合同,施工单位即已入场施工的情况不在少数，不能据此认定施工合同尚未成立。(3)《建设工程施工合同(示范文本)》第一部分合同协议书第六条约定，合同文件包括合同协议书、中标通知书、投标函及其附录、专用合同条款及其附件、通用合同条款、技术标准和要求、图纸、已标价工程量清单或预算书及其他合同文件等，合同协议书只是其中一项。而且，施工合同的实质性内容需要与招标文件、投标文件、中标通知书保持一致。所以，订立施工合同更多的是对招标文件、投标文件、中标通知书的确认与补充，并不是施工合同成立与生效的前提条件。(4)依据《招标投标法》第六十条第一款、《工程建设项目施工招标投标办法》第八十四条第一款和第八十五条第一款的规定，如果招标人发出中标通知书后，中标人不履行订立施工合同的义务，不仅履约保证金不予退还，而且招标人的损失超过履约保证金的，还应当赔偿，符合施工合同违约责任的承担方式。反之，如果中标人不履行订立施工合同的义务，后果只是履约保证金不予退还，则将施工合同订立之前的招标、投标、评标和中标等一系列严格的招标投标活动视为预约合同关系，对中标人约束过小，不符合招标投标法等相关规定的立法原意。综上，中标通知书生效之日，施工合同应已成立和生效。中标人如果不履行订立施工合同的义务，应当依照招标文件、投标文件、中标通知书等相关合同文件承担违约责任。

适用本条，应注意以下两点：(1)如果建设工程存在应招标而未招标或者中标无效的情形，施工合同无效，招标文件、投标文件、中标通知书亦无效。工程价款不能以招标文件、投标文件、中标通知书作为结算依据，应当依据《建设工程施工合同解释(一)》第二十四条关于无效合同折价补偿的规定处理。(2)本条规定的目的是通过约束招标人与中标人在订立施工合同时，应保证工程范围、建设工期、工程质量、工程价款与招标文件、投标文件、中标通知书载明的一致，以规范招标投标活动，防止“暗箱操作”、相互串标等不正当竞争的违法行为，与合同履行过程中，因为各种客观原因调整工程价款、建设工期等约定并不矛盾，应结合实际情况和立法目的综合判断其效力。

案例适用

126　施工合同约定固定价,招标文件约定暂定价,该如何结算?

案件名称:芜湖市湾沚建设投资有限公司与中国江苏国际经济技术合作集团有限公司建设工程施工合同纠纷案

审理法院:最高人民法院

案　　号:(2021)最高法民申6926号

裁判观点:案涉合同虽约定景观绿化工程系固定价,但这与招标文件所作暂定价的约定不同,二审根据人工费上涨的实际情况,将人工费调整范围扩展至景观绿化工程不缺乏依据。

127　施工合同未约定支付工程价款的时间,能否以招标文件的约定为依据?

案件名称:江苏中南建筑产业集团有限责任公司与潜江市兴城投资开发有限公司等建设工程施工合同纠纷案

审理法院:最高人民法院

案　　号:(2019)最高法民终1996号

裁判观点:在建设工程施工合同有效的情况下,对于建设工程施工合同的工程范围、建设工期、工程质量、工程价款等实质性内容,应当以招标文件、投标文件、中标通知书为准。对于工程范围、建设工期、工程质量、工程价款等非实质性内容,以当事人的真实意思表示为准。招标人和中标人按照招标文件和中标人的投标文件订立的建设工程施工合同书未约定支付工程价款时间而招标文件约定了建设工程价款时间的,应当以招标文件的约定为依据。

128　中标通知书未生效,能否依据招标文件、投标文件结算工程价款?

案件名称:黑龙江省滑模建筑工程公司(以下简称滑模公司)与哈

尔滨新一房地产开发有限责任公司、哈尔滨铁路局建设工程施工合同纠纷案

审理法院：最高人民法院

案　　号：(2017)最高法民再51号

裁判观点：滑模公司投标为要约，交易中心发出中标通知书为承诺，又根据《合同法》第二十六条“承诺通知到达要约人时生效”和第二十五条(现为《民法典》第四百八十三条)“承诺生效时合同成立”的规定，只有在交易中心向滑模公司发出中标通知书到达滑模公司时，招投标行为始告完成，双方基于招投标行为而形成的合同始告成立。而本案中，交易中心并未向滑模公司发出中标通知书，因此双方未就此达成合意，以滑模公司投标价格为基础的合同并未成立，亦不能作为判定双方权利义务的依据，故滑模公司主张以其投标价作为核算工程款的标准，没有事实依据，本院不予支持。

129　施工合同因中标无效，工程价款能否依据招标文件、投标文件、中标通知书结算？

案件名称：湖南嘉茂房地产开发有限公司与湖南省第五工程有限公司建设工程施工合同纠纷案

审理法院：最高人民法院

案　　号：(2021)最高法民申2360号

裁判观点：本案双方当事人虽然就案涉工程进行了招投标，但该招投标活动因存在明招暗定串标行为，违反《招标投标法》第三十二条的禁止性规定而无效。故二审判决未将无效的招投标文件作为结算依据，并不违反《建设工程施工合同解释(二)》第十条(现为《建设工程施工合同解释(一)》第二十二条)的相关规定。2011年7月10日双方签订《补充协议书》明确约定D1区及G区两个单位工程的工程款支付及工程结算方式均按照《建设工程施工合同》约定的《投标费、税率汇总表》执行。该协议系双方真实意思表示，二审判决将其作为工程结算依据，符合合

同约定。

相关规定

《民法典》

第四百七十二条　要约是希望与他人订立合同的意思表示，该意思表示应当符合下列条件：

（一）内容具体确定；

（二）表明经受要约人承诺，要约人即受该意思表示约束。

第四百七十三条　要约邀请是希望他人向自己发出要约的表示。拍卖公告、招标公告、招股说明书、债券募集办法、基金招募说明书、商业广告和宣传、寄送的价目表等为要约邀请。

……

第四百七十九条　承诺是受要约人同意要约的意思表示。

第四百八十三条　承诺生效时合同成立，但是法律另有规定或者当事人另有约定的除外。

第四百八十八条　承诺的内容应当与要约的内容一致。受要约人对要约的内容作出实质性变更的，为新要约。有关合同标的、数量、质量、价款或者报酬、履行期限、履行地点和方式、违约责任和解决争议方法等的变更，是对要约内容的实质性变更。

第五百零二条　依法成立的合同，自成立时生效，但是法律另有规定或者当事人另有约定的除外。

……

《招标投标法》

第四十六条　招标人和中标人应当自中标通知书发出之日起三十日内，按照招标文件和中标人的投标文件订立书面合同。招标人和中标人不得再行订立背离合同实质性内容的其他协议。

……

第六十条　中标人不履行与招标人订立的合同的，履约保证金不予退还，给招标人造成的损失超过履约保证金数额的，还应当对超过部分予以赔偿；没有提交履约保证金的，应当对招标人的损失承担赔偿责任。

……

《招标投标法实施条例》

第五十七条　招标人和中标人应当依照招标投标法和本条例的规定签订书面合同，合同的标的、价款、质量、履行期限等主要条款应当与招标文件和中标人的投标文件的内容一致。招标人和中标人不得再行订立背离合同实质性内容的其他协议。

……

《工程建设项目施工招标投标办法》

第二十四条　招标人根据施工招标项目的特点和需要编制招标文件。招标文件一般包括下列内容：

（一）招标公告或投标邀请书；

（二）投标人须知；

（三）合同主要条款；

（四）投标文件格式；

（五）采用工程量清单招标的，应当提供工程量清单；

（六）技术条款；

（七）设计图纸；

（八）评标标准和方法；

（九）投标辅助材料。

招标人应当在招标文件中规定实质性要求和条件，并用醒目的方式标明。

第三十六条　投标人应当按照招标文件的要求编制投标文件。投标文件应当对招标文件提出的实质性要求和条件作出响应。

投标文件一般包括下列内容：

（一）投标函；

（二）投标报价；

（三）施工组织设计；

(四)商务和技术偏差表。

……

第五十条 ……

有下列情形之一的,评标委员会应当否决其投标:

……

(六)投标文件没有对招标文件的实质性要求和条件作出响应;

……

第六十条 中标通知书对招标人和中标人具有法律效力。中标通知书发出后,招标人改变中标结果的,或者中标人放弃中标项目的,应当依法承担法律责任。

第六十二条 招标人和中标人应当在投标有效期内并在自中标通知书发出之日起三十日内,按照招标文件和中标人的投标文件订立书面合同。招标人和中标人不得再行订立背离合同实质性内容的其他协议。

……

第八十四条 中标人不履行与招标人订立的合同的,履约保证金不予退还,给招标人造成的损失超过履约保证金数额的,还应当对超过部分予以赔偿;没有提交履约保证金的,应当对招标人的损失承担赔偿责任。

……

第八十五条 招标人不履行与中标人订立的合同的,应当返还中标人的履约保证金,并承担相应的赔偿责任;没有提交履约保证金的,应当对中标人的损失承担赔偿责任。

……

《房屋建筑和市政基础设施工程施工招标投标管理办法》

第十七条 招标人应当根据招标工程的特点和需要,自行或者委托工程招标代理机构编制招标文件。招标文件应当包括下列内容:

(一)投标须知,包括工程概况,招标范围,资格审查条件,工程资金来源或者落实情况,标段划分,工期要求,质量标准,现场踏勘和答疑安排,投标文件编制、提交、修改、撤回的要求,投标报价要求,投标有效期,开标的时间和地点,评标的方法和标准等；

（二）招标工程的技术要求和设计文件；

（三）采用工程量清单招标的，应当提供工程量清单；

（四）投标函的格式及附录；

（五）拟签订合同的主要条款；

（六）要求投标人提交的其他材料。

第二十五条　投标文件应当包括下列内容：

（一）投标函；

（二）施工组织设计或者施工方案；

（三）投标报价；

（四）招标文件要求提供的其他材料。

第四十六条　招标人和中标人应当自中标通知书发出之日起30日内，按照招标文件和中标人的投标文件订立书面合同；招标人和中标人不得再行订立背离合同实质性内容的其他协议。

中标人不与招标人订立合同的，投标保证金不予退还并取消其中标资格，给招标人造成的损失超过投标保证金数额的，应当对超过部分予以赔偿；没有提交投标保证金的，应当对招标人的损失承担赔偿责任。

招标人无正当理由不与中标人签订合同，给中标人造成损失的，招标人应当给予赔偿。

《建设工程施工合同（示范文本）》

第一部分　合同协议书

六、合同文件构成

本协议书与下列文件一起构成合同文件：

（1）中标通知书（如果有）；

（2）投标函及其附录（如果有）；

（3）专用合同条款及其附件；

（4）通用合同条款；

（5）技术标准和要求；

(6)图纸;

(7)已标价工程量清单或预算书;

(8)其他合同文件。

在合同订立及履行过程中形成的与合同有关的文件均构成合同文件组成部分。

上述各项合同文件包括合同当事人就该项合同文件所作出的补充和修改,属于同一类内容的文件,应以最新签署的为准。专用合同条款及其附件须经合同当事人签字或盖章。

第二部分　通用合同条款

1.5　合同文件的优先顺序

组成合同的各项文件应互相解释,互为说明。除专用合同条款另有约定外,解释合同文件的优先顺序如下:

(1)合同协议书;

(2)中标通知书(如果有);

(3)投标函及其附录(如果有);

(4)专用合同条款及其附件;

(5)通用合同条款;

(6)技术标准和要求;

(7)图纸;

(8)已标价工程量清单或预算书;

(9)其他合同文件。

上述各项合同文件包括合同当事人就该项合同文件所作出的补充和修改,属于同一类内容的文件,应以最新签署的为准。

在合同订立及履行过程中形成的与合同有关的文件均构成合同文件组成部分,并根据其性质确定优先解释顺序。

第二十三条 【非标结算】发包人将依法不属于必须招标的建设工程进行招标后,与承包人另行订立的建设工程施工合同背离中标合同的实质性内容,当事人请求以中标合同作为结算建设工程价款依据的,人民法院应予支持,但发包人与承包人因客观情况发生了在招标投标时难以预见的变化而另行订立建设工程施工合同的除外。

条文精解

本条是关于非标结算的规定。本条应结合《建设工程施工合同解释(一)》第二条的规定进行理解,属于对工程项目招标结算问题的补充规定,适用于非必须招标的工程项目。依据《招标投标法》第三条、《必须招标的工程项目规定》第二条至第五条及《必须招标的基础设施和公用事业项目范围规定》第二条的规定,必须招标的工程项目范围包括全部或者部分使用国有资金投资或者国家融资的项目,使用国际组织或者外国政府贷款、援助资金的项目,能源基础设施项目,交通运输基础设施项目,通信基础设施项目、水利基础设施项目和城建项目。在上述工程项目之外的或者未达到相应规模标准的,就是本条规定的不属于必须招标的工程项目。

关于非必须招标的工程项目进行招标后,应以中标合同作为结算依据的问题。笔者认为,原因主要有二:(1)《招标投标法》第二条规定,进行招标投标活动,适用该法,并未将非必须招标活动排除在外。换言之,《招标投标法》也适用于非必须招标工程项目的招标投标活动。所以,发包人将不属于必须招标的工程项目按照招标程序进行招标后,就应当遵守《招标投标法》第四十六条关于不得再行订立背离合同实质性内容的其他协议的规定,这里的"合同"指的就是"中标合同"。上述规定为强制性规定,背离中标合同实质性内容的其他协议无效。(2)其他投标人从投标、开标、评标等一系列竞争中被淘汰,如果发包人又与承包人另行订立背离中标合同实质性内容的其他协议,涉嫌“暗箱操作”、相互串标等不正当竞争的违法行为,侵害其他投标人的合法权益。所以,如果发包人选择招标程序发包工程项目,就应当遵守《招标投标法》等相关规定,背离中标合同实质性内容的其他协议无效,应当按照中标合同结算工程价款。

关于发生了在招投标时难以预见的变化可以变更的问题。一般情形下,应当以中标合同作为结算依据。例外情形是,发生了在招投标时难以预见的变化。笔者认为,这样规定,原因主要有二:(1)根据情势变更原则,当事人有另行订立合同的权利。《民法典》第五百三十三条规定,合同成立后,合同的基础条件发生了当事人在订立合同时无法预见的、不属于商业风险的重大变化,当事人可以变更或者解除合同。本条除外情形即是情势变更原则的适用,允许当事人在客观情况发生了难以预见的变化时调整合同的约定,符合公平原则。(2)本条与《建设工程施工合同解释(一)》第二条的区别在于变更的程序,而非变更的权利。该解释第二条第一款规定,招标人和中标人另行签订的建设工程施工合同约定的工程范围、建设工期、工程质量、工程价款等实质性内容,与中标合同不一致,一方当事人请求按照中标合同确定权利义务的,人民法院应予支持。该解释第二条适用的是必须招标的工程项目,涉及工程范围、建设工期、工程质量、工程价款等实质性内容的调整,程序方面有强制性要求,应依法按程序进行变更,并不是不能变更。没有规定情势变更原则,并不代表排除该原则的适用。而本条适用的是非必须招标的工程项目,后期发生重大变化,程序方面没有必要做强制性要求,当事人根据情势变更原则和意思自治原则另行订立合同,并不侵害其他投标人的合法权益,也没有违反法律法规的强制性规定,另行订立的合同应作为结算工程价款的依据。

适用本条,应注意以下几点:(1)本条规定的“中标合同”应与招标文件、投标文件、中标通知书载明的工程范围、建设工期、工程质量、工程价款一致，否则应以招标文件、投标文件、中标通知书载明的内容作为结算依据，理由详见《建设工程施工合同解释（一）》第二十二条部分的陈述。(2)本条规定的招标，应是《招标投标法》意义上的招标，不包括实务中建设单位为了比对工程造价、建设工期等原因，有针对性邀请部分施工单位“投标”报价，“中标通知书”也没有同意施工单位的报价，只是要求进一步洽谈合同，然后根据洽谈结果订立合同等非真正意义上的招标行为。是否属于《招标投标法》意义上的招标行为，可以通过招标、投标、评标、中标等法定程序，结合要约邀请、要约、承诺等合同的订立方式综合判断。如果不是《招标投标法》意义上的招标，则不能适用本条规定。(3)如果当事人将非必须招标发包的工程项目招标发包，目的是将中标合同用于备案，后又订立背离中标合同（备案合同）实质性内容的其他协议，则结算应以中标合同作为依据，理由是本条的规定。不是因为备案，将备案合同作为结算依据的规定已经删除。另外，背离中标合同实质性内容的其他协议无效。同理，如果当事人将非必须招标发包的工程项目进行招标发包，订立中标合同后，又另行订立背离中标合同实质性内容的其他协议用于备案，也应以中标合同作为结算依据。此时，用于备案的合同不是当事人的真实意思表示，应认定无效，不能作为结算依据。

案例适用

130　非必须招标发包的工程招标发包，订立中标合同后，又另行订立备案合同，结算依据是？

案件名称：正宇建设集团有限公司（以下简称正宇集团）与青岛翠湖地产有限公司（以下简称翠湖公司）等建设工程施工合同纠纷案

审理法院：山东省高级人民法院

案　　号：(2019)鲁民终2342号

裁判观点：关于翠湖公司与正宇集团就涉案工程先后签订的3.18合同和4.1合同的效力问题……首先，本案中，关于3.18合同的效力问题。本案所涉工程并非必须进行招投标的工程。也无证据证明正宇集团在参与翠湖公司招标过程中存在串标等破坏招投标市场秩序、违反《招标投标法》规定的情形。3.18合同不违反法律、行政法规的强制性规定，应为有效。其次，关于4.1合同的效力问题。翠湖公司、正宇集团双方签订的4.1合同明确约定合同文件包括3.18合同和《补充协议》，《补充协议》明确双方之间的真实意思表示为3.18合同，该合同系双方实际执行、结算工程款及争议纠纷解决的唯一合同依据，4.1合同仅作为办理备案等手续使用，对双方不具有约束力。因此4.1合同并非正宇集团与翠湖公司就涉案工程中双方权利义务的真实意思表示，其系双方以虚假的意思表示实施的合同行为，依法应认定为无效。……3.18合同系中标合同、合法有效合同、实际履行的合同，应作为涉案工程结算的依据。4.1合同为无效合同，不能作为双方结算的依据。

131　非必须招标发包的工程招标发包后，未能正常开工，另行签订的补充协议能否作为结算依据？

案件名称：丹东日月鑫置业有限公司（以下简称日月鑫公司）与浙江新东阳建设集团有限公司（以下简称新东阳公司）建设工程施工合同纠纷案

审理法院：最高人民法院

案　　号：(2020)最高法民终903号

裁判观点：根据2018年6月施行的《必须招标的工程项目规定》《必须招标的基础设施和公用事业项目范围规定》的规定，案涉工程为商品房住宅项目，不属于必须招标的工程项目。《补充协议》载明，案涉工程由于日月鑫公司的原因未能正常开工，双方共同约定就原合同条款进行调整，因而形成此份《补充协议》。日月鑫公司与新东阳公司并不存在通过《补充协议》规避法律、行政法规强制性规定的故意。一审法院以

《补充协议》作为认定双方权利义务的根据，并无不当。

132　非必须招标工程仅备案未招标，当事人另行订立的协议与备案合同不一致，结算依据是？

案件名称：苏海建筑有限责任公司（以下简称苏海建筑公司）与库车中润房地产开发有限责任公司（以下简称中润房产公司）等建设工程施工合同纠纷案

审理法院：新疆维吾尔自治区高级人民法院

案　　号：（2020）新民终278号

裁判观点：苏海建筑公司与中润房产公司签订的合同所涉工程不属于强制招投标范围，当事人之间没有进行招投标手续，仅按照当地建设行政主管部门的要求，将4份《建设工程施工合同》进行了备案。……结合已查明事实，苏海建筑公司与中润房产公司签订的3份补充协议与备案合同的内容不一致，对备案合同的施工范围、工程价款、工程价款支付方式、工程期限等内容进行了变更，属于合同的实质性内容。……涉案4份《建设工程施工合同》虽经备案，但因并未办理真正意义上的招投标手续，故其不符合2004年《建设工程施工合同解释》所定义的经过招投标的合同，而3份补充协议中明确载明了双方均同意补充协议与《建设工程施工合同》不一致的，以补充协议为准的内容。由此可见，应认定3份补充协议为双方当事人真实意思表示且实际履行的合同的依据。苏海建筑公司上诉主张应以《建设工程施工合同》作为结算工程款的依据无事实及法律依据，本院不予支持。中润房产公司上诉主张以3份补充协议作为结算工程款的依据，符合本案事实及法律规定，本院予以支持。

相关规定

《民法典》

第五百三十三条　合同成立后，合同的基础条件发生了当事人在订立合同时无法预见的、不属于商业风险的重大变化，继续履行合同对于当事人一方明显不公平的,受不利影响的当事人可以与对方重新协商;在合理期限内协商不成的,当事人可以请求人民法院或者仲裁机构变更或者解除合同。

……

《招标投标法》

第二条　在中华人民共和国境内进行招标投标活动,适用本法。

《工程建设项目施工招标投标办法》

第二条　在中华人民共和国境内进行工程施工招标投标活动,适用本办法。

第二十四条　【无效补偿】当事人就同一建设工程订立的数份建设工程施工合同均无效,但建设工程质量合格,一方当事人请求参照实际履行的合同关于工程价款的约定折价补偿承包人的,人民法院应予支持。

实际履行的合同难以确定,当事人请求参照最后签订的合同关于工程价款的约定折价补偿承包人的,人民法院应予支持。

条文精解

本条是关于无效补偿的规定。《民法典》第七百九十三条第一款规定,建设工程施工合同无效,但是建设工程经验收合格的,可以参照合同关于工程价款的约定折价补偿承包人。依据《民法典》第一百二十二条的规定,因他人没有法律根据,取得不当利益,受损失的人有权请求其返还不当利益。建设工程施工合同无效,则发包人取得承包人进行工程建设的利益没有法律依据,属于不当得利,应予返还。因为承包人在施工过程中,已经将人工、材料、工程设备和机械台班等费用物化到建设工程,不能返还或者没有必要返还,依据《民法典》第一百五十七条的规定,民事法律行为无效,行为人因该行为取得的财产不能返还或者没有必要返还的，应当折价补偿，所以建设工程施工合同无效，适用折价补偿的规定。

关于折价补偿以建设工程质量合格为前提的理解问题。依据《民法典》第七百九十九条的规定，建设工程竣工验收合格后，方可交付使用。未经验收或者验收不合格的，不得交付使用。建设工程质量合格，才能交付使用，才具有使用价值，发包人才构成不当得利，承包人才能请求折价补偿。所以，建设工程施工合同无效，承包人请求发包人折价补偿的前提是建设工程质量合格。另外，建设工程质量合格包括在建工程质量合格和竣工验收质量合格。在建工程质量合格适用于承包人中途退场、承包人仅承建部分工程等情况。本条所指的质量合格应当是指承包人承建的部分质量合格，而不是指发包人发包的全部建设工程竣工后验收合格，否则对于中途退场、仅承建部分工程的承包人不合理。另外，依据《民法典》第七百九十三条第二款的规定，建筑工程质量不合格的，由承包人进行修复。修复后验收合格的，可以要求折价补偿。如果修复后依然验收不合格的，承包人无权要求折价补偿，当事人根据各自的过错对建设工程不合格的损失承担相应的责任。

关于参照实际履行的合同进行折价补偿的理解问题。先厘清一点，建设工程施工合同无效，其关于工程价款的约定自然也无效。所以，本条"参照实际履行的合同关于工程价款的约定折价补偿"的规定，并不是合同无效但结算条款有效的意思，仅是补偿标准的规定。"折价补偿"对应的是无效合同，"支付工程价款"对应的是有效合同。折价补偿的依据是不当得利返还，标准应是发包人因为无效合同取得的不当利益的价值，即承包人将人工、材料、工程设备和机械台班等费用物化到建设工程的价值。从法理上讲，折价补偿的标准应通过定额确定，不应通过实际履行的合同确定。本条没有以定额确定，而是以实际履行的合同确定，笔者认为，主要有以下几个方面的原因：(1) 以实际履行的合同确定补偿数额，符合当事人订立合同时的真实意思，能较好地平衡其利益关系，及时息诉止争。(2)以定额确定补偿数额，一般需要进行工程造价鉴定，诉讼时间较长，不利于及时解决纠纷。(3)以定额确定补偿数额，一般比合同确定的要高得多。如果规定定额确定，必然导致当事人想方设法认定合同无效，以谋求更高的利益，不能让当事人通过违背诚信的行为从中获利。有一点值得深入思考：数个无效合同中，实际履行的合同是2份以上，若相互之间是补充关系，而非矛盾关系。此时，适用2份或者2份以上实际履行的合同作为折价补偿的依据更加符合当事人的真实意思表示。

关于实际履行合同的判断问题。笔者认为，可以将各个合同的约定，特别是关于工程范围、建设工期、工程质量、工程价款等实质性条款的约定，与施工过程中形成的补充协议、会议纪要、工程联系单、工程变更单、工程对账签证、付款凭证、其他往来函件、记录等证据进行比对，证明力明显较高的为实际履行的合同。下面根据合同实质性内容分类说明：(1)通过工程范围进行比对。合同都有工程名称、工程地点、工程立项批准文号、工程内容、工程承包范围的约定，若合同约定的范围与实际施工的范围相同或者相差不大，则可能是实际履行的合同。反之，则可以排除。(2)通过建设工期进行比对。合同上都有计划开工的日期、计划竣工的日期及总工期的约定，将其与施工过程中形成的开工报告、开工通知、工期顺延申请、顺延工期签证、竣工验收报告和竣工验收备案表记载的时间，以及其他建设工期相关的证据进行对比，若合同约定与上述证据记载的相符或者相差不大，则可能是实际履行的合同。反之，则可以排除。(3)通过工程质量进行比对。合同上一般都有质量标准的约定，将其与施工中进行修复、返工或者改建达到的质量标准，竣工验收的质量标准，工程保修的质量标准等进行比对，也可以判断实际履行的合同。(4)通过工程价款进行比对。合同都有价格形式，包括单价形式、总价形式及其他价格形式，工程量计算规则、计量周期，工程预付款比例或者金额、工程进度款付款周期、竣工结算等约定，将其与施工过程中形成的各种签证进行对比，特别是工程对账单、计量周期、工程价款的付款时间和金额，与实际履行情况相符的，为实际履行合同。反之，则不是。除了上面4项合同实质性内容之外，关于违约责任、争议解决方式、合同订立时间等其他约定，都可以作为判断实际履行合同的依据。当然，上述分类比对不是单一进行的，应结合各个合同的全部约定内容，根据实际施工的情况，运用逻辑推理和日常生活经验全面客观地进行判断。

关于实际履行的合同难以确定，以最后签订的合同为依据的理解问题。依据前面的分析，无效合同折价补偿的标准遵循当事人真实意思表示为依据的原则，实际履行的合同便是当事人真实的意思表示。在实际履行的合同难以认定的情况下，比如数个无效合同的实质性条款，都符合实际履行的特征，证明力不相上下。这时，就需要确定这些无效合同中最可能是当事人真实意思表示的合同，以使司法裁判统一。按照时间顺序，最后签订的合同属于当事人最新的意思表示，当属于最可能是当事人真实意思表示的合同。所以，本条规定，实际履行的合同难以确定时，当事人请求参照最后签订的合同关于工程价款的约定折价补偿承包人的，人民法院应予支持。笔者认为，有一点值得深入思考：当事人有明确的证据证明最后签订的合同不是当事人的真实意思表示，比如，最后签订的合同明确约定其只是用于备案，不是当事人真正履行的合同，此时，因为该合同不是当事人的真实意思表示，不应适用该合同作为折价补偿的依据，应先行排除，后再以剩下的合同中最后签订的合同作为折价补偿的依据。

适用本条，应注意以下几点：(1)本条规定的可以请求以实际履行的合同折价补偿的主体除了承包人，也包括发包人。实务中，承包人为了自身利益，要求参照定额等可能获得更高利益的标准折价补偿的情形也存在。此时，发包人可以根据本条的规定对承包人的请求进行抗辩。同理，在能够确定实际履行的合同的情形下，一方当事人申请按照定额进行工程造价鉴定,人民法院不应准许。当然,实际履行的合同约定以定额计价的除外。(2)在转包收取管理费用的案件中,因为转包合同无效,如果转包人实际履行管理义务,则可以根据本条及《民法典》第七百九十三条规定的精神、不当得利返还的规定、权利对等原则等,要求折价补偿(扣除)管理费用。如果转包人没有实际履行管理义务,转包工程的承包人没有获得不当利益,则不适用上述规定,无权要求管理费用。(3)发包人未经竣工验收,擅自使用建设工程,依据《建设工程施工合同解释(一)》第十四条的规定,其无权再以建设工程质量问题为由抗辩承包人折价补偿的请求,转移占有之日为竣工验收之日。(4)在能够确定实际履行的合同的情形下,不能适用最后签订的合同作为折价补偿的依据,适用最后签订的合同的前提是实际履行的合同难以确定。

案例适用

133 实际履行的合同如何通过工程价款支付数额确定?

案件名称:新疆冠农天府房地产开发有限公司(以下简称冠农公司)与江苏明灿建设工程有限公司(以下简称明灿公司)等建设工程施工合同纠纷案

审理法院:最高人民法院

案　　号:(2021)最高法民申6502号

裁判观点:经核算各方资金往来,在2018年5月22日冠农公司出具《委托书》前,明灿公司收到工程款及以房抵算工程款的数额合计为70,162,639元。2份《委托书》载明以房抵算工程款的数额为65,953,363元,据此计算应支付的工程款数额为136,116,002元(65,953,363元+70,162,639元),该数额与《项目补充协议》约定的工程款数额136,020,539元基本吻合,原判决参照《项目补充协议》认定工程价款为136,020,539元,并无不当。

134　实际履行的合同如何通过合同签订时间确定?

案件名称:河南国安建设集团有限公司与河南亚星置业集团有限公司建设工程施工合同纠纷案

审理法院:最高人民法院

案　　号:(2020)最高法民申3252号

裁判观点:双方分别于2010年9月8日、2013年10月18日签订了2份《建设工程施工合同》,涉案工程于2013年12月27日竣工。2013年10月18日签订的《建设工程施工合同》虽然进行了备案,但因该合同是在工程施工即将结束时才签订,工程施工并未依据该合同进行,一、二审判决认定2010年9月8日签订的《建设工程施工合同》为双方实际履行的合同并无不当。

135　实际履行的合同难以确定,是否以最后签订的合同作为补偿依据?

案件名称:潍坊市恒鼎置业有限公司(以下简称恒鼎公司)与江苏登达建设有限公司(以下简称登达公司)建设工程施工合同纠纷案

审理法院:最高人民法院

案　　号:(2020)最高法民申3762号

裁判观点:从实际履行情况看,建设工程的实际履行合同应当从施工范围、建设工期、工程价款约定等多方面判断。《施工协议书》与备案的《建设工程施工合同》在施工范围、建设工期方面的约定基本一致。合同价款上,备案《建设工程施工合同》的约定与实际施工情况更加相近。工程款支付方式上,《施工协议书》则与2015年6月27日登达公司向恒鼎公司出具的《联系函》一致。现有证据尚不足以确定案涉工程实际履行的合同。《建设工程施工合同解释(二)》第十一条(现为《建设工程施工合同解释(一)》第二十四条)实际履行的合同难以确定,当事人请求参照最后签订的合同结算建设工程价款的,人民法院应予支持。基于此,二审判决以签订在后的2份备案《建设工程施工合同》为参照认定案涉工程价款,并无不当。

136　施工合同无效,承包人要求按照定额和市场价进行工程造价鉴定应否支持?

案件名称:米某强、陈某新与新疆嵘源建筑装饰有限公司等建设工程施工合同纠纷案

审理法院:新疆维吾尔自治区高级人民法院

案　　号:(2022)新40民终558号

裁判观点:《民法典》第七百九十三条第一款规定:"建设工程施工合同无效,但是建设工程经验收合格的,可以参照合同关于工程价款的约定折价补偿承包人。"即在合同无效的情况下,承包人请求折价补偿的范围仅限于合同约定的工程价款,米某强、陈某新请求按定额和市场价进行鉴定,缺乏法律依据。故新疆世纪星工程咨询有限公司作出的鉴定意见,可以作为定案依据。

137　数份施工合同均无效,能否依据实际履行的合同鉴定工程量?

案件名称:山湖建设集团有限公司(以下简称山湖公司)与新疆绿城市政园林有限公司建设工程施工合同纠纷案

审理法院:新疆维吾尔自治区高级人民法院

案　　号:(2022)新民终138号

裁判观点:当事人签订的合同均无效,双方当事人均认可实际施工过程中按照招标合同进行施工,且在一审中共同主张参照招标合同计算工程造价,故鉴定机构参照招标合同的计价方式计算涉案工程量并无不当,一审法院采信鉴定意见书确定的工程量并据此计算涉案工程款有事实依据,本院予以维持。山湖公司主张鉴定意见书不能作为本案工程款结算依据无事实与法律依据,本院不予支持。

138　转包工程约定的管理费能否依据折价补偿的规定主张?(能)

案件名称:王某斌与河南建总国际工程有限公司豫北分公司(建总公司豫北分公司)等建设工程施工合同纠纷案

审理法院：河南省高级人民法院

案　　号：(2021)豫民终512号

裁判观点：王某斌与建总公司豫北分公司签订的《河南建总国际工程有限公司豫北分公司关于辉县市龙鼎生活广场工程内部目标管理承包责任书》第三条约定，甲乙双方商定，业主付工程进度款和决算款到甲方账户以后，乙方除按业主和甲方合同约定让利执行外，每一次收到业主付款按拨进度款数额乙方向甲方交纳管理费4%……该内部目标管理承包责任书虽因双方之间的转包行为而应被认定无效，但责任书的内容系双方真实意思表示。2004年《建设工程施工合同解释》第二条有关承包人在工程竣工验收合格情况下可参照合同约定主张工程价款的规定，具有折价补偿性质。虽然该司法解释未规定转包人可参照合同约定主张管理费，但根据权利对等原则，实际施工人对转包人的管理成果负有同等的折价补偿义务。因此，在转包人已按合同约定进行实际管理的情况下，则其付出的成本及劳动同样应获得相应回报，可以参照合同约定向实际施工人主张管理费或在应付工程款中扣除管理费。本案中，建总公司豫北分公司并非仅通过转包的方式非法牟利，该分公司设立项目部、委派管理人员、与发包人隆泰公司对接协调、催要工程价款、召开会议解决各标段问题等，履行了一定的管理义务，且双方在前期支付工程价款时也按约扣除了部分管理费。故一审法院从建总公司豫北分公司应付王某斌的工程价款中扣除相应的管理费并无不当。

139　转包工程约定的管理费能否依据折价补偿的规定主张？（不能）

案件名称：中商三江建设工程有限公司西藏分公司（以下简称中商西藏分公司）与廖某林、冯某、中国水利水电第五工程局有限公司（以下简称水电五局）等建设工程施工合同纠纷案

审理法院：西藏自治区高级人民法院

案　　号：(2022)藏民再1号

裁判观点：水电五局与中商西藏分公司签订的《阿里三县农网升级改造(35KV及以下)工程施工03标段施工分包合同》和中商西藏分公司与冯某签订《西藏阿里施工三标段工程施工合同协议书》无效，双方对管理费的约定亦无效。在本案施工过程中水电五局虽派了肖某作为其技术人员参与案涉工程，但肖某的工资均由廖某林承担，除此之外，并无证据证明水电五局实际参与了施工组织管理协调工作，其主张扣除管理费没有依据，本院不予支持；而中商西藏分公司将其工程再次整体转包给无任何资质的个人施工，中商西藏分公司无任何证据证明其参与管理案涉工程，主张扣除20%的管理费也无任何依据，属转包牟利，本院不予支持。

相关规定

《民法典》

第一百二十二条　因他人没有法律根据，取得不当利益，受损失的人有权请求其返还不当利益。

第一百五十七条　民事法律行为无效、被撤销或者确定不发生效力后，行为人因该行为取得的财产，应当予以返还；不能返还或者没有必要返还的，应当折价补偿。有过错的一方应当赔偿对方由此所受到的损失；各方都有过错的，应当各自承担相应的责任。法律另有规定的，依照其规定。

第七百九十三条　建设工程施工合同无效，但是建设工程经验收合格的，可以参照合同关于工程价款的约定折价补偿承包人。

建设工程施工合同无效，且建设工程经验收不合格的，按照以下情形处理：

（一）修复后的建设工程经验收合格的，发包人可以请求承包人承担修复费用；

（二）修复后的建设工程经验收不合格的，承包人无权请求参照合同关于工程价款的约定折价补偿。

发包人对因建设工程不合格造成的损失有过错的，应当承担相应的责任。

《全国法院民商事审判工作会议纪要》

33.【财产返还与折价补偿】合同不成立、无效或者被撤销后，在确定财产返还时，要充分考虑财产增值或者贬值的因素。双务合同不成立、无效或者被撤销后，双方因该合同取得财产的，应当相互返还。应予返还的股权、房屋等财产相对于合同约定价款出现增值或者贬值的，人民法院要综合考虑市场因素、受让人的经营或者添附等行为与财产增值或者贬值之间的关联性，在当事人之间合理分配或者分担，避免一方因合同不成立、无效或者被撤销而获益。在标的物已经灭失、转售他人或者其他无法返还的情况下，当事人主张返还原物的，人民法院不予支持，但其主张折价补偿的，人民法院依法予以支持。折价时，应当以当事人交易时约定的价款为基础，同时考虑当事人在标的物灭失或者转售时的获益情况综合确定补偿标准。标的物灭失时当事人获得的保险金或者其他赔偿金，转售时取得的对价，均属于当事人因标的物而获得的利益。对获益高于或者低于价款的部分，也应当在当事人之间合理分配或者分担。

《最高人民法院关于当前民事审判工作中的若干具体问题》

六、关于建设工程合同纠纷案件的审理问题

……

第三，关于工程价款结算问题。要尊重合同中有关工程价款结算方法、标准的约定内容，严格执行工程造价、工程质量等鉴定程序的启动条件。虽然建设工程施工合同无效，但建设工程经竣工验收合格的，一般应参照合同约定结算工程价款，实际施工人违反合同约定另行申请造价鉴定结算的，一般不予支持。

……

第二十五条 【工程垫资】当事人对垫资和垫资利息有约定，承包人请求按照约定返还垫资及其利息的，人民法院应予支持，但是约定的利息计算标准高于垫资时的同类贷款利率或者同期贷款市场报价利率的部分除外。

当事人对垫资没有约定的，按照工程欠款处理。

当事人对垫资利息没有约定，承包人请求支付利息的，人民法院不予支持。

条文精解

本条是关于工程垫资的规定。依据《关于严禁政府投资项目使用带资承包方式进行建设的通知》第一条第三款的规定,带资承包是指发包人未全额支付工程预付款或未按工程进度按月支付工程款,由承包人垫款施工的合同模式。实务中,垫资模式包括:工程预付款、工程进度款都不支付的全额垫资模式;工程预付款、工程进度款部分支付,剩余垫资的模式;保证金垫资的模式;借款垫资的模式等。依据《建筑法》第八条的规定,发包人申请领取施工许可证,应当有满足施工需要的资金安排。依据《建设工程价款结算暂行办法》第十二条、第十三条的规定,发包人应在建设工程施工合同签订后一个月内或不迟于约定的开工日期前的7日内按照不低于合同金额10%,不高于合同金额30%的标准向承包人支付工程预付款;发包人应按月或者分段以不低于工程价款60%,不高于工程价款90%的标准向承包人支付工程进度款。本条是对垫资和垫资利息约定的效力、垫资的性质、垫资利息的标准所作的规定,解决裁判不统一的问题。

关于垫资约定的效力问题。本条解释已经明确作出规定,当事人有约定的,按照约定处理,不得再以各种理由认定垫资约定无效。认为垫资约定无效的主要理由包括:(1)垫资属于企业拆借资金,违反有关金融法规。(2)垫资违反《关于严格禁止在工程建设中带资承包的通知》《关于严禁政府投资项目使用带资承包方式进行建设的通知》关于严禁带资承包的规定。(3)违反《建设工程价款结算暂行办法》关于工程预付款、工程进度款支付的规定。(4)通过垫资承揽工程,属于不正当竞争。笔者认为,上述无效的理由不能成立,分析如下:(1)依据《最高人民法院关于审理民间借贷案件适用法律若干问题的规定》第十条的规定,法人之间、非法人组织之间以及它们相互之间为生产、经营需要订立的民间借贷合同,除存在民法典第一百四十六条、第一百五十三条、第一百五十四条以及本规定第十三条规定的情形外，当事人主张民间借贷合同有效的，人民法院应予支持，即企业的民间借贷合同不再认定为无效合同。(2)依据《全国法院民商事审判工作会议纪要》第31条的规定，违反规章一般情况下不影响合同效力，除非规章内容涉及金融安全、市场秩序、国家宏观政策等公序良俗。《关于严格禁止在工程建设中带资承包的通知》《关于严禁政府投资项目使用带资承包方式进行建设的通知》《建设工程价款结算暂行办法》属于部门规章，是管理性规定，不应作为认定合同效力的依据。(3)依据《反不正当竞争法》第二条的规定，不正当竞争行为是指经营者在生产经营活动中，违反本法规定，扰乱市场竞争秩序，损害其他经营者或者消费者的合法权益的行为。承包人凭借自有资金承揽工程，属于企业综合实力的体现，带资承包也是国际通行做法，不存在扰乱市场竞争秩序和损害他人合法权益的行为，以不正当竞争为由认定带资承包无效太过牵强。

关于垫资利息约定的效力问题。依据上文的分析，垫资约定有效，垫资利息的约定自然有效，垫资利息约定的计算标准高于垫资时同类贷款利率或者同期贷款市场报价利率的部分除外。垫资时同类贷款利率或者同期贷款利率，是根据承包人垫资时间的长短，选择对应时间的利率。如占用一年，则适用一年期；如占用五年，则适用五年期，等等。垫资利息以同类贷款利率或者同期贷款市场报价利率作为上限的原因，应是考虑到承包人垫资的损失在于资金占用期间的利息损失。以其为上限，能较好地平衡发承包双方当事人的利益。如果按照《最高人民法院关于审理民间借贷案件适用法律若干问题的规定》第二十五条的规定，以垫资成立时一年期贷款市场报价利率的四倍作为上限，则承包人垫资就如同借款，可以获得除资金占用利息之外的其他利益，与垫资的属性相悖。所以，本条规定垫资约定的利息计算标准不得高于垫资时同类贷款利率或者同期贷款市场报价利率，高出部分不受法律保护。

关于对垫资没有约定，按照工程欠款处理的理解问题。通过上文的分析，垫资的本质是发包人未足额支付工程款，承包人垫资施工，发包人在约定时间或者验收合格后支付垫资款的承包模式。承包人的垫资，如没有其他约定，算是投入的工程成本，按照工程欠款处理更贴近垫资的本质属性。“按照”工程欠款处理，说明垫资本质上并不是工程欠款，只是参照处理。与完全的工程欠款相比，垫资款具有以下特点：(1)在偿还时间上，因为没有约定，需按照《建设工程施工合同解释(一)》第二十七条的规定处理，即工程已经交付的，交付时间为垫资款的偿还时间；没有交付的，提交竣工结算文件的时间为垫资款的偿还时间；既没有交付，也没有结算的，起诉之日为垫资款的偿还时间。(2)在资金占用利息上，因为没有约定，依据本条第三款的规定，请求利息不予支持，通俗地讲就是“免费用”。另外，如果施工合同无效，关于垫资的约定自然也无效，等于没有约定，此时垫资款应当按照《民法典》第七百九十三条关于施工合同无效，但建设工程经验收合格的，可以参照合同关于工程价款的约定折价补偿的规定处理。

关于对垫资利息没有约定，请求支付利息不予支持的理解问题。垫资约定是发承包双方之间自愿达成的协议，在垫资利息没有约定的情形下，发包人对于承包人垫资的行为不存在过错，不应由其承担资金占用利息。所以，在垫资利息没有约定的情形下，承包人请求发包人支持利息的诉求不应支持，这与《最高人民法院关于审理民间借贷案件适用法律若干问题的规定》第二十四条第一款关于“借贷双方没有约定利息，出借人主张支付利息的，人民法院不予支持”的规定法理类同。另外，要注意垫资利息与欠付工程价款利息的区分：(1)在起算时间方面，垫资利息也称资金占用利息，一般从承包人垫资时起算；欠付工程价款利息是发包人应当支付工程价款而没有支付需要承担的违约责任，从发包人应付工程价款之日时起算。(2)在属性方面，垫资利息属于约定利息，没有约定的，不能计息；欠付工程价款利息属于法定孳息，没有约定的，按照同期同类贷款利率或者同期贷款市场报价利率计息。(3)在上限方面，垫资利息的计算标准不得高于垫资时同类贷款利率或者同期贷款市场报价利率；欠付工程价款利息的上限是法定利率的四倍。在当事人对垫资利息没有约定的情形下，丧失的是垫资利息的胜诉权，但并未丧失欠付工程价款利息的胜诉权。依据《建设工程施工合同解释（一）》第二十六条的规定，发包人没有依约或者按规定支付垫资款的，应当按照同期同类贷款利率或者同期贷款市场报价利率向承包人支付逾期利息。

适用本条，应注意以下两点：(1)发包人融资的方式如果是向承包人借款，而不是让承包人垫资，此时，适用民间借贷的相关规定，合同约定的利率上限为合同成立时一年期贷款市场报价利率的四倍；(2)如果当事人约定垫资利率的起算时间是工程竣工后，则视为没有约定，按照工程欠款的规定处理。

案例适用

140　垫资承包非政府投资项目的约定效力如何？

案件名称：武冈市金源房地产开发有限公司（以下简称金源公司）与湖南省第二工程有限公司（以下简称工程公司）建设工程施工合同纠纷案

审理法院：湖南省高级人民法院

案　　号：(2014)湘高法民一终字第134号

裁判观点：该案2份协议中对工程公司需垫资施工均作了明确的约定，工程公司提出金源公司要求施工方垫资违反《关于严格禁止在工程建设中带资承包的通知》，垫资不合法，经查，该通知是原建设部于1996年颁布，对施工方带资承包作出了禁止性的规定，但该通知已于2006年1月4日被原建设部、国家发展和改革委员会、财政部、中国人民银行联合发布的规范性文件予以废止，已失去法律效力。而且，根据《合同法》第五十二条的规定，合同因违反“法律和行政法规”的禁止性规定的方可认定无效，《关于严格禁止在工程建设中带资承包的通知》不属于“法律和行政法规”,不能以施工方带资承包违反该通知认定合同无效。

141　垫资承包政府投资项目的约定效力如何?

案件名称:博白县人民政府(以下简称博白县政府)与广东恒鹏集团有限公司(以下简称恒鹏公司)等合同纠纷案

审理法院:广东省湛江市中级人民法院

案　　号:(2018)粤08民终923号

裁判观点:关于博白县政府与恒鹏公司签订的《BT项目合同》是否有效的问题。博白县政府与恒鹏公司签订的《BT项目合同》,是双方当事人的真实意思表示,内容没有违反国家法律法规的禁止性规定,合法有效,双方当事人应依约履行。博白县政府上诉主张该合同违反了《关于严禁政府投资项目使用带资承包方式进行建设的通知》第一条和《关于制止地方政府违法违规融资行为的通知》第二条的规定,应属无效合同。但上述规定只是相关部门发出的管理性规章,不属于法律和行政法规的范畴,因此不能作为认定合同无效的法律依据。博白县政府的上述主张于法无据,本院不予支持。

142　垫资利息计算标准高于同期贷款市场报价利率的部分应否支持?

案件名称:山河建设集团有限公司(以下简称山河集团)与湖北宏信房地产开发有限公司建设工程施工合同纠纷案

审理法院:最高人民法院

案　　号:(2019)最高法民终1341号

裁判观点:山河集团主张垫资利息应当依据《补充协议》第三条约定,按垫资金额以月利率三分计算利息,但该利息计算标准明显高于中国人民银行发布的同期同类贷款利率。因此,一审判决按照中国人民银行发布的同期同类贷款利率计算山河集团垫付款利息,符合2004年《建设工程施工合同解释》第六条(现为《建设工程施工合同解释(一)》第二十五条)的规定,并无不当。山河集团主张应以月利率三分计算利息,因缺乏法律依据，本院不予支持。

143 对垫资利息没有约定，承包人请求支付利息的，应否支持？

案件名称：江苏天宇建设集团有限公司（以下简称天宇公司）与晋宁鸿利房地产开发有限公司（以下简称鸿利公司）建设工程施工合同纠纷案

审理法院：最高人民法院

案　　号：（2020）最高法民申4331号

裁判观点：案涉《建设工程施工合同》未对垫资利息进行约定，天宇公司主张其系向他人借款支付工程前期费用，因此鸿利公司应当以1000万元为本金，按照年利率20%支付借款利息损失，无事实和法律依据，原审判决不予支持其该项请求并无不当。

144 垫资利息起算时间约定在工程完工后如何定性？

案件名称：河南永基文化传播有限公司与平煤神马建工集团有限公司（以下简称平煤公司）建设工程施工合同纠纷案

审理法院：最高人民法院

案　　号：（2021）最高法民申7155号

裁判观点：双方虽约定了垫资利率，但同时约定利息起算时间为工程完工后，双方实际未约定施工期间的垫资利息，平煤公司也未主张施工期间的垫资利息。二审判决认为垫资只发生在工程施工期间，工程完工后垫资款的性质就转化为发包方应支付承包方的工程款，将案涉合同对垫资利息的约定认定为对欠付工程款利息的约定，不违反法律规定。

145 如何认定BT模式的垫资金额和垫资利息？

案件名称：甘肃第一建设集团有限责任公司（以下简称甘肃一建）与靖远昌泰源房地产有限公司（以下简称昌泰源公司）建设工程施工合同纠纷案

审理法院：最高人民法院

案　　号：（2022）最高法民终118号

裁判观点：甘肃一建与昌泰源公司2016年3月29日签订的《补充协议》第一条约定，(1)应增加"本项目的土建、安装、装修的投资由承包人负责筹集全部建设资金，用途包括BT项目土建、装修、安装等全部建设工程费用和承包人为此筹集资金需支出的费用构成全部建设工程总费用[全部建设工程总费用为本项目的全部建设工程费用加全部建设工程费用8%的利息(其中0.5%由发包人根据施工进度分阶段奖励项目部)]。"……本院认为，关于按全部建设工程费用加8%的利息的约定，是双方以甘肃一建垫资施工为条件，自行协商确定的工程价款结算方式和标准，可以认为是工程价款的组成部分，是当事人在特定交易模式下自由的商业选择与合理对价，并不存在具体的垫资金额、期限和利息约定，与昌泰源公司所称垫资及垫资利息有明显区别，故昌泰源公司该项上诉请求，本院不予支持。

相关规定

《建筑法》

第八条　申请领取施工许可证，应当具备下列条件：

……

(五)有满足施工需要的资金安排、施工图纸及技术资料；

……

《关于严禁政府投资项目使用带资承包方式进行建设的通知》

一、政府投资项目一律不得以建筑业企业带资承包的方式进行建设，不得将建筑业企业带资承包作为招投标条件；严禁将此类内容写入工程承包合同及补充条款，同时要对政府投资项目实行告知性合同备案制度。

政府投资项目是指使用各类政府投资资金，包括预算内资金、各类专项建设基金、国际金融组织和外国政府贷款的国家主权外债资金建设的项目。党政机关(包括党的机关、人大机关、行政机关、政协机关、审判机关、检察机关，以及工会、共青团、妇联等人民团体)及财政拨款的事业单位自筹资金建设的项目，视同政府投资项目适用本通知,采用BOT、BOOT、BOO方式建设的政府投资项目可不适用本通知。

带资承包是指建设单位未全额支付工程预付款或未按工程进度按月支付工程款(不含合同约定的质量保证金),由建筑业企业垫款施工。

《关于严格禁止在工程建设中带资承包的通知》

四、任何建设单位都不得以要求施工单位带资承包作为招标投资条件,更不得强行要求施工单位将此类内容写入工程承包合同。违者取消其工程招标资格,并给予经济处罚。对于在工程建设过程中出现的资金短缺,应由建设单位自行筹集解决,不得要求施工单位垫款施工。建设单位不能按期结算工程款,且后续建设资金到位无望的,施工单位有权按合同中止施工,由此造成的损失均由建设单位按合同承担责任。

五、施工单位不得以带资承包作为竞争手段承揽工程,也不得用拖欠建材和设备生产厂家贷款的方法转嫁由此造成的资金缺口。违者要给予经济处罚,情节严重的,在一定时期内取消其工程投标资格。今后由于施工单位带资承包而出现的工程款回收困难等问题,由其按合同自行承担有关责任。

《最高人民法院关于云南省昆明官房建筑经营公司与昆明柏联房地产开发有限公司建筑工程承包合同纠纷一案的复函》

云南省高级人民法院:

你院请示收悉,经研究,答复如下:

人民法院在审理民事、经济纠纷案件时,应当以法律和行政法规为依据。建设部、国家计委、财政部《关于严格禁止在工程建设中带资承包的通知》,不属于行政法规,也不是部门规章。从该通知内容看,主要以行政管理手段对建筑工程合同当事人带资承包进行限制,并给予行政处罚,而对于当事人之间的债权债务关系,仍应按照合同承担责任。因此,不应以当事人约定了带资承包条款,违反法律和行政法规的规定为由,而认定合同无效。

《全国法院民商事审判工作会议纪要》

31.【违反规章的合同效力】违反规章一般情况下不影响合同效力,但该规章的内容涉及金融安全、市场秩序、国家宏观政策等公序良俗的,应当认定合同无效。人民法院在认定规章是否涉及公序良俗时，要在考察规范对象基础上，兼顾监管强度、交易安全保护以及社会影响等方面进行慎重考量，并在裁判文书中进行充分说理。

第二十六条 【利息标准】当事人对欠付工程价款利息计付标准有约定的，按照约定处理。没有约定的，按照同期同类贷款利率或者同期贷款市场报价利率计息。

条文精解

本条是关于利息标准的规定。依据《民法典》第五百八十五条第一款的规定，当事人可以约定一方违约时应当根据违约情况向对方支付一定数额的违约金，也可以约定因违约产生的损失赔偿额的计算方法。发包人欠付工程价款，属于逾期付款，违反施工合同关于工程价款付款期限的规定，依法应向承包人承担逾期付款的违约责任。发包人与承包人既可以约定一定数额的违约金，也可以约定损失赔偿的计算方法，利息计付标准属于损失赔偿的计算方法，当事人对其有约定的，按照约定处理。依据《最高人民法院关于审理民间借贷案件适用法律若干问题的规定》第二十八条第二款第一项的规定，当事人既未约定借期内利率，也未约定逾期利率，出借人主张借款人自逾期还款之日起参照当时一年期贷款市场报价利率标准计算的利息承担逾期还款违约责任的，人民法院应予支持。发包人与承包人确定工程价款欠付金额后，其法律关系为工程价款给付的债权债务关系。依据前述规定，在发包人与承包人没有约定逾期支付工程价款利息计付标准的情形下，应当按照同期同类贷款利率或者同期贷款市场报价利率计息。

关于欠付工程价款利息的性质问题。《建设工程施工合同解释(一)》第二十五条第三款规定，当事人对垫资利息没有约定，承包人请求支付利息的，人民法院不予支持。理解欠付工程价款利息的性质，可以与垫付工程价款利息的规定对比进行。因为工程垫资利息属于约定利息，所以在没有约定的情况下，人民法院不予支持。而本条关于工程欠款的利息，没有约定的，则按照同期同类贷款利率或者同期贷款市场报价利率计息。因为欠付工程价款利息属于法定孳息，所以在没有约定的情况下，按照同期同类贷款利率或者同期贷款市场报价利率计算，不因没有约定而丧失。关于法定孳息，可以通过民间借贷关于逾期还款利息的规定进行理解。《最高人民法院关于审理民间借贷案件适用法律若干问题的规定》第二十八条第二款第一项规定，当事人既未约定借期内利率，也未约定逾期利率，出借人主张借款人自逾期还款之日起参照当时一年期贷款市场报价利率标准计算的利息承担逾期还款违约责任的，人民法院应予支持。此处的逾期还款利息即是法定孳息，在出借人与借款人没有约定的情况下，出借人可以请求参照贷款市场报价利率标准要求借款人计付。同理，在发包人欠付承包人工程价款逾期未付的情况下，如果没有约定，承包人可以按照同期同类贷款利率或者同期贷款市场报价利率计息。这是法律赋予承包人的权利，不受合同效力的影响，不因没有约定而丧失，谓之"法定孳息"。

关于欠付工程价款利息的法定上限问题。《最高人民法院关于审理民间借贷案件适用法律若干问题的规定》第二十八条第一款规定，借贷双方对逾期利率有约定的，从其约定，但是以不超过合同成立时一年期贷款市场报价利率四倍为限。当事人对欠付工程价款利息计付标准有约定的，按照约定处理，但超过法定利率上限的部分不受法律保护，适用的就是前述规定。2019 年 8 月 20 日以前年利率的上限是 24%，2019 年 8 月 20 日以后年利率的上限是贷款市场报价利率的四倍。关于当事人同时约定逾期付款利息和逾期付款违约金的上限问题，存在两种观点：(1)认为逾期利息和逾期违约金是两种不同性质的责任承担方式，利息的上限为前述四倍的规定，违约金则根据实际损失进行调整，可以同时支持;(2)认为逾期利息和逾期违约金都是欠付工程价款违约责任的承担方式,其总和不应超过前述四倍的规定。笔者认同第二种观点,理由是:(1)依据《最高人民法院关于审理民间借贷案件适用法律若干问题的规定》第二十九条的规定,出借人与借款人既约定了逾期利率,又约定了违约金或者其他费用,可以一并主张,但是总计不能超过合同成立时一年期贷款市场报价利率四倍。工程欠款是债权债务关系,应当适用前述规定。(2)第一种观点会导致当事人通过同时约定逾期付款利息、逾期违约金及其他费用等方式,规避法定利率上限,违背立法原意。所以,不管当事人约定何种形式承担逾期支付工程价款的违约责任,其总数应在贷款市场报价利率的四倍之内。另外,关于违约金过高的问题,《全国法院民商事审判工作会议纪要》第50条规定,除借款合同外的双务合同,作为对价的价款或者报酬给付之债,并非借款合同项下的还款义务,不能以受法律保护的民间借贷利率上限作为判断违约金是否过高的标准,而应当兼顾合同履行情况、当事人过错程度以及预期利益等因素综合确定。主张违约金过高的违约方应当对违约金是否过高承担举证责任。

适用本条,应注意以下几点:(1)自2019年8月20日起,中国人民银行已经授权全国银行间同业拆借中心于每月20日(遇节假日顺延)公布贷款市场报价利率(LPR),中国人民银行贷款基准利率这一标准已经取消,故对于2019年8月20日之后的利息计算标准变更为全国银行间同业拆借中心公布的贷款市场报价利率。(2)当事人如果认为约定的工程欠款利息计付标准高于贷款市场报价利率的四倍(2019年8月20日以前是月利率不能超过2%,年利率不能超过24%),可以要求人民法院予以调整。(3)本条适用范围是工程价款,不包括工期赔偿、质量赔偿等其他费用。(4)如果施工合同无效,关于欠付工程价款的利息计付标准或者逾期付款违约金的约定也无效,工程价款利息属于法定孳息,按照同期同类贷款利率或者同期贷款市场报价利率计付。(5)本条的

"当事人",不仅包括承包人,也包括发包人。承包人要求的利息计付标准高于同期同类贷款利率或者同期贷款市场报价利率的,发包人可以根据本条第二句抗辩。

案例适用

146　欠付工程价款利息计付标准未超过法定上限,能否要求调整?

案件名称:湖北闽鑫投资建设有限公司(以下简称闽鑫公司)与湖北武汉中南建设工程有限公司(以下简称中南公司)建设工程施工合同纠纷案

审理法院:湖北省高级人民法院

案　　号:(2019)鄂民终994号

裁判观点:双方当事人在《建设工程施工协议》中约定,闽鑫公司如果未按约定日期支付中南公司工程款项,未付款项按中国人民银行同期贷款利率的4倍支付利息,因上述约定没有超过法定利率的上限,故闽鑫公司关于利息过高,应予调整的上诉请求与有约定从约定、无约定从法定的原则不符,缺乏事实及法律依据,本院不予支持。

147　欠付工程价款利息计付标准超过法定上限,应否支持?

案件名称:湖北省工业建筑集团有限公司(以下简称湖北工建公司)与十堰市福泽苑房地产开发有限公司(以下简称福泽苑公司)建设工程施工合同纠纷案

审理法院:湖北省高级人民法院

案　　号:(2018)鄂民终1348号

裁判观点:2004年《建设工程施工合同解释》第十七条(现为《建设工程施工合同解释(一)》第二十六条)规定,"当事人对欠付工程价款利息计付标准有约定的,按照约定处理;没有约定的,按照中国人民银行发布的同期同类贷款利率计息"。该条是关于计付欠付工程款利息支付标准的规定。欠付工程价款利息属于法定孳息,发包人欠付承包人工程价款时就应当向债权人支付利息,这是民法债的一般原则。当事人对欠付工程价款利息计付标准有约定的,按照约定处理。当事人对欠付工程款利息的起算时间、利率等事项有约定的,从其约定,充分遵照当事人在合同中作出的真实意思表示。同时,合同约定的利率应当在国家法定利率上下限内予以保护,当约定的利率违反国家规定时,对超出的部分则不予保护。本案中,湖北工建公司与福泽苑公司约定针对福泽苑公司欠付工程款按月息3分标准计付,但因该标准超出了年利率24%的限额,对超出的部分原审判决不予支持并无不当。

148　欠付工程价款利息计付标准低于实际损失,能否要求调整?

案件名称:北京中关村开发建设股份有限公司(以下简称中关村公司)、湖南省高速公路管理局等建设工程施工合同纠纷案

审理法院:最高人民法院

案　　号:(2019)最高法民终1401号

裁判观点:关于欠付工程款计息标准问题。2004年《建设工程施工合同解释》第十七条(现为《建设工程施工合同解释(一)》第二十六条)规定,当事人对欠付工程价款利息计付标准有约定的,按照约定处理;没有约定的,按照中国人民银行发布的同期同类贷款利率计息。涉案施工合同约定未付款额利率为0.08‰/天,原审法院依据上述规定,确定按0.08‰/天计算欠付款利息,并无不当。但从实际考量看,合同约定的利率0.08‰/天,折合年利率为2.88%,尚不足同期同类贷款利率6.12%的一半,确实过低。依据《合同法》第一百一十四条(现为《民法典》第五百八十五条)的规定,约定的违约金低于造成的损失的,当事人可以请求人民法院或者仲裁机构予以增加;约定的违约金过分高于造成的损失的,当事人可以请求人民法院或者仲裁机构予以适当减少。现中关村公司主张合同约定0.08‰/天的标准过低,要求法院对利率调高,按照银行同期贷款年利率6.12%计息,符合法律规定,本院予以支持。

149 同期同类贷款利率和同期贷款市场报价利率如何选择适用？

案件名称：甘肃省建设投资（控股）集团有限公司与兰州天宝房地产开发有限公司建设工程施工合同纠纷案

审理法院：最高人民法院

案　　号：（2021）最高法民终1053号

一审裁判观点：因自2019年8月20日起，中国人民银行已经授权全国银行间同业拆借中心于每月20日（遇节假日顺延）公布贷款市场报价利率（LPR），中国人民银行贷款基准利率这一标准已经取消，故对于2019年8月20日之后的利息计算标准变更为全国银行间同业拆借中心公布的贷款市场报价利率。

二审裁判观点：维持原判。

150 "利息和误工补偿费"能否计息？

案件名称：陕西中岭建设工程有限公司与陕西瑞博置业有限公司等建设工程施工合同纠纷案

审理法院：陕西省高级人民法院

案　　号：（2020）陕民终466号

裁判观点：关于420万元是否应计入本金进而计算利息的问题。根据双方《工程欠款利息补充协议书》的约定，420万元属于施工方的"利息和误工补偿"，并不属于工程款性质，若将该420万元计入欠付数额计算利息，根据双方月息2%的约定，不仅出现计算复利的情形，亦会造成实际利息超过法律所保护的24%上限。据此，原审未将该金额计入本金计算并无不当。

151 施工合同无效，欠付工程价款利息如何计算？

案件名称：山湖建设集团有限公司与新疆绿城市政园林有限公司建设工程施工合同纠纷案

审理法院：新疆维吾尔自治区高级人民法院

案　　号：（2022）新民终138号

裁判观点：依据《建设工程施工合同解释(一)》第二十六条的规定，本案中当事人签订的《工程内部承包协议》、《专业分包合同》及《劳务分包合同》均无效，双方关于利息的约定亦无效，依照上述法律规定，应当按照中国人民银行发布的同期同类贷款年利率计算利息，一审法院按照3.85%计算欠付工程款的利息并无不当，本院予以维持。

相关规定

《民法典》

第六百七十六条　借款人未按照约定的期限返还借款的，应当按照约定或者国家有关规定支付逾期利息。

《最高人民法院关于审理民间借贷案件适用法律若干问题的规定》

第二十八条　借贷双方对逾期利率有约定的，从其约定，但是以不超过合同成立时一年期贷款市场报价利率四倍为限。

未约定逾期利率或者约定不明的，人民法院可以区分不同情况处理：

(一)既未约定借期内利率，也未约定逾期利率，出借人主张借款人自逾期还款之日起参照当时一年期贷款市场报价利率标准计算的利息承担逾期还款违约责任的，人民法院应予支持；

(二)约定了借期内利率但是未约定逾期利率，出借人主张借款人自逾期还款之日起按照借期内利率支付资金占用期间利息的，人民法院应予支持。

第二十九条　出借人与借款人既约定了逾期利率，又约定了违约金或者其他费用，出借人可以选择主张逾期利息、违约金或者其他费用，也可以一并主张，但是总计超过合同成立时一年期贷款市场报价利率四倍的部分，人民法院不予支持。

《全国法院民商事审判工作会议纪要》

50.【违约金过高标准及举证责任】认定约定违约金是否过高，一般应当以《合同法》第113条规定的损失为基础进行判断，这里的损失包括合同履行后可以获得的利益。除借款合同外的双务合同，作为对价的价款或者报酬给付之债，并非借款合同项下的还款义务，不能以受法律保护的民间借贷利率上限作为判断违约金是否过高的标准，而应当兼顾合同履行情况、当事人过错程度以及预期利益等因素综合确定。主张违约金过高的违约方应当对违约金是否过高承担举证责任。

（三）关于借款合同

……自2019年8月20日起，中国人民银行已经授权全国银行间同业拆借中心于每月20日（遇节假日顺延）9时30分公布贷款市场报价利率（LPR），中国人民银行贷款基准利率这一标准已经取消。因此，自此之后人民法院裁判贷款利息的基本标准应改为全国银行间同业拆借中心公布的贷款市场报价利率……

《中国人民银行公告（2019）第15号—关于中国人民银行决定改革完善贷款市场报价利率（LPR）形成机制有关事宜的公告》

一、自2019年8月20日起，中国人民银行授权全国银行间同业拆借中心于每月20日（遇节假日顺延）9时30分公布贷款市场报价利率，公众可在全国银行间同业拆借中心和中国人民银行网站查询。

……

四、将贷款市场报价利率由原有1年期一个期限品种扩大至1年期和5年期以上两个期限品种。银行的1年期和5年期以上贷款参照相应期限的贷款市场报价利率定价，1年期以内、1年至5年期贷款利率由银行自主选择参考的期限品种定价。

……

《商业银行法》

第三十八条　商业银行应当按照中国人民银行规定的贷款利率的上下限，确定贷款利率。

《建设工程施工合同（示范文本）》

第二部分　通用合同条款

12.4.4　进度款审核和支付

……

（2）除专用合同条款另有约定外，发包人应在进度款支付证书或临时进度款支付证书签发后14天内完成支付，发包人逾期支付进度款的，应按照中国人民银行发布的同期同类贷款基准利率支付违约金。

14.2　竣工结算审核

……

(2)除专用合同条款另有约定外,发包人应在签发竣工付款证书后的14天内,完成对承包人的竣工付款。发包人逾期支付的,按照中国人民银行发布的同期同类贷款基准利率支付违约金;逾期支付超过56天的,按照中国人民银行发布的同期同类贷款基准利率的两倍支付违约金。

……

《建设项目工程总承包合同(示范文本)》

第二部分　通用合同条件

14.3.2　进度付款审核和支付

……

除专用合同条件另有约定外,发包人应在进度款支付证书签发后14天内完成支付,发包人逾期支付进度款的,按照贷款市场报价利率(LPR)支付利息;逾期支付超过56天的,按照贷款市场报价利率(LPR)的两倍支付利息。

……

14.5.2　竣工结算审核

……

(2)除专用合同条件另有约定外,发包人应在签发竣工付款证书后的14天内,完成对承包人的竣工付款。发包人逾期支付的,按照贷款市场报价利率(LPR)支付违约金;逾期支付超过56天的,按照贷款市场报价利率(LPR)的两倍支付违约金。

……

第二十七条　【利息起算】利息从应付工程价款之日开始计付。当事人对付款时间没有约定或者约定不明的,下列时间视为应付款时间:

(一)建设工程已实际交付的,为交付之日;

(二)建设工程没有交付的,为提交竣工结算文件之日;

(三)建设工程未交付,工程价款也未结算的,为当事人起诉之日。

条文精解

本条是关于利息起算的规定。《建筑法》第十八条第二款、《民法典》第七百九十九条第一款明确规定,发包人应当按照合同约定及时向承包人支付工程价款,这既是发包人的法定义务,也是其约定义务。《民法典》第六百七十六条规定,借款人未按照约定的期限返还借款的,应当按照约定或者国家有关规定支付逾期利息。工程价款利息属于法定孳息,发包人逾期支付工程价款的,应向承包人支付逾期付款利息。逾期支付工程价款利息的起算时间自然是发包人应当向承包人支付工程价款的时间,两者是同步的。工程价款支付时间有约定的,按照约定处理。没有约定或者约定不明的,按照本条第一项到第三项的顺序确定。

关于工程价款付款时间有约定,按照约定处理的问题。工程价款包括工程预付款、工程进度款、工程竣工结算款。实践中,工程预付款的支付时间一般约定在施工合同签订后一个月内或者不迟于开工通知载明的开工日期7天内支付。工程进度款的支付时间一般约定在承包人提交进度付款申请以及相关材料后的28天内支付。其中,监理人收到承包人提交的资料后7天内完成审查并报发包人,发包人7天内完成审批并签发进度款支付证书,证书签发后14天内向承包人支付工程进度款。工程竣工结算款的支付时间一般约定在承包人提交竣工结算申请后的56天内支付。其中,监理人收到承包人提交的竣工结算申请后14天内完成核查并报送发包人,发包人14天内完成审批并签发竣工付款证书,证书签发后14天内向承包人支付工程竣工结算款。在通过合同约定能够确定工程价款应付款时间的情形下，不应适用工程交付的时间、提交竣工结算文件的时间及起诉的时间确定工程价款应付时间。只有无法通过合同约定确定工程价款应付款时间的情形下，才适用本条第一项至第三项的规定进行认定。

关于以建设工程交付之日作为应付工程价款时间的问题。《民法典》第七百九十九条规定，建设工程竣工验收合格后，发包人应当按照约定支付工程价款。《建设工程施工合同解释(一)》第十四条规定，建设工程未经竣工验收，发包人擅自使用后，又以使用部分质量不符合约定为由主张权利的，人民法院不予支持。建设工程已经实际交付的，在付款时间没有约定或者约定不明的情形下，发包人应当向承包人支付工程价款，通俗地讲就是"钱货两清"。另外，如果承包人中途退场，发包人实际上已经接收了建设工程，那么也是以交付时间为工程价款应付时间。

关于以提交竣工结算文件之日作为应付工程价款时间的问题。《建设工程价款结算暂行办法》第十六条规定，发包人收到竣工结算报告及完整的结算资料后，在规定或约定期限内，对结算报告及资料没有提出意见，则视同认可。一般情况下，监理人收到承包人提交的竣工结算文件后需要相应的时间进行核查，然后才报送发包人。发包人需要相应的时间审批，然后才签发竣工付款证书。签发竣工付款证书后，需要相应的时间才支付工程价款。监理人和发包人对承包人提交的资料有异议的，承包人也需要相应的时间补充相关资料。本条没有就上述事宜空出合理时间，直接以提交竣工结算文件的时间作为工程价款应付时间，主要是为防止发包人故意拖延审核承包人提交的竣工结算文件，督促发包人及时与承包人进行竣工结算。基础法理是《民法典》第一百五十九条的规定，附条件的民事法律行为，当事人为自己的利益不正当地阻止条件成就的，视为条件已经成就。实务中，如果承包人没有提交竣工结算文件，但双方已经就结算事宜进行了实质性的处理，比如进行了工程造价鉴定,也可能适用本项的规定处理,以鉴定作出之日为工程价款应付之日。另外,应注意区分本项与《建设工程施工合同解释(一)》第九条和第十七条第一款第三项的规定,第九条规定的竣工日期也是以承包人提交报告之日为准,而第十七条规定的返还工程质量保证金的时间是以承包人提交工程竣工验收报告90日后起算。

关于以起诉之日作为应付工程价款时间的问题。本项适用的前提是建设工程尚未交付,工程价款也尚未结算,即起诉之前的时间无法作为应付工程价款的时间,只有起诉之后的时间可以作为应付工程价款的时间。起诉之后可以作为应付工程价款的时间包括起诉之日、判决生效之日、工程造价鉴定作出之日等。本项选择起诉之日作为应付工程价款的时间,没有选择判决生效之日、工程造价鉴定作出之日,其主要原因包括:(1)防止发包人利用建设工程漫长的诉讼程序拖延支付工程价款,督促其及时与承包进行结算,平衡发承包各方的利益。(2)判决生效之日和工程造价鉴定作出之日虽然能够确定工程价款的具体数额,但本条规定应付工程价款的时间,其用词是"视为",属于法律拟制,并不要求发承包双方对工程价款无争议。发包人拖延支付工程价款的理由通常也是工程尚未结算、工程存在质量问题等。如果要求发承包双方对工程价款无争议才计付利息,本条也就失去了督促发包人及时结算工程价款的意义。(3)起诉之日较为具体明确,工程造价可能存在数个不同的鉴定,时间不够明确。所以,本项以起诉之日作为应付工程价款的时间,不要求发承包双方对工程造价无争议或者工程价款具体明确。实务中,有案例认为起诉之日工程价款尚不明确,所以以判决生效之日计付利息,这是对本条立法原意的误读。

适用本条,应注意以下几点:(1)在合同能够确定应支付工程价款时间的情形下,应以合同确定的时间作为计息时间。(2)在应付工程价款的时间没有约定或者约定不明的情形下,工程交付之日、提交竣工结算文件之日、起诉之日的适用有先后顺序。前者无法确定的情形下,才适用后者。(3)起诉之日指的是承包人递交起诉状的时间,不是人民法院立案的时间。(4)如果是通过反诉主张工程价款利息,应从提起反诉之日起算利息,不是起诉之日。当然,合同能够确定、工程已经交付、竣工结算文件已经提交的除外。(5)如果施工合同无效,则关于工程价款支付时间的约定也无效,等于没有约定工程价款支付时间,应当按照工程交付时间、提交竣工结算文件时间及起诉时间确定应付工程价款的时间,这点在实务中存在较大争议。

案例适用

152 付款时间有约定,利息何时起算?

案件名称:新疆冶金建设(集团)有限责任公司(以下简称冶金建设公司)与新疆景化城奥莱房地产开发有限责任公司(以下简称奥莱房产开发公司)建设工程施工合同纠纷案

审理法院:新疆维吾尔自治区高级人民法院

案　　号:(2022)新民终17号

裁判观点:2016年8月1日签订的《建设工程施工合同》对案涉工程款支付有明确约定,即双方对应付工程款时间有明确约定。……本案中,2019年11月20日冶金建设公司提交结算资料后,正祥公司未在28日内代表奥莱房产开发公司提出异议,直至2020年5月才要求冶金建设公司补齐资料,按照2016年8月1日双方签订的《建设工程施工合同》的约定,应自冶金建设公司提交结算资料后第29天起视为奥莱房产开发公司已签发竣工付款证书,并应在14日内完成付款。故奥莱房产开发公司应付款时间为2020年1月2日,即应付工程款8,221,831元的利息起算时间为2020年1月2日。

153 建设工程已交付,利息何时起算?

案件名称:国网西藏电力有限公司(以下简称国网西藏公司)与西藏兴源建设工程有限公司(以下简称兴源公司)建设工程合同纠纷案

审理法院：西藏自治区高级人民法院

案　　号：(2022)藏民终 22 号

裁判观点：兴源公司于 2016 年 12 月 21 日向国网西藏公司移交竣工资料后，因双方未能就结算金额达成一致而未进行竣工验收，但国网西藏公司已于 2015 年 6 月 2 日开始将案涉工程带电运行投入使用。2004 年《建设工程施工合同解释》第十八条(现为《建设工程施工合同解释(一)》第二十七条)规定，“利息从应付工程价款之日计付。当事人对付款时间没有约定或者约定不明的，下列时间视为应付款时间：(一)建设工程已实际交付的，为交付之日”……据此，本院认为，一审法院依照双方合同约定及上述司法解释规定，认定案涉应付工程款利息的支付时间自工程实际投入使用时间 2015 年 6 月 2 日起计算至付清之日止并无不妥。

154　承包人中途退场，利息何时起算？

案件名称：罗某雄与贵州钢建工程有限公司(以下简称钢建公司)及遵义市新区开发投资有限责任公司(以下简称遵义开投公司)建设工程施工合同纠纷案

审理法院：最高人民法院

案　　号：(2021)最高法民终 394 号

裁判观点：钢建公司和罗某雄之间就案涉工程建立合同关系，虽然双方的《项目内部承包合同》约定参照钢建公司和发包人遵义开投公司签订的《建设工程施工合同》执行，但罗某雄系施工过程中被钢建公司清退出场，并未完成全部工程的施工。钢建公司在罗某雄于 2018 年 8 月 31 日彻底退场后，实质上接手了案涉工程，应视为罗某雄将其施工的部分交付给钢建公司。……罗某雄完全退场后，钢建公司实质上完全接手案涉工程即意味着钢建公司应对案涉工程款承担支付责任，意味着对双方之间结算条款的变更。因此，一审法院确认 2018 年 8 月 31 日为罗某雄请求工程款的应支付之日，并认定案涉工程价款的利息起算点为

2018 年 9 月 1 日,并无不当。

155　建设工程未交付,已提交结算文件,利息何时起算?

案件名称:北京城建集团有限责任公司(以下简称城建公司)与沈阳首开国盛投资有限公司(以下简称首开公司)建设工程施工合同纠纷案

审理法院:最高人民法院

案　　号:(2020)最高法民终 1042 号

裁判观点:双方合同中并未对工程款的利息作出明确约定。城建公司于 2013 年 10 月 18 日向首开公司报送盛京国际演艺中心一期主场馆工程结算书,而案涉工程尚未交付给首开公司。一审法院根据 2004 年《建设工程施工合同解释》第十八条(现为《建设工程施工合同解释(一)》第二十七条)"利息从应付工程价款之日计付。当事人对付款时间没有约定或者约定不明的,下列时间视为应付款时间:(一)建设工程已实际交付的,为交付之日;(二)建设工程没有交付的,为提交竣工结算文件之日;(三)建设工程未交付,工程价款也未结算的,为当事人起诉之日"的规定,认定案涉工程款利息应当从城建公司向首开公司提交结算文件之日起算,并无不当。

156　建设工程未交付,未提交结算文件,已进入结算阶段,利息何时起算?

案件名称:北京城建五建设集团有限公司(以下简称城建五公司)与内蒙古中服实业有限公司(以下简称中服公司)建设工程施工合同纠纷案

审理法院:最高人民法院

案　　号:(2020)最高法民终 1285 号

裁判观点:根据原审查明事实,至城建五公司起诉之时,案涉工程由双方共同控制,尚未交付,城建五公司亦未向中服公司提交竣工验收报告。但本案系因中服公司违约导致施工合同未能竣工验收并交付,在城建五公司提起诉讼之前,城建五公司已经向中服公司主张支付工程款。中服公司曾经委托杰信公司对工程造价进行审计,城建五公司予以配合,说明双方已经进入结算阶段。尽管城建五公司不认可杰信公司的鉴定意见,但是能够证明此时中服公司应予支付工程款。杰信公司出具审计报告之日 2015 年 12 月 5 日作为中服公司应付工程款时间更符合本案实际情况。原判决自城建五公司起诉之时计算工程款利息,本院予以纠正。

157　建设工程未交付,未结算,仅起诉的,利息何时起算?

案件名称:山湖建设集团有限公司(以下简称山湖公司)与新疆绿城市政园林有限公司(以下简称新疆绿城公司)建设工程施工合同纠纷案

审理法院:新疆维吾尔自治区高级人民法院

案　　号:(2022)新民终 138 号

裁判观点:关于利息起始时间,涉案工程至本案起诉之日仍未竣工、未结算,新疆绿城公司主张已交付涉案工程,但未提交相应证据予以证明,故应当自当事人起诉之日起算利息,一审法院自 2020 年 11 月 1 日起算利息不当,本院依法予以纠正。一审法院将截至 2021 年 11 月 30 日的利息共计 570,089.81 元作为基数,按同期贷款利率计算利息存在错误,本院予以纠正。山湖公司应当自 2021 年 5 月 8 日起,以剩余工程款 13,668,487.06 元为基数,按照年利率 3.85% 标准向新疆绿城公司支付逾期支付工程款利息。

158　建设工程未交付,未结算,未起诉仅反诉的,利息何时起算?

案件名称:中铁八局集团有限公司(以下简称中铁八局)与中铁十五局集团有限公司(以下简称中铁十五局)建设工程施工合同纠纷案

审理法院:最高人民法院

案　　号:(2021)最高法民再 93 号

裁判观点:中铁十五局离场时,双方未对工程款进行结算,截至中铁十五局于一审阶段提起反诉时，工程亦未完工。二审判决认定中铁八局应以尚欠工程价款为基数，向中铁十五局支付自中铁十五局提起反诉之日2017年8月16日起至2019年8月19日止按照中国人民银行公布的同期同类贷款利率计算的利息、自2019年8月20日起至款项付清之日止按照全国银行间同业拆借中心公布的贷款市场报价利率计算的利息，适用法律正确。

相关规定

《建筑法》

第十八条　……

发包单位应当按照合同的约定，及时拨付工程款项。

《民法典》

第六百七十六条　借款人未按照约定的期限返还借款的，应当按照约定或者国家有关规定支付逾期利息。

《建设工程价款结算暂行办法》

第十二条　工程预付款结算应符合下列规定：

……

（二）在具备施工条件的前提下，发包人应在双方签订合同后的一个月内或不迟于约定的开工日期前的7天内预付工程款，发包人不按约定预付，承包人应在预付时间到期后10天内向发包人发出要求预付的通知，发包人收到通知后仍不按要求预付，承包人可在发出通知14天后停止施工，发包人应从约定应付之日起向承包人支付应付款的利息（利率按同期银行贷款利率计），并承担违约责任。

……

第十三条　工程进度款结算与支付应当符合下列规定：

……

(三)工程进度款支付

1. 根据确定的工程计量结果,承包人向发包人提出支付工程进度款申请,14天内,发包人应按不低于工程价款的60%,不高于工程价款的90%向承包人支付工程进度款。按约定时间发包人应扣回的预付款,与工程进度款同期结算抵扣。

2. 发包人超过约定的支付时间不支付工程进度款,承包人应及时向发包人发出要求付款的通知,发包人收到承包人通知后仍不能按要求付款,可与承包人协商签订延期付款协议,经承包人同意后可延期支付,协议应明确延期支付的时间和从工程计量结果确认后第15天起计算应付款的利息(利率按同期银行贷款利率计)。

……

第十六条　发包人收到竣工结算报告及完整的结算资料后,在本办法规定或合同约定期限内,对结算报告及资料没有提出意见,则视同认可。

承包人如未在规定时间内提供完整的工程竣工结算资料,经发包人催促后14天内仍未提供或没有明确答复,发包人有权根据已有资料进行审查,责任由承包人自负。

根据确认的竣工结算报告,承包人向发包人申请支付工程竣工结算款。发包人应在收到申请后15天内支付结算款,到期没有支付的应承担违约责任……

《建设工程施工合同(示范文本)》

第二部分　通用合同条款

2.6　支付合同价款

发包人应按合同约定向承包人及时支付合同价款。

12.2　预付款

12.2.1　预付款的支付

预付款的支付按照专用合同条款约定执行,但至迟应在开工通知载明的开工日期7天前支付。预付款应当用于材料、工程设备、施工设备的采购及修建临时工程、组织施工队伍进场等。

……

发包人逾期支付预付款超过7天的，承包人有权向发包人发出要求预付的催告通知，发包人收到通知后7天内仍未支付的，承包人有权暂停施工，并按第16.1.1项〔发包人违约的情形〕执行。

12.4.4 进度款审核和支付

（1）除专用合同条款另有约定外，监理人应在收到承包人进度付款申请单以及相关资料后7天内完成审查并报送发包人，发包人应在收到后7天内完成审批并签发进度款支付证书。发包人逾期未完成审批且未提出异议的，视为已签发进度款支付证书。

发包人和监理人对承包人的进度付款申请单有异议的，有权要求承包人修正和提供补充资料，承包人应提交修正后的进度付款申请单。监理人应在收到承包人修正后的进度付款申请单及相关资料后7天内完成审查并报送发包人，发包人应在收到监理人报送的进度付款申请单及相关资料后7天内，向承包人签发无异议部分的临时进度款支付证书。存在争议的部分，按照第20条〔争议解决〕的约定处理。

（2）除专用合同条款另有约定外，发包人应在进度款支付证书或临时进度款支付证书签发后14天内完成支付，发包人逾期支付进度款的，应按照中国人民银行发布的同期同类贷款基准利率支付违约金。

……

14.1 竣工结算申请

除专用合同条款另有约定外，承包人应在工程竣工验收合格后28天内向发包人和监理人提交竣工结算申请单，并提交完整的结算资料，有关竣工结算申请单的资料清单和份数等要求由合同当事人在专用合同条款中约定。

……

14.2 竣工结算审核

（1）除专用合同条款另有约定外，监理人应在收到竣工结算申请单后14天内完成核查并报送发包人。发包人应在收到监理人提交的经审核的竣工结算申请单后14天内完成审批，并由监理人向承包人签发经发包人签认的竣工付款证书。监理人或发包人对竣工结算申请单有异议的，有权要求承包人进行修正和提供补充资料，承包人应提交修正后的竣工结算申请单。

发包人在收到承包人提交竣工结算申请书后28天内未完成审批且未提出异议的,视为发包人认可承包人提交的竣工结算申请单,并自发包人收到承包人提交的竣工结算申请单后第29天起视为已签发竣工付款证书。

(2)除专用合同条款另有约定外,发包人应在签发竣工付款证书后的14天内,完成对承包人的竣工付款。发包人逾期支付的,按照中国人民银行发布的同期同类贷款基准利率支付违约金;逾期支付超过56天的,按照中国人民银行发布的同期同类贷款基准利率的两倍支付违约金。

(3)承包人对发包人签认的竣工付款证书有异议的,对于有异议部分应在收到发包人签认的竣工付款证书后7天内提出异议,并由合同当事人按照专用合同条款约定的方式和程序进行复核,或按照第20条〔争议解决〕约定处理。对于无异议部分,发包人应签发临时竣工付款证书,并按本款第(2)项完成付款。承包人逾期未提出异议的,视为认可发包人的审批结果。

《建设项目工程总承包合同(示范文本)》

第二部分　通用合同条件

14.2.1　预付款支付

预付款的额度和支付按照专用合同条件约定执行。预付款应当专用于承包人为合同工程的设计和工程实施购置材料、工程设备、施工设备、修建临时设施以及组织施工队伍进场等合同工作。

……

发包人逾期支付预付款超过7天的,承包人有权向发包人发出要求预付的催告通知,发包人收到通知后7天内仍未支付的,承包人有权暂停施工,并按第15.1.1项[发包人违约的情形]执行。

14.3.2　进度付款审核和支付

除专用合同条件另有约定外,工程师应在收到承包人进度付款申请单以及相关资料后7天内完成审查并报送发包人,发包人应在收到后7天内完成审批并向承包人签发进度款支付证书。发包人逾期(包括因工程师原因延误报送的时间)未完成审批且未提出异议的,视为已签发进度款支付证书。

工程师对承包人的进度付款申请单有异议的,有权要求承包人修正和提供补充资料，承包人应提交修正后的进度付款申请单。工程师应在收到承包人修正后的进度付款申请单及相关资料后 7 天内完成审查并报送发包人，发包人应在收到工程师报送的进度付款申请单及相关资料后 7 天内，向承包人签发无异议部分的进度款支付证书。存在争议的部分，按照第 20 条[争议解决]的约定处理。

除专用合同条件另有约定外，发包人应在进度款支付证书签发后 14 天内完成支付，发包人逾期支付进度款的，按照贷款市场报价利率(LPR)支付利息；逾期支付超过 56 天的，按照贷款市场报价利率(LPR)的两倍支付利息。

……

14.5.2　竣工结算审核

(1)除专用合同条件另有约定外，工程师应在收到竣工结算申请单后 14 天内完成核查并报送发包人。发包人应在收到工程师提交的经审核的竣工结算申请单后 14 天内完成审批，并由工程师向承包人签发经发包人签认的竣工付款证书。工程师或发包人对竣工结算申请单有异议的，有权要求承包人进行修正和提供补充资料，承包人应提交修正后的竣工结算申请单。

发包人在收到承包人提交竣工结算申请书后 28 天内未完成审批且未提出异议的，视为发包人认可承包人提交的竣工结算申请单，并自发包人收到承包人提交的竣工结算申请单后第 29 天起视为已签发竣工付款证书。

(2)除专用合同条件另有约定外，发包人应在签发竣工付款证书后的 14 天内，完成对承包人的竣工付款。发包人逾期支付的，按照贷款市场报价利率(LPR)支付违约金；逾期支付超过 56 天的，按照贷款市场报价利率(LPR)的两倍支付违约金。

(3)承包人对发包人签认的竣工付款证书有异议的，对于有异议部分应在收到发包人签认的竣工付款证书后 7 天内提出异议，并由合同当事人按照专用合同条件约定的方式和程序进行复核，或按照第 20 条[争议解决]约定处理。对于无异议部分，发包人应签发临时竣工付款证书，并按本款第(2)项完成付款。承包人逾期未提出异议的，视为认可发包人的审批结果。

第二十八条 【固定不鉴】当事人约定按照固定价结算工程价款，一方当事人请求对建设工程造价进行鉴定的，人民法院不予支持。

条文精解

本条是关于固定不鉴的规定。依据《建设工程施工发包与承包价格管理暂行规定》第七条的规定，工程价格包括三种形式：固定价格、可调价格、工程成本加酬金确定的价格。固定价格在约定的工程范围内不因价格变化而调整。可调价格根据约定的调整范围和方式随价格变化而调整。工程成本加酬金确定的价格由成本和酬金构成。成本按照现行的计价依据，以约定的办法计算。酬金按工程成本乘以通过竞争确定的费率计算。本条规定的固定价包括固定总价和固定单价。参照《建设工程施工合同（示范文本）》第二部分通用合同条款第 12.1 条合同价格形式的规定，固定总价结算是当事人约定以施工图、已标价工程量清单或预算书及有关条件计算、调整和确认合同价格，在约定的范围内总价不作调整的结算方式。固定单价结算是当事人约定以工程量清单及其综合单价计算、调整和确认价格，约定的范围内单价不作调整的结算方式。当事人约定按照固定总价或者固定单价结算工程价款的，一方当事人请求对工程造价进行鉴定，人民法院不予支持。

关于约定固定价结算工程价款，工程造价鉴定不予支持的理解问题。《民法典》第七条规定，民事主体从事民事活动，应当遵循诚信原则，秉持诚实，恪守承诺。《民事诉讼法》第十三条第一款规定，民事诉讼应当遵循诚信原则。当事人约定按照固定价结算工程价款，应当诚实信用，不能为谋求更高的经济利益，要求对工程造价进行鉴定，试图以更高的标准进行工程结算。《民事诉讼法解释》第一百二十一条第一款、《最高人民法院关于人民法院民事诉讼中委托鉴定审查工作若干问题的规定》第1条第3项、第5项规定,申请事项与待证事实无意义的,通过法庭调查、勘验等方法可以查明的,其鉴定申请不予准许。当事人约定按照固定价结算工程价款,如果是固定总价包干,承包人按照约定完成建设工程,发包人按照总价支付工程价款即可。如果是固定单价平方米包干,通过固定单价及平方米数,即可计算应付工程价款,不需要进行工程造价鉴定。人民法院认定工程价款,尊重当事人的意思自治,维护契约精神,以当事人关于固定价结算的约定为依据。工程价款通过合同约定及相关签证文件即可查明,工程造价鉴定对其没有意义。所以,当事人约定按照固定价结算工程价款的,一方当事人请求对工程造价进行鉴定的,人民法院不予支持。

关于约定固定价结算工程价款,可予鉴定的除外情形问题。首先,应强调一点,本条规定的不予鉴定的主要原因,是当事人对工程价款结算已经进行了明确的约定,应按照约定结算工程价款,禁止反言。可予鉴定的例外情形自然是没有相关约定,或者实际履行的情况与合同约定不符,下面分类阐述:(1)施工范围超过固定价包含的风险范围的部分的造价鉴定,因为其不在固定价约定的工程范围内,所以对其进行工程造价鉴定不违反本条规定。固定价合同都会约定固定价包含的风险范围,当事人对风险范围以外的工程造价产生争议,按照《建设工程施工合同解释(一)》第十九条的规定处理。(2)设计变更导致工程造价变化的部分的造价鉴定,如果变化在固定价约定的范围之内,按照本规定处理。如果变化超出固定价约定的范围,就超出部分进行工程造价鉴定不违反本条规定。(3)中途退场鉴定已完成工程量。如果是固定总价包干,因为其没有完成固定总价约定的工程范围,无法按照约定的固定总价全额支付。如果是固定单价平方米包干,因为各个部分成本不同,而固定单价又是通过总平方数取的均值,通过完成的平方米数直接计算工程造价,必然不公。实务中,一般采用的方式是鉴定已完成工程量,并通过其与总工程量的比例,乘以约定的工程总价款,得出应付工程价款。所以,对于中途退场的情形，鉴定已完成工程量，不违反本条的规定。(4)进行非工程造价的鉴定，不违反本条的规定，本条规定的是工程造价的鉴定。

适用本条，应注意以下几点：(1)固定价合同，一方当事人事后以显失公平或者情势变更为由，要求工程造价鉴定，一般不予支持，当事人对合同价格应当有充分的认识。(2)固定单价合同，如果鉴定可调价部分的工程造价，不违背本条的规定。(3)名为固定价，实为可调价，进行工程造价鉴定，不违背本条的规定。(4)无效合同约定固定价结算工程价款，建设工程验收合格的，参照固定价结算的约定折价补偿，适用本条不予鉴定的规定。

案例适用

159 固定总价合同，已完成合同约定范围，工程造价鉴定应否支持？

案件名称：青海新千房地产开发有限责任公司（以下简称新千公司）与中国建筑装饰集团有限公司（以下简称中建公司）建设工程施工合同纠纷案

审理法院：最高人民法院

案　　号：(2019)最高法民申2454号

裁判观点：关于工程总结算价款问题。首先，新千公司与中建公司于2015年9月1日签订的《建设工程装修施工合同》第五条合同价款约定，合同包干价2100万元。根据2004年《建设工程施工合同解释》第二十二条（现为《建设工程施工合同解释（一）》第二十八条）的规定，“当事人约定按照固定价结算工程价款，一方当事人请求对建设工程造价进行鉴定的，不予支持”。故原审判决未对工程造价进行鉴定而依约认定案涉合同固定价为2100万元并无不当。其次，双方《建设工程装修施工合同》专用条款第9.2条约定，结算方式：合同总价款＋变更签证＋工程联系单。根据2004年《建设工程施工合同解释》第十六条（现为《建设工程施工合同解释(一)》第十九条)的规定,“当事人对建设工程的计价标准或者计价方法有约定的,按照约定结算工程价款”。故原审判决就合同外签证单和工程联系单所涉工程量及对应的价款予以调整结算并确定最终案涉工程价款亦无不当。据此,在案涉合同为固定价格且中建公司已完成合同固定价2100万元范围内的全部项目的前提下,原审判决未再对合同项下工程项目进行鉴定,而根据中建公司申请委托鉴定机构对合同外已经双方质证的签证单、工程联系单等资料进行鉴定并据此结算,有事实和法律依据。

160 固定单价合同,就合同约定外增加的工程进行造价鉴定是否违反规定?

案件名称:兰州市第五十七中学(以下简称兰州五十七中)与甘肃第三建设集团有限公司建设工程施工合同纠纷案

审理法院:最高人民法院

案　　号:(2021)最高法民申7507号

裁判观点:案涉《建设工程施工合同》约定工程价款为固定总价,但同时约定了合同价款的其他调整因素,包含工程设计变更和发生的现场签证等。该固定价款并不包括补充合同项下的工程,且双方对该增加部分的工程价款亦未进行结算;兰州五十七中在一审答辩中亦曾主张,该部分工程价款,在双方有争议的情况下,应通过工程造价鉴定予以确定。因此,一审法院就该增加工程委托造价鉴定,原判决结合鉴定意见认定案涉工程价款,并无不当。兰州五十七中主张《建设工程施工合同》采用固定单价合同不应进行鉴定的再审申请事由不成立,本院不予支持。

161 固定价合同,就未完成工程量进行鉴定是否违反规定?

案件名称:田某与兴安盟久泰房地产开发有限公司等建设工程施工合同纠纷案

审理法院:最高人民法院

案　　号:(2018)最高法民申6049号

裁判观点:案涉工程虽然为固定价格合同,但固定价格合同并非绝对不需要鉴定,如工程存在未完工程,通过鉴定的方式确定未施工的工程量是合理的,故一审法院对案涉工程未完工工程进行鉴定并不违反2004年《建设工程施工合同解释》的规定。

162 固定单价合同,就工程量进行鉴定是否违反规定?

案件名称:中铁十五局集团有限公司成都分公司(以下简称中铁十五局成都分公司)与福建省华峰建设发展有限公司(以下简称华峰公司)建设工程施工合同纠纷案

审理法院:最高人民法院

案　　号:(2014)民申字第362号

裁判观点:根据2005年11月19日华峰公司与中铁十五局成都分公司浦南高速公路b5标段项目部签订的《土石方施工劳务协议书》约定,案涉工程施行"施工劳务"和单价承包,即路基土石方工程项目(含路基土石方及路基红线以内的清表)一次包死,无论任何情况均不得进行"综合单价"的调整。因此案涉工程仅是单价固定,并非总价款固定。本案系因中铁十五局成都分公司对华峰公司提供的第9期争议工程量计价表不予认可而发生的纠纷,故一审法院根据华峰公司的申请,委托福建顺健工程造价咨询有限责任公司……对案涉工程的工程量进行鉴定,既未违反2004年《建设工程施工合同解释》第二十二条(现为《建设工程施工合同解释(一)》第二十八条)"当事人约定按照固定价结算工程价款,一方当事人请求对建设工程造价进行鉴定的,不予支持"的规定,亦有利于双方争议的解决,并无不当。

163 名为固定价,实为可调价,进行工程造价鉴定是否违反规定?

案件名称:澄迈恩利置业有限公司(以下简称恩利公司)与长沙桐木建设股份有限公司(以下简称桐木公司)建设工程施工合同纠纷案

审理法院:最高人民法院

案　　号:(2019)最高法民申5195号

裁判观点：虽然《补充协议书》第七条、第八条约定，合同价款高层实行预算包干价下浮7%，决算时只调整钢材、水泥（包括混凝土）、暂定价格部分材料的材差（只取税金）以及增减变更，并具体约定了2号、3号、4号、5号、6号、9号、10号楼的暂定价金额，但是，《补充协议书》第八条合同价款的末尾，双方进一步明确约定，高层部分合同价款最终以双方核算认可的价格为准。因此，《补充协议书》中关于高层2号、3号、4号、5号、6号、9号、10号楼的合同价款虽名为暂定价，实行预算包干价，但因最终的工程价款须待双方核算认可后才能作为结算依据，即高层部分工程价款并非固定不变，故《补充协议书》中关于高层部分工程的合同价款的约定并非2004年《建设工程施工合同解释》第二十二条（现为《建设工程施工合同解释（一）》第二十八条）规定的固定价。……恩利公司与桐木公司双方之间实际上对酒店、别墅工程的结算款存有争议。故原审法院……对酒店、别墅工程造价进行司法鉴定，并无不当。

164　固定总价合同，以显失公平为由申请工程造价鉴定应否支持？

案件名称：卢某义与营口华强玻璃有限公司建设工程施工合同纠纷案

审理法院：最高人民法院

案　　号：（2020）最高法民申2229号

裁判观点：案涉《建设工程施工合同》约定采用固定价格，合同价款为1360万元。该约定是双方自愿作出的真实意思表示，卢某义在签订合同时应当对合同约定的工程价款有充分认识，其事后认为合同约定价款明显不公，并主张案涉工程价款应当通过司法鉴定确定，没有事实和法律依据，二审法院不予支持并无不当。

165　固定价合同无效，不予准许工程造价鉴定是否合法？

案件名称：河南省大成建设工程有限公司（以下简称大成公司）与许昌恒鑫源置业有限公司建设工程施工合同纠纷案

审理法院：最高人民法院

案　　号:(2019)最高法民申4159号

裁判观点:首先,双方实际履行的合同为《一期工程施工合同》……双方采用了固定价结算的方式。根据2004年《建设工程施工合同解释》第二条规定,"建设工程施工合同无效,但建设工程经竣工验收合格,承包人请求参照合同约定支付工程价款的,应予支持。"该规定确立了建设工程施工合同无效情形下对结算工程款的处理,即可参照合同约定结算工程价款的折价补偿原则。2004年《建设工程施工合同解释》第二十二条(现为《建设工程施工合同解释(一)》第二十八条)规定,"当事人约定按照固定价结算工程价款,一方当事人请求对建设工程造价进行鉴定的,不予支持"。该条虽系合同有效前提下对是否进行鉴定的规定,但本案中,双方在合同中已经约定以固定总价结算工程价款,判决以合同约定的固定价款结算工程款符合当事人在签订合同时的真实意思表示,涉案房屋实际又已交付使用,二审判决适用该条规定并无明显不当,再者亦节省了当事人的鉴定费用,减少诉累,提高了诉讼效率。故大成公司相关申请理由不能成立。

相关规定

《民法典》

第七条　民事主体从事民事活动,应当遵循诚信原则,秉持诚实,恪守承诺。

《民事诉讼法》

第十三条　民事诉讼应当遵循诚信原则。

……

《民事诉讼法解释》

第一百二十一条　当事人申请鉴定,可以在举证期限届满前提出。申请鉴定的事项与待证事实无关联,或者对证明待证事实无意义的,人民法院不予准许。

……

《最高人民法院关于人民法院民事诉讼中委托鉴定审查工作若干问题的规定》

1. 严格审查拟鉴定事项是否属于查明案件事实的专门性问题，有下列情形之一的，人民法院不予委托鉴定：

……

(3) 对证明待证事实无意义的问题；

……

(5) 通过法庭调查、勘验等方法可以查明的事实；

……

《最高人民法院关于当前民事审判工作中的若干具体问题》

六、关于建设工程合同纠纷案件的审理问题

……

第三，关于工程价款结算问题。要尊重合同中有关工程价款结算方法、标准的约定内容，严格执行工程造价、工程质量等鉴定程序的启动条件。虽然建设工程施工合同无效，但建设工程经竣工验收合格的，一般应参照合同约定结算工程价款，实际施工人违反合同约定另行申请造价鉴定结算的，一般不予支持。

……

《建设工程价款结算暂行办法》

第八条　发、承包人在签订合同时对于工程价款的约定，可选用下列一种约定方式：

(一) 固定总价。合同工期较短且工程合同总价较低的工程，可以采用固定总价合同方式。

(二) 固定单价。双方在合同中约定综合单价包含的风险范围和风险费用的计算方法，在约定的风险范围内综合单价不再调整。风险范围以外的综合单价调整方法，应当在合同中约定。

……

《建设工程施工发包与承包价格管理暂行规定》

第七条　工程价格的分类。

(一) 固定价格。工程价格在实施期间不因价格变化而调整。在工程价格中应考虑价格风险因素并在合同中明确固定价格包括的范围。

……

《建设工程施工合同(示范文本)》

第二部分　通用合同条款

12.1　合同价格形式

发包人和承包人应在合同协议书中选择下列一种合同价格形式:

1.单价合同

单价合同是指合同当事人约定以工程量清单及其综合单价进行合同价格计算、调整和确认的建设工程施工合同,在约定的范围内合同单价不作调整。合同当事人应在专用合同条款中约定综合单价包含的风险范围和风险费用的计算方法,并约定风险范围以外的合同价格的调整方法,其中因市场价格波动引起的调整按第11.1款〔市场价格波动引起的调整〕约定执行。

2.总价合同

总价合同是指合同当事人约定以施工图、已标价工程量清单或预算书及有关条件进行合同价格计算、调整和确认的建设工程施工合同,在约定的范围内合同总价不作调整。合同当事人应在专用合同条款中约定总价包含的风险范围和风险费用的计算方法,并约定风险范围以外的合同价格的调整方法,其中因市场价格波动引起的调整按第11.1款〔市场价格波动引起的调整〕、因法律变化引起的调整按第11.2款〔法律变化引起的调整〕约定执行。

……

《建设项目工程总承包合同(示范文本)》

第二部分　通用合同条件

14.1　合同价格形式

14.1.1　除专用合同条件中另有约定外,本合同为总价合同,除根据第13条[变更与调整],以及合同中其他相关增减金额的约定进行调整外,合同价格不做调整。

14.1.2　除专用合同条件另有约定外:

(1)工程款的支付应以合同协议书约定的签约合同价格为基础,按照合同约

定进行调整;

(2)承包人应支付根据法律规定或合同约定应由其支付的各项税费,除第13.7款[法律变化引起的调整]约定外,合同价格不应因任何这些税费进行调整;

(3)价格清单列出的任何数量仅为估算的工作量,不得将其视为要求承包人实施的工程的实际或准确的工作量。在价格清单中列出的任何工作量和价格数据应仅限用于变更和支付的参考资料,而不能用于其他目的。

14.1.3 合同约定工程的某部分按照实际完成的工程量进行支付的,应按照专用合同条件的约定进行计量和估价,并据此调整合同价格。

第二十九条 【已结不鉴】当事人在诉讼前已经对建设工程价款结算达成协议,诉讼中一方当事人申请对工程造价进行鉴定的,人民法院不予准许。

条文精解

本条是关于已结不鉴的规定。《建设工程价款结算暂行办法》第三条规定,建设工程价款结算是指对建设工程的发承包合同价款进行约定和依据合同约定进行工程预付款、工程进度款、工程竣工价款结算的活动。建设工程价款结算协议是指发承包双方就前述款项的具体金额、支付时间所作的具有法律约束力的约定,一般是针对竣工结算款所作的约定。实务中,除了工程款项的约定之外,结算协议的内容还包括质量、工期、违约金等与施工合同权利义务终止相关的内容。有观点认为,只要是结算协议约定的内容,发承包双方就应依约履行,不能再申请工程相关鉴定,如工程质量鉴定、工期鉴定等。结算协议产生的方式主要有3种:(1)承包人提交结算资料,发包人审查确认;(2)发包人委托工程造价咨询机构审查,发承包双方共同确定;(3)发承包双方共同委托工程造价咨询机构审查,双方认可。无论是哪种方式产生的结算协议,发承包双方签字盖章后,都具有法律约束力,应全面履行,不应再进行工程造价鉴定。

关于达成结算协议后,对工程造价鉴定不予准许的理解问题。《民法典》第七条规定,民事主体从事民事活动,应当遵循诚信原则,秉持诚实,恪守承诺。《民事诉讼法》第十三条第一款规定,民事诉讼应当遵循诚信原则。当事人既已达成结算协议,在协议合法有效的情形下,应当诚实信用,按照结算协议履行,不应企图通过工程造价鉴定,以期获得更高的利益。《民事诉讼法解释》第一百二十一条第一款、《最高人民法院关于人民法院民事诉讼中委托鉴定审查工作若干问题的规定》第1条第(3)项规定,申请事项与待证事实无意义的,其鉴定申请不予准许。当事人即已达成结算协议,工程价款已经确定,进行工程造价鉴定对于认定工程价款没有意义。所以,在当事人已经达成工程价款结算协议的情形下,人民法院不予准许工程造价鉴定申请。

关于结算协议无效、被撤销的情形下,能否进行工程造价鉴定的问题。本条规定的工程价款结算协议应是有效的结算协议,如果达成的结算协议无效、被撤销,对当事人自始没有法律约束力,申请工程造价鉴定被准许就有可能。依据《民法典》第一百四十六条第一款、第一百五十三条、第一百五十四条的规定,导致结算协议无效的原因包括:当事人意思表示虚假,违反法律、行政法规的强制性规定,违背公序良俗,当事人恶意串通损害他人合法权益。首先,如果是因为当事人意思表示虚假导致结算协议无效,因为不是当事人的真实意思,结算协议自然不能作为认定工程价款的依据,可以进行工程造价鉴定,以确定工程价款。其次,如果是违反法律、行政法规的强制性规定或者公序良俗导致结算协议无效,需要区分结算协议是否属于当事人的真实意思。如果属于当事人的真实意思,应依据《民法典》第七百九十三条关于施工合同无效参照工程价款的约定折价补偿的规定处理,此时无效的结算协议可以作为结算依据，工程造价鉴定没有必要，应不予准许。反之，如果不是当事人的真实意思，可以进行工程造价鉴定，以确定工程价款。再次，如果是当事人恶意串通损害他人合法权益导致结算协议无效，因损害第三人权益，即使是当事人真实意思，也不应作为结算的依据，可以进行工程造价鉴定。最后，依据《民法典》第一百四十七条至第一百五十一条的规定，导致结算协议被撤销的原因包括重大误解、欺诈、显失公平。结算协议撤销的原因无论是上述哪种情形，其都不是当事人的真实意思，自然不能作为工程价款的结算依据，可以进行工程造价鉴定。

适用本条，应注意以下几点：(1)本条规定的结算协议达成的时间是诉讼前，有观点认为，如果诉讼中双方达成结算协议的，应适用本条的规定。(2)承包人中途退场，与发包人达成的结算协议，适用本条的规定，并非仅限竣工结算协议。(3)发、承包双方均不认可结算协议的情形下，结算协议无法作为工程价款结算的依据，进行工程造价鉴定不违反本条规定。

案例适用

166　诉前达成结算协议，诉中申请造价鉴定应否准许？

案件名称：刘某与陕西鑫鸿辉物业管理有限公司、铜川发达工程承包有限责任公司（以下简称发达公司）建设工程合同纠纷案

审理法院：最高人民法院

案　　号：最高法民申7533号

裁判观点：本案双方自2017年3月至12月多次就案涉工程结算问题共同委托咨询机构进行核对、协商，最终发达公司在费用汇总表中明确载明工程总造价为103,955,550.80元，并明确注明同意，故原审法院未予准许发达公司的鉴定申请，亦无不妥。

167　共同确认第三方出具的结算协议，申请造价鉴定应否准许？

案件名称：都匀市旅游文化投资发展（集团）有限公司（以下简称旅

投公司）与上海华凯展览展示工程有限公司（以下简称华凯公司）等建设工程施工合同纠纷案

审理法院：最高人民法院

案　　号：（2021）最高法民申2714号

裁判观点：《结算审核定案表》是由旅投公司委托第三方机构出具的并经旅投公司与华凯公司在诉讼前共同确认，即旅投公司与华凯公司在诉讼前已经对建设工程价款结算达成协议。故原审法院不予准许旅投公司对工程造价的鉴定申请，符合法律规定。

168　结算协议上的印章真实，名字代签，申请造价鉴定应否准许？

案件名称：青海豪都华庭房地产开发有限公司（以下简称豪都华庭公司）与中天建设集团有限公司（以下简称中天公司）建设工程施工合同纠纷案

审理法院：最高人民法院

案　　号：（2020）最高法民终1147号

裁判观点：中天公司提交《豪都华庭工程二期竣工决算书》上、下册，其中上册首页为《基本建设结算审核定案单》，定案单落款处加盖施工单位中天公司、发包人豪都华庭公司印章，签章日期为2015年10月13日。该决算书形成于案涉工程竣工验收移交使用且工程量结算书亦全部移交豪都华庭公司之后，定案单载明中天公司报审金额为269,028,603.90元，豪都华庭公司经审核核减31,226,538.61元，最终审定金额为237,477,195.80元，符合工程款结算的一般流程及模式。虽然经鉴定豪都华庭公司签章处"王某宁"的签字非本人所签，但豪都华庭公司印章真实。豪都华庭公司在定案单中加盖公司印章，即表明其对定案单中的工程造价金额予以认可。豪都华庭公司否认双方进行了决算并形成决算书和定案单，但没有证据推翻定案单中豪都华庭公司印章的真实性，亦无证据证明在定案单中加盖印章并非出于豪都华庭公司真实意愿。因此，一审法院采信该定案单作为认定案涉工程造价的依据,未予支持豪都华庭公司关于应通过鉴定确定案涉工程造价的主张,并无不当。

169 诉前达成结算协议,诉中共同申请造价鉴定应否准许?

案件名称:云南文荣建筑工程有限公司与景洪立丰房地产开发有限公司建设工程施工合同纠纷案

审理法院:最高人民法院

案　　号:(2020)最高法民再360号

裁判观点:关于鉴定意见是否应被采信的问题。《建设工程施工合同解释(二)》第十二条(现为《建设工程施工合同解释(一)》第二十九条)规定,当事人在诉讼前已经对建设工程价款结算达成协议,诉讼中一方当事人申请对工程造价进行鉴定的,人民法院不予准许。但本案中的鉴定程序的启动经过了双方当事人的同意,故原审法院未采信结算书而启动鉴定程序并无不当。

170 能否以"重大误解"为由撤销结算协议,并申请造价鉴定?

案件名称:甘肃瑞祥房地产开发有限公司(以下简称瑞祥公司)与江苏星宜佳装饰工程有限公司(以下简称星宜佳公司)装饰装修合同纠纷案

审理法院:最高人民法院

案　　号:(2021)最高法民申2337号

裁判观点:现有在案证据不能证明星宜佳公司在签订、履行合同及结算阶段具有利用自身优势或利用对方处于危困状态、缺乏判断能力的情形。瑞祥公司现以己方代理人欠缺行业经验,社会阅历不足等理由不予认可《结算汇总表》效力,于法无据。因双方已对工程结算达成一致意见,根据《建设工程施工合同解释(二)》第十二条(现为《建设工程施工合同解释(一)》第二十九条)"当事人在诉讼前已经对建设工程价款结算达成协议,诉讼中一方当事人申请对工程造价进行鉴定的,人民法院不予准许"的规定,原判决未准许瑞祥公司就案涉工程造价进行鉴定的申请，并按照《结算汇总表》认定案涉工程款，并无不当。

171　以“受胁迫”为由撤销结算协议的举证责任和程序如何？

案件名称：四川省旭恒建筑工程有限公司（以下简称旭恒公司）与中交第四公路工程局有限公司等建设工程施工合同纠纷案

审理法院：最高人民法院

案　　号：（2021）最高法民申2564号

裁判观点：旭恒公司主张因支付农民工工资需要被迫签订结算协议，但其并未提交相关证据，亦未行使撤销权。旭恒公司向二审法院申请鉴定，希望通过鉴定得出案涉工程价值，其实质是希望通过鉴定对《最终结算协议》的否定，属于《建设工程施工合同解释（二）》第十二条（现为《建设工程施工合同解释（一）》第二十九条）规定的“不予准许”情形。在双方已经就如何结算工程款达成协议的情形下，按照双方协议约定处理，就可以得出工程价款数额，没有必要进行工程造价鉴定。二审法院以《最终结算协议》作为涉案工程最终结算金额的依据，不予鉴定并不违法。

172　一方委托的造价鉴定，能否替代双方达成的结算协议？

案件名称：广西防城港市腾飞龙房地产开发有限公司（以下简称腾飞龙公司）与中建海峡建设发展有限公司（以下简称中建海峡公司）建设工程施工合同纠纷案

审理法院：最高人民法院

案　　号：（2020）最高法民申3368号

裁判观点：腾飞龙公司不能否定案涉编号ZJHX－TFL20161219的《协议书》以及3份新增工程量补充协议的签订系其真实意思表示，其应当受到上述协议的约束。腾飞龙公司单方委托鉴定机构出具的鉴定意见，中建海峡公司不予认可，该意见亦不能代替上述双方所达成的结算协议而作为认定工程总造价的依据。

相关规定

《工程造价术语标准》

3.4.9 工程结算 Settlement

发承包双方根据国家有关法律、法规规定和合同约定,对合同工程实施中、终止时、已完工后的工程项目进行的合同价款计算、调整和确认。

《建设工程价款结算暂行办法》

第三条 本办法所称建设工程价款结算(以下简称"工程价款结算"),是指对建设工程的发承包合同价款进行约定和依据合同约定进行工程预付款、工程进度款、工程竣工价款结算的活动。

《建筑工程施工发包与承包计价管理办法》

第十九条 工程竣工结算文件经发承包双方签字确认的,应当作为工程决算的依据,未经对方同意,另一方不得就已生效的竣工结算文件委托工程造价咨询企业重复审核。发包方应当按照竣工结算文件及时支付竣工结算款。

……

《最高人民法院关于人民法院民事诉讼中委托鉴定审查工作若干问题的规定》

1. 严格审查拟鉴定事项是否属于查明案件事实的专门性问题,有下列情形之一的,人民法院不予委托鉴定:

……

(3)对证明待证事实无意义的问题;

……

《最高人民法院关于当前民事审判工作中的若干具体问题》

六、关于建设工程合同纠纷案件的审理问题

……

第三,关于工程价款结算问题。要尊重合同中有关工程价款结算方法、标准的约定内容,严格执行工程造价、工程质量等鉴定程序的启动条件。虽然建设工程施工合同无效,但建设工程经竣工验收合格的,一般应参照合同约定结算工程价款，实际施工人违反合同约定另行申请造价鉴定结算的，一般不予支持。

《民事诉讼法解释》

第一百二十一条　当事人申请鉴定，可以在举证期限届满前提出。申请鉴定的事项与待证事实无关联，或者对证明待证事实无意义的，人民法院不予准许。

……

《民法典》

第七条　民事主体从事民事活动，应当遵循诚信原则，秉持诚实，恪守承诺。

第三十条　【咨询可鉴】当事人在诉讼前共同委托有关机构、人员对建设工程造价出具咨询意见，诉讼中一方当事人不认可该咨询意见申请鉴定的，人民法院应予准许，但双方当事人明确表示受该咨询意见约束的除外。

条文精解

本条是关于咨询可鉴的规定。当事人对工程造价产生争议，可以委托工程造价咨询企业、注册造价工程师等有关机构和人员出具咨询意见，供双方结算参考。依据《工程造价咨询企业管理办法》第二十条第一款的规定，工程造价咨询企业的业务范围包括：(1)建设项目建议书及可行性研究投资估算、项目经济评价报告的编制和审核；(2)建设项目概预算的编制与审核，并配合设计方案比选、优化设计、限额设计等工作进行工程造价分析与控制；(3)建设项目合同价款的确定（包括招标工程工程量清单和标底、投标报价的编制和审核）；合同价款的签订与调整（包括工程变更、工程洽商和索赔费用的计算）及工程款支付，工程结算及竣工结（决）算报告的编制与审核等；(4)工程造价经济纠纷的鉴定和仲裁的咨询；(5)提供工程造价信息服务等。本条所指的工程造价咨询意见,包括工程变更、工程洽商和索赔费用的计算,工程款支付,工程结算及竣工结(决)算报告的编制与审核等。工程造价咨询企业按照规定出具的工程造价成果文件,即本条所指的咨询意见。

关于诉前共同委托造价咨询后,工程造价鉴定申请应予准许的理解问题。当事人共同委托有关机构、人员对工程造价出具咨询意见,只是表明当事人委托的意愿,并不等于当事人愿意受咨询意见的约束,当事人有选择的权利。在当事人没有明确表示受咨询意见约束的情形下,双方尚未就工程价款达成结算协议。此时,向人民法院申请工程造价鉴定,以确定工程价款,符合相关规定。当然,如果双方当事人明确表示受咨询意见的约束,则咨询意见就属于双方达成的结算协议。按照《建设工程施工合同解释(一)》第二十九条的规定,当事人已经对工程价款结算达成协议的,申请工程造价鉴定不予准许。

适用本条,应注意以下几点:(1)本条的当事人除了发包人与承包人,也包括分包人、转包人等。(2)本条虽然规定的时间是诉讼前,但是诉讼中共同委托出具咨询意见,也适用本条的规定。诉讼前共同委托是常见情形,但并不排除诉讼中委托的适用,诉讼前与诉讼中委托并无本质区别。(3)如果是单方委托出具咨询意见的情形,另一方可以根据《最高人民法院关于民事诉讼证据的若干规定》第四十一条的规定,提供证据或者理由反驳咨询意见,并申请工程造价鉴定。(4)当事人明确表示受咨询意见约束的时间可以是咨询意见出具后,也可以是咨询意见出具前。重点是受约束的意思表示,并不是表示的时间。(5)单方委托出具咨询意见后,另一方表示认可的,也应作为结算依据,不应再进行工程造价鉴定。(6)表示不受咨询意见约束的一方可直接申请工程造价鉴定,不用证明咨询意见存在瑕疵。

案例适用

173 诉前共同委托出具咨询意见,未明确受约束,造价鉴定应否准许?

案件名称:河南宏弘建筑工程有限公司(以下简称宏弘公司)与河南澳鸿置业有限公司(以下简称澳鸿公司)等建设工程施工合同纠纷案

审理法院:最高人民法院

案　　号:(2021)最高法民申6154号

裁判观点:本案诉讼之前,宏弘公司与澳鸿公司虽然共同委托中阳公司就案涉工程价款出具咨询意见,但宏弘公司与澳鸿公司均未明确表示受该咨询意见约束,一审庭审中双方亦均不认可该咨询意见。新乡县人民法院准许澳鸿公司提出的鉴定申请,不违反法律规定。

174 共同表示受咨询意见的约束,咨询意见应否作为结算依据?

案件名称:河南空港城置业有限公司(以下简称空港城公司)与亚翔建设集团有限公司(以下简称亚翔公司)建设工程施工合同纠纷案

审理法院:最高人民法院

案　　号:(2020)最高法民申2939号

裁判观点:空港城公司与亚翔公司于2016年10月26日签订《协议书》,其中第四条约定,关于案涉工程项目结算问题,双方按造价咨询公司的工程造价鉴定结果执行。2017年8月7日,双方共同委托的河南联创工程造价管理有限公司(以下简称联创工程造价公司)出具《民航·国际馨苑住宅小区A地块已完工程结算报告》(以下简称《已完工程结算报告》),对亚翔公司已完成工程造价作出结论。鉴于空港城公司和亚翔公司已经在《协议书》中明确表示接受咨询意见的约束,因此,联创工程造价公司出具的《已完工程结算报告》对双方具有约束力。

175　诉前一方委托出具咨询意见后，另一方表示接受，造价鉴定应否准许？

案件名称：西藏岗地文化产业集团有限公司（以下简称西藏岗地公司）与新疆生产建设兵团建设工程（集团）有限责任公司（以下简称新疆兵团公司）建设工程施工合同纠纷案

审理法院：最高人民法院

案　　号：（2020）最高法民终1号

裁判观点：西藏岗地公司委托有关机构作出《工程进度控制价》后，新疆兵团公司表示认可；同时，新疆兵团公司向西藏岗地公司提交《确认函》，要求西藏岗地公司对于《工程进度控制价》载明的已完工程价款进行确认，对此西藏岗地公司在《确认函》上盖章确认。可见，双方对于已完工程价款的结算已经达成协议，西藏岗地公司以其诉讼中不同意该《工程进度控制价》为由申请鉴定的主张不能成立，本院不予支持。

176　诉中双方委托出具咨询意见，明确表示受约束，造价鉴定应否准许？

案件名称：贵州新建业工程有限责任公司（以下简称新建业公司）与六盘水新城房地产开发有限公司（以下简称新城公司）建设工程施工合同纠纷案

审理法院：贵州省高级人民法院

案　　号：（2019）黔民终441号

裁判观点：依据《建设工程施工合同解释（二）》第十三条（现为《建设工程施工合同解释（一）》第三十条）的规定，"当事人在诉讼前共同委托有关机构、人员对建设工程造价出具咨询意见，诉讼中一方当事人不认可该咨询意见申请鉴定的，人民法院应予准许，但双方当事人明确表示受该咨询意见约束的除外"。条文虽表述为"诉讼前"，但并不意味着双方在诉讼中或诉讼后不能委托工程造价咨询机关出具咨询意见，诉讼中的委托行为与诉讼前并无本质区别，故在本案中同适用该条文。新建业公司在一审审理过程中向一审法院撤回其司法鉴定申请，并与新城公司共同委托江源电力公司进行工程造价审计。双方明知其审计资质仍委托其对案涉工程量与工程价款分项进行审计，并在一审法院对其释明时明确表示受该审计结果的约束，将其作为定案依据，人民法院应尊重当事人的意思自治。故一审采信该审计报告认定案涉工程量及工程价款，并对新建业公司事后再次申请司法鉴定的行为不予准许，并无不当。

177 在咨询意见上签字是否属于明确表示受约束？

案件名称：新疆旅游投资管理有限公司（以下简称旅游公司）与浙江亚厦幕墙有限公司（以下简称亚厦公司）建设工程施工合同纠纷案

审理法院：最高人民法院

案　　号：(2021)新民终262号

裁判观点：在本案诉讼前，双方共同委托驰远天合公司按照合同约定对案涉工程造价进行了工程造价鉴定，并于2020年4月3日出具审核报告，审核价格为90,002,958.27元，该审核报告经旅游公司、亚厦公司、驰远天合公司三方加盖公章确认。上述事实体现了双方在诉讼前对工程造价结算和确认具有共同的意思表示，足以认定双方明确表示受该审核报告的约束。旅游公司虽不认可审核报告，但并未举证证明驰远天合公司出具审核报告中存在串通、虚假意思表示或其他违法行为，旅游公司提供的证据不足以推翻审核报告的证明力，应承担举证不能的法律后果。旅游公司向本院申请工程造价鉴定的请求无事实和法律依据，本院不予准许。一审法院依据驰远天合公司出具的审核报告作为认定本案事实的依据正确，本院予以维持。

178 单方委托出具的咨询意见，能否推翻造价鉴定？

案件名称：贵州润鑫置业有限公司（以下简称润鑫公司）与贵阳精一科技有限公司等合同纠纷案

审理法院：最高人民法院

案　　号：(2021)最高法民申7070号

裁判观点:《贵阳润鑫广场ABC栋建设项目结算审核报告》及《关于润鑫广场A、B栋写字楼单方造价的情况说明》是润鑫公司委托四川同创建设工程管理有限公司对贵阳润鑫广场ABC栋建设项目出具的工程造价咨询成果文件。据《建设工程施工合同解释(一)》第三十条规定可知,有关机构、人员对建设工程造价出具咨询意见并非鉴定意见,其证明力低于鉴定意见。且对双方共同委托而形成的咨询意见,尚且可通过鉴定而推翻,单方委托而形成的咨询意见证明力明显更低,不足以推翻原审判决。因此,《贵阳润鑫广场ABC栋建设项目结算审核报告》及《关于润鑫广场A、B栋写字楼单方造价的情况说明》不属于足以推翻原审判决的新证据。

相关规定

《工程造价咨询企业管理办法》

第三条　本办法所称工程造价咨询企业,是指接受委托,对建设项目投资、工程造价的确定与控制提供专业咨询服务的企业。

第二十条　工程造价咨询业务范围包括:

(一)建设项目建议书及可行性研究投资估算、项目经济评价报告的编制和审核;

(二)建设项目概预算的编制与审核,并配合设计方案比选、优化设计、限额设计等工作进行工程造价分析与控制;

(三)建设项目合同价款的确定(包括招标工程工程量清单和标底、投标报价的编制和审核);合同价款的签订与调整(包括工程变更、工程洽商和索赔费用的计算)及工程款支付,工程结算及竣工结(决)算报告的编制与审核等;

(四)工程造价经济纠纷的鉴定和仲裁的咨询;

(五)提供工程造价信息服务等。

工程造价咨询企业可以对建设项目的组织实施进行全过程或者若干阶段的管理和服务。

第二十二条　工程造价咨询企业从事工程造价咨询业务,应当按照有关规定的要求出具工程造价成果文件。

工程造价成果文件应当由工程造价咨询企业加盖有企业名称、资质等级及证书编号的执业印章，并由执行咨询业务的注册造价工程师签字、加盖执业印章。

《建设工程价款结算暂行办法》

第十八条　工程造价咨询机构接受发包人或承包人委托，编审工程竣工结算，应按合同约定和实际履约事项认真办理，出具的竣工结算报告经发、承包双方签字后生效。当事人一方对报告有异议的，可对工程结算中有异议部分，向有关部门申请咨询后协商处理，若不能达成一致的，双方可按合同约定的争议或纠纷解决程序办理。

《最高人民法院关于民事诉讼证据的若干规定》

第四十一条　对于一方当事人就专门性问题自行委托有关机构或者人员出具的意见，另一方当事人有证据或者理由足以反驳并申请鉴定的，人民法院应予准许。

第三十一条　【鉴定范围】当事人对部分案件事实有争议的，仅对有争议的事实进行鉴定，但争议事实范围不能确定，或者双方当事人请求对全部事实鉴定的除外。

条文精解

本条是关于鉴定范围的规定。人民法院仅对有争议的事实进行鉴定，属于倡导性条款，目的是防止随意扩大鉴定范围，增加当事人的诉讼成本，拖延诉讼进程。《建设工程造价鉴定规范》第2.0.1条规定，工程造价鉴定是鉴定人运用工程造价方面的科学技术和专业知识，对工程造价争议中涉及的专门性问题进行鉴别、判断并提供鉴定意见的活动。《民事诉讼法解释》第一百二十一条第一款规定，鉴定事项对待证事实没有意义的，人民法院对鉴定申请不予准许。《建设工程造价鉴定规范》第3.2.2条、第3.3.2条规定，委托工程造价鉴定时，应当载明鉴定的范围。鉴定机构对鉴定范围有不同意见时，应当释明，并按照委托单位的决定进行鉴定。工程造价鉴定解决的是当事人存在争议的专门性问题，当事人没有争议的事实，自然不用进行鉴定。当然，争议事实的范围不能确定，或者双方当事人请求对全部事实进行鉴定的除外。

关于工程造价鉴定的争议类型问题。工程造价鉴定的争议类型包括计量争议、计价争议、工期索赔争议、费用索赔争议、工程签证争议、合同解除争议等。其中：(1)计量争议包括计量依据争议和计量结果争议。(2)计价争议包括工程变更或者新增工程项目导致的综合单价争议、物价波动导致的合同价款争议、人工费调整文件导致的人工费争议、材料价格争议、质量原因拒绝结算的争议。(3)工期索赔争议包括开工时间争议、工期争议、实际竣工时间争议、顺延工期争议、工期延误索赔争议。(4)费用索赔争议，包括暂停施工索赔争议；不利物质条件或异常恶劣气候条件影响，增加费用和延误工期的争议；发包人删减了合同工作或项目，承包人提出合理费用及预期利润的争议。(5)工程签证争议，包括工程签证费用争议、工程签证瑕疵争议、口头指令争议。上述争议的具体鉴定依据和方式方法可参见《建设工程造价鉴定规范》第5.3条至第5.10条的规定。

关于争议的范围不能确定，或者双方当事人请求对全部事实进行鉴定除外情形的理解问题。一般情况下，人民法院委托鉴定的范围仅限于当事人有争议的专门性问题。如果双方当事人对相关事实不存在争议，则不需要提供证据加以证明，自然也不需要进行鉴定，鉴定的目的只是证明对应的待证事实。当有争议的范围与无争议的范围无法区分时，比如新增工程量的范围不能确定，只有通过对全部事实进行鉴定，才能作出相应的鉴定意见，是客观所需，符合相关规定。所以，鉴定有争议的事实是目的，鉴定全部事实是手段。另外，如果双方当事人请求对全部案件事实进行鉴定,按照本条的意思,人民法院可以对全部案件事实进行鉴定。笔者认为,依据《民事诉讼法解释》第一百二十一条第一款的规定,人民法院有权决定鉴定的范围,如果认为全部鉴定对待证事实没有意义,且有争议的事实与无争议的事实能够区分,应不予准许全部鉴定的请求。

适用本条,应注意以下几点:(1)如果双方当事人已经达成结算协议,则对应的案件事实属于无争议的事实,不应进行工程造价鉴定。《建设工程施工合同解释(一)》第二十九条也有相关规定,当事人已经达成结算协议的,申请工程造价鉴定不予准许,应当按照结算协议结算工程价款。(2)如果在工程造价鉴定过程中,双方当事人达成结算协议,则有争议转为无争议,应当按照结算协议结算工程价款,对应的鉴定意见不应采纳。(3)在有争议的范围能否确定的情形下,当事人坚持对全部工程进行造价鉴定,需要承担人民法院不采纳无争议部分的鉴定意见的风险。(4)当事人申请对全部案件事实进行鉴定的,人民法院如果认为没有必要进行全部鉴定,有权力决定不予准许全部鉴定的请求。

案例适用

179　已经达成结算协议的无争议事实应否鉴定?

案件名称:武汉三星建工集团有限公司与湖北天马置业有限责任公司建设工程施工合同纠纷案

审理法院:湖北省高级人民法院

案　　号:(2019)鄂民再161号

裁判观点:在双方结算人员已确认地下室工程合同内工程价款为57,862,800.48元的情况下,鉴定机构仅就双方争议部分进行鉴定,符合法律规定。

180　鉴定过程中,双方达成结算协议,应否采纳鉴定意见?

案件名称:福建嘉源建设工程有限公司(以下简称嘉源公司)与尤

溪县凯悦房地产开发有限公司(以下简称凯悦公司)等建设工程施工合同纠纷案

审理法院:福建省高级人民法院

案　　号:(2016)闽民终1365号

裁判观点:诉讼中委托工程造价鉴定是在双方当事人存在工程款争议的情况下所采取的办法。本案中,嘉源公司于2015年3月11日起诉时主张的工程款金额为2660余万元,因凯悦公司不予认可,故有必要进行工程造价鉴定。但在工程造价鉴定结果正式形成之前,双方已就工程款金额达成一致,《结算清单》系双方的真实意思表示,双方确认工程款金额为15,960,034.03元,而一审判决未采用双方确认的金额,而采用嘉源公司仍有异议的工程《造价鉴定》金额,判决结果错误,应予纠正。

181　新增工程量的范围不能确定,对全部事实进行鉴定是否违法?

案件名称:黑龙江四海园建筑工程有限公司(以下简称四海园公司)与齐齐哈尔市中医医院建设工程施工合同纠纷案

审理法院:最高人民法院

案　　号:(2019)最高法民终165号

裁判观点:根据2004年《建设工程施工合同解释》第二十三条(现为《建设工程施工合同解释(一)》第三十一条)的规定,当事人对部分案件事实有争议的,仅对有争议的事实进行鉴定,但争议事实范围不能确定,或者双方当事人请求对全部事实鉴定的除外。本案中,案涉工程施工完毕后,因双方当事人对四海园公司实际完成的工程量存在争议,且无法核对合同内新增的工程量及合同外增加的工程量,一审法院根据四海园公司的申请,委托鉴定机构对案涉工程的全部工程造价进行鉴定,符合上述司法解释的规定。

182　对全部事实鉴定后,未采纳无争议部分的鉴定意见是否违法?

案件名称:中化二建集团有限公司与新疆五家渠现代石油化工有限公司(以下简称现代石油公司)建设工程施工合同纠纷案

审理法院:最高人民法院

案　　号:(2018)最高法民终424号

一审裁判观点:现代石油公司申请的2015年7月以前的工程造价鉴定,不属于有争议的事实。一审法院明确释明后,现代石油公司仍坚持鉴定,承诺如该部分鉴定意见不被采纳,鉴定费用由其自负。对由此产生的鉴定费用应由现代石油公司承担。一审法院对2015年7月以前的工程造价以双方已共同确认的60,225,878元予以认定。

二审裁判观点:建设工程造价应当尊重合同当事人意思自治原则,故一审判决认定现代石油公司申请的2015年7月以前的工程造价鉴定,不属于有争议的事实,对该部分的工程造价应以双方已共同确认的60,225,878元予以认定,并无不当。

183　未准许对全部事实的鉴定是否违法?

案件名称:吴某祥与湖北新南洋建设工程有限公司等建设工程施工合同纠纷案

审理法院:最高人民法院

案　　号:(2018)最高法民申5488号

裁判观点:由于《大包协议》约定了明确的单价,故原判决由此认定的合同内工程款的数额并不缺乏证据证明。一审法院对当事人的鉴定申请进行审查后,综合本案的事实情况,最终确定对合同外项目进行鉴定,符合本案的实际情况。因此,原判决不采纳吴某祥对整个工程造价进行鉴定的申请,不存在程序违法和适用法律错误的问题。

相关规定

《民事诉讼法解释》

第一百二十一条　当事人申请鉴定,可以在举证期限届满前提出。申请鉴定的事项与待证事实无关联,或者对证明待证事实无意义的,人民法院不予准许。

……

《最高人民法院关于人民法院民事诉讼中委托鉴定审查工作若干问题的规定》

1. 严格审查拟鉴定事项是否属于查明案件事实的专门性问题，有下列情形之一的，人民法院不予委托鉴定：

……

(3) 对证明待证事实无意义的问题；

……

第三十二条　【鉴定责任】当事人对工程造价、质量、修复费用等专门性问题有争议，人民法院认为需要鉴定的，应当向负有举证责任的当事人释明。当事人经释明未申请鉴定，虽申请鉴定但未支付鉴定费用或者拒不提供相关材料的，应当承担举证不能的法律后果。

一审诉讼中负有举证责任的当事人未申请鉴定，虽申请鉴定但未支付鉴定费用或者拒不提供相关材料，二审诉讼中申请鉴定，人民法院认为确有必要的，应当依照民事诉讼法第一百七十条第一款第三项的规定处理。

条文精解

本条是关于鉴定责任的规定。依据《最高人民法院关于民事诉讼证据的若干规定》第三十条第一款的规定，人民法院在审理案件过程中认为待证事实需要通过鉴定意见证明的，应当向当事人释明，并指定提出鉴定申请的期间。本条的释明有以下特征：(1) 当事人对工程造价、质量、修复费用等专门性问题有争议。(2) 人民法院认为现有证据不能证明工程造价、质量、修复费用等专门性问题，需要进行鉴定方能证明。工程能不鉴定就不鉴定，能少鉴定就不多鉴定。如果现有证据能够证明相关事实,则鉴定就没有必要。(3)释明的对象是对相关待证事实负有举证责任的当事人。(4)人民法院告知负有相关举证责任的当事人鉴定的必要性及不鉴定的相应后果,并询问是否申请鉴定。释明是人民法院的法定义务,是查明案件事实的必经程序,不能未经释明直接以证据不足驳回当事人的诉讼请求。人民法院释明的原因,是因为相关专门性问题需要鉴定意见加以证明。所以,当事人经人民法院释明后未申请鉴定,虽申请鉴定但未支付鉴定费用或者拒不提供相关材料的,应承担举证不能的法律后果。

关于举证不能的法律责任问题。《最高人民法院关于民事诉讼证据的若干规定》第三十一条第二款规定,对需要鉴定的待证事实负有举证责任的当事人,在人民法院指定期间内无正当理由不提出鉴定申请、不预交鉴定费用或者拒不提供相关材料,致使待证事实无法查明的,应当承担举证不能的法律后果。人民法院向负有举证责任的当事人释明,是因为待证事实需要鉴定才能查明。关于举证责任,《民事诉讼法解释》第九十一条规定,主张法律关系存在的当事人,应当对产生该法律关系的基本事实承担举证证明责任。主张法律关系变更、消灭或者权利受到妨害的当事人,应当对该法律关系变更、消灭或者权利受到妨害的基本事实承担举证证明责任。实务中,工程造价如果没有鉴定意见,人民法院会根据对方当事人自认的数额认定待证事实,也有以证据不足驳回起诉的,但这会导致利益严重失衡,比较少见。

关于二审鉴定申请应予准许的理解问题。《民事诉讼法解释》第一百二十一条第一款规定,当事人申请鉴定,可以在举证期限届满前提出。《最高人民法院关于民事诉讼证据的若干规定》第三十一条第一款规定,当事人申请鉴定,应当在人民法院指定期间内提出。通过上述两个规定可知,当事人申请鉴定的期限应是举证期限届满前或者人民法院指定的期间内。二审的举证期限针对的应是提供新证据的期限,鉴定意见自然不是新证据,特别是经一审人民法院释明后,当事人未申请鉴定、申请鉴定但未支付鉴定费用或者拒不提供相关材料的情形。现在证据失权制度发生了改变,《民事诉讼法》第六十八条第二款规定,当事人逾期提供证据的,人民法院应当责令其说明理由。拒不说明理由或者理由不成立的,人民法院根据不同情形可以不予采纳该证据,或者采纳该证据但予以训诫、罚款。当事人逾期提供的证据与查明案件基本事实相关的,人民法院应当采纳。回到二审程序中申请鉴定的情形,人民法院认为确有必要鉴定的,应当依照《民事诉讼法》第一百七十七条第一款第三项的规定处理,即应以原判决认定基本事实不清为由,裁定撤销原判决,发回原审人民法院重审,或者查清事实后改判。在二审程序进行鉴定涉及二审终审的问题,事关当事人的审级利益。实务中,人民法院基本都是在当事人签署鉴定承诺书后,以原判决认定基本事实不清,裁定撤销原判决,发回原审人民法院重审。如果二审人民法院直接进行鉴定,应在双方当事人承诺放弃审级利益的前提下进行。另外,人民法院认为有必要鉴定,是指不进行鉴定,相关事实无法查清。为查明案件基本事实,应进行鉴定。如果申请鉴定的事项与待证事实没有关联,或者对证明待证事实没有意义,则属于没有必要鉴定的情形,应不予准许。

关于再审审查鉴定申请应否准许的问题。《民事诉讼法解释》第三百九十七条规定,审查再审申请期间,再审申请人申请人民法院委托鉴定、勘验的,人民法院不予准许。关于事实审查,再审与二审的规定有所不同。二审审查的是一审认定事实是否清楚,再审审查的是原审认定的基本事实是否缺乏证据证明。如果是因为当事人的原因导致没有进行鉴定,由其承担举证不能的法律后果,二审驳回相关诉求于法有据。如果当事人要启动再审,应提供证据证明原审认定的基本事实错误,举证责任在申请人,不能通过向再审法院申请鉴定的形式启动再审。实务中,如果原审没有进行鉴定,但已经按照对方当事人认可的数额认定工程价款,人民法院一般不会指令再审。如果原审没有进行鉴定,也没有其他证据证明工程价款,对方当事人也没有认可相关工程价款,人民法院可能会以鉴定确有必要为由,指令再审。

案例适用

184　一审申请鉴定后未支付鉴定费用,人民法院根据对方认可的数额认定工程造价是否合法?

案件名称:李某虎与齐齐哈尔市汇博房地产开发有限责任公司(以下简称汇博公司)等建设工程施工合同纠纷案

审理法院:最高人民法院

案　　号:(2020)最高法民终1321号

裁判观点:案涉建设工程施工合同约定,合同暂定金额为129,051,278.44元,最后结算价款以双方实际结算为准。根据"谁主张,谁举证"的举证责任分配原则,李某虎应当提供证据证明其实际完成的工程量以及应获得的工程价款。一审中,李某虎申请对于上述争议事项进行司法鉴定,但在人民法院指定期间内无正当理由拒不交纳鉴定费用,致使涉案增加的工程量和工程价款无法查明的情况下,应承担举证不能的法律后果,一审法院依据汇博公司认可的工程造价认定欠付的工程价款数额并无不当。

185　一审未释明鉴定,二审以事实不清发回重审是否合法?

案件名称:江苏省建工集团有限公司(以下简称江苏建工公司)与云南艾亭房地产开发有限公司(以下简称云南艾亭公司)建设工程施工合同纠纷案

审理法院:最高人民法院

案　　号:(2019)最高法民终398号

裁判观点:关于停工损失金额大小的问题。根据《建设工程施工合同解释(二)》第十四条的规定,"当事人对工程造价、质量、修复费用等专门性问题有争议,人民法院认为需要鉴定的,应当向负有举证责任的当事人释明”。江苏建工公司在一审审理中提供了1份《昆明市五华区下马村“城中村”改造回迁安置房工程结算审核说明》，以证明云南艾亭公司通过电子邮件向其发送该结算审核说明并在该结算审核说明中确认了停工损失金额，原审法院对该证据未予采信，也未向负有举证责任的一方当事人释明是否通过司法鉴定来确定损失大小，致本案停工损失金额问题未能查清。经本院在二审中向江苏建工公司释明后，其已向本院申请对案涉工程停工损失进行鉴定。为查清案件事实，维护当事人的实体权利和诉讼权利，本案应予发回重审。

186　一审未申请鉴定，二审申请鉴定，应否发回重审？

案件名称：新疆百润房地产开发有限责任公司（以下简称百润公司）与郭某等建设工程施工合同纠纷案

审理法院：最高人民法院

案　　号：(2019)最高法民终1743号

裁判观点：百润公司提交30号楼的鉴定报告及公证书、照片证明涉案工程存在质量问题，而郭某只提交了包括30号楼在内8栋楼房的外墙保温工程检测报告，其他楼房没有检测报告。涉案工程质量是否合格属于基本事实，确有必要予以查清。二审中，百润公司申请对涉案工程质量问题进行鉴定。……原审判决部分基本事实认定不清。依照《民事诉讼法》第一百七十条第一款第三项规定，裁定如下：一、撤销新疆维吾尔自治区高级人民法院(2018)新民初77号民事判决；二、本案发回新疆维吾尔自治区高级人民法院重审。

187　一审未配合鉴定，二审申请鉴定，应否发回重审？

案件名称：澄迈裕生置业有限公司（以下简称裕生公司）与龙元建设集团股份有限公司（以下简称龙元公司）建设工程施工合同纠纷案

审理法院：最高人民法院

案　　号：最高法民终1302号

裁判观点：一审进行质量鉴定的过程中，裕生公司多次拒绝法院工作人员及鉴定人员进入现场勘查,一审法院据此直接认定涉案建设工程质量合格虽有不妥,但主要是因为裕生公司的不配合行为导致质量鉴定无法继续进行。二审庭审中,本院已向裕生公司及龙元公司释明其有配合法院进行鉴定的义务,且裕生公司向本院出具了书面承诺函。《建设工程施工合同解释(二)》第十四条第二款规定,一审诉讼中负有举证责任的当事人未申请鉴定,虽申请鉴定但未支付鉴定费用或者拒不提供相关材料,二审诉讼中申请鉴定,人民法院认为确有必要的,应当依照《民事诉讼法》第一百七十七条第一款第三项的规定处理。为进一步查清事实、保障合法权益,根据上述规定,本案应发回一审法院重审,进行工程质量鉴定及工程造价鉴定。发回重审后,若任何一方当事人仍不配合查明事实,可根据具体情况,适用《民事诉讼法》规定的对妨害民事诉讼的强制措施,或根据《最高人民法院关于民事诉讼证据的若干规定》第三十一条第二款之规定,认定相关当事人承担举证不能的法律后果。

188　一审经释明未申请鉴定,二审申请未准许,应否再审?

案件名称:河南建筑工程有限公司(以下称河南建筑公司)与洛阳龙泽能源有限公司建设工程施工合同纠纷案

审理法院:最高人民法院

案　　号:(2020)最高法民申318号

裁判观点:鉴于建设工程的特殊性及工程鉴定的重要性,人民法院应当对是否确有必要进行鉴定予以审查,而不能以一审时未申请鉴定为由一概不予准许。如果相关鉴定事项与案件基本事实有关,不鉴定不能查清案件基本事实的,应对鉴定申请予以准许。本案中,工程造价鉴定意见属于案件的基本事实证据,河南建筑公司经一审法院释明其具有举证责任,但其仍拒绝申请鉴定,其应对不能查清案件基本事实负主要责任。但考虑到本案通过其他证据仍不能确定工程造价的情况下,在二审程序中准许其鉴定申请,并按照《民事诉讼法》第六十五条、第一百七十条第一款第三项的规定进行处理更为妥当。综上……指令河南省高级人民法院再审本案。

189　一审未支付鉴定费用，二审鉴定申请未准许，应否再审？

案件名称：中国第四冶金建设有限责任公司（以下简称四冶公司）与新疆凯威房地产开发有限公司（以下简称凯威公司）等建设工程施工合同纠纷案

审理法院：最高人民法院

案　　号：（2021）最高法民申3600号

裁判观点：本案一审过程中，四冶公司虽然向法院提出了工程造价鉴定的申请，然而其未能与凯威公司就工程造价鉴定机构的选择达成共识。一审法院为此指定了具有甲级资质的新疆天健建设工程项目有限公司作为案涉工程造价的鉴定机构，并向其充分释明，作为负有举证责任的当事人如在人民法院指定期间内无正当理由不预交鉴定费用致使待证事实无法查明的，应当承担举证不能的法律后果。四冶公司因未预交鉴定费用，导致未能鉴定。……可见，完全是由于四冶公司自身的原因导致一审期间未能对案涉工程造价进行鉴定。……四冶公司在二审期间又申请鉴定，其恣意行为导致司法资源巨大浪费，二审法院未予准许并无不妥。在四冶公司举证不能的情况下，一、二审法院按照凯威公司认可的数额计算凯威公司欠付的工程款为5,317,486.4元，并无不当。

相关规定

《民事诉讼法》

第六十八条　当事人对自己提出的主张应当及时提供证据。

人民法院根据当事人的主张和案件审理情况，确定当事人应当提供的证据及其期限。当事人在该期限内提供证据确有困难的，可以向人民法院申请延长期限，人民法院根据当事人的申请适当延长。当事人逾期提供证据的，人民法院应当责令其说明理由；拒不说明理由或者理由不成立的，人民法院根据不同情形可以不予采纳该证据，或者采纳该证据但予以训诫、罚款。

第一百七十七条　第二审人民法院对上诉案件，经过审理，按照下列情形，分别处理：

……

（三）原判决认定基本事实不清的，裁定撤销原判决，发回原审人民法院重审，或者查清事实后改判；

……

《民事诉讼法解释》

第九十条　当事人对自己提出的诉讼请求所依据的事实或者反驳对方诉讼请求所依据的事实，应当提供证据加以证明，但法律另有规定的除外。

在作出判决前，当事人未能提供证据或者证据不足以证明其事实主张的，由负有举证证明责任的当事人承担不利的后果。

第九十一条　人民法院应当依照下列原则确定举证证明责任的承担，但法律另有规定的除外：

（一）主张法律关系存在的当事人，应当对产生该法律关系的基本事实承担举证证明责任；

（二）主张法律关系变更、消灭或者权利受到妨害的当事人，应当对该法律关系变更、消灭或者权利受到妨害的基本事实承担举证证明责任。

第一百零二条　当事人因故意或者重大过失逾期提供的证据，人民法院不予采纳。但该证据与案件基本事实有关的，人民法院应当采纳，并依照民事诉讼法第六十八条、第一百一十八条第一款的规定予以训诫、罚款。

当事人非因故意或者重大过失逾期提供的证据，人民法院应当采纳，并对当事人予以训诫。

……

第一百二十一条　当事人申请鉴定，可以在举证期限届满前提出。申请鉴定的事项与待证事实无关联，或者对证明待证事实无意义的，人民法院不予准许。

……

第三百八十五条　再审申请人提供的新的证据，能够证明原判决、裁定认定基本事实或者裁判结果错误的，应当认定为民事诉讼法第二百零七条第一项规定的情形。

……

第三百九十七条　审查再审申请期间，再审申请人申请人民法院委托鉴定、勘验的，人民法院不予准许。

第四百零五条　人民法院经再审审理认为，原判决、裁定认定事实清楚、适用法律正确的，应予维持；原判决、裁定认定事实、适用法律虽有瑕疵，但裁判结果正确的，应当在再审判决、裁定中纠正瑕疵后予以维持。

原判决、裁定认定事实、适用法律错误，导致裁判结果错误的，应当依法改判、撤销或者变更。

《最高人民法院关于民事诉讼证据的若干规定》

第三十条　人民法院在审理案件过程中认为待证事实需要通过鉴定意见证明的，应当向当事人释明，并指定提出鉴定申请的期间。

符合《最高人民法院关于适用〈中华人民共和国民事诉讼法〉的解释》第九十六条第一款规定情形的，人民法院应当依职权委托鉴定。

第三十一条　当事人申请鉴定，应当在人民法院指定期间内提出，并预交鉴定费用。逾期不提出申请或者不预交鉴定费用的，视为放弃申请。

对需要鉴定的待证事实负有举证责任的当事人，在人民法院指定期间内无正当理由不提出鉴定申请或者不预交鉴定费用，或者拒不提供相关材料，致使待证事实无法查明的，应当承担举证不能的法律后果。

第三十三条　【鉴定内容】人民法院准许当事人的鉴定申请后，应当根据当事人申请及查明案件事实的需要，确定委托鉴定的事项、范围、鉴定期限等，并组织当事人对争议的鉴定材料进行质证。

条文精解

本条是关于鉴定内容的规定。依据《最高人民法院关于民事诉讼证据的若干规定》第三十二条第三款的规定，人民法院在确定鉴定机构后应当出具委托书，委托书中应当载明鉴定事项、鉴定范围、鉴定目的和鉴定期限，鉴定机构应当按照委托书确定的内容完成鉴定工作。参照《建设工程司法鉴定程序规范》第4.2.2.1条的规定，委托鉴定时，人民法院应与鉴定机构签订《建设工程司法鉴定协议书》，协议书应载明：委托人和鉴定机构的基本情况，委托鉴定的事项及鉴定要求，鉴定项目，本鉴定事项是否属于重新鉴定，鉴定过程中双方的权利、义务，鉴定费用及收取方式，鉴定机构对司法鉴定的风险提示，其他需要载明的事项。

关于鉴定事项的理解问题。依据《建设工程施工合同解释（一）》第三十二条第一款的规定，鉴定事项包括工程造价、工程质量、工程修复费用等专门性问题的争议。参照《建设工程司法鉴定程序规范》的规定，鉴定事项包括建设工程质量类鉴定和建设工程造价类鉴定。其中，建设工程质量类鉴定包括建设工程施工阶段质量鉴定、建设工程质量鉴定、建设工程灾损鉴定、建设工程其他专项质量鉴定。建设工程造价类鉴定包括建设工程造价鉴定，建设工程工期鉴定，建设工程暂停施工、合同的终止、不可抗力相关费用鉴定。

关于鉴定范围的理解问题。依据《建设工程施工合同解释（一）》第三十一条的规定，鉴定应以当事人有争议的范围为限，除非争议的范围不能确定，或者双方当事人请求对全部事实进行鉴定。能不鉴定则不鉴定，能少鉴定则不多鉴定，人民法院应根据当事人的申请及查明案件事实的需要，合理确定鉴定范围。鉴定机构应当在人民法院委托的鉴定范围内进行鉴定。

关于鉴定期限的理解问题。鉴定期限是鉴定机构完成鉴定的时限，一般是由人民法院和鉴定机构根据争议情况及相关规定合理确定。工程造价类的鉴定期限,《建设工程造价鉴定规范》第3.7.1条规定,由鉴定机构与人民法院根据鉴定项目争议标的涉及的工程造价金额、复杂程度等因素确定鉴定期限。自鉴定机构接收人民法院按规定移交证据材料之日起的次日起计算。经人民法院认可,等待当事人提交、补充或者重新提交据、勘验现场等所需的时间,不计入鉴定期限。参照《建设工程司法鉴定程序规范》第5.17条的规定,鉴定机构应在收到人民法院出具的鉴定委托书或签订《建设工程司法鉴定协议书》之日起60个工作日内完成委托事项的鉴定。鉴定事项涉及复杂、疑难、特殊的技术问题或者检验过程需要较长时间的,经与人民法院协商并经鉴定机构负责人批准,完成鉴定的时间可以延长,每次延长时间一般不得超过60个工作日。在鉴定过程中补充或者重新提取鉴定资料,司法鉴定人复查现场、赴鉴定项目所在地进行检验和调取鉴定资料所需的时间,不计入鉴定时限。

关于对鉴定材料进行质证的必要性问题。《最高人民法院关于民事诉讼证据的若干规定》第三十四条第一款规定,人民法院应当组织当事人对鉴定材料进行质证。未经质证的材料,不得作为鉴定的根据。《民事诉讼法解释》第一百零四条规定,人民法院应当组织当事人围绕证据的真实性、合法性以及与待证事实的关联性进行质证,并针对证据有无证明力和证明力大小进行说明和辩论。能够反映案件真实情况、与待证事实相关联、来源和形式符合法律规定的证据,应当作为认定案件事实的根据。未经质证的鉴定材料,真实性、合法性、关联性皆可能存在问题,对应的鉴定意见也可能存在问题。所以,鉴定意见所使用的鉴定材料必须经过质证,这是程序性要求,也是鉴定意见能够被采纳的前提。依据《建设工程施工合同解释(一)》第三十四条的规定,如果鉴定机构将未经质证的材料作为鉴定依据的,人民法院应当组织当事人就未经质证的材料进行质证。鉴定材料未经质证,鉴定意见的效力并非一概否认,而是经质证后,认为不能作为鉴定依据的,对应的鉴定意见才不予采纳。

适用本条，应注意以下几点：(1)人民法院组织当事人对争议的鉴定材料进行质证的目的是认定鉴定所需要的鉴定材料。(2)如果鉴定意见所使用的鉴定材料未经质证，其补救方式是补充质证。若经质证认为不能作为鉴定依据的，根据该材料作出的对应部分的鉴定意见不得作为认定案件事实的依据。反之，则可以使用。(3)如果鉴定意见所使用的鉴定材料未经质证，在没有补充质证的情形下，直接采纳该鉴定意见，涉嫌程序违法。

案例适用

190　未选择证明力较低的证据作为鉴定材料是否违法？

案件名称：甘肃二十一冶第三建设有限公司（以下简称二十一冶三建公司）与雒某等建设工程施工合同纠纷案

审理法院：最高人民法院

案　　号：(2019)最高法民申359号

裁判观点：本案一审中雒某和二十一冶三建公司分别提交了签证单等材料，法院亦组织当事人进行了交换和质证。由于雒某提交的签证单有施工总承包单位项目部、监理单位、建设单位的签字、签章，二十一冶三建公司提交的签证单没有203项目部及雒某的签字确认，一审法院认定对工程量的计算应当以雒某提交的工程签证单为准，并无不当。

191　鉴定材料未经质证，直接采纳鉴定意见是否程序违法？

案件名称：成都铁路工程总承包有限责任公司与内江市市中区凤鸣建筑工程公司建设工程分包合同纠纷案

审理法院：四川省高级人民法院

案　　号：(2019)川民申5157号

裁判观点：关于鉴定程序问题。依据《建设工程施工合同解释（二）》第十五条（现为《建设工程施工合同解释（一）》第三十三条）的规定，本案一审中，没有将委托鉴定材料交由双方当事人质证后提交鉴定机构进行鉴定的记载，鉴定报告中也无对双方当事人新提交材料进行质证的情况说明。经查，鉴定报告中载明的鉴定依据及提供鉴定材料情况中，劳务单位代垫费用11项，劳务单位代垫材料费用13项均为复印件，但未在审理中核对原件。原审判决没有对被申请人提交的鉴定材料的真实性进行审查，而以鉴定机构、鉴定人员及鉴定程序均符合相关法律、法规的规定为由，直接采信鉴定意见书作为本案的定案依据不当。综上……本案应指定原审法院再审。

192　鉴定材料未经质证，补充质证后，采纳鉴定意见是否程序违法？

案件名称：再审申请人榆林瑞丰置业有限公司（以下简称瑞丰公司）与被申请人陕西瑞龙建筑工程有限公司建设工程施工合同纠纷案

审理法院：陕西省高级人民法院

案　　号：（2021）陕民申693号

裁判观点：关于本案鉴定程序是否违法问题。……本案鉴定材料在鉴定期间未经质证虽存在瑕疵，但二审法院从该院司法技术室调取了案涉司法鉴定材料，经瑞丰公司质证，其对法院通过摇号方式选定鉴定机构及鉴定机构对现场勘验的工程量均无异议。本案鉴定机构及鉴定人员具备司法鉴定资质，且鉴定意见已经双方庭审质证，故瑞丰公司主张本案鉴定程序违法的申请再审理由，本院不予采信。

相关规定

《民事诉讼法解释》

第一百零三条　证据应当在法庭上出示，由当事人互相质证。未经当事人质证的证据，不得作为认定案件事实的根据。

当事人在审理前的准备阶段认可的证据，经审判人员在庭审中说明后，视为质证过的证据。

涉及国家秘密、商业秘密、个人隐私或者法律规定应当保密的证据，不得公开质证。

第一百零四条　人民法院应当组织当事人围绕证据的真实性、合法性以及与待证事实的关联性进行质证,并针对证据有无证明力和证明力大小进行说明和辩论。

能够反映案件真实情况、与待证事实相关联、来源和形式符合法律规定的证据,应当作为认定案件事实的根据。

《最高人民法院关于民事诉讼证据的若干规定》

第三十二条　人民法院准许鉴定申请的,应当组织双方当事人协商确定具备相应资格的鉴定人。当事人协商不成的,由人民法院指定。

人民法院依职权委托鉴定的,可以在询问当事人的意见后,指定具备相应资格的鉴定人。

人民法院在确定鉴定人后应当出具委托书,委托书中应当载明鉴定事项、鉴定范围、鉴定目的和鉴定期限。

第三十四条　人民法院应当组织当事人对鉴定材料进行质证。未经质证的材料,不得作为鉴定的根据。

经人民法院准许,鉴定人可以调取证据、勘验物证和现场、询问当事人或者证人。

第三十五条　鉴定人应当在人民法院确定的期限内完成鉴定,并提交鉴定书。

鉴定人无正当理由未按期提交鉴定书的,当事人可以申请人民法院另行委托鉴定人进行鉴定。人民法院准许的,原鉴定人已经收取的鉴定费用应当退还;拒不退还的,依照本规定第八十一条第二款的规定处理。

第六十条　当事人在审理前的准备阶段或者人民法院调查、询问过程中发表过质证意见的证据,视为质证过的证据。

当事人要求以书面方式发表质证意见,人民法院在听取对方当事人意见后认为有必要的,可以准许。人民法院应当及时将书面质证意见送交对方当事人。

《建设工程造价鉴定规范》

2.0.3　鉴定事项 appraisal subject

指鉴定项目工程造价争议中涉及的问题，通过当事人的举证无法达到高度盖然性证明标准，需要对其进行鉴别、判断并提供鉴定意见的争议项目。

3.2.2　委托人向鉴定机构出具鉴定委托书，应载明委托的鉴定机构名称、委托鉴定的目的、范围、事项和鉴定要求、委托人的名称等。

3.3.2　鉴定机构接受鉴定委托，对案件争议的事实初步了解后，当对委托鉴定的范围、事项和鉴定要求有不同意见时，应向委托人释明，释明后按委托人的决定进行鉴定。

3.4.6　鉴定机构应按照委托书确定的鉴定范围、事项、要求和期限，根据本机构质量管理体系、鉴定方案等督促鉴定人完成鉴定工作。

3.7.1　鉴定期限由鉴定机构与委托人根据鉴定项目争议标的涉及的工程造价金额、复杂程度等因素在表 3.7.1 规定的期限内确定。

表 3.7.1　鉴定期限表

争议标的涉及工程造价	期限（工作日）
1000 万元以下（含 1000 万元）	40
1000 万元以上 3000 万元以下（含 3000 万元）	60
3000 万元以上 10,000 万元以下（含 10,000 万元）	80
10,000 万元以上（不含 10,000 万元）	100

鉴定机构与委托人对完成鉴定的期限另有约定的，从其约定。

3.7.2　鉴定期限从鉴定人接收委托人按本规范第 4.2.1 条的规定移交证据材料之日起的次日起计算。

3.7.3　鉴定事项涉及复杂、疑难、特殊的技术问题需要较长时间的，经与委托人协商 7 完成鉴定的时间可以延长，每次延长时间一般不得超过 30 个工作日。每个鉴定项目延长次数一般不得超过 3 次。

3.7.4　在鉴定过程中，经委托人认可，等待当事人提交、补充或者重新提交据、勘验现场等所需的时间，不计入鉴定期限。

4.3.3　鉴定机构应及时将收到的证据移交委托人，并提请委托人组织质证并确认证据的证明力。

4.4.1 鉴定过程中，鉴定人可根据鉴定需要提请委托人通知当事人补充证据，对委托人组织质证并认定的补充证据，鉴定人可直接作为鉴定依据；对委托人转交，但未经质证的证据，鉴定人应提请委托人组织质证并确认证据的证明力。

4.7.2 经过当事人质证认可，委托人确认了证明力的证据，或在鉴定过程中，当事人经证据交换已认可无异议并报委托人记录在卷的证据，鉴定人应当作为鉴定依据。

4.7.3 当事人对证据的真实性提出异议，或证据本身彼此矛盾，鉴定人应及时提请委托人认定并按照委托人认定的证据作为鉴定依据。

如委托人未及时认定，或认为需要鉴定人按照争议的证据出具多种鉴定意见的，鉴定人应在征求当事人对于有争议的证据的意见并书面记录后，将该部分有争议的证据分别鉴定并将鉴定意见单列，供委托人判断使用。

4.7.5 当事人对证据的关联性提出异议，鉴定人应提请委托人决定。委托人认为是专业性问题并请鉴定人鉴别的，鉴定人应依据相关法律法规、工程造价专业技术知识，经过甄别后提出意见，供委托人判断使用。

《司法鉴定程序通则》

第十二条　委托人委托鉴定的，应当向司法鉴定机构提供真实、完整、充分的鉴定材料，并对鉴定材料的真实性、合法性负责。司法鉴定机构应当核对并记录鉴定材料的名称、种类、数量、性状、保存状况、收到时间等。

……

第十六条　司法鉴定机构决定受理鉴定委托的，应当与委托人签订司法鉴定委托书。司法鉴定委托书应当载明委托人名称、司法鉴定机构名称、委托鉴定事项、是否属于重新鉴定、鉴定用途、与鉴定有关的基本案情、鉴定材料的提供和退还、鉴定风险，以及双方商定的鉴定时限、鉴定费用及收取方式、双方权利义务等其他需要载明的事项。

第二十八条　司法鉴定机构应当自司法鉴定委托书生效之日起三十个工作日内完成鉴定。

鉴定事项涉及复杂、疑难、特殊技术问题或者鉴定过程需要较长时间的，经本机构负责人批准，完成鉴定的时限可以延长，延长时限一般不得超过三十个工作日。鉴定时限延长的，应当及时告知委托人。

司法鉴定机构与委托人对鉴定时限另有约定的，从其约定。

在鉴定过程中补充或者重新提取鉴定材料所需的时间，不计入鉴定时限。

第三十四条　【鉴定质证】人民法院应当组织当事人对鉴定意见进行质证。鉴定人将当事人有争议且未经质证的材料作为鉴定依据的，人民法院应当组织当事人就该部分材料进行质证。经质证认为不能作为鉴定依据的，根据该材料作出的鉴定意见不得作为认定案件事实的依据。

条文精解

本条是关于鉴定质证的规定。依据《民事诉讼法解释》第一百零三条第一款、第一百零四条第一款的规定，证据应当在法庭上出示，由当事人互相质证。未经当事人质证的证据，不得作为认定案件事实的根据。人民法院应当组织当事人围绕证据的真实性、合法性以及与待证事实的关联性进行质证，并针对证据有无证明力和证明力大小进行说明和辩论。鉴定意见属于民事八大证据之一，应当按照规定进行质证，并经人民法院审查认定后，才能作为认定案件事实的依据。当事人对鉴定意见进行质证，可以从形式和实质两个方面进行。形式方面如鉴定人的资格、鉴定程序等。实质方面如鉴定材料、鉴定依据、技术手段、鉴定方法等。当事人对鉴定意见的质证，属于正常的诉讼权利，应予保障。人民法院应当按照法定程序，全面、客观地审核鉴定意见，依照法律规定，运用逻辑推理和日常生活经验法则，对证据有无证明力和证明力大小进行判断，应避免以鉴代审，盲目迷信鉴定意见。

关于如何解决将有争议且未经质证的材料作为鉴定依据的程序问题。《最高人民法院关于民事诉讼证据的若干规定》第四十条第三款规定,对鉴定意见的瑕疵,可以通过补正、补充鉴定或者补充质证、重新质证等方法解决的,人民法院不予准许重新鉴定的申请。工程鉴定普遍周期较长,为减少当事人的诉累,人民法院应先组织当事人对未经质证的材料进行补充质证。经当事人质证和人民法院审核后,鉴定材料可以作为鉴定依据的,应采纳该鉴定意见。反之,鉴定材料不能反映案件真实情况、与待证事实无关联、来源和形式不符合法律规定,不应作为认定案件事实的,根据该材料作出的鉴定意见不得作为认定案件事情的依据。本条规定间接肯定了对鉴定意见所依据的鉴定材料进行补充质证之程序合法性,当事人不能以鉴定材料未经质证直接否认其鉴定意见的效力,应当在人民法院采取相应的补充措施后再定其效力。另外,不被采纳的仅是不能作为鉴定依据的材料对应的部分鉴定意见,其他部分是可以被采纳的,鉴定意见不可分割的除外。

关于鉴定人出庭制度和专家辅助人制度的问题。鉴定意见是鉴定人依照法定条件和程序,运用科学技术或者专门知识对建筑专门性问题进行分析、鉴别和判断后出具的书面载体。鉴定意见是否依照法定条件和程序进行,属于形式方面的问题,如鉴定资质、鉴定程序等,未涉及建筑专业知识,质证相对容易。鉴定意见运用的科学技术或者专门知识,比如鉴定依据、技术手段、鉴定方法等,涉及建筑专业知识,当事人质证较难,往往流于形式。要解决因为专业知识缺乏导致的质证难问题,应善于运用鉴定人出庭制度和专家辅助人制度:(1)关于鉴定人出庭制度。《民事诉讼法》第八十一条规定,当事人对鉴定意见有异议或者人民法院认为鉴定人有必要出庭的,鉴定人应当出庭作证。经人民法院通知,鉴定人拒不出庭作证的,鉴定意见不得作为认定事实的根据。鉴定人出庭制度是基于民事辩论原则作出,鉴定人出庭后,当事人通过对鉴定人的发问和鉴定人的答复,可以对鉴定意见有更加深刻具体的理解,对鉴定意见发表的关于真实性、合法性、关联性的质证意见也会更加准确，当事人应善于运用鉴定人出庭制度。这里需要注意，并非鉴定人都要出庭，只有当事人对鉴定意见有异议或者人民法院认为鉴定人有必要出庭时，鉴定人才出庭。另外，当事人对鉴定意见有异议的，应当在人民法院指定的期间内提出。(2)关于专家辅助人制度。《民事诉讼法解释》第一百二十二条第一款和第二款规定，当事人可以在举证期限届满前申请一至二名具有专门知识的人出庭，代表当事人对鉴定意见进行质证。具有专门知识的人在法庭上就专业问题提出的意见，视为当事人的陈述。如前文所述，鉴定意见所使用的鉴定依据、技术手段、鉴定方法等科学技术或者专门知识，涉及建筑专业知识。没有相关知识，质证往往流于形式，很难深入实质。综上，当事人在对鉴定意见进行质证的时候，应善于运用鉴定人出庭制度和专家辅助人制度，从形式和实质方面全方位质证，维护其权益。

适用本条，应注意以下几点：(1)本条规定的是有争议且未经质证的材料，如果是双方当事人没有争议的材料，就不适用本条关于补充质证的规定，因为当事人认可的证据，人民法院应当予以确认。(2)本条规定的是鉴定人将当事人有争议的材料作为鉴定依据，如果鉴定人没有将当事人有争议的材料作为鉴定依据，即使当事人已经向鉴定人提交，也不适用本条关于补充质证的规定。(3)本条规定的是鉴定意见及鉴定材料，如果只是鉴定人对鉴定事项无法进行的情况说明等，则不适用本条关于质证的规定。(4)人民法院按照本条规定补充质证后，应当审核相关材料能否作为鉴定依据，不能质证后未经审核直接采纳鉴定意见。(5)鉴定意见中如有推断性意见，人民法院应当依法审核后再作出采信或者不采信的认定意见，不能未经审核直接采信推断性意见。

案例适用

193　如何对鉴定意见进行质证和审核？

案件名称：中国化学工程第九建设有限公司（以下简称九化建公司）与新疆美汇特石化产品有限公司（以下简称美汇特公司）等建设工程施工合同纠纷案

审理法院：新疆维吾尔自治区高级人民法院

案　　号：(2021)新民终340号

裁判观点：(1)一审法院将未经质证的材料作为鉴定依据，补充质证后未对证据予以审查。……本案鉴定意见书载明，工艺管道无损检测及热处理的相关资料为后期九化建公司提交未经过双方质证，因此单独计列请法院裁决。一审法院在鉴定意见书出具后庭审中要求美汇特公司发表质证意见，美汇特公司认为九化建公司向鉴定机构出示的材料与九化建公司向其出示的材料存在重大差异，对该部分证据不予认可。一审法院将未经当事人质证的材料作为鉴定依据，补充质证后当事人对证据提出异议，一审法院未对该证据能否作为鉴定依据进行审查而直接采信此部分造价1120万余元的鉴定意见，存在程序瑕疵。(2)鉴定机构仅对当事人部分异议作出口头答复，当事人对鉴定意见书的质证权和异议权未得到保障。……本案鉴定意见书作出后，美汇特公司对10,945万余元的鉴定意见提出异议，鉴定机构未予以书面答复，在庭审中仅就部分异议作出口头答复，对其余部分异议未予答复，当事人对鉴定意见书的质证权和异议权未得到保障。(3)一审法院未对鉴定意见书中推断性意见进行审查认定。本案鉴定意见书单列17项数额约1970万余元推断性意见请法院裁决，一审法院仅对1项内容予以审查认定并部分采信鉴定意见，对于其余16项内容均以美汇特公司没有提交有效证据证明其异议成立为由，未进行审查认定而全部采信鉴定意见。……综上，一审法院认定本案基本事实不清。……本案发回新疆维吾尔自治区吐鲁番市中级人民法院重审。

194　如何对鉴定程序和鉴定依据进行质证？

案件名称：中国水利水电第五工程局有限公司与大唐甘肃祁连水电有限公司建设工程施工合同纠纷案

审理法院：最高人民法院

案　　号：(2020)最高法民终852号

裁判观点：鉴定依据不合理，鉴定程序不规范。(1)案涉鉴定人未适用自2018年3月1日起实施的住房和城乡建设部颁布的《建设工程造价鉴定规范》，而是适用中国建设工程造价管理协会制定的《建设工程造价鉴定规程》。前者系新制定的国家标准，其效力高于作为协会标准的后者，其内容更加详细、程序更加规范。在鉴定机构出具鉴定意见之前，前述国家标准已经发布，应当以此为据进行鉴定，更有利于查清本案事实，解决本案争议。(2)即使依据《建设工程造价鉴定规程》，该规程第六章第一条第一款(6.1.1)规定，“鉴定项目部(组)由三人以上组成”，而案涉《工程造价鉴定意见书》中执业人员签章处显示仅由两位工程师签字，违反了该程序规定。因此，一审鉴定程序存在不规范的情形。

195　鉴定人将未经质证的材料作为鉴定依据，应如何处理？

案件名称：甘肃丝绸之路文商旅游开发有限公司(以下简称文商公司)与甘肃八冶第一建设有限公司建设工程施工合同纠纷案

审理法院：甘肃省高级人民法院

案　　号：(2021)甘民终442号

裁判观点：本案一审中，虽然鉴定机构采用了未经质证的《商品购销合同》等证据作为检材使用，但根据《建设工程施工合同解释(二)》第十六条(现为《建设工程施工合同解释(一)》第三十四条)“人民法院应当组织当事人对鉴定意见进行质证。鉴定人将当事人有争议且未经质证的材料作为鉴定依据的，人民法院应当组织当事人就该部分材料进行质证。经质证认为不能作为鉴定依据的，根据该材料作出的鉴定意见不得作为认定案件事实的依据"的规定，二审诉讼中文商公司就《商品购销合同》等证据质证后发表了不予认可的意见。鉴于案涉工程监理单位分别于2017年4月15日、9月18日对项目部《工程材料、构配件、设备报审表》《工程材料、构配件或设备清单》予以了审查确认，且鉴定机构测算后用量与《商品购销合同》中购买量基本一致，故该组证据应予采信作为鉴定依据。

196　未作为鉴定材料的证据是否需要质证？

案件名称：重庆耀凯实业有限公司（以下简称耀凯公司）与中国建筑第二工程局有限公司（以下简称中建二局）建设工程施工合同纠纷案

审理法院：最高人民法院

案　　号：最高法民申5644号

裁判观点：耀凯公司主张中建二局于2017年9月28日提交给鉴定机构的资料未经质证，依据该资料作出的鉴定意见不应采信。经审查，中宏监理公司出具的《工程造价鉴定意见书》是以经过质证的《耀凯科技园一、二期工程《竣工图》和2017年11月2日的现场踏勘记录为依据作出的鉴定，并未以前述2017年9月28日提交的施工图等电子版资料作为鉴定依据。故原审法院采信《工程造价鉴定意见书》并无不当，并不存在违反《建设工程施工合同解释（二）》相关规定的情形。

197　对鉴定事项的说明是否需要质证？

案件名称：益华集团（沈阳）房地产开发有限公司（以下简称益华公司）与中建七局第一建筑有限公司（以下简称中建七局一公司）建设工程施工合同纠纷案

审理法院：最高人民法院

案　　号：（2021）最高法民申4755号

裁判观点：依据《建设工程施工合同解释（二）》第十六条（现为《建设工程施工合同解释（一）》第三十四条）的规定，人民法院应当组织当事人对鉴定意见进行质证。但建大公司出具的报告（说明）仅是就委托事项无法进行鉴定的原因所作的解释,并非针对委托事项作出的鉴定意见,原一审法院亦未将该报告(说明)作为认定案涉工程是否存在质量问题的证据使用。在此情况下,原一审法院未组织益华公司和中建七局一公司对该报告(说明)进行质证,并不违反法定程序。

相关规定

《民事诉讼法》

第六十六条　证据包括:

……

(七)鉴定意见;

……

证据必须查证属实,才能作为认定事实的根据。

第七十一条　证据应当在法庭上出示,并由当事人互相质证……

第八十一条　当事人对鉴定意见有异议或者人民法院认为鉴定人有必要出庭的,鉴定人应当出庭作证。经人民法院通知,鉴定人拒不出庭作证的,鉴定意见不得作为认定事实的根据;支付鉴定费用的当事人可以要求返还鉴定费用。

第八十二条　当事人可以申请人民法院通知有专门知识的人出庭,就鉴定人作出的鉴定意见或者专业问题提出意见。

《民事诉讼法解释》

第一百零三条　证据应当在法庭上出示,由当事人互相质证。未经当事人质证的证据,不得作为认定案件事实的根据。

当事人在审理前的准备阶段认可的证据,经审判人员在庭审中说明后,视为质证过的证据。

……

第一百零四条　人民法院应当组织当事人围绕证据的真实性、合法性以及与待证事实的关联性进行质证,并针对证据有无证明力和证明力大小进行说明和辩论。

能够反映案件真实情况、与待证事实相关联、来源和形式符合法律规定的证据，应当作为认定案件事实的根据。

第一百零五条　人民法院应当按照法定程序，全面、客观地审核证据，依照法律规定，运用逻辑推理和日常生活经验法则，对证据有无证明力和证明力大小进行判断，并公开判断的理由和结果。

第一百二十二条　当事人可以依照民事诉讼法第七十九条的规定，在举证期限届满前申请一至二名具有专门知识的人出庭，代表当事人对鉴定意见进行质证，或者对案件事实所涉及的专业问题提出意见。

具有专门知识的人在法庭上就专业问题提出的意见，视为当事人的陈述。

……

第一百二十三条　人民法院可以对出庭的具有专门知识的人进行询问。经法庭准许，当事人可以对出庭的具有专门知识的人进行询问，当事人各自申请的具有专门知识的人可以就案件中的有关问题进行对质。

具有专门知识的人不得参与专业问题之外的法庭审理活动。

《最高人民法院关于民事诉讼证据的若干规定》

第三十四条　人民法院应当组织当事人对鉴定材料进行质证。未经质证的材料，不得作为鉴定的根据。

……

第三十七条　人民法院收到鉴定书后，应当及时将副本送交当事人。

当事人对鉴定书的内容有异议的，应当在人民法院指定期间内以书面方式提出。

对于当事人的异议，人民法院应当要求鉴定人作出解释、说明或者补充。人民法院认为有必要的，可以要求鉴定人对当事人未提出异议的内容进行解释、说明或者补充。

第三十八条　当事人在收到鉴定人的书面答复后仍有异议的，人民法院应当根据《诉讼费用交纳办法》第十一条的规定，通知有异议的当事人预交鉴定人出庭费用，并通知鉴定人出庭。有异议的当事人不预交鉴定人出庭费用的，视为放弃异议。

……

第四十条　当事人申请重新鉴定，存在下列情形之一的，人民法院应当准许：

（一）鉴定人不具备相应资格的；

（二）鉴定程序严重违法的；

（三）鉴定意见明显依据不足的；

（四）鉴定意见不能作为证据使用的其他情形。

……

对鉴定意见的瑕疵，可以通过补正、补充鉴定或者补充质证、重新质证等方法解决的，人民法院不予准许重新鉴定的申请。

……

第八十条　鉴定人应当就鉴定事项如实答复当事人的异议和审判人员的询问。当庭答复确有困难的，经人民法院准许，可以在庭审结束后书面答复。

人民法院应当及时将书面答复送交当事人，并听取当事人的意见。必要时，可以再次组织质证。

第八十一条　鉴定人拒不出庭作证的，鉴定意见不得作为认定案件事实的根据。人民法院应当建议有关主管部门或者组织对拒不出庭作证的鉴定人予以处罚。

……

第八十三条　当事人依照民事诉讼法第七十九条和《最高人民法院关于适用〈中华人民共和国民事诉讼法〉的解释》第一百二十二条的规定，申请有专门知识的人出庭的，申请书中应当载明有专门知识的人的基本情况和申请的目的。

……

第八十四条　审判人员可以对有专门知识的人进行询问。经法庭准许，当事人可以对有专门知识的人进行询问，当事人各自申请的有专门知识的人可以就案件中的有关问题进行对质。

……

第八十七条　审判人员对单一证据可以从下列方面进行审核认定：

（一）证据是否为原件、原物，复制件、复制品与原件、原物是否相符；

（二）证据与本案事实是否相关；

（三）证据的形式、来源是否符合法律规定；

（四）证据的内容是否真实；

（五）证人或者提供证据的人与当事人有无利害关系。

《司法鉴定程序通则》

第三十条 有下列情形之一的，司法鉴定机构可以根据委托人的要求进行补充鉴定：

（一）原委托鉴定事项有遗漏的；

（二）委托人就原委托鉴定事项提供新的鉴定材料的；

（三）其他需要补充鉴定的情形。

补充鉴定是原委托鉴定的组成部分，应当由原司法鉴定人进行。

第三十一条 有下列情形之一的，司法鉴定机构可以接受办案机关委托进行重新鉴定：

（一）原司法鉴定人不具有从事委托鉴定事项执业资格的；

（二）原司法鉴定机构超出登记的业务范围组织鉴定的；

（三）原司法鉴定人应当回避没有回避的；

（四）办案机关认为需要重新鉴定的；

（五）法律规定的其他情形。

第四十三条 经人民法院依法通知，司法鉴定人应当出庭作证，回答与鉴定事项有关的问题。

第三十五条 【优先主体】与发包人订立建设工程施工合同的承包人，依据民法典第八百零七条的规定请求其承建工程的价款就工程折价或者拍卖的价款优先受偿的，人民法院应予支持。

条文精解

本条是关于优先主体的规定。《民法典》第八百零七条规定，发包人未按照约定支付价款的,承包人可以催告发包人在合理期限内支付价款。发包人逾期不支付的,除根据建设工程的性质不宜折价、拍卖外,承包人可以与发包人协议将该工程折价,也可以请求人民法院将该工程依法拍卖。建设工程的价款就该工程折价或者拍卖的价款优先受偿。根据本条规定,享有工程价款优先受偿权的主体应同时满足以下两点:(1)承包人应与发包人具有合同关系。发包人是建设单位,是工程的权利主体,承包人行使优先受偿权,请求对工程进行折价或者拍卖的价款优先受偿,应与发包人具有合同关系,这是从保护交易安全的角度所作的规定。(2)承包人承包的应是工程的施工。工程价款优先受偿权设立的目的是保障农民工等建筑工人的工资权益,农民工等建筑工人对应的建筑活动主要是施工活动。所以,承包人承包的应是工程的施工,与发包人的关系应是建设工程施工合同关系。另外,有观点认为,享有优先受偿权的承包人应限定在承包主体工程的承包人,非主体工程的承包人不应享有。理由是非主体工程占比较少,支持优先受偿权容易造成施工和交易秩序的混乱。该观点没有直接的规定支撑,实务案例中有支持的,也有不支持的,不太统一,下文有所涉及。

关于与发包人具有合同关系的承包人的工程价款优先受偿权的问题。与发包人具有合同关系的承包人包括工程总承包人、施工总承包人、肢解发包关系的承包人、勘察设计单位、监理单位等,下面分类探讨:

1. 工程总承包人、施工总承包人。《建筑法》第二十四条规定,提倡对建筑工程实行总承包,禁止将建筑工程肢解发包。发包人可以将建筑工程的勘察、设计、施工、设备采购一并发包给一个工程总承包人,也可以将建筑工程勘察、设计、施工、设备采购的一项或者多项发包给一个工程总承包人。总承包人符合工程价款优先受偿权的构成要件,属于工程价款优先受偿权的权利主体。

2. 肢解发包关系的承包人。依据《民法典》第七百九十一条第一款的规定,肢解发包是指发包人将应当由一个承包人完成的建设工程肢解成若干部分发包给数个承包人的行为。肢解发包关系的承包人与发包人具有直接的建设工程施工合同关系,依据本条的规定,应当具有工程价款优先受偿权。但因肢解发包关系中,存在多个承包人,又存在承包主体工程和非主体工程的区分,所以是否都享有工程价款优先受偿权意见不太统一。最高人民法院民法典贯彻实施工作领导小组主编的《中华人民共和国民法典合同编理解与适用[三]》(人民法院出版社,第2037页)关于"注意准确把握建设工程价款优先受偿权的权利主体"部分的观点认为,承包非主体工程的承包人不应享有工程价款优先受偿权,权利主体限定为承包主体工程的承包人。也有观点认为,存在多个承包人是常见现象,只要承包人完成的工程属于建设工程,且共同完成的建设工程宜于折价、拍卖的,就应当依法保障承包人的优先受偿权。笔者认为,在符合本条规定且工程具备折价或者拍卖条件的情形下,承包人享有工程价款优先受偿权较为合理。

3. 勘察设计单位、监理单位。虽然其与发包人都具有直接的合同关系,但因其与发包人订立的是勘察设计合同、委托监理合同,不是建设工程施工合同,勘察人、设计人及监理人也不是农民工等建筑工人。所以,勘察设计单位、监理单位不是工程价款优先受偿权的权利主体。例外情形是,如果勘察设计属于工程总承包人的承包范围,比如设计—采购—施工总承包、设计—施工总承包,此时设计费用属于总承包人的工程价款范围,也享有优先受偿权。

关于与发包人不具有合同关系的承包人的工程价款优先受偿权的问题。与发包人不具有合同关系的承包人包括转包关系的承包人、分包关系的承包人、借用资质的承包人、内部承包人等,下面分类探讨:

1. 转包关系的承包人、分包关系的承包人(本项不包含发包人将工程肢解发包的违法分包情形的承包人,已将其归类在与发包人具有合同关系的承包人)。依据《建筑工程施工发包与承包违法行为认定查处管理办法》第七条和第十一条的规定,转包是指承包人承包工程后,不履行合同约定的责任和义务,将其承包的全部工程或者将其承包的全部工程肢解后以分包的名义分别转给其他单位或个人施工的行为。分包是指承包人承包工程后,把单位工程或分部分项工程分包给其他单位或个人施工的行为,包括合法分包与违法分包。因为分包行为的效力不影响工程价款优先受偿权,所以本文不对合法分包与违法分包作区分。转包关系的承包人、分包关系的承包人,因其与发包人皆没有合同关系,不符合本条关于合同相对性的规定,所以不享有工程价款优先受偿权。需要注意的是,如果转包关系的承包人或者分包关系的承包人,与总包人、发包人订立三方合同,或者发包人指定分包等,则可能与发包人具有合同关系,应区分情形判断其工程价款优先受偿权。

2. 借用资质的承包人。依据《建筑工程施工发包与承包违法行为认定查处管理办法》第九条第一款的规定,借用资质承揽工程也称挂靠,是指承包人以其他有资质的施工单位的名义承揽工程的行为。因在借用资质承揽工程关系中,存在资质出借方与资质借用方两个承包主体,同时又存在资质出借方与发包人的形式合同关系及资质借用方与发包人的实质合同关系。故承包人是否享有工程价款优先受偿权及由资质出借方还是由资质借用方享有工程价款优先受偿权,都存在较大争议。最高人民法院民事审判第一庭编著的《最高人民法院新建设工程施工合同司法解释(一)理解与适用》(人民法院出版社 2021 年版,第 363 页)的观点认为,借用资质承揽工程的承包人不应享有工程价款优先受偿权,主要理由是合同无效及与发包人不具有合同相对性。最高人民法院民法典贯彻实施工作领导小组主编的《中华人民共和国民法典合同编理解与适用[三]》(人民法院出版社,第 2037 页)的观点认为,借用资质承揽工程的承包人是否享有工程价款优先受偿权,以资质出借方或者资质借用方其中一方享有为原则,以各方当事人真实意思为基础确定。笔者认为,依据《建设工程施工合同解释(一)》第三十八条的规定,工程价款优先受偿权仅与工程质量有直接的关系,与合同效力没有直接关系。所以，借用资质承揽工程关系中，工程价款优先受偿权应先予以肯定，不应以合同无效为由否定。至于权利主体，从保护交易安全的角度考虑，属于资质出借方为宜，发包人明知资质借用情形存在的除外。

3. 内部承包人。内部承包人是指承包人承包工程后，将工程交由单位内部工作人员具体执行的行为。因为内部承包人承包工程的行为属于职务行为，应由所在单位享有相应的权利和承担相应的义务。所以工程价款优先受偿权由内部承包人所在的单位享有，内部承包人不享有。另外需注意的是，如果内部承包人是借用内部承包的名义，实际上是靠挂、转包、违法分包的，应当按照靠挂、转包、违法分包的情形判断工程价款优先受偿权。

关于受让工程价款债权的受让人是否享有工程价款优先受偿权的问题。实务中存在两种截然相反的观点：(1)受让人不应享有工程价款优先受偿权，理由是：①工程价款优先受偿权专属于与发包人订立合同的承包人，具有人身专属性，受让工程价款债权的受让人不符合。②受让工程价款债权的受让人不是施工单位，不符合工程价款优先受偿权保障农民工等建筑工人的工资权益的立法目的。(2)受让人应享有工程价款优先受偿权，理由是：①工程价款优先受偿权属于工程价款债权的从权利，主权利转让的，从权利应随之转让。②本条规定与发包人订立合同的承包人享有工程价款优先受偿权，并不能得出工程价款优先受偿权专属于承包人的结论。笔者认为，受让人应享有工程价款优先受偿权，理由如下：(1)本条规定与发包人订立合同的承包人具有工程价款优先受偿权，其目的是保护交易安全，防止转包关系的承包人、分包关系的承包人、借用资质的承包人、内部承包人等向发包人主张工程价款优先受偿权。工程价款债权受让人并不属于上述主体，对交易安全并未产生影响。(2)工程价款优先受偿权的设立目的是保障农民工等建筑工人的工资权益，保护工程价款债权受让人的工程价款优先受偿权，可以促进工程价款债权的流转，保证承包人及时获得工程价款债权转让对价,进而保障农民工等建筑工人的工资权益,与工程价款优先受偿权的设立目的一致。(3)《民法典》第五百四十七条第一款规定,债权人转让债权的,受让人取得与债权有关的从权利,但是该从权利专属于债权人自身的除外。综上,本条规定与发包人订立合同的承包人享有工程价款优先受偿权,主要是为了保护交易安全,而并非为了说明工程价款优先受偿权具有人身专属性。所以工程价款债权转让的,受让人应取得作为工程价款债权从权利的工程价款优先受偿权。

适用本条,应注意以下几点:(1)依据《建设工程施工合同解释(一)》第三十八条的规定,承包人是否享有工程价款优先受偿权与工程质量有关系,与合同效力没有关系。(2)工程价款优先受偿权属于法定优先权,根据物权法定原则,其权利主体、行使方式等,必须有法律的明确规定。《建设工程施工合同解释(一)》第四十三条虽然赋予实际施工人突破合同相对性向发包人主张工程价款的权利,但并未同时赋予工程价款优先受偿权,故实际施工人不应享有工程价款优先受偿权。有观点认为,实际施工人既然有权向发包人主张工程价款,工程价款优先受偿权作为工程价款债权的从权利,实际施工人亦应享有。该观点与物权法定原则相悖,与本条规定不符,所以实务中并未采纳。

案例适用

198　与发包人订立施工合同的承包人是否享有优先受偿权?

案件名称:武汉中生建工集团有限公司(以下简称中生公司)与湖北园晟置业有限公司(以下简称园晟公司)等建设工程施工合同纠纷案

审理法院:最高人民法院

案　　号:(2020)最高法民终766号

裁判观点:中生公司与园晟公司签订建设工程施工合同,其作为承包人有权向合同相对人即发包人园晟公司主张工程价款优先受偿权。

199　非主体项目承包人是否享有优先受偿权？

案件名称：潘某华与中国建设银行股份有限公司哈尔滨自贸区支行等案外人执行异议之诉案

审理法院：最高人民法院

案　　号：（2021）最高法民终1033号

裁判观点：潘某华自认仅系抹灰工程实际施工人，并非案涉房屋所在主体工程项目的承包人，其主张建设工程价款优先受偿权，缺乏法律依据。因此，潘某华关于其享有建设工程价款优先受偿权，足以排除强制执行的上诉理由，不能成立。

200　不是与发包人订立施工合同的承包人是否享有优先受偿权？

案件名称：吴某生与鹰潭中科环保电力有限公司等建设工程施工合同纠纷案

审理法院：最高人民法院

案　　号：（2020）最高法民申2858号

裁判观点：按照《建设工程施工合同解释（二）》第十七条（现为《建设工程施工合同解释（一）》第三十五条）规定，只有与发包人订立建设工程施工合同的承包人，才能依照《合同法》第二百八十六条（现为《民法典》第八百零七条）规定就工程折价或者拍卖价款优先受偿。吴某生不是与发包人订立建设工程施工合同的承包人，在请求案涉工程的价款时，依法不能对工程折价或者拍卖的价款优先受偿。原判决未支持吴某生关于其对案涉工程折价或者拍卖的价款优先受偿的诉讼请求并无不当。

201　转包关系的承包人是否享有优先受偿权？

案件名称：山西省工业设备安装集团有限公司（以下简称山西安装公司）与安徽盛运建筑安装工程有限公司等建设工程施工合同纠纷案

审理法院：最高人民法院

案　　号：（2020）最高法民申1872号

裁判观点：按照《建设工程施工合同解释（二）》第十七条（现为《建

设工程施工合同解释(一)》第三十五条)规定,山西安装公司作为违法转包合同的承包人,二审判决认定其不享有建设工程价款优先受偿权,在法律适用上并无不当。

202　分包关系的承包人是否享有优先受偿权?

案件名称:范某振、石家庄市苏麒麟装饰工程有限公司(以下简称苏麒麟公司)、河北启政建筑工程集团有限公司(以下简称启政公司)、河北百顺基业房地产开发有限公司(以下简称百顺基业公司)等第三人撤销之诉案

审理法院:最高人民法院

案　　号:(2019)最高法民申6310号

裁判观点:发包人百顺基业公司与承包人启政公司签订《建设工程施工合同补充协议》,将桥西区石桥村回迁楼5#、7#住宅楼工程发包给启政公司,后启政公司又与苏麒麟公司签订《工程承包合同》,苏麒麟公司又与范某振签订《劳务工程总包合同》,将工程项目交由范某振具体施工。按照《建设工程施工合同解释(二)》第十七条(现为《建设工程施工合同解释(一)》第三十五条)规定,建设工程价款优先受偿权是法定优先权,其权利的主体和行使必须有明确的法律依据,即建设工程价款优先受偿权的主体为承包人。上述司法解释未赋予实际施工人建设工程价款优先受偿的权利。故原判决认定范某振作为实际施工人享有建设工程价款受偿权,进而认定范某振属有独立请求权的第三人,适用法律错误,本院予以指正。

203　借用资质的承包人是否享有优先受偿权?

案件名称:宁夏钰隆工程有限公司(以下简称钰隆公司)与安徽三建工程有限公司(以下简称安徽三建)、宁夏蓝天房地产开发有限责任公司(以下简称蓝天公司)建设工程施工合同纠纷案

审理法院:最高人民法院

案　　号:(2019)最高法民申6085号

裁判观点：钰隆公司借用安徽三建的资质，以挂靠方式对发包人蓝天公司发包的1号、4号、5号楼进行了实际施工，属于实际施工人；同时，钰隆公司与蓝天公司之间已经履行了发包人与承包人之间的义务，双方在事实上形成了建设工程施工合同关系，钰隆公司是案涉工程的实际承包人。而且，蓝天公司从签订合同开始到实际履行合同过程中，知道并认可钰隆公司是借用安徽三建资质进行实际施工的事实，还接受了钰隆公司直接支付给自己的保证金，并向钰隆公司直接支付过工程价款，更进一步证明蓝天公司认可了钰隆公司系工程实际承包人的事实。所以，一审判决认为钰隆公司享有优先受偿权是正确的。

204　内部承包人是否享有优先受偿权？

案件名称：邓某洲与怀化中房房地产开发公司（以下简称中房公司）、河南华盛建设集团有限公司（以下简称华盛公司）等建设工程施工合同纠纷案

审理法院：最高人民法院

案　　号：（2021）最高法民申51号

裁判观点：华盛公司有壹级施工资质，通过公开招投标的方式获得案涉工程施工资格并与中房公司签订了施工合同。具体施工过程中，华盛公司与邓某洲签订了内部承包协议，具体工作由邓某洲负责，但华盛公司向项目部派驻了“五大员”以确保工程质量，尽到了一个壹级资质施工企业所应有的技术义务。在合同履行过程中，华盛公司参与了各阶段协议的签订，对工程款的收付亦进行了管理。因此，原审法院认为华盛公司与邓某洲之间并非单纯的挂靠或转包；邓某洲没有完全替代承包人完成了案涉施工合同中约定的承包人义务，而华盛公司也不是所谓的名义承包人，与本案实际情况相符，本院予以确认。根据《建设工程施工合同解释（二）》第十七条（现为《建设工程施工合同解释（一）》第三十五条）规定，认为案涉工程承包人华盛公司享有工程价款优先受偿权，邓某洲对案涉工程价款不享有优先受偿权，事实和法律依据充分，亦较为

公允,本院予以认可。

205 工程价款债权受让人是否享有优先受偿权?

案件名称:中建海峡建设发展有限公司(以下简称中建海峡公司)与厦门兴基伟业房地产开发有限公司(以下简称兴基伟业公司)等建设工程施工合同纠纷案

审理法院:最高人民法院

案　　号:(2021)最高法民终958号

一审裁判观点:根据《建设工程施工合同解释(二)》第十七条(现为《建设工程施工合同解释(一)》第三十五条)规定,与发包人订立建设工程施工合同的承包人……请求其承建工程的价款就工程折价或者拍卖的价款优先受偿的,人民法院予以支持。即依法享有工程价款优先受偿权的主体必须与发包人存在直接的施工合同关系。本案中,中建海峡公司系通过债权受让的方式取得本案讼争工程款债权,并非与兴基伟业公司存在直接的施工合同关系,依照前述法律规定,依法不享有工程价款优先受偿权。

二审裁判观点:建设工程款债权转让后,中建七局享有的建设工程价款优先受偿权可以随之转让予中建海峡公司,理由如下:第一,建设工程价款优先受偿权为法定优先权,功能是担保工程款优先支付,系工程款债权的从权利,不专属于承包人自身,可以随建设工程价款债权一并转让。《合同法》第八十一条规定,债权人转让权利的,受让人取得与债权有关的从权利,但该从权利专属于债权人自身的除外。《建设工程施工合同解释(二)》第十七条(现为《建设工程施工合同解释(一)》第三十五条)虽然规定由承包人主张优先受偿权,但是并不能得出建设工程价款优先受偿权具有人身专属性。故建设工程价款债权转让的,建设工程价款优先受偿权随之转让并不违反法律规定。第二,本案建设工程价款优先受偿权与工程款债权的一并转让,既不增加兴基伟业公司的负担,也不损害兴基伟业公司其他债权人的利益。综上,中建七局将案涉工程款债权转让给中建海峡公司后，中建海峡公司可以享有建设工程价款优先受偿权。

206　实际施工人是否享有优先受偿权？

案件名称：曹某兴、黄某荣与星华昌源集团有限公司（以下简称昌源公司）、福建省龙岩市富泰房地产开发有限公司（以下简称富泰公司）等建设工程施工合同纠纷案

审理法院：最高人民法院

案　　号：（2021）最高法民申5733号

裁判观点：根据原审法院查明的事实，系昌源公司作为承包人与富泰公司于2010年2月3日签订《协议书》承包涉案工程，而再审申请人曹某兴、黄某荣为案涉工程的实际施工人，而非承包方。2004年《建设工程施工合同解释》第二十六条第二款规定，发包人只在欠付工程价款范围内对实际施工人承担责任，即实际施工人有条件向发包人主张工程价款，但并未规定实际施工人享有工程价款的优先受偿权。因此，福建省高级人民法院认为曹某兴、黄某荣作为实际施工人不享有工程价款优先受偿权，并无不当。

相关规定

《民法典》

第五百四十七条　债权人转让债权的，受让人取得与债权有关的从权利，但是该从权利专属于债权人自身的除外。

……

第七百九十一条　发包人可以与总承包人订立建设工程合同，也可以分别与勘察人、设计人、施工人订立勘察、设计、施工承包合同。发包人不得将应当由一个承包人完成的建设工程支解成若干部分发包给数个承包人。

总承包人或者勘察、设计、施工承包人经发包人同意，可以将自己承包的部分工作交由第三人完成。第三人就其完成的工作成果与总承包人或者勘察、设

计、施工承包人向发包人承担连带责任。承包人不得将其承包的全部建设工程转包给第三人或者将其承包的全部建设工程支解以后以分包的名义分别转包给第三人。

禁止承包人将工程分包给不具备相应资质条件的单位。禁止分包单位将其承包的工程再分包。建设工程主体结构的施工必须由承包人自行完成。

第八百零七条　发包人未按照约定支付价款的，承包人可以催告发包人在合理期限内支付价款。发包人逾期不支付的，除根据建设工程的性质不宜折价、拍卖外，承包人可以与发包人协议将该工程折价，也可以请求人民法院将该工程依法拍卖。建设工程的价款就该工程折价或者拍卖的价款优先受偿。

《建筑法》

第二十四条　提倡对建筑工程实行总承包，禁止将建筑工程肢解发包。

建筑工程的发包单位可以将建筑工程的勘察、设计、施工、设备采购一并发包给一个工程总承包单位，也可以将建筑工程勘察、设计、施工、设备采购的一项或者多项发包给一个工程总承包单位；但是，不得将应当由一个承包单位完成的建筑工程肢解成若干部分发包给几个承包单位。

《建筑工程施工发包与承包违法行为认定查处管理办法》

第七条　本办法所称转包，是指承包单位承包工程后，不履行合同约定的责任和义务，将其承包的全部工程或者将其承包的全部工程肢解后以分包的名义分别转给其他单位或个人施工的行为。

第九条　本办法所称挂靠，是指单位或个人以其他有资质的施工单位的名义承揽工程的行为。

前款所称承揽工程，包括参与投标、订立合同、办理有关施工手续、从事施工等活动。

第十一条　本办法所称违法分包，是指承包单位承包工程后违反法律法规规定，把单位工程或分部分项工程分包给其他单位或个人施工的行为。

第三十六条　【优先顺序】承包人根据民法典第八百零七条规定享有的建设工程价款优先受偿权优于抵押权和其他债权。

条文精解

本条是关于优先顺序的规定。承包人享有的工程价款优先受偿权优于抵押权和其他债权。如需深入理解工程价款优先受偿权优于抵押权和其他债权的相关问题,需先探讨工程价款优先受偿权的性质。工程价款优先受偿权的性质,主要存在以下三种观点:

1. 认为承包人享有的工程价款优先受偿权的性质属于留置权。主要理由是建设工程施工合同关系属于特殊的承揽关系,《民法典》第七百八十三条规定,定作人未向承揽人支付报酬或者材料费等价款的,承揽人对完成的工作成果享有留置权或者有权拒绝交付。《民法典》第四百五十六条规定,同一动产上已经设立抵押权或者质权,该动产又被留置的,留置权人优先受偿。所以承包人享有的工程价款优先受偿权优于抵押权和其他债权。本观点的弊端在于,《民法典》第四百四十七条第一款规定,留置权适用的对象是动产,方式是合法占有。建设工程属于不动产,适用对象不符合规定。而且承包人若丧失对建设工程的合法占有(实务表现形式是承包人已将建设工程向发包人交付使用),则留置权关于占有的成立前提随之丧失,优先受偿权不再成立,难以对承包人起到始终的保护作用。

2. 认为承包人享有的工程价款优先受偿权的性质属于"法定抵押权"。主要理由是《民法典》第四百一十条第一款规定,债务人不履行到期债务或者发生当事人约定的实现抵押权的情形,抵押权人可以与抵押人协议以抵押财产折价或者以拍卖、变卖该抵押财产所得的价款优先受偿。同时,《民法典》第四百零二条规定,以建设工程抵押的,应当办理抵押登记,抵押权自登记时设立。因为承包人享有的工程价款优先受偿权未要求按照上述规定办理抵押登记,所以称之为"法定抵押权",不需办理抵押登记。本观点的弊端在于,法律法规只有关于"抵押权"的规定,没有关于"法定抵押权"的规定,"法定抵押权"属于创设性的定义。

3. 认为承包人享有的工程价款优先受偿权的性质就是优先权。笔者较为认同本观点，其作为优先权，优于抵押权和其他债权。笔者统计了《民法典》关于优先权的规定，共有：第一百八十七条关于民事主体因同一行为承担民事责任、行政责任和刑事责任时，优先承担民事责任的规定；第三百零五条关于共有人转让共有财产时，其他共有人享有优先购买权的规定；第三百八十六条关于担保物权人享有就担保财产优先受偿权的规定；第七百二十六条关于承租人享有租赁房屋优先购买权的规定；第七百三十四条关于承租人享有租赁物优先承租权的规定；第八百四十七条关于职务技术成果的完成人享有职务技术成果优先受让权的规定；第八百五十九条关于委托人享有委托开发完成的发明创造优先受让权的规定；第八百六十条关于合作开发完成发明创造的其他各方享有合作开发完成的发明创造优先受让权的规定；第一千一百零八条关于死亡一方的父母享有配偶一方死亡另一方送养未成年子女优先抚养权的规定。通过比较上述各种权利，皆因特殊的政策考量而设立，如保护弱势群体、共有人、担保物权人、承租人、职务技术成果完成人、发明创造委托人等。对于承包人享有的工程价款优先受偿权的定性不同，则其成立的条件、适用的主体、清偿的顺序、优先的范围、优先的期限、放弃的效力等则有差异。如果定性为留置权，则承包人丧失对建设工程的合法占有后，留置权不能成立；如果定性为抵押权，则依规定登记才能成立。所以，承包人享有的工程价款优先受偿权的性质就是优先权，优于抵押权和其他债权，其目的是保障农民工等建筑工人的工资权益，与留置权、抵押权既有联系，又有区别。

关于承包人享有的工程价款优先受偿权能否对抗商品房买受人的问题。一般情形下，物权是要优于债权的。买受人在商品房未登记在其名下之前，与房地产开发企业之间仅是债权关系，此时买受人的权利在理论上称为物权期待权。《最高人民法院关于人民法院办理执行异议和复议案件若干问题的规定》第二十九条规定，金钱债权执行中，买受人对登记在被执行的房地产开发企业名下的商品房提出异议，符合下列情形且其权利能够排除执行的，人民法院应予支持：(1)在人民法院查封之前已签订合法有效的书面买卖合同；(2)所购商品房系用于居住且买受人名下无其他用于居住的房屋；(3)已支付的价款超过合同约定总价款的50%。上述规定是基于对商品房买受人基本生存权利的保护，赋予商品房买受人对买受房屋的物权期待权以排除执行的效力，此时承包人享有的工程价款优先受偿权不能对抗商品房买受人，已支付商品房价款超过合同约定总价款50%，且无其他居住房屋的买受人权利优于承包人享有的工程价款优先受偿权。反之，如果买受人所购商品房非用于居住，或者名下有其他用于居住的房屋，则不符合生存保障所必需，此时为维护不动产权利外观和不动产登记的统一性，商品房买受人的权利不能优于承包人享有的工程价款优先受偿权。另外，《最高人民法院关于商品房消费者权利保护问题的批复》第二条规定，商品房买受人应支付的是全部价款，或者在一审法庭辩论终结前已实际支付剩余价款，与《最高人民法院关于人民法院办理执行异议和复议案件若干问题的规定》第二十九条的规定不同，应当注意。因为商品房买受人的物权期待权优于承包人享有的工程价款优先受偿权，而承包人享有的工程价款优先受偿权又优于抵押权，所以商品房买受人的物权期待权优于抵押权。

适用本条，应注意以下两点：(1)本条适用的情形除了在工程价款诉求中确认优先受偿权之外，还常出现于执行程序中，通过执行异议和执行异议之诉，对执行标的主张优先分配权。(2)如果商品房是买受人通过"以物抵债"的方式取得，而且"债"是工程价款，也可以适用本条的规定。承包人对于通过"以物抵债"的方式取得的商品房的权利同样优于抵押权和其他债权。这里需要注意，优于的原因是本条的规定，而不是《最高人民法院关于人民法院办理执行异议和复议案件若干问题的规定》第二十九条的规定。此时，商品房是否用于居住、承包人是否已经支付超过房屋总价款50%不再是判断优先的依据。实务案例中,也有相反的观点,如案号为(2018)川民终598号的判决,认为"以物抵债"的债是普通债权,不能适用本条关于工程价款优先受偿权的规定,读者可作参考。

案例适用

207 工程价款优先受偿权能否对抗居住用的商品房买受人?

案件名称:江苏省苏中建设集团股份有限公司(以下简称苏中建设公司)、邯郸市嘉烨房地产开发有限公司(以下简称嘉烨房地产公司)与许某强执行异议案

审理法院:河北省高级人民法院

案　　号:(2017)冀执异220号

裁判观点:在本院查封"嘉烨豪庭"项目涉案房产前,许某强与嘉烨房地产公司签订了合法有效的商品房买卖合同,并按合同约定支付了大部分房款,在涉案房产所在的永年住建局许某强名下无房产登记记录,买受人许某强符合房屋消费者的条件。《最高人民法院关于建设工程价款优先受偿权问题的批复》第一条、第二条规定,建设工程价款优先受偿权优于抵押权和其他债权,但不能对抗交付全部或者大部分购房款的房屋消费者。所以,即便在苏中建设公司与嘉烨房地产公司建设工程施工合同纠纷一案中,苏中建设公司对其施工工程享有建设工程价款优先受偿权的诉讼请求成立,其权利也不能对抗房屋消费者许某强。同时,许某强对涉案房产享有的实体权利亦符合《最高人民法院关于人民法院办理执行异议和复议案件若干问题的规定》第二十九条规定的要件,能够排除法院强制执行。

208 工程价款优先受偿权能否对抗非居住用的商品房买受人?

案件名称:薛某与北京华夏建设发展有限公司(以下简称华夏建设公司)、湖北武当太极湖置业有限公司(以下简称太极湖置业公司)案外

人执行异议之诉案

审理法院:湖北省高级人民法院

案　　号:(2021)鄂民终298号

裁判观点:《最高人民法院关于人民法院办理执行异议和复议案件若干问题的规定》第二十八条规定的是一般不动产买受人的物权期待权,第二十九条规定的是商品房消费者的物权期待权。故案外人只有同时满足《最高人民法院关于人民法院办理执行异议和复议案件若干问题的规定》第二十九条规定的条件,才能够对抗申请执行人的建设工程价款优先受偿权,即“……(二)所购商品房系用于居住且买受人名下无其他用于居住的房屋……”本案中,根据薛某与太极湖置业公司签订的《商品房预售合同》第三条的约定,本案所涉房屋用途为商业,并非用于居住,事实上薛某也是将该房屋对外出租并用于经营。因此,薛某不符合《最高人民法院关于人民法院办理执行异议和复议案件若干问题的规定》第二十九条第二项规定的情形,不能对抗华夏建设公司的建设工程价款优先受偿权,不能排除人民法院的强制执行。薛某上诉称本案应适用《最高人民法院关于人民法院办理执行异议和复议案件若干问题的规定》第二十八条,系对法律理解不当,本院不予支持。

209　工程价款优先受偿权能否对抗有其他居住房屋的商品房买受人?

案件名称:胡某华与广西建工集团第二安装建设有限公司(以下简称第二建设公司)等案外人执行异议之诉案

审理法院:广西壮族自治区高级人民法院

案　　号:(2019)桂民终852号

裁判观点:根据生效民事判决第二建设公司、广西建工集团联合建设有限公司作为申请执行人,对涉案执行标的享有的是建设工程价款优先受偿权。本案中,胡某华主张其购买涉案别墅是用于居住,但其同时购买了两幢别墅,胡某华申请排除执行不符合《最高人民法院关于人民法院办理执行异议和复议案件若干问题的规定》第二十九条的规定及《最高人民法院关于建设工程价款优先受偿权问题的批复》第二条的规定,胡某华请求排除强制执行无事实和法律依据,其对执行标的不享有足以排除强制执行的民事权益。

210　“以物抵债”的债权是否优于抵押权?

案件名称:交通银行股份有限公司陕西省分行(以下简称交行陕西分行)与李某绒等执行异议之诉案

审理法院:最高人民法院

案　　号:(2018)最高法民申5129号

裁判观点:李某绒已在二审中承担相应举证责任,提供的证据足以证明案涉房屋系基于建设工程价款优先受偿权,以工程抵款方式取得,符合《合同法》第二百八十六条和《最高人民法院关于建设工程价款优先受偿权问题的批复》第一条关于建筑工程价款优先受偿的规定,足以对抗抵押权。二审法院依照上述规定,认定李某绒对案涉房屋享有足以排除强制执行的民事权利,适用法律正确。在此情形下,关于李某绒所购商品房是否用于居住且其名下是否无其他用于居住房屋、李某绒是否在人民法院查封之前合法占有房屋、李某绒是否属于无过错买受人、李某绒是否支付购房款以及一、二审法院是否应当依交行陕西分行申请调查李某绒支付购房款的真实性等问题与本案结果并无关联性,既不影响李某绒是否对案涉房屋享有建设工程价款优先受偿权的法律认定,亦不影响本案的法律适用。

相关规定

《最高人民法院关于人民法院办理执行异议和复议案件若干问题的规定》

第二十七条　申请执行人对执行标的依法享有对抗案外人的担保物权等优先受偿权,人民法院对案外人提出的排除执行异议不予支持,但法律、司法解释另有规定的除外。

第二十八条　金钱债权执行中,买受人对登记在被执行人名下的不动产提出异议,符合下列情形且其权利能够排除执行的,人民法院应予支持:

(一)在人民法院查封之前已签订合法有效的书面买卖合同;

(二)在人民法院查封之前已合法占有该不动产;

(三)已支付全部价款,或者已按照合同约定支付部分价款且将剩余价款按照人民法院的要求交付执行;

(四)非因买受人自身原因未办理过户登记。

第二十九条　金钱债权执行中,买受人对登记在被执行的房地产开发企业名下的商品房提出异议,符合下列情形且其权利能够排除执行的,人民法院应予支持:

(一)在人民法院查封之前已签订合法有效的书面买卖合同;

(二)所购商品房系用于居住且买受人名下无其他用于居住的房屋;

(三)已支付的价款超过合同约定总价款的百分之五十。

《最高人民法院关于商品房消费者权利保护问题的批复》

河南省高级人民法院:

你院《关于明确房企风险化解中权利顺位问题的请示》(豫高法〔2023〕36号)收悉。就人民法院在审理房地产开发企业因商品房已售逾期难交付引发的相关纠纷案件中涉及的商品房消费者权利保护问题,经研究,批复如下:

一、建设工程价款优先受偿权、抵押权以及其他债权之间的权利顺位关系,按照《最高人民法院关于审理建设工程施工合同纠纷案件适用法律问题的解释(一)》第三十六条的规定处理。

二、商品房消费者以居住为目的购买房屋并已支付全部价款,主张其房屋交付请求权优先于建设工程价款优先受偿权、抵押权以及其他债权的,人民法院应当予以支持。

只支付了部分价款的商品房消费者,在一审法庭辩论终结前已实际支付剩余价款的,可以适用前款规定。

三、在房屋不能交付且无实际交付可能的情况下,商品房消费者主张价款返还请求权优先于建设工程价款优先受偿权、抵押权以及其他债权的,人民法院应当予以支持。

《全国法院民商事审判工作会议纪要》

120.【债权人能否提起第三人撤销之诉】第三人撤销之诉中的第三人仅局限于《民事诉讼法》第56条规定的有独立请求权及无独立请求权的第三人，而且一般不包括债权人。但是，设立第三人撤销之诉的目的在于，救济第三人享有的因不能归责于本人的事由未参加诉讼但因生效裁判文书内容错误受到损害的民事权益，因此，债权人在下列情况下可以提起第三人撤销之诉：

(1)该债权是法律明确给予特殊保护的债权，如《合同法》第286条规定的建设工程价款优先受偿权，《海商法》第22条规定的船舶优先权；

……

债权人提起第三人撤销之诉还要符合法律和司法解释规定的其他条件。对于除此之外的其他债权，债权人原则上不得提起第三人撤销之诉。

《民法典》

第三百八十六条　担保物权人在债务人不履行到期债务或者发生当事人约定的实现担保物权的情形，依法享有就担保财产优先受偿的权利，但是法律另有规定的除外。

第三百九十四条　为担保债务的履行，债务人或者第三人不转移财产的占有，将该财产抵押给债权人的，债务人不履行到期债务或者发生当事人约定的实现抵押权的情形，债权人有权就该财产优先受偿。

……

第四百零二条　以本法第三百九十五条第一款第一项至第三项规定的财产或者第五项规定的正在建造的建筑物抵押的，应当办理抵押登记。抵押权自登记时设立。

第四百二十五条　为担保债务的履行，债务人或者第三人将其动产出质给债权人占有的，债务人不履行到期债务或者发生当事人约定的实现质权的情形，债权人有权就该动产优先受偿。

……

第四百四十七条　债务人不履行到期债务，债权人可以留置已经合法占有的债务人的动产，并有权就该动产优先受偿。

……

第八百零七条　发包人未按照约定支付价款的，承包人可以催告发包人在合理期限内支付价款。发包人逾期不支付的，除根据建设工程的性质不宜折价、拍卖外，承包人可以与发包人协议将该工程折价，也可以请求人民法院将该工程依法拍卖。建设工程的价款就该工程折价或者拍卖的价款优先受偿。

《民事诉讼法解释》

第三百零九条　案外人或者申请执行人提起执行异议之诉的，案外人应当就其对执行标的享有足以排除强制执行的民事权益承担举证证明责任。

第三百一十条　对案外人提起的执行异议之诉，人民法院经审理，按照下列情形分别处理：

（一）案外人就执行标的享有足以排除强制执行的民事权益的，判决不得执行该执行标的；

（二）案外人就执行标的不享有足以排除强制执行的民事权益的，判决驳回诉讼请求。

案外人同时提出确认其权利的诉讼请求的，人民法院可以在判决中一并作出裁判。

第三十七条　【装修优先】装饰装修工程具备折价或者拍卖条件，装饰装修工程的承包人请求工程价款就该装饰装修工程折价或者拍卖的价款优先受偿的，人民法院应予支持。

条文精解

本条是关于装修优先的规定。《建筑装饰装修工程质量验收标准》第2.0.1条规定，建筑装饰装修是指为保护建筑物的主体结构、完善建筑物的使用功能和美化建筑物，采用装饰装修材料或饰物，对建筑物的内外表面及空间进行的各种处理过程,内容包括抹灰工程、外墙防水工程、门窗工程、吊顶工程、轻质隔墙工程、饰面板工程、饰面砖工程、幕墙工程、涂饰工程、裱糊与软包工程、细部工程。根据《建设工程质量管理条例》第二条第二款、《建设工程安全生产管理条例》第二条第二款的规定,装饰装修工程属于建设工程的范畴。《最高人民法院关于装修装饰工程款是否享有合同法第二百八十六条规定的优先受偿权的函复》指出,装修装饰工程属于建设工程,可以适用优先受偿权的规定,但装修装饰工程的发包人不是该建筑的所有权人或者承包人与该建筑物的所有权人之间没有合同关系的除外。享有优先权的承包人只能在建筑物因装修装饰而增加价值的范围内优先受偿。

关于装饰装修工程的承包人享有工程价款优先受偿权的理解问题。《建设工程施工合同解释(一)》第三十五条规定,与发包人订立建设工程施工合同的承包人,依据《民法典》第八百零七条的规定请求其承建工程的价款就工程折价或者拍卖的价款优先受偿的,人民法院应予支持。本条单独规定装饰装修工程承包人享有工程价款优先受偿权,主要存在以下两个方面的争议:(1)装饰装修合同是否属于建设工程施工合同存在争议,适用该解释第三十五条的合同关系只能是建设工程施工合同关系;(2)非主体工程的承包人是否享有工程价款优先受偿权存在争议。有观点认为,非主体工程的承包人不享有工程价款优先受偿权,装饰装修工程仅是主体工程的附属工程。支持装饰装修工程承包人享有工程价款优先受偿权,主要有以下4个方面的原因:一是装饰装修工程属于建设工程的范畴,原因详见上文;二是《民事案件案由规定》第115条规定的建设工程合同纠中,装饰装修合同纠纷与建设工程施工合同纠纷是并列关系;三是本条已限定承包人享有工程价款优先受偿权的前提是装饰装修工程具备折价或者拍卖条件,不至影响交易安全;四是装饰装修工程一样是农民工等建筑工人将劳动物化到建设工程的过程,承包人享有工程价款优先受偿权,符合优先受偿权的设立目的。

关于装饰装修工程的发包人是否必须为建筑物所有权人的问题。根据本条的规定，装饰装修工程的发包人既可以是建筑物的所有权人，也可以是建筑物的使用权人。《建设工程施工合同解释(二)》第十八条规定："装饰装修工程的承包人，请求装饰装修工程价款就该装饰装修工程折价或者拍卖的价款优先受偿的，人民法院应予支持，但装饰装修工程的发包人不是该建筑物的所有权人的除外。"本条没有规定"但装饰装修工程的发包人不是该建筑物的所有权人的除外"，并且增加了"装饰装修工程具备折价或者拍卖条件"，主要原因有二：(1)装饰装修工程的发包人既可以是建筑物的所有权人，也可以是建筑物的使用权人；(2)仅因为欠付装饰装修工程价款，而对整个建筑物进行折价或者拍卖有待商榷。对于装饰装修工程的发包人为建筑物的使用权人时，承包人是否享有工程价款优先受偿权，可以分别从3个方面分析：(1)如果装饰装修工程与主体工程不可分，折价或者拍卖整个建筑物侵害建筑物的所有权人时，装饰装修工程属于不具备折价或者拍卖条件的情形，承包人应不享有工程价款优先受偿权。(2)如果装饰装修工程与主体工程不可分，但整个建筑物也要进行折价或者拍卖，装饰装修工程的价值也能独立计算，则装饰装修工程具备折价或者拍卖的条件，承包人应享有工程价款优先受偿权。(3)如果装饰装修工程与主体工程可分，此时折价或者拍卖装饰装修工程对建筑物所有权人的权益不造成侵害，装饰装修工程具备折价或者拍卖的条件，承包人应享有工程价款优先受偿权。这里应注意，以往案例以"装饰装修工程的发包人不是该建筑物的所有权人"为由，否定装饰装修工程承包人的工程价款优先受偿权(如本小节第二个案例)，究其根源皆是因为装饰装修工程不具备折价或者拍卖的条件。综上，装饰装修工程的承包人享有工程价款优先受偿权不再以发包人是建筑物的所有权人为前提，但装饰装修工程应具备折价或者拍卖的条件。

关于家庭居室装饰装修的承包人是否享有工程价款优先受偿权的

问题。《住宅室内装饰装修管理办法》第二条第二款规定,住宅室内装饰装修是指住宅竣工验收合格后,业主或者住宅使用人对住宅室内进行装饰装修的建筑活动。最高人民法院民事审判第一庭编著的《最高人民法院新建设工程施工合同司法解释(一)理解与适用》(人民法院出版社2021年版,第389页)的观点是家庭居室装饰装修的承包人不享有工程价款优先受偿权,主要理由是:(1)家庭居室装饰装修活动不属于建筑法的调整范围;(2)《最高人民法院关于人民法院办理执行异议和复议案件若干问题的规定》第二十八条、第二十九条规定,承包人享有的工程价款优先受偿权不得对抗消费者对商品房的物权期待权。家庭居室装饰装修的承包人不享有工程价款优先受偿权更符合上述司法解释的精神。笔者认同上述观点,《国务院关于取消第一批行政审批项目的决定》附件"国务院决定取消的第一批行政审批项目目录(789项)"序号33中,也已取消建筑装饰资质审查,间接证明家庭居室装饰装修活动不属于《建筑法》的调整范围。

适用本条,应注意以下几点:(1)装饰装修工程承包人工程价款优先受偿权对应的是装饰装修工程的价值,并非整个建筑物的价值。(2)要注意区分"装饰装修工程不能独立折价或者拍卖"与"装饰装修工程不能独立计算价值"的不同。不能独立折价或者拍卖不影响工程价款优先受偿权,不能独立计算价值直接影响工程价款优先受偿权。(3)装饰装修工程是否具备折价或者拍卖的条件还与工程质量、建筑物合规性等相关,进行折价或者拍卖的前提是该建筑物能够依法进行折价或者拍卖。

案例适用

211　不能单独折价或者拍卖是否影响装饰装修工程的优先受偿权?

案件名称:辽宁建设安装集团有限公司(以下简称辽宁建安公司)与华晨汽车投资(大连)有限公司(以下简称华晨投资公司)建设工程施工合同纠纷案

审理法院:辽宁省高级人民法院

案　　号:(2021)辽民终1003号

裁判观点:案涉工程项目本身能否单独变卖折价,并非辽宁建安公司能否享有工程价款优先受偿权的唯一决定因素。华晨投资公司与华晨汽车集团控股有限公司等11家关联企业于2021年3月3日被本案一审法院裁定进行实质合并重整,华晨投资公司所有的案涉房产及工程项目虽然不一定会单独变卖折价,但最终也会被整体作价转让处置,辽宁建安公司的施工价值必然体现在转让价款中。辽宁建安公司应当在对华晨投资公司资产实质合并重整中,依法对本案尚欠工程款享有优先受偿权。一审判决仅以本案房产的主体工程不是辽宁建安公司施工,辽宁建安公司施工项目无法单独变卖折价为由,判决对辽宁建安公司主张的优先受偿权请求不予支持,事实和法律依据不足。

212　发包人不是所有权人的装饰装修工程是否影响优先受偿权?

案件名称:宁夏东宇实业有限公司(以下简称东宇公司)与南通金典装饰工程有限公司(以下简称金典公司)装饰装修合同纠纷案

审理法院:最高人民法院

案　　号:(2019)最高法民终1861号

裁判观点:东宇公司提交新证据证明宁夏回族自治区银川市金凤区悦海新天地广场17号酒店101室至114室共计14套房产产权情况,其中101室、102室、110室、111室房屋产权人为田某1,103室、104室、105室、106室房屋产权人为田某2,107室、108室、112室、113室、114室房屋产权人为田某珍,109室的产权人为案外人宁夏嘉荣酒店管理有限公司,东宇公司对上述房产并不享有所有权。鉴于金典公司未提交上述14套房产所有权人为东宇公司的证据,故金典公司工程价款优先受偿权范围应排除东宇公司上述14套房产,根据《建设工程施工合同解释(二)》第十八条规定,金典公司对上述14套房产的装饰装修工程折价或者拍卖的价款不享有优先受偿权。

213　无资质承包人能否享有装修装饰工程优先受偿权？

案件名称：黑龙江建成房地产开发有限公司（以下简称建成公司）与白某龙等建设工程施工合同纠纷案

审理法院：黑龙江省高级人民法院

案　　号：（2021）黑民终2026号

裁判观点：白某龙作为无建筑施工企业资质的自然人，以自己的名义与发包人建成公司签订施工合同，该合同无效，却不影响白某龙无资质承包人合同地位。鉴于案涉工程通过双方验收及消防部门验收，质量达到合格标准，且白某龙施工的装饰装修工程在性质上不能排除于工程整体而独立拍卖，故白某龙作为无资质的承包人，就建成公司拖欠的工程款对案涉的幸福家年华商业综合体项目建设工程折价或者拍卖的价款在因装修装饰增值部分范围内享有主张优先受偿的权利。

214　发包人欠付承包人装饰装修工程价款的案由如何确定？

案件名称：新疆方圆通达建设有限责任公司与新疆孝爱康健医疗管理有限公司装饰装修合同纠纷案

审理法院：新疆维吾尔自治区高级人民法院

案　　号：（2022）新民再171号

裁判观点：装饰装修合同纠纷是指装饰装修企业与发包方订立的明确装饰装修中双方权利义务的合同而产生的纠纷。首先，国务院《建设工程质量管理条例》第二条第二款和《建设工程安全生产管理条例》第二条第二款均规定，本条例所称建设工程，是指土木工程、建筑工程、线路管道和设备安装工程及装修工程。即装饰装修工程属于建设工程的范畴。《建设工程施工合同解释（一）》第三十七条明确规定："装饰装修工程具备折价或者拍卖条件，装饰装修的承包人请求工程价款优先受偿的，人民法院应予支持。"其次，根据《建筑装饰装修工程质量验收标准》的定义，所谓建筑装饰装修，是指为保护建筑物的主体结构、完善建筑物的使用功能和美化建筑物，采用装饰装修材料或饰物，对建筑物的内外表面及空间进行的各种处理过程。建筑装饰装修工程包括建筑地面、抹灰、外墙防水、门窗、吊顶、轻质隔墙、饰面板、饰面砖、幕墙、涂饰、裱糊与软包等子分部工程。由此可见，建筑装饰装修工程属于房屋建筑工程的范畴。最后，根据《民事案件案由规定》，装饰装修合同纠纷属于建设工程合同纠纷案由项下的三级案由。综上，装饰装修合同属于建设工程施工合同。具体到本案中，案涉装修合同约定的权利义务内容，符合装饰装修合同的法律特征。双方在履行该合同过程中引发的纠纷，属于装饰装修合同纠纷，应当适用建设工程施工合同的相关法律、行政法规及司法解释规定。一审法院将本案定性为承揽合同纠纷，二审法院纠正案由为装饰装修合同纠纷，适用法律正确。

相关规定

《建筑装饰装修工程质量验收标准》

2.0.1　建筑装饰装修 building decoration

为保护建筑物的主体结构、完善建筑物的使用功能和美化建筑物，采用装饰装修材料或饰物，对建筑物的内外表面及空间进行的各种处理过程。

《住宅室内装饰装修管理办法》

第二条　……

本办法所称住宅室内装饰装修，是指住宅竣工验收合格后，业主或者住宅使用人（以下简称装修人）对住宅室内进行装饰装修的建筑活动。

第四十五条　住宅竣工验收合格前的装饰装修工程管理，按照《建设工程质量管理条例》执行。

《建筑法》

第二条　……

本法所称建筑活动，是指各类房屋建筑及其附属设施的建造和与其配套的线路、管道、设备的安装活动。

第四十九条　涉及建筑主体和承重结构变动的装修工程，建设单位应当在施工前委托原设计单位或者具有相应资质条件的设计单位提出设计方案；没有设计方案的，不得施工。

《建设工程质量管理条例》

第二条　……

本条例所称建设工程，是指土木工程、建筑工程、线路管道和设备安装工程及装修工程。

第十五条　涉及建筑主体和承重结构变动的装修工程，建设单位应当在施工前委托原设计单位或者具有相应资质等级的设计单位提出设计方案；没有设计方案的，不得施工。

房屋建筑使用者在装修过程中，不得擅自变动房屋建筑主体和承重结构。

《建设工程安全生产管理条例》

第二条　……

本条例所称建设工程，是指土木工程、建筑工程、线路管道和设备安装工程及装修工程。

《招标投标法实施条例》

第二条　招标投标法第三条所称工程建设项目，是指工程以及与工程建设有关的货物、服务。

前款所称工程，是指建设工程，包括建筑物和构筑物的新建、改建、扩建及其相关的装修、拆除、修缮等；所称与工程建设有关的货物，是指构成工程不可分割的组成部分，且为实现工程基本功能所必需的设备、材料等；所称与工程建设有关的服务，是指为完成工程所需的勘察、设计、监理等服务。

《最高人民法院关于装修装饰工程款是否享有合同法第二百八十六条规定的优先受偿权的函复》

福建省高级人民法院：

……

装修装饰工程属于建设工程，可以适用《中华人民共和国合同法》第二百八十六条关于优先受偿权的规定，但装修装饰工程的发包人不是该建筑的所有权人或者承包人与该建筑物的所有权人之间没有合同关系的除外。享有优先权的承包人只能在建筑物因装修装饰而增加价值的范围内优先受偿。

……

《最高人民法院关于人民法院民事执行中拍卖、变卖财产的规定》

第七条　执行人员应当对拍卖财产的权属状况、占有使用情况等进行必要的调查,制作拍卖财产现状的调查笔录或者收集其他有关资料。

第十五条　拍卖的多项财产在使用上不可分,或者分别拍卖可能严重减损其价值的,应当合并拍卖。

第二十八条　拍卖财产上原有的担保物权及其他优先受偿权,因拍卖而消灭,拍卖所得价款,应当优先清偿担保物权人及其他优先受偿权人的债权,但当事人另有约定的除外。

……

《民事案件案由规定》

115. 建设工程合同纠纷

……

(3) 建设工程施工合同纠纷

……

(7) 装饰装修合同纠纷

……

第三十八条　【优先前提】建设工程质量合格,承包人请求其承建工程的价款就工程折价或者拍卖的价款优先受偿的,人民法院应予支持。

条文精解

本条是关于优先前提的规定。《民法典》第七百九十九条规定,建设工程竣工后,发包人应当根据施工图纸及说明书、国家颁发的施工验收规范和质量检验标准及时进行验收。验收合格的,发包人应当按照约定支付价款,并接收该建设工程。建设工程竣工经验收合格后,方可交付使用。未经验收或者验收不合格的,不得交付使用。在建设工程施工合同中,承包人向发包人交付质量合格的建设工程是其基本义务。如果建设工程质量不合格,并且无法修复或者经修复后仍不合格的,承包人就无权要求发包人支付工程价款,更谈不上主张工程价款优先受偿权。所以,本条规定承包人享有工程价款优先受偿权的前提是其承建的建设工程质量合格。

关于建设工程质量合格的问题。《建筑工程施工质量验收统一标准》第3.0.7条规定,"建筑工程施工质量验收合格应符合下列规定:1.符合工程勘察、设计文件的要求;2.符合本标准和相关专业验收规范的规定。"实务中,判断建设工程质量是否合格,可以从下面3个方面进行:(1)建设工程是否已经通过竣工验收。建设工程通过竣工验收,表明承包人已经完成建设工程设计和合同约定的各项内容,建设工程符合质量标准。(2)发包人是否擅自使用建设工程。《建设工程施工合同解释(一)》第十四条规定,建设工程未经竣工验收,发包人擅自使用后,又以使用部分质量不符合约定为由主张权利的,人民法院不予支持。发包人擅自使用未经竣工验收的建设工程,视为发包人认可使用部分的建设工程质量,擅自使用起质量风险转移到发包人,无权再以质量不符合约定为由主张权利,例外情形是地基基础工程和主体结构的质量问题。(3)建设工程质量检测鉴定是否合格。如果施工质量满足施工图纸及说明书、国家颁发的施工验收规范和质量检验标准,则建设工程符合质量标准。

关于约定的质量标准高于国家标准时,应以何种标准作为工程价款优先受偿权前提的问题。主要有两种观点:(1)应以当事人约定的质量标准作为依据。主要理由是民事法律行为,有约定的从约定。如果达不到当事人约定的质量标准,承包人无权要求发包人支付工程价款,更谈不上享有工程价款优先受偿权,笔者较为认同本观点。(2)应以国家标准作为依据。主要理由是建设工程只要达到国家标准,即可交付使用,能够保障人民群众生命和财产安全。如果以当事人约定的质量标准为依据,存在工程价款优先受偿权难以实现的可能性。最高人民法院民事审判第一庭编著的《最高人民法院新建设工程施工合同司法解释(一)理解与适用》(人民法院出版社2021年版,第395页)也倾向本观点。

关于承包人享有工程价款优先受偿权是否以建设工程施工合同有效作为前提的问题。本条已经给出明确的答案,工程价款优先受偿权与工程质量相关,与合同效力无关。《民法典》第七百九十三条第一款规定,建设工程施工合同无效,但是建设工程经验收合格的,可以参照合同关于工程价款的约定折价补偿承包人。工程价款的支付以建设工程质量合格作为前提,不是以合同有效作为前提。另外,建设工程施工合同因为施工资质原因、招标投标程序原因等,导致无效的情形比较普遍,如果以合同效力作为工程价款优先受偿权的前提,可能会导致大量的农民工等建筑工人的工资权益无法保障,也与工程价款优先受偿权设立目的相悖。这里需要注意的是,如果建设工程存在不宜折价、拍卖的情形,承包人也不享有工程价款优先受偿权,比如未取得建设用地规划许可证、建设工程规划许可证等行政审批手续的违章建筑物,比如《民法典》第三百九十九条规定的不得设定抵押的建筑物等。

适用本条,应注意以下几点:(1)承包人可以通过提交竣工验收表、竣工验收证明书、质量鉴定报告等,证明工程质量合格,具备享有工程价款优先受偿权的条件。(2)人民法院在审查工程价款优先受偿权时,除了审查工程质量是否合格之外,还会审查主体资格、行使期限等,才能最终确定承包人是否享有工程价款优先受偿权。(3)一般情形下,未取得建设用地规划许可证、建设工程规划许可证等行政审批手续的违章建筑物无折价、拍卖的基础,所以承包人不享有工程价款优先受偿权。特殊情形是,如果该违章建筑物已由政府评估作价,支付了相应的折价补偿款,并由后续单位完成了项目开发建设,则具备优先受偿权的前提,承包人享有工程价款优先受偿权,详见(2021)冀民再114号民事判决书。

案例适用

215　建设工程已竣工验收,承包人是否享有优先受偿权?

案件名称:江苏省矿业工程集团有限公司(以下简称江苏矿业公司)与天津维多利亚房地产开发有限公司建设工程施工合同纠纷案

审理法院:天津市高级人民法院

案　　号:(2018)津民初37号

裁判观点:《建设工程施工合同解释(二)》第十九条(现为《建设工程施工合同解释(一)》第三十八条)规定,"建设工程质量合格,承包人请求其承建工程的价款就工程折价或者拍卖的价款优先受偿的,人民法院应予支持。"本案中,涉案工程已经竣工验收合格,江苏矿业公司有权主张建设工程价款优先受偿权。

216　建设工程存在可修复的质量问题,承包人是否享有优先受偿权?

案件名称:云南中润建筑工程集团有限公司(以下简称中润公司)与昆明贵山天阳房地产开发有限公司(以下简称贵山天阳公司)建设工程施工合同纠纷案

审理法院:云南省高级人民法院

案　　号:(2019)云民终179号

裁判观点:经一审法院委托司法鉴定,涉案工程仅存在可修复的质量问题,而非质量不合格工程,故贵山天阳公司认为涉案工程未经竣工验收合格,中润公司不享有优先受偿权的上诉理由不能成立,本院不予支持。

217　发包人擅自使用工程,承包人的优先受偿权是否应予支持?

案件名称:宝某图与郭某奎、任某文建设工程施工合同纠纷案

审理法院:内蒙古自治区高级人民法院

案　　号:(2020)内民申1782号

裁判观点:建筑工程价款优先受偿权,是根据工程建设行为本身的特殊性而设立,指在保护承包人为建设工程实际支出的工作人员报酬、材料款及管理成本等,不应以建设工程施工合同是否有效为适用前提,而是应当着重考量建设工程质量是否合格,前述案涉建设工程虽未经竣工验收,但发包人擅自使用后,应视为对工程质量的认可,因此郭某奎、任某文的主张属于建设工程优先受偿权的范围,原审法院予以支持符合法律规定,亦无不当。

218　承包人享有优先受偿权是否以合同有效为前提?

案件名称:周口市新燎原置业有限公司(以下简称新燎原公司)与河南黄淮学院建设工程有限责任公司(以下简称黄淮学院建设公司)建设工程合同纠纷案

审理法院:河南省高级人民法院

案　　号:(2018)豫民终729号

裁判观点:《建设工程施工合同解释(二)》第十九条(现为《建设工程施工合同解释(一)》第三十八条)规定,"建设工程质量合格,承包人请求其承建工程的价款就工程折价或者拍卖的价款优先受偿的,人民法院应予支持。"根据该条规定,建设工程价款优先受偿权的享有是以建设工程质量是否合格为条件,而不是以合同有效为条件。本案所涉建设工程已经竣工验收合格,故一审判决对黄淮学院建设公司主张建设工程价款优先受偿权的诉讼请求予以支持符合法律规定。新燎原公司以双方签订的《建设工程施工合同》无效为由主张黄淮学院建设公司不享有建设工程价款优先受偿权于法无据,不能成立。

219　承包人对未取得工程规划许可证的工程是否享有优先受偿权?

案件名称:福建省土木建设实业有限公司西安分公司(以下简称土木建设分公司)与铜川新区千金方置业有限公司建设工程施工合同纠纷案

审理法院:陕西省高级人民法院

案　　号:(2019)陕民终953号

裁判观点:案涉工程尚未取得建设工程规划许可证,不属于适宜合法折价拍卖的合法不动产,故原审未予支持土木建设分公司的该项诉请并无不当。

220　承包人对公共基础设施工程是否享有优先受偿权?

案件名称:思南峻岭能源有限公司与四川凌众建设工程有限公司(以下简称凌众公司)等建设工程施工合同纠纷案

审理法院:贵州省高级人民法院

案　　号:(2019)黔民终734号

裁判观点:凌众公司不享有案涉工程拍卖价款的优先权。理由如下:涉案项目系公共基础设施建设工程,属于按照建设工程的性质不宜折价、拍卖的建设工程。因此,这些设施不能被拍卖或折价,否则将影响社会公共利益。……一审判决确认凌众公司可对其施工湄潭至思南天然气支线管道安装工程在欠付工程款范围内享有优先受偿权,适用法律错误,本院予以纠正。

相关规定

《民法典》

第三百九十九条　下列财产不得抵押:

(一)土地所有权;

(二)宅基地、自留地、自留山等集体所有土地的使用权,但是法律规定可以抵押的除外;

（三）学校、幼儿园、医疗机构等为公益目的成立的非营利法人的教育设施、医疗卫生设施和其他公益设施；

（四）所有权、使用权不明或者有争议的财产；

（五）依法被查封、扣押、监管的财产；

（六）法律、行政法规规定不得抵押的其他财产。

《建筑法》

第五十二条　建筑工程勘察、设计、施工的质量必须符合国家有关建筑工程安全标准的要求，具体管理办法由国务院规定。

……

第五十八条　建筑施工企业对工程的施工质量负责。

建筑施工企业必须按照工程设计图纸和施工技术标准施工，不得偷工减料。工程设计的修改由原设计单位负责，建筑施工企业不得擅自修改工程设计。

第五十九条　建筑施工企业必须按照工程设计要求、施工技术标准和合同的约定，对建筑材料、建筑构配件和设备进行检验，不合格的不得使用。

第六十条　建筑物在合理使用寿命内，必须确保地基基础工程和主体结构的质量。

建筑工程竣工时，屋顶、墙面不得留有渗漏、开裂等质量缺陷；对已发现的质量缺陷，建筑施工企业应当修复。

第六十一条　交付竣工验收的建筑工程，必须符合规定的建筑工程质量标准，有完整的工程技术经济资料和经签署的工程保修书，并具备国家规定的其他竣工条件。

……

《建设工程质量管理条例》

第十六条　……

建设工程竣工验收应当具备下列条件：

（一）完成建设工程设计和合同约定的各项内容；

（二）有完整的技术档案和施工管理资料；

（三）有工程使用的主要建筑材料、建筑构配件和设备的进场试验报告；

（四）有勘察、设计、施工、工程监理等单位分别签署的质量合格文件；

（五）有施工单位签署的工程保修书。

……

《建设工程质量检测管理办法》

第二条　从事建设工程质量检测相关活动及其监督管理，适用本办法。

本办法所称建设工程质量检测，是指在新建、扩建、改建房屋建筑和市政基础设施工程活动中，建设工程质量检测机构（以下简称检测机构）接受委托，依据国家有关法律、法规和标准，对建设工程涉及结构安全、主要使用功能的检测项目，进入施工现场的建筑材料、建筑构配件、设备，以及工程实体质量等进行的检测。

《建筑工程施工质量验收统一标准》

第3.0.6条　建筑工程施工质量应按下列要求进行验收：

1. 工程质量验收均应在施工单位自检合格的基础上进行；

2. 参加工程施工质量验收的各方人员应具备相应的资格；

3. 检验批的质量应按主控项目和一般项目验收；

4. 对涉及结构安全、节能、环境保护和主要使用功能的试块、试件及材料，应在进场时或施工中按规定进行见证检验；

5. 隐蔽工程在隐蔽前应由施工单位通知监理单位进行验收，并应形成验收文件，验收合格后方可继续施工；

6. 对涉及结构安全、节能、环境保护和使用功能的重要分部工程，应在验收前按规定进行抽样检验；

7. 工程的观感质量应由验收人员现场检查，并应共同确认。

第3.0.7条　建筑工程施工质量验收合格应符合下列规定：

1. 符合工程勘察、设计文件的要求；

2. 符合本标准和相关专业验收规范的规定。

《房屋建筑和市政基础设施工程竣工验收规定》

第五条　工程符合下列要求方可进行竣工验收：

（一）完成工程设计和合同约定的各项内容。

（二）施工单位在工程完工后对工程质量进行了检查，确认工程质量符合有关法律、法规和工程建设强制性标准，符合设计文件及合同要求，并提出工程竣工报告。工程竣工报告应经项目经理和施工单位有关负责人审核签字。

（三）对于委托监理的工程项目，监理单位对工程进行了质量评估，具有完整的监理资料，并提出工程质量评估报告。工程质量评估报告应经总监理工程师和监理单位有关负责人审核签字。

（四）勘察、设计单位对勘察、设计文件及施工过程中由设计单位签署的设计变更通知书进行了检查，并提出质量检查报告。质量检查报告应经该项目勘察、设计负责人和勘察、设计单位有关负责人审核签字。

（五）有完整的技术档案和施工管理资料。

（六）有工程使用的主要建筑材料、建筑构配件和设备的进场试验报告，以及工程质量检测和功能性试验资料。

（七）建设单位已按合同约定支付工程款。

（八）有施工单位签署的工程质量保修书。

（九）对于住宅工程，进行分户验收并验收合格，建设单位按户出具《住宅工程质量分户验收表》。

（十）建设主管部门及工程质量监督机构责令整改的问题全部整改完毕。

（十一）法律、法规规定的其他条件。

第三十九条　【未竣优先】未竣工的建设工程质量合格，承包人请求其承建工程的价款就其承建工程部分折价或者拍卖的价款优先受偿的，人民法院应予支持。

条文精解

本条是关于未竣优先的规定。《民法典》第八百零六条第三款规定，合同解除后，已经完成的建设工程质量合格的，或者经修复验收合格的，发包人应当按照约定向承包人支付相应的工程价款。工程价款的支付与工程的质量有直接关系,与工程竣工与否无直接关系。工程价款优先受偿权是工程价款的法定担保权,自然也是与工程质量相关,与竣工与否无关。换个角度分析,在工程进度款支付阶段,建设工程尚未竣工,但只要发包人欠付承包人进度款,承包人就依法享有工程价款优先受偿权。所以,本条规定未竣工的建设工程质量合格,承包人请求工程价款优先受偿的,人民法院应予支持。

关于未竣工工程质量是否合格的判断问题。对于未竣工工程质量的判断,可以根据承包人退出后,发包人是否将建设工程交由第三人续建区别分析:

1. 发包人未将建设工程交由第三人续建的情形。此时,应由承包人承担举证责任,证明其承建的建设工程质量合格。因为承包人要求发包人支付工程价款的前提是工程质量合格,所以工程质量合格的举证责任在承包人一方。在发包人没有将建设工程交由第三人续建的情形下,承包人退出时,建设工程处于未竣工的状态,也是其最终状态。因为建设工程一直处于未竣工的状态,承包人没有竣工验收作为质量合格的证明,所以承包人需要提交其他证据,证明其承建的建设工程质量合格。证明建设工程质量合格的证据主要包括:(1)分部分项工程的验收手续。如果承包人举证证明分部分项工程验收已完成,检验批、隐蔽工程质量验收已通过,则其已完成建设工程质量合格的初步证明。发包人若无相反证据证明建设工程质量不合格,根据举证规则,应视为承包人承建的建设工程质量合格。(2)发包人擅自使用建设工程的证据。《建设工程施工合同解释(一)》第十四条规定,建设工程未经竣工验收,发包人擅自使用后,又以使用部分质量不符合约定为由主张权利的,人民法院不予支持。所以,发包人擅自使用建设工程的,视为认可工程质量。(3)建设工程质量合格的检测鉴定报告。上述3点,可参见本书第三十八条条文精解部分第二段的陈述。

2. 发包人将建设工程交由第三人续建的情形。按照建设工程最终是否通过竣工验收可以分为以下两种情况：(1)第三人续建，建设工程最终通过竣工验收。在发包人没有证据证明承包人承建的未完工工程质量不合格时，应视为质量合格。因为建设工程最终通过竣工验收，已经可以证明承包人承建的未完工工程质量合格，除非发包人有证据证明承包人承建的未完工工程质量不合格。(2)第三人续建，建设工程最终未通过竣工验收。此时，由发包人承担举证责任，证明承包人承建的未完工工程质量不合格。如无法证明，应视为质量合格。因为发包人将承包人承建的未完工工程交由第三人续建之前，应当与承包人就工程质量问题进行确认。如果因为发包人没有与承包人进行确认，导致承包人承建的未完工工程质量问题无法认定，责任在发包人一方，由发包人承担不利后果。另外，从《建设工程施工合同解释(一)》第十四条关于"建设工程未经竣工验收，发包人擅自使用后，又以使用部分质量不符合约定为由主张权利的，人民法院不予支持"的规定分析，发包人在未与承包人就质量问题进行确认的情形下，便将未经竣工验收的未完工工程交由第三人续建，也属于擅自使用的范畴，其应承担不利后果。所以，发包人将承包人承建的未完工工程交由第三人续建时，推定其质量合格，除非发包人有证据证明承包人承建的未完工工程质量不合格。

适用本条，应注意以下几点：(1)如果建设工程存在的质量问题是可修复的，人民法院可以在判决承包人承担修复费用的同时，支持其工程价款优先受偿权的请求。因为承包人承担修复费用后，视为建设工程已经修复完成，质量达到合格标准。反之，人民法院如果没有判决承包人承担修复费用，或者质量问题无法修复，则工程价款优先受偿权不应支持。还有观点认为，如果质量争议的修复金额未超过承包人支付的质量保证金数额，人民法院也可支持其工程价款优先受偿权，详见案号为(2021)豫民初4号的民事判决书。(2)承包人享有工程价款优先受偿权的范围仅限其承建的建设工程。如果当事人对完成的工程量有争议，可依据《建设工程施工合同解释(一)》第二十条的规定处理，即按照施工过程中形成的签证等书面文件确认完成的工程量。承包人能够证明发包人同意其施工,但未能提供签证文件证明工程量发生的,可以按照其他证据确认实际发生的工程量。(3)承包人就未完工工程预期可得利益主张优先受偿的,人民法院不予支持。因为未完工工程的预期可得利益属于违约损失的范畴,不属于工程价款的范畴,依据《建设工程施工合同解释(一)》第四十条第二款的规定,其不应作为工程价款优先受偿的范畴。(4)承包人享有的工程价款优先受偿权仅与工程质量有关,与未竣工的过错无关。即使建设工程未竣工的过错在于承包人一方,只要其承建的建设工程质量合格,便享有工程价款优先受偿权,但发包人可以向承包人追究相应的民事赔偿责任。(5)本条适用的未竣工的建设工程,与已经通过竣工验收的建设工程的举证责任的区别在于:在建设工程未竣工的情形下,承包人需要提供证据证明工程质量合格,方能主张工程价款。而在建设工程已经通过竣工验收的情形下,依据《民法典》第七百九十九条第一款的规定,发包人应当按照约定向承包人支付工程价款,除非发包人有证据证明建设工程质量不合格。

案例适用

221　使用未竣工工程,是否视为质量合格?

案件名称:中建三局集团有限公司(以下简称中建三局)与黄冈晨鸣浆纸有限公司(以下简称黄冈晨鸣)等建设工程施工合同纠纷案

审理法院:湖北省高级人民法院

案　　号:(2021)鄂民终951号

裁判观点:案涉工程虽未经竣工验收,但已于2018年11月被黄冈晨鸣实际使用。根据2004年《建设工程施工合同解释》第十四条(现为《建设工程施工合同解释(一)》第九条)"建设工程未经竣工验收,发包人擅自使用后,又以使用部分质量不符合约定为由主张权利的,人民法院不予支持"的规定,黄冈晨鸣擅自使用未经竣工验收工程,视为黄冈晨鸣对工程质量合格的认可。……一审法院认定中建三局对其已施工完成部分的建设工程价款享有优先受偿权的认定并无不当。

222　接收未竣工工程，且使用期间未提质量异议，是否视为合格？

案件名称：江苏苏兴建设工程有限公司（以下简称江苏苏兴公司）与黄山市黄山区名人国际艺术家庄园置业有限公司（以下简称黄山名人公司）等建设工程施工合同纠纷案

审理法院：最高人民法院

案　　号：（2019）最高法民终1349号

裁判观点：涉案工程虽有部分工程未进行竣工验收，但黄山名人公司同意按照现状接收，在其占有、使用涉案工程后未对其质量提出异议，可视为涉案建设工程质量合格……故黄山名人公司关于涉案部分工程未完工且大部分工程未经竣工验收，涉案工程质量是否合格并不确定，江苏苏兴公司依法不再享有建设工程价款优先受偿权的上诉理由不能成立。

223　未对工程质量进行确认交由第三人续建，是否推定质量合格？

案件名称：河南空港城置业有限公司（以下简称空港城公司）与亚翔建设集团有限公司（以下简称亚翔公司）建设工程施工合同纠纷案

审理法院：最高人民法院

案　　号：（2020）最高法民申2939号

裁判观点：案涉工程未经竣工验收，在亚翔公司撤离工程现场后，工程已经交由第三人续建。在将工程交由第三人续建前，发包人首先应对承包人施工的工程情况进行确认，否则，如工程质量无法确定，则可推定续建前承包人施工的工程质量合格。在空港城公司未对亚翔公司施工的工程情况进行确认，且目前大部分房屋已经交付业主使用的情况下，应推定亚翔公司施工的工程质量合格，有权在空港城公司欠付工程款范围内就其承建工程优先受偿。

224　达成和解协议是否视为认可工程质量？

案件名称：重庆市巴岳建筑安装工程有限公司（以下简称巴岳公司）与陕西新明天房地产开发有限公司建设工程施工合同纠纷案

审理法院：陕西省高级人民法院

案　　号：（2021）陕民终137号

裁判观点：本案一审诉讼中，被上诉人与巴岳公司达成的和解协议，可视为其认可巴岳公司已完部分之工程质量合格。二审诉讼中，巴岳公司提交的证据达到了明显优势标准，被上诉人对巴岳公司之主张，既未提出抗辩意见，亦未提交相反证据，故可认定巴岳公司已完成的部分工程质量合格。巴岳公司关于工程价款优先权之请求，依法应予支持。

225　未竣工工程质量如何进行综合认定？

案件名称：中兴建设有限公司（以下简称中兴建设公司）与喀什发展房地产开发有限公司（以下简称喀什发展房产公司）等建设工程施工合同纠纷案

审理法院：新疆维吾尔自治区高级人民法院

案　　号：（2018）新民初83号

裁判观点：案涉工程虽未经竣工验收，双方于2017年4月24日签订的《协议书》内容亦证实案涉工程存在质量问题，但中兴建设公司提交的新疆建设工程质量安全检测中心于2017年12月22日就案涉工程的加固工程出具的《鉴定报告》证实，中兴建设公司已按双方签订《协议书》的约定进行加固工程施工，且质量满足设计图纸及施工验收规范要求。喀什发展房产公司认可其已将工程交由其他施工主体进行施工，可视为对案涉工程的擅自使用，表明其对案涉工程质量认可。喀什发展房产公司在本院庭审中亦与中兴建设公司达成了中兴建设公司放弃1,600,000元的窝工补偿，喀什发展房产公司不再对工程质量提异议的一致意见。综上，案涉未竣工的建设工程质量应为合格，喀什发展房产公司未按时付款，中兴建设公司在向本院提起诉讼主张工程欠款的同时，主张就对其所承建工程享有优先受偿权……本院予以支持。

226　未竣工工程仅存在可修复的质量问题，承包人是否享有优先受偿权？

案件名称：西安枫格置业有限公司（以下简称枫格置业公司）与福建六建集团有限公司（以下简称福建六建公司）等建设工程施工合同纠纷案

审理法院：最高人民法院

案　　号：（2021）最高法民申4005号

裁判观点：首先，福建六建公司承建的工程虽存在质量问题，但鉴定意见载明质量问题可经修复予以解决，原判决在认定福建六建公司承担修复费用的同时，判令枫格置业公司支付工程款，并无不当。其次，关于优先受偿权的问题。依据《建设工程施工合同解释（二）》第二十条（现为《建设工程施工合同解释（一）》第三十九条）"未竣工的建设工程质量合格，承包人请求其承建工程的价款就其承建工程部分折价或者拍卖的价款优先受偿的，人民法院应予支持"的规定，原判决在认定福建六建公司承担枫格置业公司因工程施工质量问题造成的损失的基础上，判令福建六建公司对于案涉已完工程部分的折价或拍卖价款在欠付工程款范围内享有优先受偿权，并无不当。

227　质量争议修复金额未超质量保证金数额，承包人是否享有优先受偿权？

案件名称：中建二局第二建筑工程有限公司（以下简称中建二局）与洛阳中迈置业有限公司（以下简称中迈公司）建设工程施工合同纠纷案

审理法院：河南省高级人民法院

案　　号：（2021）豫民初4号

裁判观点：C区未经竣工验收但C区7层及以上中迈公司已经使用，C区6层及以下部分中迈公司没有使用，双方对其中部分工程质量存在争议，但争议部分的金额未超出该区质量保证金的数额，故中建二局有权就其承建的C区行使建设工程价款优先受偿权。

228　因发包人违约导致合同解除，承包人是否享有优先受偿权？

案件名称：中国建筑第二工程局有限公司（以下简称中建二局）与重庆金唐房地产开发有限公司（以下简称金唐公司）等建设工程施工合同纠纷案

审理法院：重庆市高级人民法院

案　　号：（2018）渝民初145号

裁判观点：因金唐公司违约导致案涉施工合同不能继续履行，且中建二局亦举示了案涉工程质量合格的检测报告，金唐公司虽提出异议但并未就此举示相应的反驳证据，应视为已完工程质量合格。鉴于案涉项目仅有×号地块即弹子石CBD总部大厦项目实际开工，因此，中建二局亦仅能在该地块的工程款79,475,051.49元－444,925元＝79,030,126.49元的范围内，对其施工的弹子石CBD总部大厦项目折价或拍卖款项依法享有优先受偿权。

相关规定

《民法典》

第七百九十三条　建设工程施工合同无效，但是建设工程经验收合格的，可以参照合同关于工程价款的约定折价补偿承包人。

建设工程施工合同无效，且建设工程经验收不合格的，按照以下情形处理：

（一）修复后的建设工程经验收合格的，发包人可以请求承包人承担修复费用；

（二）修复后的建设工程经验收不合格的，承包人无权请求参照合同关于工程价款的约定折价补偿。

发包人对因建设工程不合格造成的损失有过错的，应当承担相应的责任。

第八百零六条　……

合同解除后,已经完成的建设工程质量合格的,发包人应当按照约定支付相应的工程价款;已经完成的建设工程质量不合格的,参照本法第七百九十三条的规定处理。

第四十条 【优先范围】承包人建设工程价款优先受偿的范围依照国务院有关行政主管部门关于建设工程价款范围的规定确定。

承包人就逾期支付建设工程价款的利息、违约金、损害赔偿金等主张优先受偿的,人民法院不予支持。

条文精解

本条是关于优先范围的规定。承包人享有的工程价款优先受偿权的范围是国务院有关行政主管部门确定的关于建设工程价款的范围。理解工程价款优先受偿权的范围,可以从以下两个方面把握:(1)工程价款优先受偿权设立的目的,是保障农民工等建筑工人的工资利益,优于抵押权和其他债权。所以,其范围既要考虑农民工等建筑工人的工资利益,也要平衡抵押权人、其他债权人的利益。(2)工程价款是承包人在施工过程中将人工、材料、机械等物化到建筑物的投入。所以,利息、违约金、损害赔偿金等不属于工程价款优先受偿权的范围。

关于国务院有关行政主管部门确定的建设工程价款范围的问题。《建筑安装工程费用项目组成》第一条第一项规定,建筑安装工程费用按费用构成要素组成划分为人工费、材料费、施工机具使用费、企业管理费、利润、规费和税金。承包人享有的建设工程价款优先受偿的范围,从费用的构成要素角度划分,包括人工费、材料费、施工机具使用费、企业管理费、利润、规费和税金,下面逐一探讨:

1. 人工费,指承包人支付给施工作业的生产工人的各项费用,包括工资、津贴、职工福利费、劳动保护费、社会保险费、住房公积金、工会经费、职工教育经费以及特殊情况下工资性费用。工程价款优先受偿权设立的目的是保障农民工等建筑工人的工资利益，所以人工费属于工程价款优先受偿的范围，可以优先受偿。

2. 材料费，指建设工程施工过程中耗费的各种原材料、半成品、构配件、工程设备等的费用，以及周转材料等的摊销、租赁费用。其中，工程设备指构成或计划构成永久工程一部分的机电设备、金属结构设备、仪器装置及其他类似的设备和装置。材料费是承包人将材料物化到建筑物的投入，所以材料费属于工程价款的范围，可以优先受偿。

3. 施工机具使用费，指施工作业所发生的施工机械、仪器仪表使用费或者租赁费，包括施工机械使用费和仪器仪表使用费。其可以优先受偿的理由同上述第2点。

4. 企业管理费，指承包人组织施工生产和经营管理所发生的费用，包括管理人员工资、办公费、差旅交通费、固定资产使用费、工具用具使用费、劳动保险和职工福利费、劳动保护费、检验试验费、工会经费、职工教育经费、财产保险费、财务费、税金等。企业管理费属于承包人施工过程中需要承担的成本，所以企业管理费属于工程价款的范围，可以优先受偿。

5. 利润，指承包人从事建筑活动所获得的盈利。有观点认为，利润属于承包人的商业利益，不属于农民工等建筑工人的工资利益，没有涉及建筑工人的生存权，不应优先受偿。依据本条的规定，利润属于工程价款的范围，可以优先受偿。建筑业属于薄利行业，如果对利润不予以优先保护，可能会导致承包人无力支付农民工等建筑工人的工资，不符合工程价款优先受偿权的设立目的。例外情形是，如果承包人依据《建设工程施工合同解释(一)》第三十九条的规定主张工程价款优先受偿的，预期可得利益不属于工程价款，不应优先受偿。因为在建设工程未竣工的情形下，预期可得利益属于发包人违约，向承包人承担违约责任的范畴。依据本条第二款的规定,主张优先受偿不予支持。

6. 规费,指承包人按照规定必须缴纳或者计取的费用,包括社会保险费和住房公积金。其中,社会保险费包括养老保险费、失业保险费、医疗保险费、工伤保险费、生育保险费。规费属于承包人施工过程中需要承担的成本,所以规费属于工程价款的范围,可以优先受偿。

7. 税金,指增值税。其属于工程价款范围的理由同上述第6点,可以优先受偿。

另外,如果国务院有关行政主管部门修改关于建设工程价款范围的规定,则承包人享有的工程价款优先受偿的范围也应随之改变。

关于利息、违约金、损害赔偿金不属于工程价款优先受偿范围的问题。有观点认为,工程价款优先受偿权在性质上属于法定抵押权,依据《民法典》第三百八十九条的规定,担保物权的担保范围应包括主债权及其利息、违约金、损害赔偿金、保管担保财产和实现担保物权的费用。所以,利息、违约金、损害赔偿金应当属于优先受偿的范围。本条没有采纳上述观点,主要原因是:(1)依据《建筑安装工程费用项目组成》,工程价款的范围不包括利息、违约金、损害赔偿金,其并不属于承包人物化到建筑物的投入。(2)利息、违约金、损害赔偿金并不涉及农民工等建筑工人的工资利益,没有必要进行优先保护。下面进一步分类探讨:

1. 关于利息,包括欠付工程价款利息和垫资利息。(1)欠付工程价款利息。《建设工程施工合同解释(一)》第二十六条规定,当事人对欠付工程价款利息计付标准有约定的,按照约定处理。没有约定的,按照同期同类贷款利率或者同期贷款市场报价利率计息。欠付工程价款利息属于法定孳息,不属于承包人为建设工程实际支出的费用,未物化到建筑物,不属于工程价款的组成部分。而且,依据本条第一款的规定,利润可以优先受偿,已经偏向保护承包人,此时,应兼顾平衡抵押权人、其他债权人的利益。所以,欠付工程价款利息不应优先受偿。(2)垫资利息。《建设工程施工合同解释(一)》第二十五条规定,当事人对垫资和垫资利息有约定,承包人请求按照约定返还垫资及其利息的,人民法院应予支持,但是约定的利息计算标准高于垫资时的同类贷款利率或者同期贷款市场报价利率的部分除外。当事人对垫资没有约定的,按照工程欠款处理。当事人对垫资利息没有约定,承包人请求支付利息的,人民法院不予支持。因为垫资利息不属于承包人为建设工程实际支出的费用,不属于工程价款的组成部分,所以,垫资利息不应优先受偿。

2. 关于违约金和损害赔偿金。《民法典》第八百零三条和第八百零四条规定,发包人未按照约定的时间和要求提供原材料、设备、场地、资金、技术资料的,承包人可以顺延工程日期,并有权请求赔偿停工、窝工等损失。因发包人的原因致使工程中途停建、缓建的,发包人应当采取措施弥补或者减少损失,赔偿承包人因此造成的停工、窝工、倒运、机械设备调迁、材料和构件积压等损失和实际费用。有观点认为,违约金和损害赔偿金应当优先受偿,理由与利息应当优先受偿的理由类同,依据是《民法典》第三百八十九条的规定。本条没有采纳上述观点,将违约金和损害赔偿金排除在优先受偿的范围之外,主要原因在于:违约金和损害赔偿金并不是承包人在施工过程中,将人工、材料、机械等物化至建筑物的投入,而是因为发包人违反合同约定等原因,向承包人承担的民事责任,与普通债权没有本质区别,对保护农民工等建筑工人的工资利益没有意义。

关于工程质量保证金是否属于工程价款优先受偿范围的问题。依据《建设工程质量保证金管理办法》第二条第一款的规定,工程质量保证金是指发包人与承包人在建设工程承包合同中约定,从应付的工程款中预留,用以保证承包人在缺陷责任期内对建设工程出现的缺陷进行维修的资金。有观点认为,工程质量保证金不属于工程价款优先受偿的范围,其主要理由是工程质量保证金是承包人向发包人支付的,用于保证其在缺陷责任期内对建设工程出现的缺陷进行维修的资金,属于担保性质资金,不是物化到建筑物的投入,不属于工程价款,不应优先受偿。另有观点认为,工程质量保证金属于工程价款优先受偿的范围,其主要理由是工程质量保证金担保的功能并不能改变其属于工程价款的本质,只是支付时间附了期限。当事人约定的返还期限届满,发包人就应当返还工程质量保证金。最高人民法院民事审判第一庭编著的《最高人民法院新建设工程施工合同司法解释(一)理解与适用》(人民法院出版社 2021 年版,第 417 页)也倾向本观点,认为工程质量保证金属于工程价款优先受偿的范围。

适用本条,应注意以下几点:(1)除了逾期支付工程价款的利息、违约金、损害赔偿金不属于工程价款优先受偿的范围之外,常见的不属于工程价款优先受偿范围的还包括停工损失补偿、成品保护费、保理利息、保理利息应缴税金、鉴定费等。(2)工程质量保证金与履约保证金不同,工程质量保证金属于工程价款优先受偿的范围,履约保证金不是工程价款,不属于工程价款优先受偿的范围。(3)停工窝工损失不属于工程价款优先受偿的范围,其是由于发包人违约、不可抗力或者其他不可归责于双方的事由导致的人工费、施工机具使用费等现场停滞的损失,不是承包人在施工过程中将人工、材料、机械等物化到建筑物的投入,依据本条第二款的规定,不属于工程价款优先受偿的范围。

案例适用

229　利息是否属于优先受偿的范围?

案件名称:杨某林与河南恒兴纸业股份有限公司破产债权确认纠纷案

审理法院:河南省高级人民法院

案　　号:(2022)豫民申 1391 号

裁判观点:根据《建设工程施工合同解释(一)》第四十条规定,工程价款是指承包人在施工过程中关于人工、材料、机械等物化至建筑物的投入,而逾期支付建设工程价款产生的利息不属于工程价款本身,按照上述法律规定,不属于优先受偿权的范围。

230 违约金、履约保证金是否属于优先受偿的范围?

案件名称:江西省洹鑫投资有限公司(以下简称洹鑫公司)与南昌市建筑工程集团有限公司(以下简称南昌建筑公司)建设工程施工合同纠纷案

审理法院:江西省高级人民法院

案　　号:(2020)赣民终868号

一审裁判观点:合同约定发包人未按合同约定支付工程款的违约金按总价的5%进行支付。洹鑫公司未付工程款,造成了南昌建筑公司垫付资金损失较大。据此,洹鑫公司应当以实际完成工程价款总额向南昌建筑公司支付违约金4,758,576元(95,171,514.32元×5%)。关于履约保证金问题,南昌建筑公司提交了支付履约保证金的证据,在履行合同中不存在违约行为,现因合同解除,洹鑫公司应将收取的2000万元履约保证金退还。……南昌建筑公司主张在应付工程款范围内的工程价款优先受偿权,本院予以支持;南昌建筑公司主张对欠付工程款的违约金及应还保证金范围内享有工程价款优先受偿权,不予支持。

二审裁判观点:维持原判。

231 损害赔偿金是否属于优先受偿的范围?

案件名称:潍坊名嘉城市广场置业有限公司(以下简称名嘉公司)与中国核工业二三建设有限公司(以下简称中核公司)建设工程施工合同纠纷案

审理法院:最高人民法院

案　　号:(2017)最高法民终159号

裁判观点:本案工程价款中的违约损失赔偿部分即29,926,082.3元不应作为建设工程价款优先受偿的范围。原审判决对此项事实的认定,不符合法律规定,本院予以纠正。根据原审判决认定的事实,名嘉公司尚欠付中核公司工程款为119,488,658.36元,应在此金额内减去违约损失赔偿部分后作为中核公司享有建设工程价款优先受偿权的范围，即中核公司对名嘉公司欠付的工程价款89,562,576.06元（119,488,658.36元－29,926,082.3元）就该工程折价或者拍卖的价款优先受偿。

232 停工损失是否属于优先受偿的范围？

案件名称：河南四建集团股份有限公司（以下简称河南四建公司）与开封市世纪嘉源房地产开发有限公司（以下简称开封世纪嘉源公司）建设工程施工合同纠纷案

审理法院：最高人民法院

案　　号：（2021）最高法民申6473号

裁判观点：案涉工程停工后，河南四建公司与开封世纪嘉源公司未对剩余工程价款进行结算，案涉工程剩余价款系在诉讼中通过司法鉴定确定，河南四建公司因停工产生的损失并不在工程价款范围内，其要求将停工损失列入工程价款优先受偿范围的主张，没有法律依据，二审法院未予支持，并无不当。

233 质量保证金是否属于优先受偿的范围？

案件名称：沈阳利源轨道交通装备有限公司（以下简称利源轨道公司）与中建三局集团有限公司（以下简称中建三局公司）普通破产债权确认纠纷案

审理法院：辽宁省高级人民法院

案　　号：（2021）辽民终125号

一审裁判观点：本案中建三局公司、利源轨道公司签订的《轨道车辆制造及铝型材深加工建设项目钢结构制作安装合同》中对于质量保证金的约定为：结算款5%为质保金……保修期满后，若无质量返修扣款事项，则7日内无息付清尾款。显而易见，无论是从法律规定还是从合同约定来看，建设工程质量保证金来源于建设工程价款。在建设工程质量合格的情况下，发包人应当向承包人支付全部建设工程价款。从建设工程价款中预扣的工程质量保证金，本质上仍属于建设工程价款的一部分,其设立的目的是担保承包人在缺陷责任期内及时履行维修义务,但其担保的功能并不能改变其为工程价款的性质。因此,发包人从建设工程价款中预扣的工程质量保证金,仍属于工程价款,可就建设工程折价或拍卖的价款优先受偿。

二审裁判观点:维持原判。

相关规定

《民法典》

第三百八十九条　担保物权的担保范围包括主债权及其利息、违约金、损害赔偿金、保管担保财产和实现担保物权的费用。当事人另有约定的,按照其约定。

第八百零三条　发包人未按照约定的时间和要求提供原材料、设备、场地、资金、技术资料的,承包人可以顺延工程日期,并有权请求赔偿停工、窝工等损失。

第八百零四条　因发包人的原因致使工程中途停建、缓建的,发包人应当采取措施弥补或者减少损失,赔偿承包人因此造成的停工、窝工、倒运、机械设备调迁、材料和构件积压等损失和实际费用。

《建设工程工程量清单计价规范》

1.0.3　建设工程发承包及实施阶段的工程造价应由分部分项工程费、措施项目费、其他项目费、规费和税金组成。

《建筑安装工程费用项目组成》

一、《费用组成》调整的主要内容:

(一)建筑安装工程费用项目按费用构成要素组成划分为人工费、材料费、施工机具使用费、企业管理费、利润、规费和税金(见附件1)。

(二)为指导工程造价专业人员计算建筑安装工程造价,将建筑安装工程费用按工程造价形成顺序划分为分部分项工程费、措施项目费、其他项目费、规费和税金(见附件2)。

……

（四）依据国家发展改革委、财政部等9部委发布的《标准施工招标文件》的有关规定，将工程设备费列入材料费；原材料费中的检验试验费列入企业管理费。

（五）将仪器仪表使用费列入施工机具使用费；大型机械进出场及安拆费列入措施项目费。

（六）按照《社会保险法》的规定，将原企业管理费中劳动保险费中的职工死亡丧葬补助费、抚恤费列入规费中的养老保险费；在企业管理费中的财务费和其他中增加担保费用、投标费、保险费。

（七）按照《社会保险法》、《建筑法》的规定，取消原规费中危险作业意外伤害保险费，增加工伤保险费、生育保险费。

（八）按照财政部的有关规定，在税金中增加地方教育附加。

《建设工程施工发包与承包价格管理暂行规定》

第五条　工程价格的构成。

工程价格由成本（直接成本、间接成本）、利润（酬金）和税金构成。

工程价格包括：合同价款、追加合同价款和其他款项。

合同价款系指按合同条款约定的完成全部工程内容的价款。追加合同价款系指在施工过程因设计变更、索赔等增加的合同价款以及按合同条款约定的计算方法计算的材料价差。

其他款项系指在合同价款之外甲方应支付的款项。

第四十一条　【优先期限】承包人应当在合理期限内行使建设工程价款优先受偿权，但最长不得超过十八个月，自发包人应当给付建设工程价款之日起算。

条文精解

本条是关于优先期限的规定。《最高人民法院关于建设工程价款优先受偿权问题的批复》第四条规定,建设工程承包人行使优先受偿权的期限为六个月,自建设工程竣工之日或者建设工程合同约定的竣工之日起计算。建设工程竣工之日,工程价款尚不明确。加之工程周期较为漫长,签证等文件资料众多,当事人很难在竣工之日起六个月内就结算事宜达成一致。以该时间点作为优先受偿权行使期限的起算时间,对承包人优先受偿权的保障存在一定的不足。《建设工程施工合同解释(二)》第二十二条完善了上述不足,将承包人享有的工程价款优先受偿权行使期限的起算时间由工程竣工之日修改为发包人应当给付建设工程价款之日。承包人主张工程价款优先受偿权,自发包人应当给付工程价款之日起算,更加符合"权利人行使权利自权利人知道或者应当知道权利产生之日起算"的法理。本条进一步将行使期限由六个月修改为十八个月,更加充分地保障了承包人享有的工程价款优先受偿权。

关于工程价款优先受偿权十八个月最长行使期限的问题。《民法典》第四百一十九条规定,抵押权人应当在主债权诉讼时效期间行使抵押权。未行使的,人民法院不予保护。工程价款优先受偿权类似于抵押权,参照上述规定分析,承包人应当在工程价款债权诉讼时效期间行使工程价款优先受偿权。工程价款债权的诉讼时效期间为三年,那么承包人行使工程价款优先受偿权的期限应当是三年。但是,本条规定的期限是十八个月,并非三年。究其原因,主要是因为:工程价款优先受偿权并非抵押权,其设立没有登记的要求,不具备抵押权一样的公示和公信力。而且,承包人行使工程价款优先受偿权,对抵押权人、其他债权人影响较大。为避免承包人怠于行使该权利,导致抵押权人、其他债权人无法正常维权,所以规定十八个月的最长行使期限。实务案例中,多数判决将十八个月视为除斥期间,承包人超过该期间主张工程价款优先受偿权的,人民法院不予支持。法律依据是《民法典》第一百九十九条的规定,法律规定或者当事人约定的撤销权、解除权等权利的存续期间,除法律另有规定外,自权利人知道或者应当知道权利产生之日起计算,不适用有关诉讼时效中止、中断和延长的规定。存续期间届满,撤销权、解除权等权利消灭。

关于以发包人应当给付工程价款之日作为优先受偿权行使期限起算时间的问题。《民法典》第一百九十九条规定,法律规定或者当事人约定的撤销权、解除权等权利的存续期间,除法律另有规定外,自权利人知道或者应当知道权利产生之日起计算。如果将工程价款优先受偿权的行使期限定性为除斥期间,则应从承包人知道或者应当知道工程价款优先受偿权之日起计算。在当事人对工程价款支付时间有明确约定的情形下,约定的工程价款支付时间自然是优先受偿权行使期限的起算时间。在当事人对工程价款支付时间没有约定或者约定不明的情形下,司法实务多数观点认为,应当按照《建设工程施工合同解释(一)》第二十七条的规定确定工程价款优先受偿权行使期限的起算时间:(1)建设工程已实际交付的,为交付之日;(2)建设工程没有交付的,为提交竣工结算文件之日;(3)建设工程未交付,工程价款也未结算的,为当事人起诉之日。

关于工程价款优先受偿权最长行使期限六个月和十八个月的适用问题。《建设工程施工合同解释(二)》规定的工程价款优先受偿权最长行使期限是六个月,《建设工程施工合同解释(一)》规定的是十八个月。《民法典时间效力解释》第一条规定,民法典施行后的法律事实引起的民事纠纷案件,适用民法典的规定。民法典施行前的法律事实引起的民事纠纷案件,适用当时的法律、司法解释的规定,但是法律、司法解释另有规定的除外。民法典施行前的法律事实持续至民法典施行后,该法律事实引起的民事纠纷案件,适用民法典的规定,但是法律、司法解释另有规定的除外。如果自发包人应当给付工程价款之日起至2021年1月1日已经届满六个月最长行使期限的,应当适用六个月的最长期限。如果自发包人应当给付工程价款之日起至2021年1月1日尚未届满六个月最长行使期限的,应当适用十八个月的最长期限。另外,有不少实务案例,以工程价款优先受偿权涉及农民工等建筑工人的工资利益,适用本条规定的十八个月最长行使期限更利于保护民事主体合法权益,更有利于维护社会和经济秩序,更有利于弘扬社会主义核心价值观为由,依据《民法典时间效力解释》第二条关于"民法典施行前的法律事实引起的民事纠纷案件,当时的法律、司法解释有规定,适用当时的法律、司法解释的规定,但是适用民法典的规定更有利于保护民事主体合法权益,更有利于维护社会和经济秩序,更有利于弘扬社会主义核心价值观的除外"的规定,将2021年1月1日之前已经届满六个月最长行使期限的,直接适用十八个月的规定,依据较为充分,读者应当注意。

适用本条,应注意以下几点:(1)在工程价款支付时间能够确定的情形下,应当按照确定的时间起算优先受偿权的行使期限。在工程价款支付时间没有约定或者约定不明的情形下,才能按照建设工程的交付时间、结算时间及起诉时间起算优先受偿权的行使期限。并且交付时间、结算时间、起诉时间的适用有先后顺序。没有前者的情形下,才能适用后者。(2)关于当事人约定的应当给付工程价款的时间届满,但工程价款金额尚未明确,优先受偿权的行使期限是否开始起算的问题。笔者认为,应当按照约定的工程价款支付时间起算优先受偿权的行使期限。因为本条规定自发包人应当给付工程价款之日起算优先受偿权的行使期限,并未要求工程价款金额必须明确无争议。至于逾期付款、工期延误及工程质量等问题,当事人可以依据法律规定及合同约定要求对方承担相应的民事赔偿责任,但不能以此为由主张优先受偿权行使期限尚未开始起算,除非当事人因为上述事由达成新的付款期限的约定。(3)有观点认为,如果建设工程是分期支付工程价款的,应当以竣工结算后所确定的工程价款的应付款时间作为优先受偿权行使期限的起算时间,不应以工程预付款的支付时间、工程进度款的支付时间作为起算时间。因为在竣工结算之前,合同还在履行,尚不具备优先受偿的条件。法理是《民法典》第一百八十九条的规定,当事人约定同一债务分期履行的,诉讼时效期间自最后一期履行期限届满之日起计算。

案例适用

234 工程未交付未结算,优先受偿权何时起算?

案件名称:江苏天宇建设集团有限公司(以下简称天宇公司)与涟水县汉邦置业有限公司(以下简称汉邦公司)建设工程施工合同纠纷案

审理法院:江苏省高级人民法院

案　　号:(2019)苏民终1284号

裁判观点:双方当事人在一期、二期施工合同中约定,汉邦公司在竣工一年内付足决算价的95%。一期工程虽实际于2012年12月30日竣工,二期工程实际于2015年12月31日竣工,但直至一审诉讼时,双方当事人仍未能就工程价款的结算达成一致意见,故天宇公司自本案起诉时主张工程款时一并主张建设工程价款的优先受偿权,并未超出法律规定的行使期限。

235 结算文件存有争议,优先受偿权何时起算?

案件名称:机械工业第六设计研究院有限公司(以下简称第六设计院)与国机重工(洛阳)有限公司(以下简称国机公司)破产有关的纠纷案

审理法院:河南省高级人民法院

案　　号:(2021)豫民终1270号

裁判观点:2017年4月至2018年7月机械工业公司向国机公司多次移交设备基础计算图、竣工图纸资料、竣工资料等材料。2018年6~7月机械工业公司向国机公司移交工程签证单、竣工结算单等材料。……由于各方对于案涉工程竣工验收及价款结算存在争议,各方就此一直在进行协商。从2019年6月20日国机公司与机械工业公司签订《国机重工(洛阳)产业园项目施工合同补充协议书》中可以看出,双方仍然在对工程竣工验收及结算审计工作进行协商沟通,直至2020年6月17日,机械工业公司向一审法院提起诉讼,向国机公司和第六设计院主张工程价款时，各方仍然没有达成一致意见。2020年11月18日，各方才就案涉工程造价需要各方提供的资料及造价结果出具时间等问题形成《工程造价会议纪要》。直至2021年3月8日，国机公司、第六设计院、机械工业公司三方最终就欠付的工程款数额等问题达成结算协议，国机公司应付第六设计院的工程价款也相应确定，第六设计院才得以根据确定的工程价款数额向国机公司主张建设工程价款优先受偿权。综上，第六设计院行使工程价款优先受偿权的期间应从2021年3月9日起算……

236 分期付款合同，优先受偿权何时起算？

案件名称：红光控股集团有限公司与浙江昆仑建设集团股份有限公司建设工程施工合同纠纷案

审理法院：浙江省高级人民法院

案　　号：(2022)浙民再181号

裁判观点：因2011年1月31日双方当事人签订的《调解协议》已对付款时间作出明确约定，故不属于当事人对付款时间没有约定或者约定不明的情形。根据该协议第四条“剩余工程款支付”约定，“退场后并办好移交即付50%……2011年8月25日止支付40%，2011年11月30日支付10%”，结合协议第二条约定的“4月15日前办理完移交工作”可知，双方约定的三笔工程款最晚支付时间分别为2011年4月15日、8月25日和11月30日。本案当事人对同一债务即工程结算价款约定分期支付的，建设工程价款优先受偿权期限应自最后一期履行期限届满之日2011年11月30日起计算……

237 合同解除，优先受偿权何时起算？

案件名称：冯某禄与克拉玛依市和谐房地产开发有限公司（以下简称和谐房产公司）、克拉玛依市今世建筑安装工程有限公司（以下简称今世建安公司）建设工程施工合同纠纷案

审理法院：新疆维吾尔自治区高级人民法院

案　　号:(2023)新民申192号

裁判观点:因和谐房产公司、今世建安公司与冯某君于2019年3月28日共同出具《和谐中间审计工程量节点报告》,后冯某禄未再继续施工,并撤出施工现场,故可以认定和谐房产公司与冯某禄最迟于2019年3月28日解除合同,此后双方的合同关系终止。原审法院依据案涉《和谐中间审计工程量节点报告》以及和谐房产公司亦认可冯某禄及今世建安公司于2019年3月或4月向其提交结算文件认定和谐房产公司应当于2019年3月29日支付工程款具有事实依据。

238　优先受偿权行使期限六个月和十八个月如何适用?

案件名称:中兴建设有限公司(以下简称中兴建设公司)与新疆百富房地产开发有限公司(以下简称百富房产公司)建设工程施工合同纠纷案

审理法院:新疆维吾尔自治区高级人民法院

案　　号:(2018)新民初64号

裁判观点:《建设工程施工合同解释(二)》第二十二条规定:"承包人行使建设工程价款优先受偿权的期限为六个月,自发包人应当给付建设工程价款之日起算。"百富房产公司依据该规定抗辩称中兴建设公司于2018年8月6日向本院提起诉讼并主张对案涉工程享有优先受偿权,该日期距百富房产公司最后的应付款日期2017年12月已超过6个月,且中兴建设公司未举证证实其在6个月期限内向百富房产公司主张过优先受偿权,故其该项主张已超过行使期限。《建设工程施工合同解释(一)》第四十一条规定:"承包人应当在合理期限内行使建设工程价款优先受偿权,但最长不得超过十八个月……"《民法典时间效力解释》第二条规定:"民法典施行前的法律事实引起的民事纠纷案件,当时的法律、司法解释有规定,适用当时的法律、司法解释的规定,但是适用民法典的规定更有利于保护民事主体合法权益,更有利于维护社会和经济秩序,更有利于弘扬社会主义核心价值观的除外。"依据上述法律及司法解释的规定，本案虽属于《民法典》施行前的法律事实引起的民事纠纷案件，当时的法律、司法解释对于行使建设工程价款优先受偿权的期限亦有规定，但适用新的解释更有利于保护实际施工人的合法权益、维护社会和经济秩序、弘扬社会主义核心价值观，故对本案工程价款优先受偿权行使期限的认定应适用《建设工程施工合同解释(一)》第四十一条规定的最长不超过十八个月的除斥期间。中兴建设公司于2018年8月6日向本院提起诉讼并主张对案涉工程折价或者拍卖的价款享有优先受偿权，该日期距百富房产公司应付7号楼工程款的日期已远超十八个月的除斥期间，故中兴建设公司关于7号楼工程款享有工程折价或者拍卖的价款优先受偿权的主张因超过行使期间，本院不予支持。中兴建设公司就本案的起诉日期距百富房产公司就4号、5号楼的应付款日期2017年12月尚未超过十八个月的除斥期间，本院认定中兴建设公司关于4号、5号楼、地库工程款享有工程折价或者拍卖的价款优先受偿权的主张未超过行使期限。

相关规定

《民法典》

第一百八十八条　向人民法院请求保护民事权利的诉讼时效期间为三年。法律另有规定的，依照其规定。

诉讼时效期间自权利人知道或者应当知道权利受到损害以及义务人之日起计算。法律另有规定的，依照其规定。但是，自权利受到损害之日起超过二十年的，人民法院不予保护，有特殊情况的，人民法院可以根据权利人的申请决定延长。

第一百八十九条　当事人约定同一债务分期履行的，诉讼时效期间自最后一期履行期限届满之日起计算。

第一百九十九条　法律规定或者当事人约定的撤销权、解除权等权利的存续期间，除法律另有规定外，自权利人知道或者应当知道权利产生之日起计算，不适用有关诉讼时效中止、中断和延长的规定。存续期间届满，撤销权、解除权等权利消灭。

第四百一十九条　抵押权人应当在主债权诉讼时效期间行使抵押权；未行使的，人民法院不予保护。

《民法典时间效力解释》

第一条　民法典施行后的法律事实引起的民事纠纷案件，适用民法典的规定。

民法典施行前的法律事实引起的民事纠纷案件，适用当时的法律、司法解释的规定，但是法律、司法解释另有规定的除外。

民法典施行前的法律事实持续至民法典施行后，该法律事实引起的民事纠纷案件，适用民法典的规定，但是法律、司法解释另有规定的除外。

第二条　民法典施行前的法律事实引起的民事纠纷案件，当时的法律、司法解释有规定，适用当时的法律、司法解释的规定，但是适用民法典的规定更有利于保护民事主体合法权益，更有利于维护社会和经济秩序，更有利于弘扬社会主义核心价值观的除外。

第二十条　民法典施行前成立的合同，依照法律规定或者当事人约定该合同的履行持续至民法典施行后，因民法典施行前履行合同发生争议的，适用当时的法律、司法解释的规定；因民法典施行后履行合同发生争议的，适用民法典第三编第四章和第五章的相关规定。

第四十二条　【优先放弃】发包人与承包人约定放弃或者限制建设工程价款优先受偿权，损害建筑工人利益，发包人根据该约定主张承包人不享有建设工程价款优先受偿权的，人民法院不予支持。

条文精解

本条是关于优先放弃的规定。建设工程价款优先受偿权既属于财产性权利，又属于法定权利，其目的是保障农民工等建筑工人的工资利益。本条规定具有两个层面的意思：(1)发包人与承包人可以约定放弃或者限制工程价款优先受偿权。这是工程价款优先受偿权财产性权利的体现，尊重民事主体意思自治原则。(2)发包人与承包人约定放弃或者限制工程价款优先受偿权，不得损害建筑工人利益，否则约定无效。这是工程价款优先受偿权法定权利的体现，保障农民工等建筑工人的工资利益原则。放弃优先受偿权的结果是清偿顺序与普通债权相同，位于抵押权之后。限制优先受偿权是行使设定时间、条件、范围等。本条适用的常见情形是发包人为了获得商业银行的贷款，要求承包人放弃或者限制其优先受偿权，确保商业银行抵押权清偿顺序排在第一位。方式不仅包括发包人与承包人双方之间进行约定，发包人、承包人及商业银行三方之间进行约定，还包括承包人单方出具承诺书等，不仅限于发包人与承包人之间进行约定。

关于放弃或者限制工程价款优先受偿权的约定损害建筑工人利益的效力问题。《民法典》第一百五十四条规定，行为人与相对人恶意串通，损害他人合法权益的民事法律行为无效。工程价款优先受偿权的设立目的，是保障农民工等建筑工人的工资利益。如果放弃或者限制工程价款优先受偿权的行为，损害农民工等建筑工人的工资利益，比如放弃或者限制的行为导致发包人无力向承包人支付工程价款，承包人也无力向建筑工人支付工资报酬等，那么放弃或者限制的行为应当被认定为无效的行为。反之，如果放弃或者限制工程价款优先受偿权的行为，并没有损害农民工等建筑工人的工资利益，比如发包人依约向承包人支付工程价款，承包人也有足够的能力向建筑工人支付工资报酬等，则不能依据本条的规定认定放弃或者限制的行为无效。另外，对于损害建筑工人利益的认定，应当是承包人整体的支付能力出现问题，导致其无力向建筑工人支付工资报酬，比如承包人进入破产清算程序，农民工等建筑工人集体讨薪等。承包人的资产负债情况、资金回流情况等都是判断依据。

适用本条,应注意以下两点:(1)本条规定的是发包人与承包人双方之间的约定,实务中承包人单方向商业银行作出承诺,也可以适用本条的规定。(2)如果承包人放弃或者限制优先受偿权的前提是发包人将所获得的商业银行贷款用于工程价款的支付,发包人也按照约定使用所得贷款,则放弃或者限制优先受偿权的行为没有损害建筑工人利益,不能依据本条规定认定无效。反之,如果发包人没有按照约定使用所得贷款,并且拖欠承包人的工程价款,导致承包人无力支付建筑工人工资报酬,则可以依据本条规定认定无效。

案例适用

239 放弃优先权,导致欠付建筑工人工资,放弃是否有效?

案件名称:新疆乌苏农村商业银行股份有限公司与内江市东兴建筑工程有限公司(以下简称东兴公司)、新疆万森房地产开发有限公司(以下简称万森公司)等建设工程施工合同纠纷案

审理法院:新疆维吾尔自治区高级人民法院

案　　号:(2020)兵民终60号

一审裁判观点:虽然东兴公司在2016年12月27日五方签订的协议书中放弃了工程价款优先受偿权,但该放弃行为致使其未能足额支付农民工工资,未能保障农民工的生存利益,从而引发217名农民工向新疆生产建设兵团第七师劳动保障监察支队投诉,该放弃承诺不能认定有效。

二审裁判观点:万森公司欠付东兴公司工程款,工程款中包含建筑工人的利益,因此,五方协议中关于东兴公司放弃建设工程价款优先受偿权的约定无效。

240 按照约定使用放弃优先权所得贷款,是否损害建筑工人利益?

案件名称:中铁城建集团第二工程有限公司(以下简称中铁公司)

与肇庆大隆置业投资有限公司(以下简称肇庆大隆公司)、中国建设银行股份有限公司肇庆市分行(以下简称建行肇庆分行)建设工程施工合同纠纷案

审理法院:广东省高级人民法院

案　　号:(2019)粤民终1956号

裁判观点:首先,本案承包人中铁公司是向建行肇庆分行出具《放弃优先受偿权声明书》,并非向发包人肇庆大隆公司出具,如果认定《放弃优先受偿权声明书》无效,损害的不仅是发包人的利益,而且将直接损害到第三人建行肇庆分行;其次,中铁公司举证提交的其欠付分包单位工人工资、劳务费及材料款的催款函,不能证明催款函上载明的欠款即其欠付的建筑工人的工资,故对于其放弃工程价款优先受偿权即直接损害到工人利益尚举证不足;最后,在中铁公司向建行肇庆分行出具《放弃优先受偿权声明书》之后,建行肇庆分行如约发放了贷款2.59亿元,而肇庆大隆公司也将该笔贷款用于支付中铁公司的工程进度款211,431,526.48元,可见中铁公司出具的《放弃优先受偿权声明书》并未损害到建筑工人利益,而是有益于建筑工人工资的发放。综上,本院认为中铁公司向建行肇庆分行出具的《放弃优先受偿权声明书》合法有效,原审法院对此认定正确,本院予以维持,中铁公司要求确认该声明书无效、其享有工程价款优先受偿权依据不足,本院不予支持。

241　未按约定使用放弃优先权所得贷款,是否损害建筑工人利益?

案件名称:桐梓县振州房地产开发有限公司(以下简称振州房开公司)与重庆市合川区教育建筑工程有限公司(以下简称合川建筑公司)、贵州桐梓农村商业银行股份有限公司(以下简称桐梓农商行)建设工程施工合同纠纷案

审理法院:贵州省高级人民法院

案　　号:(2020)黔民终967号

裁判观点:虽然《承诺书》系作为承包人的合川建筑公司向桐梓农

商行作出，并非向发包人振州房开公司作出，但是因为合川建筑公司处分了己方的建设工程价款优先受偿权，因此该意思表示、处分行为仍然应当遵循《建设工程施工合同解释（一）》第四十二条的立法精神，即建设工程价款优先受偿权的放弃或限制，不得损害建筑工人利益。从《承诺书》的内容来看以及第三人桐梓农商行当庭自认需施工人作出承诺方可贷款的相关情况可知，合川建筑公司系基于其与振州房开公司签有案涉工程项目建设工程施工合同，为振州房开公司顺利获得贷款才出具了《承诺书》，振州房开公司与桐梓农商行签订的《固定资产借款合同》亦约定该贷款具体用途为"世纪新城三期6号、7号楼项目工程建设"之事实，合川建筑公司主张其放弃优先权的前提是振州房开公司将取得的贷款用于涉案工程项目的建设（包括支付其建设工程价款）符合常理。但是振州房开公司获取贷款后，其自认并未将全部的贷款支付给合川建筑公司，振州房开公司逾期支付工程进度款的行为客观存在，根据证人出庭陈述的情况，现合川建筑公司未清偿完毕涉案工程建筑工人工资，因此，若允许合川建筑公司放弃其建设工程价款优先受偿权，则其责任财产必然减少，必然造成整体的清偿能力恶化影响正常支付建筑工人工资，从而导致侵犯建筑工人利益。一审认定《承诺书》中合川建筑公司放弃优先权之承诺因损害建筑工人利益而归于无效并无不当，本院予以维持。

相关规定

《民法典》

第一百四十六条　行为人与相对人以虚假的意思表示实施的民事法律行为无效。

以虚假的意思表示隐藏的民事法律行为的效力，依照有关法律规定处理。

第一百五十三条　违反法律、行政法规的强制性规定的民事法律行为无效。但是，该强制性规定不导致该民事法律行为无效的除外。

违背公序良俗的民事法律行为无效。

第一百五十四条　行为人与相对人恶意串通，损害他人合法权益的民事法律行为无效。

第四十三条　【欠付责任】实际施工人以转包人、违法分包人为被告起诉的，人民法院应当依法受理。

实际施工人以发包人为被告主张权利的，人民法院应当追加转包人或者违法分包人为本案第三人，在查明发包人欠付转包人或者违法分包人建设工程价款的数额后，判决发包人在欠付建设工程价款范围内对实际施工人承担责任。

条文精解

本条是关于欠付责任的规定。第一款属于倡导性条款，实际施工人与转包人，或者违法分包人，具有合同相对性，当然可以起诉。第二款是为防止转包人、违法分包人下落不明、破产、资信状况恶化等原因导致农民工等建筑工人的工资利益没有保障，而给予实际施工人突破合同相对性，有条件的向发包人主张工程价款欠付责任的权利。本条规定明确了两点：(1)实际施工人起诉发包人支付工程价款时，人民法院应当追加转包人或者违法分包人为案件第三人，便于查明案件基本事实。(2)人民法院应当查明发包人欠付转包人或者违法分包人工程价款的数额，发包人仅在欠付范围内对实际施工人承担支付责任。发包人向实际施工人支付工程价款后，发包人、转包人或者违法分包人，以及实际施工人之间相应的权利义务终止。

关于实际施工人的理解问题。按照通常理解，实际施工人是指因为转包、违法分包及资质挂靠原因，导致建设工程施工合同无效，最终投入资金、人工、材料、机械设备实际进行工程建设的施工人。《建筑工程施工发包与承包违法行为认定查处管理办法》第七条、第九条及第十一条规定，转包是指承包单位承包工程后，不履行合同约定的责任和义务，将其承包的全部工程或者将其承包的全部工程肢解后以分包的名义分别转给其他单位或个人施工的行为。挂靠是指单位或个人以其他有资质的施工单位的名义承揽工程的行为。违法分包是指承包单位承包工程后违反法律法规规定，把单位工程或分部分项工程分包给其他单位或个人施工的行为。需要注意的是：(1)实际施工人对应的是无效的建设工程施工合同，有效的建设工程施工合同对应的承包人不应被认定为实际施工人。分包包括合法分包与违法分包，合法分包的承包人不能被认定为实际施工人。(2)实际施工人与发包人没有合同关系，不具有合同相对性。“实际”的言外之意是其与发包人没有建设工程施工合同关系，但实际上是进行工程建设的单位或者个人。(3)本条的实际施工人仅指转包关系、违法分包关系中的实际施工人，不包括资质挂靠关系中的实际施工人，下文详细探讨原因。

关于资质挂靠的实际施工人能否向发包人主张工程价款欠付责任的问题。按照文义解释，本条仅适用于转包、违法分包对应的实际施工人，并不适用于资质挂靠的实际施工人。因为资质挂靠的实际施工人以被挂靠人的名义与发包人发生法律关系，与发包人具有合同关系，所以，不存在突破合同相对性向发包人主张工程价款欠付责任的问题。在资质挂靠的情形下，实际施工人可以依据《民法典》第七百九十三条关于“建设工程施工合同无效，但是建设工程经验收合格的，可以参照合同关于工程价款的约定折价补偿承包人……”的规定，向发包人主张权利。另外，资质挂靠行为与转包行为容易混淆，依据《建筑工程施工发包与承包违法行为认定查处管理办法》第八条的规定，有证据证明属于挂靠或者其他违法行为的，不认定为转包。换言之，没有证据证明属于挂靠或者其他违法行为的，则认定为转包行为。转包行为可以适用本条规定。一般情形下，资质挂靠行为发生在工程承揽前，转包行为发生在工程承揽后,可通过招投标的参与情况、合同订立的决定情况等综合认定。

关于发包人的范围问题。本条第二款规定,实际施工人以发包人为被告主张权利的,人民法院应当在查明发包人欠付转包人或者违法分包人工程价款的数额后,判决发包人在欠付工程价款范围内对实际施工人承担责任。笔者认为,此处的发包人仅限建设单位,不包括多手流转中(建设单位与实际施工人之间存在两方或者两方以上流转主体,下同)的非建设单位发包主体。主要理由如下:(1)《建设工程施工合同解释(一)》所使用的发包人,皆指建设单位。比如该解释第三条关于发包人办理建设工程规划许可证等规划审批手续义务的规定,比如该解释第三十五条关于与发包人订立建设工程施工合同的承包人享有优先受偿权的规定等。(2)建设单位是建设工程的最终受益主体,让其承担实际施工人工程价款欠付责任,权利义务相对合理。多手流转中的非建设单位发包主体,一般只收取管理费、中间费等非工程价款费用,让其承担非合同相对方的工程价款支付责任,权利义务不对等。(3)实际施工人向发包人主张工程价款欠付责任,本身已经违背了合同相对性的基本法理,不应再对发包人做扩大解释。随着转包人、违法分包人下落不明、破产、资信状况恶化等现象的不断减少,农民工等建筑工人工资利益保障方式的不断增加,实际施工人主张合同权利的规定,应回到合同相对性的基本法理上面。认为发包人包括多手流转中的非建设单位发包主体的观点,有将发包人做扩大解释之嫌。实务案例中,如果实际施工人依据本条第二款的规定,突破合同相对性,向非建设单位的发包主体主张工程价款欠付责任的,人民法院多数也是以发包人不是建设单位为由,驳回实际施工人相应的诉讼请求。发包人仅指建设单位的观点不足之处在于:实际施工人以发包人欠付下家工程价款为由,要求发包人承担非发包人债权人的债务,法理上更显不足。因为发包人承担欠付责任的主要原因在于转包人或者违法分包人是其债权人,又是实际施工人的债务人,借鉴了代位诉讼的基本制度,发包人向实际施工人支付工程价款后,其与转包人或者违法分包人、实际施工人之间相应的权利义务终止。

关于发包人的责任问题。本条第二款规定，人民法院在查明发包人欠付转包人或者违法分包人工程价款的数额后，判决发包人在欠付工程价款范围内对实际施工人承担责任。其明确了以下两点：(1)只有在发包人欠付的是转包人或者违法分包人的工程价款时，才需要对实际施工人承担责任。如果发包人欠付的是利息、违约金、损害赔偿金等非工程价款项目，则不需要对实际施工人承担责任。关于工程价款，从费用的构成要素角度划分，包括人工费、材料费、施工机具使用费、企业管理费、利润、规费和税金，具体可参见本书第四十条部分的陈述。(2)发包人对实际施工人承担责任的范围，是其欠付转包人或者违法分包人工程价款的数额，不是转包人或者违法分包人欠付实际施工人工程价款的数额。

关于未追加转包人或者违法分包人为案件第三人的程序问题。《民事诉讼法》第一百七十七条第一款第四项规定，原判决遗漏当事人或者违法缺席判决等严重违反法定程序的，裁定撤销原判决，发回原审人民法院重审。本条第二款明确规定，实际施工人以发包人为被告主张权利的，人民法院应当追加转包人或者违法分包人为本案第三人。在实际施工人起诉发包人的案件中，未依法追加转包人或者违法分包人为案件第三人，涉嫌程序违法。也有相反观点认为，追加转包人或者违法分包人为案件第三人，是为了查明发包人欠付转包人或者违法分包人工程价款的数额。在能够查明发包人欠付转包人或者违法分包人工程价款数额的情形下，未追加转包人或者违法分包人为案件第三人并未构成程序违法。

关于未查明发包人欠付转包人或者违法分包人工程价款数额的事实问题。《民事诉讼法》第一百七十七条第一款第三项规定，原判决认定基本事实不清的，裁定撤销原判决，发回原审人民法院重审，或者查清事实后改判。未依法查明发包人欠付转包人或者违法分包人工程价款数额，涉嫌基本事实认定不清。人民法院应当追加转包人或者违法分包人为案件第三人,在查明发包人欠付转包人或者违法分包人工程价款的数额后,判决发包人在欠付工程价款范围内对实际施工人承担责任。关于查明的方式,除了通过发包人与转包人或者违法分包人的陈述外,还包括工程造价鉴定、结算材料、另案判决等方式,举证责任在实际施工人一方。有相反观点认为,应由发包人承担没有欠付转包人或者违法分包人工程价款的举证责任。笔者认为,该观点有待商榷。退一步分析,即使发包人欠付转包人或者违法分包人工程价款是明确的,但具体数额不明确,也不应按照本条的规定判决发包人承担支付责任,否则会导致后期无法执行的问题,也不符合本条关于依法查明发包人欠付转包人或者违法分包人工程价款数额的规定。

适用本条,应注意以下几点:(1)实际施工人向发包人主张工程价款欠付责任,应在发包人与转包人或者违法分包人结算或者应当结算以后。如果发包人向转包人或者违法分包人支付工程价款的时间尚未开始,则谈不上欠付,实际施工人的诉求会因工程价款给付条件不成就而被相应驳回。(2)合法分包工程的承包人不属于实际施工人,不能依据本条向发包人主张权利。突破合同相对性,必须要有法律明确的规定。也有相反观点认为,违法分包的承包人都可以突破合同相对性,向发包人主张工程价款欠付责任,合法分包的承包人更应该享有该权利。(3)本条仅规定实际施工人可以突破合同相对性,向发包人主张工程价款欠付责任,但没有规定实际施工人享有优先受偿权。依据《建设工程施工合同解释(一)》第三十五条的规定,享有优先受偿权的主体必须与发包人具有合同关系。(4)实际施工人向发包人主张权利,不受发包人与转包人或者违法分包人仲裁管辖条款的约束。仲裁管辖条款是发包人与转包人或者违法分包人订立的,对实际施工人没有约束力。退一步讲,即使实际施工人申请仲裁,也因没有仲裁约定而无法立案受理。也有相反观点认为,发包人对转包人或者违法分包人的程序抗辩,可以向实际施工人主张,其中也包括仲裁的约定。

案例适用

242　实际施工人的身份如何认定？

案件名称：凯某齐与六盘水盘南产业园区管理委员会等建设工程合同纠纷案

审理法院：最高人民法院

案　　号：(2021)最高法民申5114号

裁判观点：实际施工人是通过筹集资金、组织人员机械、支付农民工工资或劳务报酬等实际从事工程项目建设的主体为实际施工人，包括挂靠、转包、违法分包、肢解分包等情形下的自然人、法人或其他组织，有别于承包人、施工班组、农民工个体等。在层层转包、多次违法分包、挂靠后再次转包或违法分包等情形下，实际施工人仅指最后进场施工的民事主体，工程承包流转中的仅为其中流转一环的转包人、违法分包人、挂靠人等不属于实际施工人，无权突破合同相对性，越过其合同相对方直接向发包人主张工程款的权利。

243　工程尚未完工，实际施工人能否向发包人主张工程价款？

案件名称：四川黄瓦台建筑工程有限公司青海分公司（以下简称黄瓦台青海分公司）、四川黄瓦台建筑工程有限公司（以下简称黄瓦台公司）、李某军、崔某良与青海中发源实业有限公司（以下简称中发源公司）等建设工程施工合同纠纷案

审理法院：最高人民法院

案　　号：(2021)最高法民终339号

裁判观点：发包人向实际施工人承担责任的前提是其欠付转包人或者违法分包人工程价款。该规定是从实质公平的角度出发，实际施工人向发包人主张权利后，发包人、转包人或者违法分包人以及实际施工人之间的连环债务相应消灭，且发包人对实际施工人承担责任以其欠付的建设工程价款为限。本案中，案涉时代广场并未完工，中发源公司与黄

瓦台公司亦未进行结算，仅能确定黄瓦台公司、黄瓦台青海分公司欠付李某军、崔某良工程款的事实。中发源公司是否欠付黄瓦台公司、黄瓦台青海分公司工程款，欠付工程款的数额等事实因未结算无法查清，实际施工人与发包人之间的权利义务并不明确，故李某军、崔某良向中发源公司主张其在欠付工程款范围内承担责任的条件不成就。

244　实际施工人能否向发包人主张违约金和利息？

案件名称：华诚荣邦地产股份有限公司（以下简称华诚荣邦公司）与洛阳恒晟建筑有限公司（以下简称恒晟公司）、河南国安建设集团有限公司（以下简称国安公司）等建设工程合同纠纷案

审理法院：河南省高级人民法院

案　　号：（2021）豫民再648号

裁判观点：发包人只在欠付工程价款范围内对实际施工人承担责任。结合本案事实，华诚荣邦公司系案涉工程的发包人，国安公司承包案涉工程又违法转包给恒晟公司施工，恒晟公司与华诚荣邦公司之间并不存在合同关系，故根据上述规定，华诚荣邦公司只在欠付国安公司工程价款范围内，对恒晟公司承担责任。恒晟公司要求华诚荣邦公司支付违约金及利息，缺乏合同依据和法律规定，且因其与国安公司之间属于违法转包，故对其该主张，应依法不予支持。

245　实际施工人能否向前手转包人主张工程价款？

案件名称：晏某钦与新疆天拓伟业建筑安装有限公司（以下简称天拓伟业公司）等建设工程施工合同纠纷案

审理法院：新疆维吾尔自治区高级人民法院

案　　号：（2022）新民申1251号

裁判观点：关于晏某钦在与天拓伟业公司不存在合同关系的情况下，是否有权请求天拓伟业公司承担付款责任。《建设工程施工合同解释（二）》第二十四条（现为《建设工程施工合同解释（一）》第四十三条）规定，“实际施工人以发包人为被告主张权利的，人民法院应当追加转包

人或者违法分包人为本案第三人,在查明发包人欠付转包人或者违法分包人建设工程价款的数额后,判决发包人在欠付建设工程价款范围内对实际施工人承担责任”。从上述规定的文义和目的来分析,实际施工人突破合同相对性主张工程价款的对象限定于发包人,不宜将与实际施工人无合同关系的转包人或被挂靠人扩大解释为该条中的发包人,故在层层转包及挂靠人承包工程后再进行转包的,实际施工人无权突破合同相对性主张前手转包人承担付款责任,据此,本案中晏某钦突破合同相对性主张天拓伟业公司承担付款责任无法律依据,原审法院对其该请求不予支持,并无不当。

246 借用资质的实际施工人能否向发包人主张工程价款?

案件名称:俞某与西藏自治区拉洛水利枢纽及灌区管理局(以下简称拉洛水利管理局)等建设工程施工合同纠纷案

审理法院:西藏自治区高级人民法院

案　　号:(2022)藏民终64号

裁判观点:《建设工程施工合同解释(一)》第四十三条规定,“实际施工人以转包人、违法分包人为被告起诉的,人民法院应当依法受理。实际施工人以发包人为被告主张权利的,人民法院应当追加转包人或者违法分包人为本案第三人,在查明发包人欠付转包人或者违法分包人建设工程价款的数额后,判决发包人在欠付建设工程价款范围内对实际施工人承担责任”,该解释只规范了转包和违法分包两种关系,未规定借用资质的实际施工人以及多层转包和违法分包关系中的实际施工人有权突破合同相对性,请求发包人在欠付工程款范围内承担责任。根据合同相对性原则,当事人应当依据各自的法律关系,请求各自的债务人承担责任,因此俞某在本案中作为借用资质的实际施工人,不具有突破合同相对性直接请求发包人拉洛水利管理局在欠付工程款范围内承担责任的权利。

247 合法分包的承包人能否向发包人主张工程价款?

案件名称:青岛合力嘉环保建材集团有限公司规划建设工程分公司

(以下简称合力嘉公司)与江苏翔森建设工程有限公司(以下简称翔森公司)、青岛地华房地产开发有限公司(以下简称地华公司)建设工程施工合同纠纷案

审理法院:山东省高级人民法院

案　　号:(2022)鲁民申2812号

裁判观点:《建设工程施工合同解释(二)》第二十四条(现为《建设工程施工合同解释(一)》第四十三条)规定,实际施工人以发包人为被告主张权利的,人民法院应当追加转包人或者违法分包人为本案第三人,在查明发包人欠付转包人或者违法分包人建设工程价款的数额后,判决发包人在欠付建设工程价款范围内对实际施工人承担责任。本案中地华公司与翔森公司系发包方与总承包的关系,翔森公司与合力嘉公司系合法的专项分包关系,因此,合力嘉公司并非转包与非法分包的关系中的实际施工人,其主张适用该规定既无事实依据,也于法无据。

248　未查明欠付转包人或者违法分包人工程价款是否事实认定不清?

案件名称:李某清、贵州省安顺市平坝区人民政府等建设工程施工合同纠纷案

审理法院:最高人民法院

案　　号:(2019)最高法民终890号

裁判观点:《建设工程施工合同解释(二)》第二十四条(现为《建设工程施工合同解释(一)》第四十三条)规定,"实际施工人以发包人为被告主张权利的,人民法院应当追加转包人或者违法分包人为本案第三人,在查明发包人欠付转包人或者违法分包人建设工程价款的数额后,判决发包人在欠付建设工程价款范围内对实际施工人承担责任"。判令发包人向实际施工人承担价款给付责任的前提是查明发包人欠款数额,一审判决对此未予查明,认定基本事实不清。

249　查明发包人欠付违法分包人的工程价款是否超越审理范围?

案件名称: 芜湖市鸠江建设投资有限公司(以下简称建投公司)与叶某龙、芜湖市三联建筑安装有限公司(以下简称三联公司)等建设工程施工合同纠纷案

审理法院: 最高人民法院

案　　号: (2020)最高法民申3363号

裁判观点: 发包人的责任范围是欠付的建设工程价款,该事实属于案件审理中必须查明的事实。原审法院依法查明建投公司欠付三联公司的建设工程价款金额2,136,461.33元,符合法律、司法解释的规定。《建设工程施工合同解释(二)》第二十四条(现为《建设工程施工合同解释(一)》第四十三条)突破了合同的相对性,确立了实际施工人直接向发包人主张权利的规则,其目的就在于更有效的保护实际施工人的权利。发包人与违法分包人对工程价款是否决算、是否存在争议、违法分包人是否向发包人主张权利都不能影响实际施工人主张权利。再审申请人建投公司主张原审法院超越审理范围无事实和法律依据,其请求不能成立。

相关规定

《建设工程质量管理条例》

第七十八条　……

本条例所称违法分包,是指下列行为:

(一)总承包单位将建设工程分包给不具备相应资质条件的单位的;

(二)建设工程总承包合同中未有约定,又未经建设单位认可,承包单位将其承包的部分建设工程交由其他单位完成的;

(三)施工总承包单位将建设工程主体结构的施工分包给其他单位的;

(四)分包单位将其承包的建设工程再分包的。

本条例所称转包,是指承包单位承包建设工程后,不履行合同约定的责任和

义务，将其承包的全部建设工程转给他人或者将其承包的全部建设工程肢解以后以分包的名义分别转给其他单位承包的行为。

《房屋建筑和市政基础设施工程施工分包管理办法》

第十四条　禁止将承包的工程进行违法分包。下列行为，属于违法分包：

（一）分包工程发包人将专业工程或者劳务作业分包给不具备相应资质条件的分包工程承包人的；

（二）施工总承包合同中未有约定，又未经建设单位认可，分包工程发包人将承包工程中的部分专业工程分包给他人的。

《建筑工程施工发包与承包违法行为认定查处管理办法》

第七条　本办法所称转包，是指承包单位承包工程后，不履行合同约定的责任和义务，将其承包的全部工程或者将其承包的全部工程肢解后以分包的名义分别转给其他单位或个人施工的行为。

第八条　存在下列情形之一的，应当认定为转包，但有证据证明属于挂靠或者其他违法行为的除外：

（一）承包单位将其承包的全部工程转给其他单位（包括母公司承接建筑工程后将所承接工程交由具有独立法人资格的子公司施工的情形）或个人施工的；

（二）承包单位将其承包的全部工程肢解以后，以分包的名义分别转给其他单位或个人施工的；

（三）施工总承包单位或专业承包单位未派驻项目负责人、技术负责人、质量管理负责人、安全管理负责人等主要管理人员，或派驻的项目负责人、技术负责人、质量管理负责人、安全管理负责人中一人及以上与施工单位没有订立劳动合同且没有建立劳动工资和社会养老保险关系，或派驻的项目负责人未对该工程的施工活动进行组织管理，又不能进行合理解释并提供相应证明的；

（四）合同约定由承包单位负责采购的主要建筑材料、构配件及工程设备或租赁的施工机械设备，由其他单位或个人采购、租赁，或施工单位不能提供有关采购、租赁合同及发票等证明，又不能进行合理解释并提供相应证明的；

（五）专业作业承包人承包的范围是承包单位承包的全部工程，专业作业承包人计取的是除上缴给承包单位“管理费”之外的全部工程价款的；

（六）承包单位通过采取合作、联营、个人承包等形式或名义，直接或变相将其承包的全部工程转给其他单位或个人施工的；

（七）专业工程的发包单位不是该工程的施工总承包或专业承包单位的，但建设单位依约作为发包单位的除外；

（八）专业作业的发包单位不是该工程承包单位的；

（九）施工合同主体之间没有工程款收付关系，或者承包单位收到款项后又将款项转拨给其他单位和个人，又不能进行合理解释并提供材料证明的。

两个以上的单位组成联合体承包工程，在联合体分工协议中约定或者在项目实际实施过程中，联合体一方不进行施工也未对施工活动进行组织管理的，并且向联合体其他方收取管理费或者其他类似费用的，视为联合体一方将承包的工程转包给联合体其他方。

第九条　本办法所称挂靠，是指单位或个人以其他有资质的施工单位的名义承揽工程的行为。

……

第十一条　本办法所称违法分包，是指承包单位承包工程后违反法律法规规定，把单位工程或分部分项工程分包给其他单位或个人施工的行为。

第十二条　存在下列情形之一的，属于违法分包：

（一）承包单位将其承包的工程分包给个人的；

（二）施工总承包单位或专业承包单位将工程分包给不具备相应资质单位的；

（三）施工总承包单位将施工总承包合同范围内工程主体结构的施工分包给其他单位的，钢结构工程除外；

（四）专业分包单位将其承包的专业工程中非劳务作业部分再分包的；

（五）专业作业承包人将其承包的劳务再分包的；

（六）专业作业承包人除计取劳务作业费用外，还计取主要建筑材料款和大中型施工机械设备、主要周转材料费用的。

《保障农民工工资支付条例》

第二十九条　建设单位应当按照合同约定及时拨付工程款，并将人工费用及时足额拨付至农民工工资专用账户,加强对施工总承包单位按时足额支付农民工工资的监督。

因建设单位未按照合同约定及时拨付工程款导致农民工工资拖欠的,建设单位应当以未结清的工程款为限先行垫付被拖欠的农民工工资。

建设单位应当以项目为单位建立保障农民工工资支付协调机制和工资拖欠预防机制,督促施工总承包单位加强劳动用工管理,妥善处理与农民工工资支付相关的矛盾纠纷。发生农民工集体讨薪事件的,建设单位应当会同施工总承包单位及时处理,并向项目所在地人力资源社会保障行政部门和相关行业工程建设主管部门报告有关情况。

第三十六条　建设单位或者施工总承包单位将建设工程发包或者分包给个人或者不具备合法经营资格的单位,导致拖欠农民工工资的,由建设单位或者施工总承包单位清偿。

施工单位允许其他单位和个人以施工单位的名义对外承揽建设工程,导致拖欠农民工工资的,由施工单位清偿。

《民事诉讼法》

第一百七十七条　第二审人民法院对上诉案件,经过审理,按照下列情形,分别处理:

……

(三)原判决认定基本事实不清的,裁定撤销原判决,发回原审人民法院重审,或者查清事实后改判;

(四)原判决遗漏当事人或者违法缺席判决等严重违反法定程序的,裁定撤销原判决,发回原审人民法院重审。

……

第四十四条　【代位诉讼】实际施工人依据民法典第五百三十五条规定,以转包人或者违法分包人怠于向发包人行使到期债权或者与该债权有关的从权利,影响其到期债权实现,提起代位权诉讼的,人民法院应予支持。

条文精解

本条是关于代位诉讼的规定。《民法典》第五百三十五条第一款规定,因债务人怠于行使其债权或者与该债权有关的从权利,影响债权人的到期债权实现的,债权人可以向人民法院请求以自己的名义代位行使债务人对相对人的权利,但是该权利专属于债务人自身的除外。本条规定是《民法典》合同的保全制度在建设工程施工合同纠纷中的具体运用,债权人是实际施工人,债务人是转包人或者违法分包人,相对人是发包人。实际施工人原则上只能向具有合同相对性的转包人或者违法分包人主张合同权利,本条规定的主要目的是解决转包人或者违法分包人怠于行使债权时如何保护实际施工人权利的问题。

关于实际施工人提起代位诉讼的条件问题。《合同法解释(一)》第十一条规定,实际施工人提出代位诉讼的条件是:(1)实际施工人对转包人或者违法分包人的债权合法。虽然实际施工人与转包人或者违法分包人之间的建设工程施工合同因为转包或者违法分包而无效,但是,依据《民法典》第七百九十三条的规定,如果建设工程经验收合格的,实际施工人可以参照合同关于工程价款的约定要求转包人或者违法分包人折价补偿,其债权受法律保护,是合法的。(2)转包人或者违法分包人怠于向发包人行使到期债权或者与该债权有关的从权利,影响实际施工人到期债权的实现。"怠于行使"是指转包人或者违法分包人不履行其对实际施工人的到期债务,又不以诉讼方式或者仲裁方式向发包人主张其享有的到期债权或者与该债权有关的从权利,致使实际施工人的到期债权未能实现。发包人不认为转包人或者违法分包人有怠于行使其到期债权情况的,应当承担举证责任。(3)转包人或者违法分包人对发包人的债权已到期。如果转包人或者违法分包人对发包人的债权未到期,无权向发包人主张债权,谈不上怠于行使权利。发包人对转包人或者违法分包人的抗辩,可以对实际施工人主张。另外,本条仅规定转包人或者违法分包人对发包人的债权到期作为提起代位诉讼的条件之一,未规定转包人或者违法分包人对发包人的债权必须确定。如果要求债权确定,在转包人或者违法分包人怠于与发包人确定债权具体数额的情形下,实际施工人的代位诉讼就永远无法提起,代位诉讼制度的目的也会落空。所以,转包人或者违法分包人对发包人的债权是否确定,不应是代位诉讼成立的条件,而应是代位诉讼中予以解决的问题。(4)转包人或者违法分包人对发包人的债权不是专属于其自身的债权。专属于自身的债权,是指基于扶养关系、抚养关系、赡养关系、继承关系产生的给付请求权和劳动报酬、退休金、养老金、抚恤金、安置费、人寿保险、人身伤害赔偿请求权等权利。转包人或者违法分包人对发包人的债权一般是建设工程合同纠纷产生的债权,不是专属于其自身的债权。

关于实际施工人代位权成立的法律后果问题。《民法典》第五百三十七条规定,人民法院认定代位权成立的,由债务人的相对人向债权人履行义务,债权人接受履行后,债权人与债务人、债务人与相对人之间相应的权利义务终止。债务人对相对人的债权或者与该债权有关的从权利被采取保全、执行措施或者债务人破产的,依照相关法律的规定处理。认定实际施工人代位权成立后,产生两个法律后果:(1)发包人向实际施工人履行义务,实际施工人与转包人或者违法分包人,转包人或者违法分包人与发包人之间相应的权利义务终止。(2)转包人或者违法分包人对发包人的债权或者与该债权有关的从权利被采取保全、执行措施或者债务人破产的,依照相关法律的规定处理。应兼顾实际施工人的保护与债权平等原则,在转包人或者违法分包人资不抵债时,应当将代位权的实现与参与分配制度、破产制度予以衔接,以实现实际施工人与转包人或者违法分包人的其他债权人的平等保护。

适用本条,应注意以下几点:(1)实际施工人向发包人提起代位权诉讼,可以主张的债权数额,应受制于转包人或者违法分包人对发包人的债权数额,以两个债权中较小的数额为准。(2)转包人或者违法分包人与发包人的债权债务关系不仅限于建设工程施工合同项下的债权债务关系,既可能是合同之债,也可能是非合同之债。(3)实际施工人无权通过代位权诉讼向发包人主张工程价款优先受偿权。依据《建设工程施工合同解释(一)》第三十五条的规定,与发包人订立建设工程施工合同的承包人,才享有工程价款优先受偿权,实际施工人与发包人没有合同关系。(4)合法分包工程的承包人也可以提起代位权诉讼,这是《民法典》合同的保全制度,不仅限于实际施工人。这与该解释第四十三条关于实际施工人才能突破合同相对性,向发包人主张工程价款欠付责任的规定不同。(5)参照《合同法解释(一)》第十四条的规定,实际施工人向发包人提起代位权诉讼的,由发包人所在地人民法院管辖。如果因不动产纠纷提起的诉讼,由不动产所在地人民法院管辖。

案例适用

250　代位权是否以债务人的债权确定为条件?

案件名称:贵州新建业工程有限责任公司(以下简称新建业公司)、陈某光、贵州中岭矿业有限责任公司(以下简称中岭公司)及宋某平债权人代位权纠纷案

审理法院:最高人民法院

案　　号:(2020)最高法民再231号

裁判观点:代位权制度的主要目的在于解决债务人怠于行使次债权时如何保护债权人权利的问题。如果行使代位权需要以次债权确定为前提,则在债务人怠于确定次债权的情况下,债权人就无法行使代位权,代位权制度的目的将完全落空。因此,《合同法解释(一)》第十一条第三项规定,行使代位权要求次债权到期,而未要求次债权确定。实践中关于行使代位权是否要求次债权确定,存在一定争议。主张次债权应当确定的一个原因是,有的债权人通过代位权诉讼用小额债权试图撬动大额债权。比如,在建设工程价款到期未结算时,一个小额民间借贷债权

人通过代位权诉讼介入他人合同关系,要求审理一个繁杂的建设工程价款纠纷,无论是在理论还是在实践层面都难谓合理。本院认为,在该司法解释仅要求"次债权到期"的情况下,次债权是否确定原则上不应成为行使代位权的前提条件,而应是在代位权诉讼中予以解决的问题。本案中,陈某光向宋某平主张的12,487,420元债权与中岭公司、新建业公司自认欠付宋某平的工程款数额相比,也不属于用小额债权撬动大额债权的情形,如宋某平对新建业公司、中岭公司的债权已到期,则不应以宋某平对中岭公司、新建业公司的债权未确定为由直接否定陈某光提起代位权诉讼的权利。

251　代位权成立的举证责任由谁承担?

案件名称:刘某山与洛阳纬宇房地产开发有限公司(以下简称纬宇公司)、河南红垠建筑安装有限公司(以下简称红垠公司)、洛阳市红睿建筑劳务有限公司(以下简称红睿公司)建设工程施工合同纠纷案

审理法院:河南省高级人民法院

案　　号:(2021)豫民申1983号

裁判观点:刘某山与红睿公司就案涉工程签订《劳务大清包工程合同》,2016年9月29日河南省洛阳市中级人民法院作出(2014)洛民三初字第00069号民事判决,判决红睿公司支付刘某山工程款4,251,679.47元及利息,该判决已生效,能够认定刘某山对红睿公司享有合法的债权。关于刘某山主张发包人纬宇公司和转包人红垠公司代位支付工程款的问题,刘某山应举证证明红睿公司享有对纬宇公司和红垠公司的债权,且红睿公司怠于行使该到期债权,而刘某山未提供相关有效证据予以证明,其主张不能成立。

252　次债务人对债务人的管辖抗辩能否对债权人主张?

案件名称:北京天龙亨通建筑工程有限公司与中国人民解放军军事科学院军事医学研究院(以下简称军事医学研究院)等建设工程施工合同纠纷案

审理法院：北京市高级人民法院

案　　号：(2020)京民终94号

裁判观点："代位权"虽然是债权人自身的权利，但债权人依据代位权以自己的名义向次债务人所行使的权利却仍然是"债务人的债权"。在代位权诉讼中，次债务人对债务人的抗辩，可以向债权人主张其中的"抗辩"不仅包括实体抗辩，还应当包括程序抗辩；也就是说，如果债务人本人都无权对次债务人提起特定诉讼，则债权人也当然不得提起；否则，债务人与次债务人之间的管辖约定、仲裁条款等就会被轻易规避，这不仅对次债务人不公平，还可能滋生虚假诉讼。本案中，军事医学研究院正是基于案涉《施工合同》中的仲裁条款，提出其程序抗辩，即不同意人民法院审理该合同项下的争议，其此项抗辩合法有据。

相关规定

《民法典》

第五百三十五条　因债务人怠于行使其债权或者与该债权有关的从权利，影响债权人的到期债权实现的，债权人可以向人民法院请求以自己的名义代位行使债务人对相对人的权利，但是该权利专属于债务人自身的除外。

代位权的行使范围以债权人的到期债权为限。债权人行使代位权的必要费用，由债务人负担。

相对人对债务人的抗辩，可以向债权人主张。

第五百三十七条　人民法院认定代位权成立的，由债务人的相对人向债权人履行义务，债权人接受履行后，债权人与债务人、债务人与相对人之间相应的权利义务终止。债务人对相对人的债权或者与该债权有关的从权利被采取保全、执行措施，或者债务人破产的，依照相关法律的规定处理。

第四十五条　【施行时间】本解释自2021年1月1日起施行。

条文精解

本条是关于施行时间的规定。《立法法》第一百零四条规定，法律、行政法规、地方性法规、自治条例和单行条例、规章不溯及既往，但为了更好地保护公民、法人和其他组织的权利和利益而作的特别规定除外。上述是法不溯及既往的一般原则及例外适用的有利溯及原则的规定。一般情形下，法不具有溯及既往的效力，保护信赖利益。例外情形是，为了更好地保护公民、法人和其他组织的权利和利益，法可以具有溯及既往的效力，也称例外追溯、有利追溯，如《民法典时间效力解释》第二条规定，民法典施行前的法律事实引起的民事纠纷案件，当时的法律、司法解释有规定，适用当时的法律、司法解释的规定，但是适用民法典的规定更有利于保护民事主体合法权益，更有利于维护社会和经济秩序，更有利于弘扬社会主义核心价值观的除外。

关于《建设工程施工合同解释(一)》的适用问题。该解释的施行时间与《民法典》的施行时间相同，属于《民法典》配套的司法解释，其适用问题，按照《民法典时间效力解释》的规定执行。依据前述规定第一条、第二条及第二十条，该解释的适用问题，可以区分为3种情形：(1)《建设工程施工合同解释(一)》施行后的法律事实引起的民事纠纷案件，自然是适用该解释的规定。(2)《建设工程施工合同解释(一)》施行前的法律事实引起的民事纠纷案件，原则上是适用当时的法律、司法解释的规定，不适用该解释的规定，这是法不具有溯及既往效力原则的体现。例外情形是，如果适用《建设工程施工合同解释(一)》，更有利于保护民事主体合法权益，更有利于维护社会和经济秩序，更有利于弘扬社会主义核心价值观，可以适用该解释的规定，这是例外适用有利溯及原则的体现。(3)《建设工程施工合同解释(一)》施行前的法律事实持续至该解释施行后，该法律事实引起的民事纠纷案件，依据《民法典时间效力解释》一般规定部分第一条第三款，应当适用《建设工程施工合同解释

(一)》的规定。但是,依据该规定衔接适用的具体规定部分第二十条,应以《建设工程施工合同解释(一)》施行时间作为节点,该解释施行前发生的争议,适用当时的法律、司法解释的规定。该解释施行后发生的争议,适用《民法典》第三编第四章和第五章及《建设工程施工合同解释(一)》的规定。

适用本条,应注意以下几点:(1)法律事实产生的时间可以通过施工合同订立的时间、工程施工的时间、工程竣工及结算的时间等进行判断。(2)《民法典时间效力解释》第二条是有利溯及原则的规定。《建设工程施工合同解释(一)》施行前的法律事实引起的民事纠纷案件,旧法有规定,但该解释更有利于当事人合法权益的情形下,可以适用该解释的规定。实务中,在《建设工程施工合同解释(一)》第四十一条关于工程价款优先受偿权最长行使期限十八个月(旧解释是六个月)的规定是否可以有利溯及的问题上,存在不同的观点,应特别注意。持肯定观点的理由是工程价款优先受偿权涉及农民工等建筑工人的工资利益,适用该解释更有利于社会秩序的维护。持否定观点的理由是工程价款优先受偿权不仅涉及农民工等建筑工人的工资利益,还涉及抵押权人、众多债权人的权益,适用本解释不利于社会经济秩序的稳定。(3)《民法典时间效力解释》第三条和第四条是空白溯及原则的规定。《建设工程施工合同解释(一)》施行前的法律事实引起的民事纠纷案件,在旧法没有规定的情形下,可以适用该解释的规定,但明显减损当事人权益、增加当事人义务、背离当事人合理预期的除外。旧法仅有原则性规定而《建设工程施工合同解释(一)》有具体规定的,可以适用该解释的规定裁判说理。(4)《民法典时间效力解释》第五条是既判力优于溯及力规则的规定。《建设工程施工合同解释(一)》施行前已经终审的案件,当事人申请再审或者按照审判监督程序决定再审的,不适用该解释的规定。终审裁判具有既判力,优于法的溯及力,不得因新规而影响其权威性和公信力。

案例适用

253 《建设工程施工合同解释（一）》施行前的法律事实引起的纠纷案件，是否适用该解释的规定？

案件名称：陕西有色建设有限公司与宁夏宏远建筑工程有限公司等建设工程施工合同纠纷案

审理法院：最高人民法院

案　　号：（2021）最高法民申5850号

裁判观点：《民法典时间效力解释》第一条第二款、第三款规定："民法典施行前的法律事实引起的民事纠纷案件，适用当时的法律、司法解释的规定，但是法律、司法解释另有规定的除外。民法典施行前的法律事实持续至民法典施行后，该法律事实引起的民事纠纷案件，适用民法典的规定，但是法律、司法解释另有规定的除外。"本案中，各方当事人签订合同、履行合同、提起本案诉讼均发生在《民法典》施行前，故应当适用上述第二款（适用当时的法律、司法解释的规定）的规定，而不应适用上述第三款（适用《民法典》）的规定，同理，亦不适用《民法典时间效力解释》第二十条的规定。

254 持续至《建设工程施工合同解释（一）》施行后的法律事实引起的纠纷案件，是否适用该解释的规定？

案件名称：海南第二建设工程有限公司与澄迈城乡建设与旅游发展有限公司建设工程合同纠纷案

审理法院：海南省高级人民法院

案　　号：（2022）琼民终454号

裁判观点：《民法典时间效力解释》第一条第三款规定："民法典施行前的法律事实持续至民法典施行后，该法律事实引起的民事纠纷案件，适用民法典的规定，但是法律、司法解释另有规定的除外。"本案中，《建设工程施工合同》虽然订立于《民法典》施行前，但双方关于合同的结清问题持续至《民法典》施行后，应当适用《民法典》的规定。

255 《建设工程施工合同解释（一）》施行前的案件，能否以保护民事主体合法权益为由适用该解释的规定？（能）

案件名称：中兴建设有限公司与新疆百富房地产开发有限公司建设工程施工合同纠纷案

审理法院：新疆维吾尔自治区高级人民法院

案　　号：（2018）新民初64号

裁判观点：《民法典时间效力解释》第二条规定："民法典施行前的法律事实引起的民事纠纷案件，当时的法律、司法解释有规定，适用当时的法律、司法解释的规定，但是适用民法典的规定更有利于保护民事主体合法权益，更有利于维护社会和经济秩序，更有利于弘扬社会主义核心价值观的除外。"依据上述法律及司法解释的规定，本案虽属于《民法典》施行前的法律事实引起的民事纠纷案件，当时的法律、司法解释对于行使建设工程价款优先受偿权的期限亦有规定，但适用新的解释更有利于保护实际施工人的合法权益、维护社会和经济秩序、弘扬社会主义核心价值观，故对本案工程价款优先受偿权行使期限的认定应适用《建设工程施工合同解释（一）》第四十一条规定的最长不超过十八个月的除斥期间。

256 《建设工程施工合同解释（一）》施行前的案件，能否以保护民事主体合法权益为由适用该解释的规定？（不能）

案件名称：湖南省通盛工程有限公司（以下简称通盛公司）与湖南长浏高速公路建设发展有限公司（以下简称长浏公司）建设工程施工合同纠纷案

审理法院：最高人民法院

案　　号：（2021）最高法民申6553号

裁判观点：本案纠纷发生在《建设工程合同解释（一）》生效之前。《民法典时间效力解释》第二条规定："民法典施行前的法律事实引起的民事纠纷案件,当时的法律、司法解释有规定,适用当时的法律、司法解释的规定,但是适用民法典的规定更有利于保护民事主体合法权益,更有利于维护社会和经济秩序,更有利于弘扬社会主义核心价值观的除外。”但本案中,因人民法院已经受理对长浏公司的破产申请,建设工程价款优先受偿权的确认不仅涉及通盛公司的权利,还涉及长浏公司其他众多债权人的利益,事关社会经济秩序稳定,因此不可仅从通盛公司的角度,认为《建设工程合同解释(一)》的规定更有利于通盛公司一方而予以溯及适用。

相关规定

《民法典时间效力解释》

一、一般规定

第一条　民法典施行后的法律事实引起的民事纠纷案件,适用民法典的规定。

民法典施行前的法律事实引起的民事纠纷案件,适用当时的法律、司法解释的规定,但是法律、司法解释另有规定的除外。

民法典施行前的法律事实持续至民法典施行后,该法律事实引起的民事纠纷案件,适用民法典的规定,但是法律、司法解释另有规定的除外。

第二条　民法典施行前的法律事实引起的民事纠纷案件,当时的法律、司法解释有规定,适用当时的法律、司法解释的规定,但是适用民法典的规定更有利于保护民事主体合法权益,更有利于维护社会和经济秩序,更有利于弘扬社会主义核心价值观的除外。

第三条　民法典施行前的法律事实引起的民事纠纷案件,当时的法律、司法解释没有规定而民法典有规定的,可以适用民法典的规定,但是明显减损当事人合法权益、增加当事人法定义务或者背离当事人合理预期的除外。

第四条　民法典施行前的法律事实引起的民事纠纷案件,当时的法律、司法解释仅有原则性规定而民法典有具体规定的,适用当时的法律、司法解释的规定,但是可以依据民法典具体规定进行裁判说理。

第五条　民法典施行前已经终审的案件，当事人申请再审或者按照审判监督程序决定再审的，不适用民法典的规定。

……

三、衔接适用的具体规定

第二十条　民法典施行前成立的合同，依照法律规定或者当事人约定该合同的履行持续至民法典施行后，因民法典施行前履行合同发生争议的，适用当时的法律、司法解释的规定；因民法典施行后履行合同发生争议的，适用民法典第三编第四章和第五章的相关规定。

……

第二十八条　本规定自 2021 年 1 月 1 日起施行。

本规定施行后，人民法院尚未审结的一审、二审案件适用本规定。

《立法法》

第一百零四条　法律、行政法规、地方性法规、自治条例和单行条例、规章不溯及既往，但为了更好地保护公民、法人和其他组织的权利和利益而作的特别规定除外。

附录一　中华人民共和国民法典合同编 第十八章建设工程合同

（2020年5月28日第十三届全国人民
代表大会第三次会议通过）

第三编　合　　同

第十八章　建设工程合同

第七百八十八条　建设工程合同是承包人进行工程建设，发包人支付价款的合同。

建设工程合同包括工程勘察、设计、施工合同。

第七百八十九条　建设工程合同应当采用书面形式。

第七百九十条　建设工程的招标投标活动，应当依照有关法律的规定公开、公平、公正进行。

第七百九十一条　发包人可以与总承包人订立建设工程合同，也可以分别与勘察人、设计人、施工人订立勘察、设计、施工承包合同。发包人不得将应当由一个承包人完成的建设工程支解成若干部分发包给数个承包人。

总承包人或者勘察、设计、施工承包人经发包人同意，可以将自己承包的部分工作交由第三人完成。第三人就其完成的工作成果与总承包人或者勘察、设计、施工承包人向发包人承担连带责任。承包人不得将其承包的全部建设工程转包给第三人或者将其承包的全部建设工程支解以后以分包的名义分别转包给第三人。

禁止承包人将工程分包给不具备相应资质条件的单位。禁止分包单位将其承包的工程再分包。建设工程主体结构的施工必须由承包人自行完成。

第七百九十二条 国家重大建设工程合同,应当按照国家规定的程序和国家批准的投资计划、可行性研究报告等文件订立。

第七百九十三条 建设工程施工合同无效,但是建设工程经验收合格的,可以参照合同关于工程价款的约定折价补偿承包人。

建设工程施工合同无效,且建设工程经验收不合格的,按照以下情形处理:

(一)修复后的建设工程经验收合格的,发包人可以请求承包人承担修复费用;

(二)修复后的建设工程经验收不合格的,承包人无权请求参照合同关于工程价款的约定折价补偿。

发包人对因建设工程不合格造成的损失有过错的,应当承担相应的责任。

第七百九十四条 勘察、设计合同的内容一般包括提交有关基础资料和概预算等文件的期限、质量要求、费用以及其他协作条件等条款。

第七百九十五条 施工合同的内容一般包括工程范围、建设工期、中间交工工程的开工和竣工时间、工程质量、工程造价、技术资料交付时间、材料和设备供应责任、拨款和结算、竣工验收、质量保修范围和质量保证期、相互协作等条款。

第七百九十六条 建设工程实行监理的,发包人应当与监理人采用书面形式订立委托监理合同。发包人与监理人的权利和义务以及法律责任,应当依照本编委托合同以及其他有关法律、行政法规的规定。

第七百九十七条 发包人在不妨碍承包人正常作业的情况下,可以随时对作业进度、质量进行检查。

第七百九十八条 隐蔽工程在隐蔽以前,承包人应当通知发包人检查。发包人没有及时检查的，承包人可以顺延工程日期，并有权请求赔偿停工、窝工等损失。

第七百九十九条 建设工程竣工后，发包人应当根据施工图纸及说明书、国家颁发的施工验收规范和质量检验标准及时进行验收。验收合格的，发包人应当按照约定支付价款，并接收该建设工程。

建设工程竣工经验收合格后，方可交付使用；未经验收或者验收不合格的，不得交付使用。

第八百条 勘察、设计的质量不符合要求或者未按照期限提交勘察、设计文件拖延工期，造成发包人损失的，勘察人、设计人应当继续完善勘察、设计，减收或者免收勘察、设计费并赔偿损失。

第八百零一条 因施工人的原因致使建设工程质量不符合约定的，发包人有权请求施工人在合理期限内无偿修理或者返工、改建。经过修理或者返工、改建后，造成逾期交付的，施工人应当承担违约责任。

第八百零二条 因承包人的原因致使建设工程在合理使用期限内造成人身损害和财产损失的，承包人应当承担赔偿责任。

第八百零三条 发包人未按照约定的时间和要求提供原材料、设备、场地、资金、技术资料的，承包人可以顺延工程日期，并有权请求赔偿停工、窝工等损失。

第八百零四条 因发包人的原因致使工程中途停建、缓建的，发包人应当采取措施弥补或者减少损失，赔偿承包人因此造成的停工、窝工、倒运、机械设备调迁、材料和构件积压等损失和实际费用。

第八百零五条 因发包人变更计划，提供的资料不准确，或者未按照期限提供必需的勘察、设计工作条件而造成勘察、设计的返工、停工或者修改设计，发包人应当按照勘察人、设计人实际消耗的工作量增付费用。

第八百零六条 承包人将建设工程转包、违法分包的，发包人可以解除合同。

发包人提供的主要建筑材料、建筑构配件和设备不符合强制性标准或者不履行协助义务，致使承包人无法施工，经催告后在合理期限内仍未履行相应义务的，承包人可以解除合同。

合同解除后，已经完成的建设工程质量合格的，发包人应当按照约定支付相应的工程价款；已经完成的建设工程质量不合格的，参照本法第七百九十三条的规定处理。

第八百零七条 发包人未按照约定支付价款的，承包人可以催告发包人在合理期限内支付价款。发包人逾期不支付的，除根据建设工程的性质不宜折价、拍卖外，承包人可以与发包人协议将该工程折价，也可以请求人民法院将该工程依法拍卖。建设工程的价款就该工程折价或者拍卖的价款优先受偿。

第八百零八条 本章没有规定的，适用承揽合同的有关规定。

附录二　最高人民法院关于审理建设工程施工合同纠纷案件适用法律问题的解释(一)

(2020年12月25日最高人民法院审判委员会第1825次会议通过,2020年12月29日法释〔2020〕25号公布,自2021年1月1日起施行)

为正确审理建设工程施工合同纠纷案件,依法保护当事人合法权益,维护建筑市场秩序,促进建筑市场健康发展,根据《中华人民共和国民法典》《中华人民共和国建筑法》《中华人民共和国招标投标法》《中华人民共和国民事诉讼法》等相关法律规定,结合审判实践,制定本解释。

第一条　建设工程施工合同具有下列情形之一的,应当依据民法典第一百五十三条第一款的规定,认定无效:

(一)承包人未取得建筑业企业资质或者超越资质等级的;

(二)没有资质的实际施工人借用有资质的建筑施工企业名义的;

(三)建设工程必须进行招标而未招标或者中标无效的。

承包人因转包、违法分包建设工程与他人签订的建设工程施工合同,应当依据民法典第一百五十三条第一款及第七百九十一条第二款、第三款的规定,认定无效。

第二条　招标人和中标人另行签订的建设工程施工合同约定的工程范围、建设工期、工程质量、工程价款等实质性内容,与中标合同不一致,一方当事人请求按照中标合同确定权利义务的,人民法院应予支持。

招标人和中标人在中标合同之外就明显高于市场价格购买承建房产、无偿建设住房配套设施、让利、向建设单位捐赠财物等另行签订合同,变相降低工程价款,一方当事人以该合同背离中标合同实质性内容为由请求确认无效的,人民法院应予支持。

第三条 当事人以发包人未取得建设工程规划许可证等规划审批手续为由,请求确认建设工程施工合同无效的,人民法院应予支持,但发包人在起诉前取得建设工程规划许可证等规划审批手续的除外。

发包人能够办理审批手续而未办理,并以未办理审批手续为由请求确认建设工程施工合同无效的,人民法院不予支持。

第四条 承包人超越资质等级许可的业务范围签订建设工程施工合同,在建设工程竣工前取得相应资质等级,当事人请求按照无效合同处理的,人民法院不予支持。

第五条 具有劳务作业法定资质的承包人与总承包人、分包人签订的劳务分包合同,当事人请求确认无效的,人民法院依法不予支持。

第六条 建设工程施工合同无效,一方当事人请求对方赔偿损失的,应当就对方过错、损失大小、过错与损失之间的因果关系承担举证责任。

损失大小无法确定,一方当事人请求参照合同约定的质量标准、建设工期、工程价款支付时间等内容确定损失大小的,人民法院可以结合双方过错程度、过错与损失之间的因果关系等因素作出裁判。

第七条 缺乏资质的单位或者个人借用有资质的建筑施工企业名义签订建设工程施工合同,发包人请求出借方与借用方对建设工程质量不合格等因出借资质造成的损失承担连带赔偿责任的,人民法院应予支持。

第八条 当事人对建设工程开工日期有争议的,人民法院应当分别按照以下情形予以认定:

(一)开工日期为发包人或者监理人发出的开工通知载明的开工日期;开工通知发出后,尚不具备开工条件的,以开工条件具备的时间为开工日期;因承包人原因导致开工时间推迟的,以开工通知载明的时间为开工日期。

（二）承包人经发包人同意已经实际进场施工的，以实际进场施工时间为开工日期。

（三）发包人或者监理人未发出开工通知，亦无相关证据证明实际开工日期的，应当综合考虑开工报告、合同、施工许可证、竣工验收报告或者竣工验收备案表等载明的时间，并结合是否具备开工条件的事实，认定开工日期。

第九条 当事人对建设工程实际竣工日期有争议的，人民法院应当分别按照以下情形予以认定：

（一）建设工程经竣工验收合格的，以竣工验收合格之日为竣工日期；

（二）承包人已经提交竣工验收报告，发包人拖延验收的，以承包人提交验收报告之日为竣工日期；

（三）建设工程未经竣工验收，发包人擅自使用的，以转移占有建设工程之日为竣工日期。

第十条 当事人约定顺延工期应当经发包人或者监理人签证等方式确认，承包人虽未取得工期顺延的确认，但能够证明在合同约定的期限内向发包人或者监理人申请过工期顺延且顺延事由符合合同约定，承包人以此为由主张工期顺延的，人民法院应予支持。

当事人约定承包人未在约定期限内提出工期顺延申请视为工期不顺延的，按照约定处理，但发包人在约定期限后同意工期顺延或者承包人提出合理抗辩的除外。

第十一条 建设工程竣工前，当事人对工程质量发生争议，工程质量经鉴定合格的，鉴定期间为顺延工期期间。

第十二条 因承包人的原因造成建设工程质量不符合约定，承包人拒绝修理、返工或者改建，发包人请求减少支付工程价款的，人民法院应予支持。

第十三条 发包人具有下列情形之一，造成建设工程质量缺陷，应当承担过错责任：

（一）提供的设计有缺陷；

（二）提供或者指定购买的建筑材料、建筑构配件、设备不符合强制性标准；

（三）直接指定分包人分包专业工程。

承包人有过错的，也应当承担相应的过错责任。

第十四条 建设工程未经竣工验收，发包人擅自使用后，又以使用部分质量不符合约定为由主张权利的，人民法院不予支持；但是承包人应当在建设工程的合理使用寿命内对地基基础工程和主体结构质量承担民事责任。

第十五条 因建设工程质量发生争议的，发包人可以以总承包人、分包人和实际施工人为共同被告提起诉讼。

第十六条 发包人在承包人提起的建设工程施工合同纠纷案件中，以建设工程质量不符合合同约定或者法律规定为由，就承包人支付违约金或者赔偿修理、返工、改建的合理费用等损失提出反诉的，人民法院可以合并审理。

第十七条 有下列情形之一，承包人请求发包人返还工程质量保证金的，人民法院应予支持：

（一）当事人约定的工程质量保证金返还期限届满；

（二）当事人未约定工程质量保证金返还期限的，自建设工程通过竣工验收之日起满二年；

（三）因发包人原因建设工程未按约定期限进行竣工验收的，自承包人提交工程竣工验收报告九十日后当事人约定的工程质量保证金返还期限届满；当事人未约定工程质量保证金返还期限的，自承包人提交工程竣工验收报告九十日后起满二年。

发包人返还工程质量保证金后，不影响承包人根据合同约定或者法律规定履行工程保修义务。

第十八条 因保修人未及时履行保修义务，导致建筑物毁损或者造成人身损害、财产损失的，保修人应当承担赔偿责任。

保修人与建筑物所有人或者发包人对建筑物毁损均有过错的，各自承担相应的责任。

第十九条 当事人对建设工程的计价标准或者计价方法有约定的，按照约定结算工程价款。

因设计变更导致建设工程的工程量或者质量标准发生变化，当事人对该部分工程价款不能协商一致的，可以参照签订建设工程施工合同时当地建设行政主管部门发布的计价方法或者计价标准结算工程价款。

建设工程施工合同有效，但建设工程经竣工验收不合格的，依照民法典第五百七十七条规定处理。

第二十条 当事人对工程量有争议的，按照施工过程中形成的签证等书面文件确认。承包人能够证明发包人同意其施工，但未能提供签证文件证明工程量发生的，可以按照当事人提供的其他证据确认实际发生的工程量。

第二十一条 当事人约定，发包人收到竣工结算文件后，在约定期限内不予答复，视为认可竣工结算文件的，按照约定处理。承包人请求按照竣工结算文件结算工程价款的，人民法院应予支持。

第二十二条 当事人签订的建设工程施工合同与招标文件、投标文件、中标通知书载明的工程范围、建设工期、工程质量、工程价款不一致，一方当事人请求将招标文件、投标文件、中标通知书作为结算工程价款的依据的，人民法院应予支持。

第二十三条 发包人将依法不属于必须招标的建设工程进行招标后，与承包人另行订立的建设工程施工合同背离中标合同的实质性内容，当事人请求以中标合同作为结算建设工程价款依据的，人民法院应予支持，但发包人与承包人因客观情况发生了在招标投标时难以预见的变化而另行订立建设工程施工合同的除外。

第二十四条 当事人就同一建设工程订立的数份建设工程施工合同均无效，但建设工程质量合格，一方当事人请求参照实际履行的合同关于工程价款的约定折价补偿承包人的，人民法院应予支持。

实际履行的合同难以确定，当事人请求参照最后签订的合同关于工程价款的约定折价补偿承包人的，人民法院应予支持。

第二十五条 当事人对垫资和垫资利息有约定，承包人请求按照约定返还垫资及其利息的，人民法院应予支持，但是约定的利息计算标准高于垫资时的同类贷款利率或者同期贷款市场报价利率的部分除外。

当事人对垫资没有约定的，按照工程欠款处理。

当事人对垫资利息没有约定，承包人请求支付利息的，人民法院不予支持。

第二十六条 当事人对欠付工程价款利息计付标准有约定的，按照约定处理。没有约定的，按照同期同类贷款利率或者同期贷款市场报价利率计息。

第二十七条 利息从应付工程价款之日开始计付。当事人对付款时间没有约定或者约定不明的，下列时间视为应付款时间：

(一)建设工程已实际交付的，为交付之日；

(二)建设工程没有交付的，为提交竣工结算文件之日；

(三)建设工程未交付，工程价款也未结算的，为当事人起诉之日。

第二十八条 当事人约定按照固定价结算工程价款，一方当事人请求对建设工程造价进行鉴定的，人民法院不予支持。

第二十九条 当事人在诉讼前已经对建设工程价款结算达成协议，诉讼中一方当事人申请对工程造价进行鉴定的，人民法院不予准许。

第三十条 当事人在诉讼前共同委托有关机构、人员对建设工程造价出具咨询意见，诉讼中一方当事人不认可该咨询意见申请鉴定的，人民法院应予准许，但双方当事人明确表示受该咨询意见约束的除外。

第三十一条 当事人对部分案件事实有争议的，仅对有争议的事实进行鉴定，但争议事实范围不能确定，或者双方当事人请求对全部事实鉴定的除外。

第三十二条 当事人对工程造价、质量、修复费用等专门性问题有争议，人民法院认为需要鉴定的，应当向负有举证责任的当事人释明。当事人经释明未申请鉴定，虽申请鉴定但未支付鉴定费用或者拒不提供相关材料的，应当承担举证不能的法律后果。

一审诉讼中负有举证责任的当事人未申请鉴定，虽申请鉴定但未支付鉴定费用或者拒不提供相关材料，二审诉讼中申请鉴定，人民法院认为确有必要的，应当依照民事诉讼法第一百七十条第一款第三项的规定处理。

第三十三条 人民法院准许当事人的鉴定申请后，应当根据当事人申请及查明案件事实的需要，确定委托鉴定的事项、范围、鉴定期限等，并组织当事人对争议的鉴定材料进行质证。

第三十四条 人民法院应当组织当事人对鉴定意见进行质证。鉴定人将当事人有争议且未经质证的材料作为鉴定依据的，人民法院应当组织当事人就该部分材料进行质证。经质证认为不能作为鉴定依据的，根据该材料作出的鉴定意见不得作为认定案件事实的依据。

第三十五条 与发包人订立建设工程施工合同的承包人，依据民法典第八百零七条的规定请求其承建工程的价款就工程折价或者拍卖的价款优先受偿的，人民法院应予支持。

第三十六条 承包人根据民法典第八百零七条规定享有的建设工程价款优先受偿权优于抵押权和其他债权。

第三十七条 装饰装修工程具备折价或者拍卖条件，装饰装修工程的承包人请求工程价款就该装饰装修工程折价或者拍卖的价款优先受偿的，人民法院应予支持。

第三十八条 建设工程质量合格，承包人请求其承建工程的价款就工程折价或者拍卖的价款优先受偿的，人民法院应予支持。

第三十九条　未竣工的建设工程质量合格，承包人请求其承建工程的价款就其承建工程部分折价或者拍卖的价款优先受偿的，人民法院应予支持。

第四十条　承包人建设工程价款优先受偿的范围依照国务院有关行政主管部门关于建设工程价款范围的规定确定。

承包人就逾期支付建设工程价款的利息、违约金、损害赔偿金等主张优先受偿的，人民法院不予支持。

第四十一条　承包人应当在合理期限内行使建设工程价款优先受偿权，但最长不得超过十八个月，自发包人应当给付建设工程价款之日起算。

第四十二条　发包人与承包人约定放弃或者限制建设工程价款优先受偿权，损害建筑工人利益，发包人根据该约定主张承包人不享有建设工程价款优先受偿权的，人民法院不予支持。

第四十三条　实际施工人以转包人、违法分包人为被告起诉的，人民法院应当依法受理。

实际施工人以发包人为被告主张权利的，人民法院应当追加转包人或者违法分包人为本案第三人，在查明发包人欠付转包人或者违法分包人建设工程价款的数额后，判决发包人在欠付建设工程价款范围内对实际施工人承担责任。

第四十四条　实际施工人依据民法典第五百三十五条规定，以转包人或者违法分包人怠于向发包人行使到期债权或者与该债权有关的从权利，影响其到期债权实现，提起代位权诉讼的，人民法院应予支持。

第四十五条　本解释自 2021 年 1 月 1 日起施行。